Rekonstruktive Bildungsforschung

Band 16

Reihe herausgegeben von
M. Heinrich, Bielefeld, Deutschland
A. Wernet, Hannover, Deutschland

D1796329

Die Reihe ‚Rekonstruktive Bildungsforschung' reagiert auf die zunehmende Etablierung und Differenzierung qualitativ-rekonstruktiver Verfahren im Bereich der Bildungsforschung. Mittlerweile hat sich eine erziehungswissenschaftliche Forschungstradition gebildet, die sich nicht mehr nur auf die Rezeption sozialwissenschaftlicher Methoden beschränkt, sondern die vielmehr eigenständig zu methodischen und methodologischen Weiterentwicklungen beiträgt. Vor dem Hintergrund unterschiedlicher methodischer Bezüge (Objektive Hermeneutik, Grounded Theory, Dokumentarische Methode, Ethnographie usw.) sind in den letzten Jahren weiterführende Forschungsbeiträge entstanden, die sowohl der Theorie- als auch der Methodenentwicklung bemerkenswerte Impulse verliehen haben.

Die Buchreihe will diese Forschungsentwicklung befördern und ihr ein angemessenes Forum zur Verfügung stellen. Sie dient vor allem der Publikation qualitativ-rekonstruktiver Forschungsarbeiten und von Beiträgen zur methodischen und methodologischen Weiterentwicklung der rekonstruktiven Bildungsforschung. In ihr können sowohl Monographien erscheinen als auch thematisch fokussierte Sammelbände.

Reihe herausgegeben von

Martin Heinrich
Wiss. Einrichtung Oberstufen-Kolleg
Universität Bielefeld
Bielefeld, Deutschland

Andreas Wernet
Institut für Erziehungswissenschaft
Leibniz Universität Hannover
Hannover, Deutschland

Weitere Bände in der Reihe http://www.springer.com/series/11939

Maike Lambrecht

Steuerung als pädagogisches Problem

Empirische Rekonstruktionen
zur Interaktion
in Schulinspektions-Interviews

 Springer VS

Maike Lambrecht
Bielefeld, Deutschland

Dissertation, Pädagogische Hochschule Freiburg, 2017

Die Dissertation wurde von der Stiftung Pädagogische Hochschule Freiburg mit einem Promotionsstipendium gefördert.

Original-Titel: Steuerung als pädagogisches Problem. Empirische Rekonstruktionen zur Interaktion in Schulinspektions-Interviews

Von der Pädagogischen Hochschule Freiburg zur Erlangung des Grades eines Doktors der Philosophie (Dr. phil.) genehmigte Dissertation von Maike Lambrecht aus Wiesbaden.

Promotionsfach: Erziehungswissenschaft
Erstgutachter: Prof. Dr. Hans-Georg Kotthoff (Pädagogische Hochschule Freiburg)
Zweitgutachter: Prof. Dr. Martin Heinrich (Universität Bielefeld)
Tag der mündlichen Prüfung: 08.08.2017

Rekonstruktive Bildungsforschung
ISBN 978-3-658-20737-3   ISBN 978-3-658-20738-0   (eBook)
https://doi.org/10.1007/978-3-658-20738-0

Die Deutsche Nationalbibliothek verzeichnet diese Publikation in der Deutschen National-
bibliografie; detaillierte bibliografische Daten sind im Internet über http://dnb.d-nb.de abrufbar.

Gedruckt auf säurefreiem und chlorfrei gebleichtem Papier

Springer VS ist ein Imprint der eingetragenen Gesellschaft Springer Fachmedien Wiesbaden
GmbH und ist Teil von Springer Nature
Die Anschrift der Gesellschaft ist: Abraham-Lincoln-Str. 46, 65189 Wiesbaden, Germany

Danksagung

Forschung, vor allem dann, wenn sie rekonstruktiv vorgeht, ist eine kollektive Leistung. Ohne die gemeinsame Arbeit am Material, wie sie mit meinen Hannoveraner Kolleginnen und Kollegen möglich gewesen ist, wäre diese Studie nicht denkbar. Mein besonderer Dank gilt dabei Fabian Dietrich. Danken möchte ich außerdem all denjenigen, die es mir ermöglicht haben, ihre (Steuerungs-)Praxis zu begleiten und zu analysieren. Dies ist alles andere als selbstverständlich. Hans-Georg Kotthoff, Martin Heinrich und Katharina Maag Merki danke ich für ihr Vertrauen und ihre Geduld – über Jahre hinweg. Schließlich gilt mein Dank der Stiftung Pädagogische Hochschule Freiburg, die durch die Gewährung eines Stipendiums die Entwicklung meines Promotionsvorhabens sehr unterstützt hat.

Wir fragen immer so dumm, weil wir das wissen wollen von Ihnen.
(aus einem Interview der Schulinspektion)

Inhaltsverzeichnis

Abbildungsverzeichnis

1 Steuerung als erziehungswissenschaftliches Thema

Das zentrale Anliegen dieser Studie ist es, Steuerung als pädagogisches Problem zu beschreiben und somit Fragen bildungspolitischer Gestaltung, die in den letzten Jahren insbesondere von der Forschungsperspektive der Educational Governance bearbeitet wurden, in ganz grundlegender Weise erziehungswissenschaftlich zu reformulieren. Um dieses Anliegen nachvollziehbar zu machen, erscheint es zunächst jedoch notwendig, das Thema dieser Studie genauer zu erläutern sowie einige Vorbemerkungen zu seiner Genese zu machen. Denn wenn hier von Steuerung als pädagogischem Problem gesprochen wird, dann handelt es sich dabei nicht um eine These, mit der die Untersuchung begonnen wurde, sondern um die Quintessenz der im Rahmen dieser Studie vorgenommenen empirischen Rekonstruktionen von Steuerungspraktiken im Kontext Neuer Steuerung. Es wird hier also das Ergebnis der Studie zum Ausgangspunkt der Argumentation genommen.

Steuerung als erziehungswissenschaftliches oder sogar pädagogisches Thema zu konzipieren, scheint auf den ersten Blick ein eher gewagtes Unterfangen zu sein. So stellt Berkemeyer, dessen 2010 erschienene Studie zur „Steuerung des Schulsystems" in vielerlei Hinsicht als wegweisend für die Verhältnisbestimmung von Steuerung und Erziehungswissenschaft gelten kann, auf Basis einer Sichtung zentraler Zeitschriftenpublikationen fest,

> „dass dem Steuerungsbegriff noch kein systematischer und kanonischer Stellenwert in der Erziehungswissenschaft zukommt. Die in der *Zeitschrift für Pädagogik* abgedruckten Beiträge machen dies nicht zuletzt dadurch deutlich, dass sie nur auf wenige Forschungsarbeiten und kaum Theorie zurückgreifen (können). Im *Jahrbuch der Schulentwicklung* wird dem Begriff *Steuerung* vor allem seit der Mitte der 90er Jahre eine gewisse Bedeutung beigemessen. Allerdings findet sich in den Arbeiten eine theoretische Fundierung genauso wenig wie eine systematische Ausarbeitung des Begriffs für die Erziehungswissenschaft" (S. 19; Hervorhebungen im Original).

Fasst man diese Ausführungen zusammen, dann wird deutlich, dass das Konzept der Steuerung weder in der klassischen Pädagogik noch in der sich seit den 1960er-Jahren etablierenden Erziehungswissenschaft von nennenswerter Relevanz ist. Berkemeyer arbeitet heraus, dass der Steuerungsbegriff lange lediglich am Rande der Diskurse zur Schulentwicklung, Schultheorie und Bildungsökonomie auftaucht, theoretisch und begrifflich jedoch unbestimmt bleibt. Auch dort, wo er verwendet wird, fehlen sowohl eine allgemeine theoretische Fundierung als auch eine Ausarbeitung des Steuerungsthemas speziell für die Erziehungswissenschaft. Steuerung ist historisch und systematisch betrachtet also weder ein pädagogisches noch ein erziehungswissenschaftliches Thema. Mit der Educational Governance hat sich im Zuge der Debatte um die Modernisierung des Schulsystems „nach PISA" mittlerweile aber eine erziehungswissenschaftliche Forschungsrichtung etabliert, die sich theoretisch und empirisch mit Fragen der Steuerung bzw. Governance des Bildungssystems befasst (vgl. z.b. Altrichter et al. 2007a; Heinrich 2007; Rürup 2007; Langer 2008; Altrichter und Maag Merki 2010b; Wacker et al. 2012; Rürup und Bormann 2013; Maag Merki et al. 2014).[1] Hier stellt sich jedoch die Frage, inwieweit es sich bei dieser Forschungsperspektive überhaupt um eine erziehungswissenschaftliche Perspektive handelt und nicht lediglich um eine Übertragung sozialwissenschaftlicher Theorien und Fragestellungen auf pädagogische Handlungsfelder. Tatsächlich speist sich die Educational Governance überwiegend aus soziologischen, politik- und verwaltungswissenschaftlichen Theoriebeständen (vgl. Berkemeyer 2010, S. 88). Sie wird in den sie begründenden Texten nicht als explizit erziehungswissenschaftliche Theorie, sondern als Forschungsperspektive konzipiert, die bewusst interdisziplinär angelegt ist, so beispielsweise bei Altrichter und Maag Merki (2010a): „Governance-Studien beziehen unterschiedliche theoretische Ansätze in die eigenen Analysen mit ein. Sie sind damit für verschiedene sozialwissenschaftliche Theorieansätze offen" (S. 27). Die Frage, was die erziehungswissenschaftliche Governanceforschung eigentlich zu einer *Educational* Governance macht, bleibt in diesen Texten unbeantwortet. Das Label verweist zunächst einmal lediglich darauf, dass im Rahmen dieser Forschungsperspektive Governanceforschung in der Erziehungswissenschaft betrieben wird bzw. Governanceprozesse insbesondere in Bezug auf das Schulsystem untersucht werden. „Das Pädagogische" scheint in dieser Forschungsperspektive insofern häufig nur noch ein Anwendungsbereich zu sein, über den allgemeine Fragen politischer und administrativer Steuerung verhandelt werden. Es verwundert daher kaum, dass die Educational Governance auch als Ausdruck einer gesteigerten „Verso-

---

[1]   Als Beginn der Institutionalisierung der Governanceforschung in der Erziehungswissenschaft kann die Gründung der Arbeitsgruppe Schul-Governance im Jahr 2005 angesehen werden (vgl. http://www.school-governance.com/2608.html; zugegriffen: 19. Oktober 2017).

zialwissenschaftlichung" der erziehungswissenschaftlichen Disziplin interpretiert wird, durch die nicht mehr nur die klassische Pädagogik empirisch gewendet, sondern die so entstandene Erziehungswissenschaft quasi „entpädagogisiert" wird, da das Pädagogische nicht mehr der zentrale Gegenstand governanceanalytischer Studien zu sein scheint. Eine solche Argumentation deutet sich auch bei Berkemeyer an:

> „In der Tradition der Pädagogik bzw. Erziehungswissenschaft ist die Verwendung des Begriffs *Steuerung* [...] relativ neu. Historisch betrachtet wurden Fragen der Steuerung des Schulsystems eher unter dem Begriff der *Schulreform* gefasst. In Dokumenten der Reformpädagogik kann dies differenziert nachgelesen werden. Reformdiskurse, so kann pointiert festgehalten werden, rücken Inhalte ins Zentrum und betrachten Verfahren der Reform eher als rachrangig. Studien zur Steuerung hingegen fokussieren auf Verfahren und verhandeln Inhalte eher am Rande. Ein Grund hierfür mag eine Verschiebung der verwendeten Bezugsdisziplin sein. Denn ganz gleich, wie unscharf diese Beobachtung ist, so kann zumindest mit einiger Gewissheit festgestellt werden, dass mit der Hinwendung zum Steuerungsbegriff eine sozialwissenschaftliche gegenüber einer immanent pädagogischen Perspektive den Vorrang bekommt. Die Gründe hierfür sind vielfältig, angefangen bei einer grundsätzlichen Öffnung der Pädagogik gegenüber ihren sozialwissenschaftlichen Nachbardisziplinen, der damit verbundenen zunehmenden Nutzung sozialwissenschaftlicher Forschungsmethoden bis hin zur Wahrnehmung einer Krise pädagogischer Theoriebestände für die Beschreibung aktueller Themenfelder" (2010, S. 13; Hervorhebungen im Original).

Das „fremdelnde" Verhältnis von Steuerungsthema und Pädagogik bzw. Erziehungswissenschaft wird hier durch zwei Argumente plausibel erklärt: Zum einen rücke die Beschäftigung mit Steuerungsfragen Verfahren und nicht Inhalte in den Fokus. Bildungspolitische Debatten in der Erziehungswissenschaft setzten dagegen in der Regel nicht an der Form der Steuerung des Schulsystems, sondern an konkreten Reformkonzepten an, d.h., diskutiert würden Inhalte von Reformen und nicht Modi und Verfahren bildungspolitischer und bildungsadministrativer Steuerung. Zum anderen seien erziehungswissenschaftliche Studien zur Steuerung durch eine „Verschiebung der verwendeten Bezugsdisziplin" und damit durch eine Abkehr von einer „immanent pädagogischen Perspektive" gekennzeichnet, die auf eine allgemeine „Krise pädagogischer Theoriebestände" verweise.

Dass erziehungswissenschaftliche Studien, die sich mit Fragen der Steuerung bzw. Governance des Schulsystems beschäftigen, häufig nicht genuin „pädagogisch" argumentieren, soll hier gar nicht bestritten werden. Hinterfragt werden soll aber die Zwangsläufigkeit, die dieser Entwicklung bei Berkemeyer zumindest implizit zugeschrieben wird. Diese Vorstellung einer tendenziellen Unvereinbarkeit von Steuerungsfragen und Erziehungswissenschaft hat m.E. ihren Ursprung in der spezifischen Konzeption von Steuerung einerseits und Pädagogik andererseits, die sich in der zitierten Argumentation andeutet, wahrscheinlich aber symptomatisch für erziehungswissenschaftliche Diskussionen im Allgemeinen ist. Pointiert formuliert wird in dem obigen Zitat argumentiert, dass Steuerung deshalb nicht in den traditionellen disziplinären Aufgabenbereich der Erziehungswissenschaft fällt, weil es dabei um Verfahren und nicht um Inhalte gehe. Gleichzeitig wird die Hinwendung zu Verfahrensfragen als Entpädagogisierung der Erziehungswissenschaft konzipiert. Steuerung erscheint somit als rein technisches Verfahren, das unabhängig vom Gegenstand der Steuerung ist, und das Pädagogische als reiner Inhalt ohne soziale Form. „Zweckrationalität" und „Wertrationalität" scheinen sich hier also relativ unversöhnlich gegenüberzustehen. In einer solchen Perspektive kann das Pädagogische dann tatsächlich nur noch als ein beliebiger Anwendungsbereich von Steuerung und die Thematisierung von Steuerungsfragen in der Erziehungswissenschaft lediglich als Entpädagogisierung der Erziehungswissenschaft konzipiert werden. Die hier vorliegende Studie versucht demgegenüber jedoch eine andere Argumentation: Der These von der Entpädagogisierung der Erziehungswissenschaft durch die Thematisierung von verfahrensorientierten Steuerungsfragen wird die These einer Pädagogisierung von Steuerung im Kontext Neuer Steuerung gegenübergestellt. Argumentiert wird, dass – gerade *wenn* man die aktuelle Schulsystemsteuerung als Verfahren betrachtet – die Bedeutung von pädagogischen *Praktiken* für das Steuerungsgeschehen deutlich wird. Die These von der Entpädagogisierung der erziehungswissenschaftlichen Disziplin durch die Hinwendung zu Fragen politisch-administrativer Steuerung würde insofern den eigentlichen Charakter moderner Steuerung verfehlen. So postulierte bereits Gramsci (1983), dass „jede Hegemoniebeziehung notwendigerweise eine pädagogische Beziehung" (S. 257) sei.

Die hier vorliegende Studie versteht sich also trotz ihres Gegenstandes als genuin erziehungswissenschaftliche Arbeit, die an der Schnittstelle von Educational Governance und Allgemeiner Erziehungswissenschaft angesiedelt ist. Sie will einen Beitrag zu der von Berkemeyer geforderten Ausarbeitung des Steuerungsbegriffs für die Erziehungswissenschaft leisten, wobei es jedoch weniger darum geht, einen erziehungswissenschaftlichen Steuerungsbegriff zu entwickeln, als vielmehr darum, die Perspektive der Educational Governance radikal erziehungswissenschaftlich zu denken: Über die empirisch fundierte Figur einer

Pädagogisierung von Steuerung werden die bildungspolitische bzw. bildungsadministrative Gestaltung des Schulsystems als erziehungswissenschaftliches Thema reformuliert und dazu nicht nur, aber auch explizit pädagogische Theoriebestände genutzt. Wenn hier die Relevanz dieser Theoriebestände für die wissenschaftliche Bearbeitung aktueller Themen betont wird, dann bedeutet das jedoch nicht, dass eine genuin pädagogische Perspektive gegen eine sozialwissenschaftliche Erziehungswissenschaft profiliert oder eine Konkurrenz zwischen erziehungswissenschaftlichen und sozialwissenschaftlichen Zugängen heraufbeschworen werden soll, die im Zweifel eher kontraproduktiv ist. Dies würde schon allein deswegen zu kurz greifen, weil die im Rahmen dieser Studie vorgenommene Operationalisierung und Interpretation des Pädagogischen in strenger Auslegung selbst als zu sozialwissenschaftlich kritisiert werden könnte. Es geht hier stattdessen darum durchzuspielen, was es bedeuten kann, Steuerungsfragen erziehungswissenschaftlich zu betrachten und dabei zu zeigen, dass pädagogische Theoriebestände für die Beschreibung aktueller Fragestellungen der Schulsystemsteuerung durchaus einen heuristischen Wert haben. Plädiert wird hier insofern für eine Perspektive, die man als pädagogische Erziehungswissenschaft bezeichnen könnte, d.h., für eine sozialwissenschaftlich informierte Erziehungswissenschaft, die jedoch „das Pädagogische" nicht aus den Augen verliert.

Den Ausgangspunkt für diese Überlegungen bildete die Frage, wie Wissen im Rahmen des bildungspolitischen Steuerungsparadigmas, das im Laufe der 1990er-Jahre in Deutschland sukzessive an Bedeutung gewann und in den Jahren nach dem „PISA-Schock" zum bildungspolitischen Leitprogramm wurde, generiert und organisiert wird. Dieses Steuerungsprogramm wird im deutschsprachigen Raum für gewöhnlich als Neue Steuerung bezeichnet, wobei dieser Terminus in der Regel als Synonym für das Konzept des New Public Managements gebraucht und verstanden wird (zum Konzept des New Public Managements vgl. z.B. Schedler und Proeller 2011). Die Fragestellung der Studie ergab sich dabei aus dem zentralen Stellenwert, der der evaluativen Generierung von Evidenzen im Rahmen dieses Steuerungsprogramms zugeschrieben wird, ein Umstand, der ihr auch die Beinamen evidenz- oder evaluationsbasierte Steuerung eingebracht hat (vgl. z.B. van Ackeren et al. 2011; Böttcher et al. 2009; Altrichter und Heinrich 2006). Eine solche „neue", evidenzbasierte Schulsystemsteuerung beruht auf der Vorstellung, dass über die Generierung und Verbreitung von Informationen über die Leistungen des Schulsystems eine Rationalisierung und Effektivierung der Schulsystemsteuerung möglich sei (vgl. Dietrich und Lambrecht 2012, S. 58; Altrichter und Heinrich 2006, S. 57). Bildungspolitische und bildungsadministrative Entscheidungen sollen auf Basis empirisch gewonnener Evidenzen getroffen werden, d.h., wissenschaftlich fundiert oder doch zumindest datengestützt erfolgen. Gleiches gilt für die Akteure auf Ebene der Einzelschule; auch Schulleitungen und Lehrer/innen sind angehalten, ihr Handeln an empirischen Ergebnissen aus internen und externen Evaluationen, Lernstandserhebungen und Vergleichsarbeiten zu orientieren (vgl. KMK 2006). Es wird daher auch von einer „Verwissenschaftlichung" (Rürup 2008, S. 470) der Schulsystemsteuerung im Kontext Neuer Steuerung gesprochen. Die Neue Steuerung steht insofern u.a. für eine „empirische Wende" (z.b. Lange 1999, S. 144) in der Bildungspolitik hin zu einer *evidence based policy* (z.b. Heinrich 2010).

Innerhalb des soeben skizzierten Steuerungsprogramms kommt Evaluationsinstrumenten wie der Schulinspektion, an deren Beispiel die Argumentation dieser Studie entwickelt wird, eine Schlüsselrolle zu (vgl. Altrichter und Heinrich 2006). Über sie sollen die benötigten Evidenzen sowohl für Bildungspolitik und Bildungsverwaltung als auch für die schulischen Akteure gewonnen werden. Wenn dieses im Kontext Neuer Steuerung erzeugte „Steuerungswissen" wissenschaftlich thematisiert wird, dann geschah dies zumindest anfänglich überwiegend in der Logik des Neuen Steuerungsprogramms. Das heißt, es wurde und wird in Anlehnung an die Diskussion um das Verhältnis von (erziehungs-)wissenschaftlichem Wissen und (pädagogischem) Handlungswissen (z.B. Drerup und Terhart 1990; Dewe et al. 1992; Heid und Harteis 2005) danach gefragt, inwiefern und unter welchen Bedingungen die erzeugten Daten für die schulische und politisch-administrative Handlungspraxis nutzbar gemacht werden können. Diskutiert wird, inwiefern Evaluationswissen überhaupt anschlussfähig an die schulische bzw. administrative Praxis ist, inwieweit die Akteure im Schulsystem kompetent mit evaluativ erzeugten Daten und Informationen umgehen können, welche Evidenzen sie in welcher Form nutzen und wie Evaluationsergebnisse aufbereitet werden müssen, damit sie in der Praxis „verwendet" werden können (vgl. z.B. Rürup 2008; Brüsemeister und Eubel 2008b; Posch 2009; van Ackeren et al. 2013; Racherbäumer, Funke et al. 2013; Maier, Ramsteck und Frühwacht 2013). Pointiert formuliert wird diskutiert, wie realistisch eine evidenzbasierte Steuerung ist und was ggf. getan werden müsste, um sie zu realisieren. Nicht in den Blick genommen wird dagegen der Entstehungszusammenhang dieser Evidenzen. Auf dieses Desiderat reagiert die hier vorliegende Studie, in deren Mittelpunkt dementsprechend nicht die programmimmanente Frage nach der Verwendung und Verwendbarkeit des im Rahmen Neuer Steuerung erzeugten „Steuerungswissens" steht, sondern die Frage nach den (impliziten) Regeln der Erzeugung und Organisation von Wissen bzw. Wissensbeständen im Kontext Neuer Steuerung. In den Fokus rückt somit die Praxis des Evaluierens und damit zusammenhängend die governanceanalytische Frage nach dem eigentlichen, d.h., empirisch vorfindbaren Modus der Handlungskoordination im Kontext Neuer Steuerung (vgl. Altrichter et al. 2007b, S. 9–10). Dieser Modus wird im Rahmen dieser Studie zwar als wissens-, aber nicht unbedingt als evidenzbasiert konzipiert. Ausgangspunkt dieser Studie ist also nicht die Annahme, dass die aktuelle Schulsystemsteuerung vorrangig durch eine evidenzbasierte Handlungskoordination gekennzeichnet ist, sondern der Modus der Handlungskoordination im Kontext Neuer Steuerung wird als empirisches Desiderat der governanceanalytischen Forschung zur Neuen Schulsystemsteuerung reformuliert.

Ausschlaggebend für diese spezifische Ausrichtung der Studie war die Art und Weise, in der im Rahmen der Einführung von Schulinspektionen befragte Lehrer/innen von ihren Erfahrungen im „Erstkontakt" mit dem neuen Instrument berichteten. So beschrieb eine Lehrperson ihre Erlebnisse während eines Interviews, das während einer Schulinspektion mit ihr und weiteren Kolleg/inn/en geführt wurde, folgendermaßen:

> „So eine Frage hat ja auch eine gewisse Wirkung. Allein, dass man danach fragt, heißt ja, dass es für möglich gehalten wird, dass es da ist oder es sogar erwartet. Die Auswahl der Fragen kann schon eine Erwartungshaltung zeigen. Wenn viele Fragen immer wieder in die Richtung gehen, ob Strukturen da sind, dann bekommt man schon mit, dass eine Struktur erwartet wird" (Kotthoff et al. 2008, S. 65).

Was hier berichtet wird, scheint zunächst nicht recht zum soeben skizzierten Programm einer evidenzbasierten Steuerung zu passen. Diesem zufolge müssten die Interviews der Schulinspektion, auf die sich die Lehrperson in diesem Zitat bezieht, als Datenerhebungsinstrumente fungieren, d.h., in erster Linie auf die Generierung „objektiver" Daten über den Ist-Zustand der Schule ausgerichtet sein. In der Schilderung der Lehrperson ist jedoch der Soll-Zustand der Schule dominant, d.h., die Interviews haben ihr allein durch die Fragen, die gestellt wurden, ein Bild dessen vermittelt, wie die Schule sein soll, genauer gesagt: was in Bezug auf diese Schule extern „für möglich gehalten wird". Die Interviews scheinen also nicht nur der Generierung von Daten *über* die Schule zu dienen, sondern auch der normativen Intervention *in* die Schule, durch die die Schule und die in ihr tätigen Lehrer/innen in einer bestimmten Weise *entworfen* werden. Tatsächlich ist es so, dass im Schulinspektionsdiskurs die Generierung von Evidenzen nur eine der Funktionen des Instruments darstellt. Darüber hinaus werden eine Reihe weiterer Funktionen diskutiert (vgl. z.B. Maritzen 2006, S. 8–9), zu denen neben der Initiierung von Schulentwicklungsprozessen und der Kontrolle bzw. Rechenschaftslegung der inspizierten Schulen auch eine sogenannte „normierende Funktion" (Burkard 2005, S. 89–90) zählt. Diese besagt, dass Schulinspektionen immer auch ein Vehikel für den Transport von Standards und Qualitätsvorstellungen darstellen. Sie messen also nicht einfach nur die schulische Prozess- oder Outputqualität, sondern liefern im wahrsten Sinne des Wortes auch einen Input, d.h., über sie werden aktuelle Vorstellungen „guter Schule" vermittelt. Mithilfe dieser normierenden Funktion von Schulinspektionen scheinen sich auch die Erfahrungen der oben zitierten Lehrperson adäquat theoretisch rahmen zu lassen.

Die diese Studie anleitende Fragestellung nach der Art und Weise der Generierung und Organisation von Wissen im Kontext Neuer Steuerung setzt nun genau an dieser Überschneidung von Erkenntnisgenerierung und Normierung im Instrument der Schulinspektion an, d.h., sie fragt letzten Endes nach dem Verhältnis von Evidenzen und Normen im Kontext Neuer Steuerung. Dabei ist es jedoch nicht das Ziel der Studie nachzuweisen, dass Datenerhebungen im Kontext Neuer Steuerung aufgrund einer „unzulässigen" Vermischung von Funktionen nicht den Anforderungen wissenschaftlicher Vorgehensweisen genügen. Die Frage nach den impliziten Regeln der Erzeugung und Organisation von Wissen und damit nach dem Verhältnis von Evidenzen und Normen im Kontext Neuer Steuerung fragt vielmehr grundlegend danach, *wie* im Kontext Neuer Steuerung gesteuert wird und welche Herausforderungen mit einer solchen Steuerung verbunden sind, *ohne* dass dabei die Evidenzbasierung der Schulsystemsteuerung als Motor ihrer inneren Logik vorausgesetzt wird. Diese Logik gilt es stattdessen empirisch zu rekonstruieren.

Um diese innere Logik Neuer Steuerung zu rekonstruieren, setzt die Studie an der für dieses Steuerungsprogramm zentralen Praxis des Evaluierens an. Ihre empirische Grundlage stellen Aufzeichnungen von eben solchen Inspektionsinterviews dar, von denen die oben zitierte Lehrperson berichtet. Im Anschluss an zentrale Konzepte der Educational Governance fokussieren die Analysen auf die in diesen Interviews beobachtbare Handlungskoordination zwischen Inspektor/inn/en einerseits und Lehrer/inne/n andererseits, wobei davon ausgegangen wird, dass die in der spezifischen *Face-to-Face*-Interaktion der Interviews etablierte soziale Ordnung mit der allgemeinen Strukturlogik der untersuchten Neuen Schulsystemsteuerung – dem sogenannten „Governance-Regime" (Altrichter und Heinrich 2007, S. 73–74) – korrespondiert. Die grundlegende Frage nach der Art und Weise der Generierung und Organisation von Wissen im Kontext Neuer Steuerung wurde dabei folgendermaßen ausdifferenziert:

- Welche *Praktiken der Handlungskoordination* lassen sich über die untersuchten Schulinspektionsinterviews rekonstruieren? Insbesondere: Wie werden Wissensbestände im Rahmen der Interviews organisiert? Was bedeutet dies für die Generierung des für eine evidenzbasierte Schulsystemsteuerung zentralen „Steuerungswissens"?
- Welche *Interaktionsprobleme* sind in den Inspektionsinterviews zu beobachten? Wie werden diese Interaktionsprobleme von den Beteiligten *bearbeitet*?
- Welche *soziale Ordnung* wird von den Beteiligten in der Interviewsituation interaktiv etabliert?
- In welchem *Verhältnis* stehen die rekonstruierten Praktiken der Handlungskoordination und die darüber etablierte soziale Ordnung in den Inspektionsinterviews zum Programm einer evidenzbasierten Neuen Schulsystemsteuerung?

Die Stoßrichtung dieser Fragestellungen, die die konkrete Analyse der Schulinspektionsinterviews angeleitet haben, macht bereits deutlich, dass sich die Rekonstruktion der Strukturlogik der Neuen Steuerung im Rahmen dieser Studie an praxistheoretischen Ansätzen orientiert (vgl. Reckwitz 2003). Rekonstruiert wird also, welche Form der Schulsystemsteuerung praktisch über das Instrument der Schulinspektion etabliert wird. Auf dieser Ebene der sozialen Praxis lässt sich dann auch zeigen, dass die rekonstruierten Praktiken der steuerungsbezogenen Handlungskoordination Strukturhomologien zu pädagogischen Praktiken aufweisen. Die „Datenerhebung" im Kontext von Schulinspektionen lässt sich auf dieser Wirklichkeitsebene als spezifische Steuerungs*praxis* beschreiben, die weniger der wissenschaftlich-systematischen Generierung objektiver Daten über

den Ist-Zustand der inspizierten Schulen als vielmehr der formalen und inhaltlichen Re-Organisation von Wissensbeständen der befragten Lehrer/innen entlang
normativer Vorgaben dient. Die Verwendung pädagogischer Praktiken und pädagogischer Adressierungen auf Seiten der Inspektor/inn/en verweist dabei auf
ein zentrales Interaktionsproblem in den untersuchten Interviews der Inspektion,
nämlich die mangelnde Passung im Sprechen über Schule. Dieses wird mit der
situativen Etablierung einer pädagogischen Ordnung versucht zu bearbeiten.
Dass dies notwendig ist, verweist wiederum auf den intervenierenden Charakter
Neuer Steuerung: Diese setzt ein Selbstverständnis von Schule als pädagogischer
Handlungseinheit voraus, das für die schulischen Akteure jedoch nicht selbstverständlich ist. Pointiert formuliert, werden die Lehrer/innen in den Schulinspektionsinterviews mit einem normativen Entwurf ihrer selbst konfrontiert, den sie
zum Zeitpunkt der Interviews jedoch nicht oder nur teilweise verinnerlicht haben. Dadurch ist die Interaktion zwischen Inspektor/inn/en und Lehrer/inne/n
situativ durch ein klassisches pädagogisches Grundparadox gekennzeichnet, das
Benner folgendermaßen beschrieben hat: „[…] den Zu-Erziehenden zu etwas
aufzufordern, was er noch nicht kann, und ihn als jemanden zu achten, der er
noch nicht ist, sondern allererst vermittels eigener Selbsttätigkeit wird" (Benner
1987, S. 71). Entscheidend für die Plausibilität der im Rahmen dieser Studie
entwickelten Argumentation wird sein zu zeigen, dass sich diese typisch pädagogische, paradoxale Adressierung in der Interaktion zwischen Inspektor/inn/en
und Lehrer/inne/n reproduziert, ohne dabei die affirmative Grundhaltung zum
Pädagogischen, die aus Benners Worten spricht, in unangemessener Weise auf
den empirischen Gegenstand der Analyse zu übertragen. Dass Steuerung im
Rahmen dieser Studie als pädagogisches Problem beschrieben wird, bedeutet also nicht, dass für eine unbegrenzte Übertragung pädagogischer Strukturlogiken
auf unterschiedlichste soziale Bereiche plädiert wird.

Aufbau und Anlage der Studie

Im Zentrum dieser Studie steht die konversations- bzw. gesprächsanalytische
Rekonstruktion von Frage-Antwort-Sequenzen in Schulinspektionsinterviews,
über die die These einer Pädagogisierung von Steuerung im Kontext der aktuellen Schulsystemsteuerung empirisch hergeleitet wird. Diesem empirischen Teil
der Studie sind drei Kapitel vorangestellt, die die Rekonstruktionen sowohl ge-

genstandstheoretisch als auch forschungslogisch einbetten. In diesen ersten Kapiteln wird die Argumentation der Studie bereits voll entfaltet. Es handelt sich insofern um einen theoretisierenden Vorgriff auf das Ergebnis der Analysen, was für rekonstruktive Untersuchungen eine eher ungewöhnliche Darstellungsweise ist. Diese vorgreifende Logik dient jedoch allein der stringenten Entwicklung der Argumentation und der besseren Nachvollziehbarkeit der Analyseergebnisse. In ihr reproduziert sich insofern das Darstellungsproblem einer zirkulären Forschungspraxis, die jedoch linear präsentiert werden muss.

Im *Kapitel 2* wird zunächst ein Überblick über den Forschungsstand zum Steuerungsinstrument der Schulinspektion gegeben, das den empirischen Gegenstand dieser Studie darstellt. Im Zentrum stehen dabei Ansätze, die sich auf Modi der Handlungskoordination im Kontext der Schulinspektion beziehen. Unterscheiden lassen sich hier drei Diskurse: Studien, die die Schulinspektion als rationalen Diskurs konzipieren, Studien, die die Schulinspektion als Instrument der Disziplinierung verstehen, und Ansätze, die evaluative Verfahren allgemein in den Kontext einer neoliberalen Regierungsrationalität einbetten. An diesen letzten Diskurs schließt auch die Argumentation dieser Studie an. Dazu wird zunächst die adäquate Beschreibung des Modus der Handlungskoordination im Kontext entwicklungsorientierter Schulinspektionssysteme als Desiderat abgeleitet und dieser dann im Anschluss an den Regierungsdiskurs als pädagogische Regierung reformuliert.

Vor diesem Hintergrund wird in *Kapitel 3* eine Gegenstandsbestimmung vorgenommen, die an das im zweiten Kapitel herausgearbeitete Desiderat anschließt und gleichzeitig die rekonstruktive Logik des empirischen Teils dieser Studie vorwegnimmt: Die Schulinspektion wird im Rahmen dieser Studie als Antwort auf ein zentrales Strukturproblem der Neuen Schulsystemsteuerung gefasst, das darin besteht, die Selbstbeschreibung schulischer Akteure so zu modifizieren, dass sie zum „neuen" Führungsstil des politisch-administrativen Systems passt. Die pädagogischen Vermittlungsleistungen im praktischen Vollzug der Schulinspektion richten sich demzufolge auf die Initiierung jener schulischen Lernprozesse, auf die das aktuelle Modell der Schulsystemsteuerung angewiesen ist.

Das sich anschließende *Kapitel 4* dient dann der forschungslogischen Einordnung der Studie. Dazu wird die Studie zunächst innerhalb einer Rekonstruktiven Governanceforschung verortet. Anschließend wird das methodische Vorgehen skizziert. Zentral ist hier die Verortung der Studie im Bereich der praxistheoretischen Ansätze, die sowohl für das Verständnis des verwendeten Steuerungsbegriffs als auch für die Operationalisierung des Pädagogischen im Rahmen dieser Studie von Bedeutung ist. Der praxistheoretische Ansatz ermöglicht es, das untersuchte Interaktionsgeschehen als Versuch einer gezielten Beeinflussung schulischer Praxis zu konzipieren, ohne dass dabei davon ausgegangen werden muss, dass die rekonstruierten pädagogischen Praktiken Ausdruck einer intentionalen Steuerungsstrategie sind. Die eigentliche Analyse der Interviewinteraktion erfolgt mithilfe der ethnomethodologischen Konversationsanalyse, die es erlaubt, Methoden und generative Prinzipien, über die eine soziale Ordnung interaktiv und lokal produziert wird, zu rekonstruieren. Diese „Ethnomethoden" bilden die Bausteine, aus denen sich die zu rekonstruierenden spezifischen Praktiken der Handlungskoordination im Kontext der untersuchten Schulinspektionsinterviews zusammensetzen. Im Rahmen dieser Studie werden Steuerungspraktiken also über Gesprächspraktiken rekonstruiert, wobei dazu methodisch auf ein sequenzanalytisches Vorgehen zurückgegriffen wird. Abschließend wird erläutert, wie „das Pädagogische" im Rahmen dieser Studie operationalisiert wird, d.h., was unter pädagogischen Praktiken verstanden wird. Die Herausforderung besteht dabei darin, ein Konzept des Pädagogischen zu entwickeln, das die rekonstruierten sozialen Praktiken einerseits trennscharf als pädagogische Praktiken beschreibbar macht und andererseits anschlussfähig an die der empirischen Analyse zugrundeliegenden praxistheoretischen Ansätze ist, also nicht handlungstheoretisch argumentiert. Die Überlegungen müssen daher auch die Diskussionen um die empirische Beobachtbarkeit des Pädagogischen berücksichtigen. Vor diesem Hintergrund wird das Pädagogische im Rahmen dieser Studie über das von K. Prange entwickelte Konzept des pädagogischen Zeigens operationalisiert.

Das *Kapitel 5* beinhaltet dann die empirischen Rekonstruktionen zur Interaktion in den untersuchten Schulinspektionsinterviews. Sie bilden das Kernstück dieser Studie. Dazu wird zunächst ein Überblick über die Makrostruktur der Schulinspektionsinterviews gegeben, d.h., über die sie verbindenden Abläufe, Elemente und Besonderheiten. Es schließen sich vier ausführlich dokumentierte Rekonstruktionen unterschiedlicher Frage-Antwort-Sequenzen an, über die die These einer Pädagogisierung von Steuerung im Kontext einer Neuen Schulsystemsteuerung empirisch entwickelt wird. Der erste Fall dient dabei der Rekonstruktion des zentralen Interaktionsproblems, das bereits als Notwendigkeit der

Herstellung einer Passung im Sprechen über Schule beschrieben wurde. Mithilfe der drei folgenden Fälle werden dann unterschiedliche pädagogische Figuren rekonstruiert, mit denen die Gesprächsbeteiligten versuchen, dieses Interaktionsproblem interaktiv zu bearbeiten.

In *Kapitel 6* wird das Verhältnis von Steuerung und Pädagogik noch einmal abschließend betrachtet und dabei insbesondere danach gefragt, was genau es bedeutet, wenn die aktuelle politisch-administrative Schulsystemsteuerung in einem durchaus engen Sinne als „pädagogische Regierung" gedacht wird. Dazu werden die Ergebnisse der empirischen Rekonstruktionen des Kapitels 5 in die übergreifende sozialwissenschaftliche Diskussion um eine Pädagogisierung gesellschaftlicher Verhältnisse eingeordnet. Im Zentrum der diesbezüglichen Überlegungen steht die Frage nach der (gesellschaftlichen) Bedeutung der regressiven Form der Widerständigkeit, die sich in den untersuchten Schulinspektionsinterviews auf Seiten der befragten Lehrer/innen beobachten lässt.

2 Neue Modi der Handlungskoordination: Die Schulinspektion im Spiegel erziehungswissenschaftlicher Forschung

In der Einleitung wurde bereits ausgeführt, dass die hier vorliegende Studie an der Schnittstelle von Educational Governance und Allgemeiner Erziehungswissenschaft angesiedelt ist. Mit der Educational Governance teilt sie zum einen den Gegenstandsbereich, der sich als „Steuerung im Bildungssystem" umreißen lässt, und zum anderen die spezifische Perspektive auf diesen Gegenstandsbereich. Neben den intendierten und nicht-intendierten Wirkungen von Steuerungsprozessen interessieren die erziehungswissenschaftliche Governanceforschung vor allem die *Modi der Handlungskoordination*, durch die die Schulsystemsteuerung gekennzeichnet ist. Hintergrund hierfür ist der Anspruch dieser Forschungsperspektive, die Komplexität gesellschaftlicher Gestaltung in angemessener Weise zu berücksichtigen. Zu ihren wichtigsten Prämissen gehört es deshalb, sich von naiven Steuerungskonzepten, d.h., von Konzepten, die explizit oder implizit auf Vorstellungen einer linear-hierarchischen Steuerbarkeit gesellschaftlicher Teilsysteme durch staatliche Akteure beruhen, abzugrenzen (vgl. Altrichter und Maag Merki 2010a; Dietrich 2014, S. 201–205). Stattdessen wird die Komplexität der Handlungskoordination zwischen unterschiedlichen gesellschaftlichen Teilsystemen und deren Akteuren betont, die bei der Erforschung von Phänomenen (bildungs-)politischer Gestaltung entsprechend zu berücksichtigen sei. Vielzitiert ist hier eine Formulierung von Benz, der das neue Steuerungsverständnis der Governanceperspektive folgendermaßen beschreibt:

> „Steuerung und Kontrolle sind nicht einseitige Tätigkeiten einer zuständigen Institution (etwa des Staates), sondern Prozesse der Interaktion zwischen kollektiven Akteuren, wobei zwischen Steuerungssubjekt und Steuerungsobjekt nicht mehr eindeutig unterschieden werden kann" (Benz 2004, S. 25).

In der Educational Governance werden Steuerungsfragen dementsprechend als „Probleme der Handlungskoordination zwischen Akteurkonstellationen in einem Mehrebenensystem" (Altrichter et al. 2007b, S. 10) reformuliert. Dabei wird davon ausgegangen, dass diese Handlungskoordination durch system- und akteurspezifische Eigenlogiken (vgl. Altrichter und Maag Merki 2010a, S. 17–18), Prozesse der Rekontextualisierung, d.h., der eigenlogischen Aneignung und Transformation von (staatlichen) Steuerungsimpulsen (vgl. ebd., S. 19), sowie durch transintentionale Handlungsfolgen (vgl. ebd., S. 19–20) geprägt ist, also durch „Nebenfolgen", die sich quasi „aus der Interaktionsdynamik gleichsam ‚unter der Hand' [ergeben]" (ebd., S. 26). Erklärtes Ziel governanceanalytischer Studien ist es dabei, Aussagen zu sogenannten *Governance-Regimen* zu treffen, also Studien zu erstellen, die

> „die formgebenden Prinzipien und Muster der Handlungskoordination in einem Bereich oder Handlungssektor heraus[]arbeiten und [...] zeigen, wie die Handlungskoordination in einem spezifischen gesellschaftlichen System durch spezifische Relationierungen (= Handlungen) von Akteuren und Strukturen aufgebaut, aufrechterhalten und transformiert wird" (ebd., S. 24).

Damit ist die Governanceperspektive hinsichtlich der Modi der Handlungskoordination im Mehrebenensystem Schule gegenüber klassischen Steuerungskonzepten durch eine *Offenheit* gekennzeichnet (vgl. Dietrich 2014, S. 209), die es letzten Endes auch ermöglicht, Steuerung als pädagogisches Phänomen zu beschreiben.

Das im nächsten Kapitel skizzierte Modell einer Neuen Schulsystemsteuerung, das verstärkt im Anschluss an die PISA-Debatte im deutschen Schulsystem implementiert wurde, kann als Ausgangspunkt für die Etablierung einer erziehungswissenschaftlichen Governanceforschung betrachtet werden (vgl. Berkemeyer 2010, S. 86–89). Entsprechend befassen sich viele der bereits vorliegenden governanceanalytischen Studien mit Instrumenten und Fragen einer Neuen Schulsystemsteuerung (vgl. z.B. Heinrich 2007; Rürup 2007; Brüsemeister und Eubel 2008b; Altrichter und Maag Merki 2010b; Maag Merki 2010; Heinrich et al. 2011; Arbeitsgruppe Schulinspektion 2016). Auch in dieser Studie wird mit der Schulinspektion ein Steuerungsinstrument untersucht, das eng mit einer solchen Neuen Steuerung des Schulsystems verknüpft ist. Das evaluative Prinzip, das den Schulinspektionen zugrunde liegt, gilt als Schlüsselphänomen der aktuellen Schulsystemsteuerung, d.h., es wird davon ausgegangen, dass in ihm deren Wesen in besonders verdichteter Form zum Ausdruck kommt (vgl. Altrichter und Heinrich 2006). Es verwundert daher kaum, dass die Schulinspektion zu den meistuntersuchten „neuen" Steuerungsinstrumenten gehört. Anfänglich standen dabei v.a. die intendierten und nicht-intendierten Wirkungen des Instruments im Vordergrund, die in evaluativ angelegten Studien untersucht wurden (für einen

Überblick vgl. Husfeldt 2011; Böttcher und Keune 2010; Lambrecht und Rürup
2012). Die hier vorliegende Studie wendet sich dagegen den Modi der Handlungskoordination im Kontext der Schulinspektion und damit den Steuerungsprozessen zu, die im Fokus der governanceanalytischen Perspektive stehen.
Entsprechend geht es in diesem Kapitel darum, die bereits vorliegenden erziehungswissenschaftlichen Studien zur Schulinspektion im Hinblick auf die durch
sie transportierten bzw. in ihnen diskutierten Modi der Handlungskoordination
zu systematisieren und den Ansatz der hier vorliegenden Studie zu ihnen ins
Verhältnis zu setzen. Dabei werden auch Studien und Ansätze berücksichtigt, die
sich nicht explizit auf die governanceanalytische Perspektive beziehen. Ausschlaggebend ist vielmehr, inwiefern sie einen Beitrag zu der hier im Vordergrund stehenden Frage nach der Form der Handlungskoordination im Kontext
Neuer Steuerung, speziell im Schulinspektionskontext, leisten.

Um die Ausführungen zu den Modi der Handlungskoordination besser nachvollziehen zu können, werden im Folgenden zunächst ein Überblick über den
Ablauf und die zentralen Elemente einer Schulinspektion gegeben sowie die verschiedenen Funktionen skizziert, die mit dem Instrument verbunden werden
(2.1). Die Ausführungen beziehen sich dabei vorrangig auf die Ausgestaltung
des Instruments in den deutschen Bundesländern. Vor diesem Hintergrund werden dann drei Argumentationslinien hinsichtlich des Modus der Handlungskoordination im Kontext von Schulinspektionen unterschieden: Die erste Argumenta-
tionslinie konzipiert die Schulinspektion als Teil eines rationalen Diskurses
zwischen Bildungsadministration und Einzelschule (2.2), die zweite deutet sie
im Anschluss an Ansätze von M. Foucault als Instrument der schulischen Disziplinierung (2.3). Ergänzt werden diese beiden Positionen um Ansätze, die sich
in der Regel auf evaluative Verfahren im Allgemeinen beziehen und diese ebenfalls im Anschluss an Foucault als Teil einer neoliberalen Regierungsrationalität
beschreiben (2.4). Abschließend werden die vorliegenden Befunde zur Handlungskoordination im Kontext von Schulinspektionen noch einmal zusammengefasst und im Hinblick auf die im Rahmen dieser Studie verfolgte Argumentation
reflektiert (2.5). Diese setzt bei der auch im Regierungsdiskurs vorfindbaren
Konzeption von Schulinspektionen als „Schnittstellenphänomenen" an, reformuliert die vorrangige Aufgabe des Instruments jedoch als pädagogische Vermittlung zwischen schulischer Fremd- und Selbstführung.

2.1 Ablauf, Elemente und Funktionen der Schulinspektion in Deutschland

Nachdem Schulinspektionen[2] in Deutschland lange keine systematische Rolle in der Regulierung des Schulsystems gespielt haben, wurde das Instrument in den 2000er-Jahren flächendeckend in allen deutschen Bundesländern eingeführt. Die Einführung dieses Steuerungsinstruments gilt dabei als bildungspolitische Antwort auf die „Krise der Schulaufsicht", der nach dem unterdurchschnittlichen Abschneiden der deutschen Schüler/innen bei der PISA-Studie im Jahr 2000 eine „durchschlagende Wirkungslosigkeit" insbesondere in Bezug auf „inhaltliche Qualitätsdimensionen von Unterricht und Schule" attestiert wird (Maritzen 2008, S. 88). Während die Schulaufsicht also für die „alte" bürokratische Aufsicht über die Einzelschule steht, werden Schulinspektionen als evidenzbasierte Steuerungsinstrumente im Rahmen einer Neuen Schulsystemsteuerung konzipiert. Allerdings wurden die Schulaufsichten durch die Schulinspektionen nicht ersetzt. Mit dem Aufkommen der Inspektionen wird in Deutschland vielmehr eine Doppelstruktur schulischer Kontrolle installiert; die traditionelle Schulaufsicht und die neuen Schulinspektionen existieren seitdem nebeneinander.[3]

Unter einer Schulinspektion wird in Deutschland in erster Linie die externe Evaluation einer Schule nach festgelegten Kriterien verstanden. In Anlehnung an eine Formulierung von Maritzen (2006) wird das Instrument häufig auch als „Inaugenscheinnahme" (S. 7) von Einzelschulen umschrieben. Der Terminus rekurriert auf den Umstand, dass den Kern des Verfahrens ein mehrtägiger Schulbesuch der Inspektor/inn/en bildet, während dessen sich diese ein Bild von der Schule machen, das sie verschriftlichen und der Schule anschließend „zurückspiegeln". Der Begriff der Inaugenscheinnahme transportiert insofern den „Blick von außen" (z.B. LS 2015, S. 8), der je nach Auslegung aufklärerische (s. Kapitel 2.2) oder panoptische (s. Kapitel 2.3) Züge annehmen kann. Der Ablauf einer Schulinspektion lässt sich dabei in drei Phasen gliedern, genauer ge-

---

[2] Die Bezeichnung des Instruments variiert von Bundesland zu Bundesland, wobei „Externe Evaluation" die am häufigsten gewählte Bezeichnung zu sein scheint (für einen Überblick vgl. z.B. Döbert et al. 2008). Daneben existieren jedoch auch die Begriffe Schulinspektion (BE, HH, NI), Fremdevaluation (BW), Schulvisitation (BB) oder Qualitätsanalyse (NW). Wenn kein spezifisches Verfahren gemeint ist, wird das Instrument in dieser Studie vereinheitlichend als Schulinspektion bezeichnet.

[3] Das Verhältnis von Schulaufsicht und Schulinspektion wird im Rahmen dieser Arbeit allenfalls am Rande thematisiert, lohnt aber einer eigenständigen Betrachtung (vgl. z.B. Lohmann und Reißmann 2007; Füssel 2008; Brüsemeister, Gromala et al. 2016; Heinrich 2017).

sagt in die Zeit *vor* dem Schulbesuch durch die Inspektor/inn/en, *während* des Schulbesuchs und *nach* dem Schulbesuch.[4]

Schulinspektionen werden in Deutschland nicht unangekündigt durchgeführt. Allerdings variiert die Vorlaufzeit von Bundesland zu Bundesland; in manchen Inspektionssystemen beträgt sie lediglich sechs bis acht Wochen, in anderen werden die Schulen u.U. bereits im Schuljahr zuvor über die anstehende Inspektion informiert. Unabhängig vom genauen Zeitpunkt der Ankündigung findet im *Vorfeld* einer Schulinspektion in der Regel jedoch zunächst ein Vorgespräch zwischen der (erweiterten) Schulleitung der zu inspizierenden Schule und den zuständigen Inspektor/inn/en statt. Dabei steht die Organisation des Schulbesuchs im Vordergrund; gelegentlich wird auch eine Evaluationsvereinbarung aufgesetzt. Da viele Inspektionsmodelle mittlerweile zwischen Pflicht- und Wahlpflichtbereichen unterscheiden, muss in einem solchen Fall die genaue Inspektionsvariante abgesprochen werden. Einen weiteren wichtigen organisatorischen Punkt stellen die Auswahl der Schulstunden für die Unterrichtsbeobachtungen sowie die Auswahl der Interviewpartner/innen der Inspektor/inn/en dar. Diese Auswahl nimmt in der Regel die Schulleitung anhand vorgegebener Kriterien vor; in manchen Inspektionssystemen findet auch eine Zufallsauswahl statt. Alle Inspektionsmodelle fordern im Vorfeld der Schulinspektion außerdem eine Reihe schulischer Dokumente an. Dazu gehören Output-Daten wie z.B. Wiederholungs- und Abbrecherquoten und die schulbezogenen Ergebnisse der zentralen Lernstandserhebungen, aber v.a. auch Unterlagen, die die Schulentwicklung und das schulische Qualitätsmanagement dokumentieren, also z.B. das Schulprogramm, das schulische Leitbild, schulspezifische Curricula oder die Ergebnisse interner Evaluationen. In vielen Bundesländern gehört zur Schulinspektion darüber hinaus eine standardisierte Vorab-Befragung unterschiedlicher schulischer Akteursgruppen (vgl. Abbildung 1 auf der folgenden Seite). Manche Verfahren sehen auch eine Selbsteinschätzung der Schule im Vorfeld des Schulbesuchs vor, die dann während des Verfahrens mit den Eindrücken der Inspektor/inn/en abgeglichen wird.

---

[4]   Für einen vergleichenden Überblick über Ablauf, Vorgehensweise und Elemente der Schulinspektionssysteme in den einzelnen Bundesländern in den ersten Jahren der Implementation vgl. insbesondere Döbert et al. 2008, Rürup 2008 sowie Bos et al. 2007. Einen zentralen Zugriff auf die aktuellen Konzeptionen der Schulinspektionssysteme in den einzelnen Bundesländern bietet der Deutsche Bildungsserver: http://www.bildungsserver.de/Schulevaluation-und-Schulinspekti on-in-den-Laendern-2652.html. Zugegriffen: 06. Mai 2016.

Ihre Einbindung in die Schule Ihrer Tochter/Ihres Sohnes

Bitte geben Sie an, wie gut Sie durch die Schule in das schulische Geschehen eingebunden werden.

An der Schule meiner Tochter/meines Sohnes wurde ich bisher dazu aufgefordert ...	Bitte kreuzen Sie je Zeile nur ein Kästchen an.			
	sehr selten oder nie	selten	oft	sehr oft
	--	-	+	++
12 ■ Ausflüge und/oder Exkursionen zu begleiten.	◯	◯	◯	◯
13 ■ selbst pädagogische Angebote (z.B. Kurse oder AGs) zu gestalten.	◯	◯	◯	◯
14 ■ den Schülerinnen und Schülern meinen Beruf vorzustellen.	◯	◯	◯	◯
15 ■ individuelle Fördermaßnahmen (z. B. durch die Mitarbeit an Konzepten zur Leseförderung) aktiv zu unterstützen.	◯	◯	◯	◯

Abb. 1:   Vorab-Fragebogen für Eltern (vgl. Institut für Bildungsmonitoring und Qualitätsentwicklung Hamburg 2015, o.S.)

Der *Schulbesuch* durch die Inspektor/inn/en stellt den eigentlichen Kern des Inspektionsverfahrens dar. Dazu hält sich ein Team von Inspektor/inn/en mehrere Tage an der zu inspizierenden Schule auf. Feste Bestandteile eines solchen Schulbesuchs sind ein Schulhausrundgang, Unterrichtsbeobachtungen sowie Interviews mit der Schulleitung, mit einer Auswahl von Lehrer/inne/n, Schüler/inne/n und Eltern und ggf. mit Vertreter/inne/n des pädagogischen Personals, z.B. der Schulsozialarbeit. Der Unterricht wird von den Inspektor/inn/en mithilfe von Beobachtungsbögen bewertet (vgl. Abbildung 2 auf der folgenden Seite); die Interviews sind in der Regel leitfadengestützte Gruppeninterviews. In manchen Bundesländern werden die schulischen Akteure während des Schulbesuchs direkt und relativ umfangreich zu den evaluierten Qualitätskriterien befragt; in anderen werden Interviews lediglich ergänzend zu den schriftlichen Befragungen und den Unterrichtsbeobachtungen eingesetzt oder dienen v.a. dazu, Auffälligkeiten und Unklarheiten zu thematisieren.

Inspektor/in Stellenzeichen	VI C	Schulnummer			Datum			Anzahl Pädagogen		L	E	A
Stunde		Stundenteil	A	M	E	Raum	K	F	Schülerzahl IST		davon verspätet	
Abteilung Bildungsgang		Jahrgangsstufe				fachlicher Mangel	J	N	vorherrschende Sozialform (max. 2)	F	EA	PA	GA

Fach / Fachgruppe

WAT	Wirtschaft, Arbeit, Technik	K	Künste (BK/Musik/DS)	VU	Vorfachlicher Unterricht
BO	Berufsorientierung	M	Mathematik	FP	Fachpraxis (OSZ)
D	Deutsch	NW	Naturwissenschaften	FT	Fachtheorie (OSZ)
FS	Fremdsprachen	SP	Sport	LF	Lernfeldunterricht (OSZ)
GW	Gesellschaftswissenschaften	SU	Sachunterricht	SAS	Schülerarbeitsstunden
IT	Informationstechnischer Unterricht			SON	Sonstiges

PC vorh. J N

genutzte Medien (bitte ankreuzen)

1 Computer als Arbeits/Präsentationsmittel	9 Nachschlagewerke, z.B. Duden, Tabellen etc.
2 OHP	10 Fachbuch/Lehrbuch
3 interaktives Whiteboard	11 Ergänzende Lektüre
4 visuelle Medien	12 Plakat, Flip-Chart, Pinnwand
5 Audiomedien	13 Haptische Medien
6 Tafel/Whiteboard	14 Fachrequisiten, Demonstrationsgegenstände, Karten, Modelle, Taschenrechner, Werkzeuge, Maschinen, Sportgeräte
7 Heft/Hefter	
8 Arbeitsblätter, Aufgabenblätter	

wesentliche Elemente/ Aktivitäten im Unterricht (bitte ankreuzen)

1 Lehrervortrag/Lehrerpräsentation	12 Entwerfen
2 Anleitung durch die Lehrkraft	13 Untersuchen
3 Fragend-entwickelndes Gespräch	14 Experimentieren
4 Schülervortrag/Schülerpräsentation	15 Planen
5 Brainstorming	16 Konstruieren
6 Diskussion/Debatte	17 Produzieren
7 Bearbeiten neuer Aufgaben	18 Kontrollieren von (Haus-) Aufgaben
8 Stationenlernen/Lernbuffet	19 Üben/Wiederholen
9 Kompetenzraster	20 Bewegungs-/Entspannungsübungen
10 Lerntagebuch/Portfolio	21 Lernspiele, Planspiele
11 Tagesplan/Wochenplan	

Unterrichtsbedingungen   ++ + – #

2.2.1 Lehr- und Lernzeit
* o Der Unterricht beginnt pünktlich bzw. endet nicht vorzeitig (bezogen auf Anfangs- und Endsequenzen).
o Der Anteil an Warte- und Leerlaufzeiten für die Schüler/innen ist gering.
o Der Anteil der sachfremd verwendeten Lehr- und Lernzeit ist gering.

2.2.2 Lern- und Arbeitsbedingungen
o Die Raumgestaltung (auch die Sitzordnung) ist alters- und bedarfsgerecht.
* o Die Lehrkraft sorgt unter den gegebenen räumlichen Bedingungen für eine förderliche Lernumgebung.
o Die Lehrkraft stellt Lehr- und Lernmaterialien in ausreichender Anzahl zur Verfügung.

2.2.3 Strukturierung und transparente Zielausrichtung
* o Die Unterrichtsschritte sind nachvollziehbar und klar strukturiert.
o Die Lehrkraft gibt Hinweise zum Unterrichtsverlauf
o und zu den Unterrichtszielen.
o Das Erreichen von Unterrichtszielen wird reflektiert.
o Arbeitsanweisungen sind stimmig und eindeutig formuliert (wenig Verständnisnachfragen).

2.2.4 Kooperation des pädagogischen Personals
o Es ist erkennbar, dass Lehrkräfte bzw. Lehrkräfte und Erzieher/innen nach Absprache handeln.
o Lehrkräfte und Erzieher/innen nutzen die gemeinsame Unterrichtszeit effizient.

2.2.5 Verhalten der Schülerinnen und Schüler im Unterricht
* o Sie gehen freundlich miteinander um.
o Sie stören nicht den Unterricht.
o Niemand wird ausgegrenzt.

2.2.6 Pädagogisches Klima im Unterricht
* o Die Lehrkraft sorgt für eine angstfreie Lernumgebung.
o Die Ansprache an die Lernenden ist respektvoll und wertschätzend.
o Die Lehrkraft geht fair mit allen Schüler/innen um.
o Der Führungsstil der Lehrkraft ist partizipativ.
o Die Lehrkraft reagiert erzieherisch angemessen auf Regelverstöße bzw. es gibt keine.

2.2.7 Leistungs- und Anstrengungsbereitschaft
o Diese werden individuell gefördert.
o Die Leistungsanforderungen sind transparent
o Die Leistungsanforderungen sind erfüllbar.
* o Die Leistungsanforderungen sind herausfordernd.

Abb. 2:   Unterrichtsbeobachtungsbogen (nach Schulinspektion Berlin 2012, S. 20)

Die inhaltliche Grundlage sowohl für die „Datenerhebung" im Rahmen der Schulinspektion als auch für die abschließende Bewertung der Schule bildet der jeweils für das Bundesland gültige Qualitätsrahmen zur Schulqualität (vgl. Abbildung 3). Diese Qualitätstableaus können zwar in Aufbau und Ausgestaltung variieren, umfassen in der Regel jedoch zumindest die folgenden Aspekte: (a) Unterricht, (b) Schulführung, (c) Professionalität der Lehrkräfte, (d) Schulkultur/Klassenklima, (e) Qualitätsmanagement, (f) schulische Außenbeziehungen. Manche Inspektionssysteme integrieren außerdem outputbezogene Kriterien in den Qualitätsrahmen; andere haben ihr Qualitätstableau um bildungspolitisch aktuelle Themen wie beispielsweise die Inklusion erweitert.

1 Ergebnisse der Schule	2 Unterricht, Lehr- und Lernprozesse	3 Schulkultur	4 Schulmanagement	5 Professionalisierung und Personalmanagement	6 Ziele und Strategien der Qualitätsentwicklung
1.1 Schulleistungsdaten und Schullaufbahn	2.1 Schulinternes Curriculum und Abstimmung des Lehr- und Lernangebots	3.1 Beteiligung der Schülerinnen und Schüler und der Eltern	4.1 Schulleitungshandeln und Schulgemeinschaft	5.1 Personalentwicklung und Personaleinsatz	6.1 Evaluation schulischer Entwicklungsvorhaben
1.2 Methoden- und Medienkompetenzen	2.2 Unterrichtsgestaltung/Lehrerhandeln im Unterricht: Unterrichtsprofil	3.2 Soziales Klima und soziales Lernen in der Schule	4.2 Schulleitungshandeln und Qualitätsmanagement	5.2 Arbeits- und Kommunikationskultur im Kollegium	6.2 Fortschreibung des Schulprogramms
1.3 Schulzufriedenheit und Schulimage	2.3 Systematische Unterstützung, Förderung und Beratung	3.3 Gestaltung der Schule als Lebensraum	4.3 Verwaltungs- und Ressourcenmanagement		6.3 Umgang mit erheblichem Entwicklungsbedarf
		3.4 Kooperationen	4.4 Unterrichtsorganisation		
Ergänzende Qualitätsmerkmale					
E.1 Förderung der Sprachkompetenz	E.2 Ganztagsangebot	E.3 Duales Lernen	E.4 Lernfeld	E.5 Schulprofil	
E.6 Inklusion	E.7 Staatliche Europaschule Berlin	E.8 Demokratieerziehung	E.9 Unterrichtsentwicklung/ Unterrichtsbezogenes Qualitätsmanagement		

Abb. 3:   Referenzrahmen zur Schulqualität (vgl. Schulinspektion Berlin 2012, S. 6)

Alle vor und während des Schulbesuchs gesammelten Daten werden von den Inspektor/inn/en in einer auf den jeweiligen Qualitätsrahmen bezogenen Matrix gesammelt. Die Bewertung der Schule entlang der evaluierten Qualitätskriterien erfolgt dann in der Regel *nach dem Schulbesuch* im Team, wobei die Vorgehensweise in dieser „Auswertungsphase" unterschiedlich stark standardisiert sind (vgl. zur Bewertungspraxis der Schulinspektion Sowada und Dedering 2014; Sowada 2015). Das Inspektionsteam verfasst dann abschließend einen

schriftlichen Bericht, in dem die Ergebnisse der Inspektion in Bezug auf die evaluierten Qualitätskriterien aufgeschlüsselt werden. Neben Textblöcken, in denen
die Stärken und Schwächen der Schule zusammengefasst und die Bewertungen
der Inspektor/inn/en erläutert werden, enthält der Bericht eine tabellarische
Übersicht, in der die inspizierte Schule in Bezug auf jedes der evaluierten Qualitätskriterien auf einer mehrstufigen Skala bewertet wird (vgl. Abbildung 4).

Qualitätsbereich 4: Führung und Schulmanagement		
14. Die Schulleitung unterstützt und sichert den Aufbau eines funktionsfähigen Qualitätsmanagements		
Quellen	Kriterien	Wertung
DE, SL, AL, L, FBL	14.1 Die Schulleitung sorgt für einen Konsens hinsichtlich des gemeinsamen Verständnisses von gutem Unterricht.	
DE, SL, AL, L, FBL	14.2 Die Schulleitung sichert und entwickelt die Unterrichtsqualität und überprüft diese regelmäßig.	
DE, SL, AL, L	14.3 Die Schulleitung dokumentiert übersichtlich alle Unterlagen, die über die Qualität von Schule und Unterricht Auskunft geben.	
DE, SL, AL, L, FBL	14.4 Verantwortungen für Prozesse und Entscheidungen werden seitens der Schulleitung delegiert.	
SL, AL, L, FBL	14.5 Ansätze eines Personalentwicklungskonzepts sind erkennbar.	
SL, AL, L	14.6 Die Schulleitung fördert kollegiale Unterrichtsbesuche.	
gewichteter Mittelwert		
Gesamtwertung: 4 ☐ 3 ☐ 2 ☐ 1 ☐		

Abb. 4:   Bewertungsprofil (vgl. Ministerium für Bildung, Jugend und Sport Brandenburg 2008, S. 36)

In vielen Bundesländern erhalten die Schulen außerdem Handlungsempfehlungen. Der Fokus der Bewertung liegt dabei immer auf der Ebene der Einzelschule, d.h., es findet keine individuelle Bewertung von Lehrpersonen statt. Die Lehrer/innen, deren Unterricht von den Inspektor/inn/en beobachtet wird, erhalten dementsprechend auch keine individuelle Rückmeldung zu ihrer Unterrichtspraxis, wie dies beispielsweise bei Lehrproben der Schulaufsicht üblich ist. Häufig lassen die Inspektor/inn/en der Schulleitung zunächst einen vorläufigen Bericht zukommen, den diese auf formale Korrektheit prüft. Die endgültige Berichtsfassung wird dann der Schulleitung und in der Regel auch der Schulaufsicht übermittelt; in manchen Bundesländern erhält auch der Schulträger ein Exemplar. Die Schulleitungen sind außerdem angehalten, den Inspektionsbericht schulöffentlich zu machen. In vielen Bundesländern ist darüber hinaus eine offizielle Präsentation der Ergebnisse durch das Inspektionsteam, z.B. in der Schulkonferenz, vorgesehen. Damit ist die Arbeit des Inspektionsteams beendet. Die Aufarbeitung der Inspektionsergebnisse bzw. die Umsetzung der ggf. empfohlenen Maßnahmen erfolgt in Abstimmung zwischen Schule und Schulaufsicht. In den meisten Bundesländern sind dazu Zielvereinbarungen vorgesehen.

Die deutschen Schulinspektionen sind organisatorisch und in der Regel auch personell von der Schulaufsicht – als Inbegriff „alter" schulischer Kontrolle – getrennt (vgl. Rürup 2008, S. 469). *Organisatorisch* sind sie häufig an bestehende oder umgewidmete Landesinstitute angebunden oder als (Unter-)Abteilungen in die Kultusministerien integriert worden; gelegentlich wurden sie auch als eigenständige Institutionen gegründet. Die *Zusammensetzung der Inspektionsteams* variiert zwar von Bundesland zu Bundesland; die Inspektor/inn/en rekrutieren sich jedoch überwiegend aus dem pädagogischen Personal des Schulsystems oder zumindest aus der Schulverwaltung, d.h., sie sind bzw. waren in der überwiegenden Zahl der Fälle selbst Lehrer/innen oder Schulleiter/innen. Oft wird auch versucht, die Inspektor/inn/en gemäß ihrer ursprünglichen Lehrbefähigung einzusetzen, also z.B. (ehemalige) Grundschullehrer/innen in Grundschulen. Dagegen werden nirgends systematisch „Berufs-Evaluatoren" eingesetzt, wie dies beispielsweise bei der Qualitätsagentur OFSTED der Fall ist, die für die englische Schulinspektion verantwortlich ist. Rürup spricht angesichts dieser ausgeprägten „Praxisorientierung" der deutschen Schulinspektionen sogar von einem kollegialen Peer Review (vgl. S. 475). Wenn Personen aus den Schulaufsichten als Inspektor/inn/en tätig sind, dann werden diese in der Regel nicht in den Schulen eingesetzt, für die sie zuständig sind.

Ursprünglich war in allen Bundesländern angedacht, die Schulen in regelmäßigen Abständen erneut zu inspizieren. Meist war hier ein *Inspektionszyklus* von vier bis sechs Jahren vorgesehen. In den Bundesländern, in denen sich die Schulinspektion institutionalisiert und als Verfahren stabilisiert hat, findet mittlerweile die zweite Inspektionsrunde statt bzw. wird diese vorbereitet. In anderen Bundesländern hat sich der Übergang von der ersten zur zweiten Inspektionsrunde jedoch als Sollbruchstelle erwiesen, die dazu genutzt wurde, das Verfahren neu auszurichten, radikal zu reduzieren oder auch ganz abzuschaffen.[5]

Innerhalb des aktuellen Neuen Steuerungsmodells wird den Schulinspektionen eine ganze Reihe von *Funktionen* zugeschrieben. In ihrer ursprünglichen Konzeption dienen sie der Kontrolle und Rechenschaftslegung der im Rahmen einer Politik der Dezentralisierung autonomisierten Einzelschule (vgl. Böttcher und Kotthoff 2007, S. 11). Darüber hinaus steht das Instrument für eine evidenzbasierte Bildungspolitik (vgl. Maritzen 2008, S. 85) und damit für eine Rationalisierung der Schulsystemsteuerung: Das Verfahren soll empirisch fundiertes „Steuerungswissen" sowohl für die Bildungspolitik und Bildungsadministration als auch für die Einzelschule generieren. In Deutschland wird die Schulinspektion verstärkt als Motor der einzelschulischen Schulentwicklung und damit als Quelle und Korrektiv der schulischen Selbststeuerung verstanden (vgl. Husfeldt 2011, S. 263). Mithilfe des Instruments wird außerdem nicht nur die Einhaltung von Standards überprüft, sondern insbesondere auch vermittelt, was als Standard in den Schulen gelten soll. Eine entscheidende Rolle für diese „normierende Funktion" (vgl. Burkard 2005, S. 89–90), die zunehmend in den Blick der For-

---

[5]   Insgesamt ist die Institutionalisierung der Schulinspektion in den deutschen Bundesländern sehr unterschiedlich verlaufen. Während sie sich beispielsweise in Bayern Baden-Württemberg, Berlin, Hamburg, Hessen und Nordrhein-Westfalen recht gut etabliert zu haben scheint, ist sie in anderen Bundesländern weniger stabil. So stand in Niedersachsen, ursprünglich Vorreiter der Schulinspektion in Deutschland, das Instrument bereits vor dem Aus; nach einem Regierungswechsel wurde 2013 dann ein formal völlig neues Verfahren initiiert. In Schleswig-Holstein wurde die Schulinspektion 2009 abgeschafft, soll mittlerweile aber als freiwilliges Verfahren wieder eingeführt werden. In Mecklenburg-Vorpommern wird die Schulinspektion ebenfalls nur noch auf freiwilliger Basis angeboten. In Thüringen wurde das Verfahren Ende 2015 vorläufig ausgesetzt. In jüngster Zeit hat sich außerdem Rheinland-Pfalz dazu entschlossen, die Schulinspektion zum Ende des Schuljahrs 2015/2016 einzustellen. Da es im Rahmen dieser Studie letzten Endes jedoch nicht um das konkrete Instrument der Schulinspektion geht, wird auf diese Veränderungen im Folgenden nicht weiter eingegangen (vgl. aber z.B. Lambrecht 2016b).

schung gerät, spielen die bereits erwähnten Referenzrahmen zur Schulqualität, die den Schulinspektionsverfahren zugrunde liegen und die eng an die von der Schulentwicklungs- und Schuleffektivitätsforschung entwickelten Modelle „guter Schule" angelehnt sind (für einen Überblick vgl. z.B. Bonsen et al. 2008). Mit dem Instrument der Schulinspektion sind also v.a. vier Funktionen verbunden; in Anlehnung an Landwehr (2011) wird zurzeit in der Regel zwischen (a) der Entwicklungsfunktion, (b) der Kontroll- bzw. Rechenschaftsfunktion, (c) der Erkenntnisfunktion und (d) der Normdurchsetzungsfunktion des Instruments unterschieden, wobei die „Förderung einzelschulbezogener Schulentwicklung" (Rürup 2008, S. 470) als vorrangiges Ziel der deutschen Inspektionsmodelle gilt (aktuell z.B. Sowada und Dedering 2016, S. 173; Pietsch et al. 2016, S. 230). Da ein Teil der in den nachfolgenden Kapiteln zitierten Studien sich jedoch auf das englische Schulinspektionsmodell bezieht, werden die deutschen Inspektionsmodelle und das englische Inspektionssystem nun abschließend noch einmal vergleichend gegenübergestellt (für das englische Inspektionssystem vgl. z.B. Kotthoff 2003 und Key 2007, für einen Vergleich des deutschen und des englischen Systems vgl. auch Kotthoff und Böttcher 2010).

Anders als die deutschen „entwicklungsorientierten" Systeme, die zumindest vordergründig vorrangig auf die positive Wirkung eines Datenfeedbacks (vgl. Altrichter 2010) zu vertrauen scheinen, ist die englische Schulinspektion durch sogenannte *High-Stakes*-Elemente geprägt. Die Schulen stehen unter einem hohen Rechenschafts-, Kontroll- und Wettbewerbsdruck und müssen bei wiederholt schlechten Inspektionsergebnissen mit z.T. drastischen Sanktionen rechnen. Hintergrund hierfür ist die bildungspolitische Schaffung eines Schulmarktes (vgl. z.B. Weiß 2001), auf dem den Eltern relativ viel Spielraum bei der Wahl der Schule eingeräumt wird. Die englische Schulinspektion hatte dementsprechend ursprünglich v.a. die Funktion, eine Entscheidungsgrundlage für diese elterliche Schulwahl bereitzustellen. Die Inspektionsergebnisse, die insbesondere auch vom Abschneiden der Schüler/innen in nationalen Vergleichstests abhängen, sind in England daher öffentlich zugänglich; üblich ist außerdem die Erstellung von Schulrankings auf Basis der Inspektionsergebnisse. Schneidet eine Schule bei einer Inspektion unterdurchschnittlich ab, wird sie zunächst wiederholt re-inspiziert. Bei dauerhaft schlechten Inspektionsergebnissen drohen den Schulen darüber hinaus weitreichende Konsequenzen; möglich sind im engli-

schen System beispielsweise der Austausch der Schulleitung oder auch des ganzen Lehrerkollegiums sowie in Extremfällen die Schließung der Schule.[6]
Auch in Deutschland wurden ursprünglich relativ umfassende Zugriffsmög-
lichkeiten auf Schulen mit den neuen Inspektionsverfahren verbunden. So sprechen Bos et al. (2007) davon, dass die Schulinspektion versuche, „Input-, Pro-
zess- und Outputsteuerung miteinander zu verbinden, indem sie z.b. auf die
Schulprogrammarbeit, Ergebnisse schulinterner Parallelarbeiten oder zentraler
Vergleichsarbeiten und die internen Evaluationsbemühungen zurückgreift und
diese in einem umfassenden Bericht integriert" (S. 243). Ähnlich formuliert es
Rürup (2008), der Schulinspektionen als „Verfahren der systematischen evaluativen Bestandsaufnahme der Arbeitsbedingungen, Arbeitsweisen und Arbeitser-
gebnisse der einzelnen Schule" (S. 467) beschreibt. Mittlerweile hat sich jedoch
herauskristallisiert, dass die deutschen Schulinspektionssysteme nicht in dem
Maße auf den schulischen „Output" fokussieren (können), wie dies bei der englischen Schulinspektion der Fall ist.[7] Zwar ist in den meisten deutschen Schulin-
spektionsmodellen auch eine Rückmeldung zu Ergebnissen der Schule vorgesehen, im Mittelpunkt stehen jedoch schulische Prozesse. Statt der Kontrolle des
„Outputs" einer Schule steht in Deutschland also die Initiierung von Schulentwicklungsprozessen im Vordergrund.[8] Da die elterliche Schulwahl in Deutschland nach wie vor deutlich eingeschränkter ist als in England, entfällt im Grunde
auch die Funktion der Herstellung von „Markttransparenz", was jedoch nicht bedeutet, dass die Inspektionsergebnisse von Schulleitungen nicht auch zur Schulprofilierung genutzt werden. Außerdem sind in Deutschland für unterdurchschnittlich abschneidende Schulen über die Verpflichtung zur Umsetzung der

---

[6] Key (vgl. 2007, S. 28) spricht von etwa 12 bis 20 Schulen im Jahr, die in England aufgrund wie-
     derholt schlechter Inspektionsergebnisse geschlossen werden.
[7] Die Evaluation schulischer „Outputfaktoren", insbesondere von Schülerleistungen, ist bislang
     v.a. auch deshalb nur eingeschränkt möglich, weil in den meisten deutschen Bundesländern dazu
     noch die entsprechende Datengrundlage fehlt (vgl. z.B. Diedrich 2015, S. 424).
[8] Gelegentlich wird die Kontrollfunktion in den offiziellen Darstellungen der Schulinspektionen
     aber auch klar benannt, wie z.B. im Fall der Hamburger Schulinspektion: „Als Schulinspektion
     wollen wir Schulen durch unser externes Feedback in ihrer Entwicklung unterstützen. Gleichzei-
     tig tragen wir im Sinne einer Kontrollfunktion zur Gewährleistung von schulischer Qualität bei"
     (http://www.hamburg.de/bsb/schulinspektion/; zugegriffen: 11. Mai 2016]). Insbesondere im
     Fall von Inspektionsmodellen, die wie das ursprüngliche niedersächsische Verfahren eine Nach-
     inspektion für unterdurchschnittlich abschneidende Schulen vorsehen und damit so etwas wie
     „failing schools" (vgl. z.B. Quesel et al. 2013) produzieren, wird die Schulinspektion auch von
     den schulischen Akteuren verstärkt in ihrer Funktion als Kontroll- und Rechenschaftslegungs-
     instrument wahrgenommen (vgl. Dedering et al. 2016; Böhm-Kasper und Selders 2013).

empfohlenen Maßnahmen bzw. zur Behebung der festgestellten Mängel hinaus in der Regel keine Sanktionen vorgesehen.[9] In manchen Bundesländern besteht allerdings ähnlich wie in England die Möglichkeit, im Fall von „Schulen mit erheblichem Entwicklungsbedarf" (Schulinspektion Berlin 2012, S. 17) den zeitlichen Abstand zwischen den Inspektionen zu verkürzen. In Berlin erfolgt eine solche Maßnahme beispielsweise in den folgenden Fällen:

> „1. Schlechte Ergebnisse in Schulleistungsuntersuchungen bleiben ohne schulische Konsequenzen. 2. Es werden Mängel im Schul- bzw. Konflikt- und Beschwerdemanagement festgestellt. 3. Es gibt eine besondere, schulspezifische Problemlage, gegen die keine geeigneten Maßnahmen ergriffen werden. 4. Es gibt gravierende Mängel im Schulleitungshandeln. 5. Der überwiegende Teil der Bewertungen im Unterrichtsbereich lautet ‚C' und ‚D'" (Schulinspektion Berlin 2012, S. 17).

In Niedersachsen wurde unterdurchschnittlichen Schulen im ursprünglichen Verfahren eine sogenannte „Nachinspektion" verordnet; auch im hessischen Verfahren gibt es eine solche Option. Von den Schulen wird dabei erwartet, bis zur Nachinspektion Maßnahmen zur Verbesserung der schulischen Qualität in den unterdurchschnittlichen Bereichen eingeleitet zu haben. Weitere Sanktionsmöglichkeiten gibt es bisher nicht. Ein weiterer Unterschied zum englischen Inspektionssystem ist, dass die Ergebnisse der Schulinspektion in Deutschland in der Regel nicht umfassend veröffentlicht werden. Allerdings haben sich in jüngster Zeit Berlin und Hamburg dazu entschlossen, die Inspektionsberichte der zweiten Inspektionsrunde generell, wenn auch zeitlich verzögert bzw. nur in einer Kurzversion, im Internet einzustellen. Es wird jedoch offiziell keine Rangliste von Schulen erstellt.

In Bezug auf den Vergleich zwischen dem englischen und den deutschen Inspektionssystemen ist an dieser Stelle zunächst einmal also das Folgende festzuhalten: Auch wenn einige deutsche Bundesländer *High-Stakes*-Elemente, wie sie aus dem englischen Inspektionsmodell bekannt sind, in abgeschwächter Form in ihre Inspektionsverfahren integriert haben, erscheint es dennoch sinnvoll, zwischen den deutschen Inspektionsverfahren und der englischen Schulinspektion zu differenzieren. Insbesondere explizit sanktionierende Mechanismen spielen in den deutschen Verfahren eine deutlich geringere Rolle als in England, und auch wettbewerbsorientierte Mechanismen werden durch die politisch-administrative

---

[9]   Ein Austausch der Schulleitung bzw. des gesamten Lehrerkollegiums oder auch die Schließung einer Schule sind in Deutschland, anders als in England, schon allein aufgrund der rechtlichen Verfassung des Schulsystems nicht möglich.

Ebene in der Regel nicht übermäßig forciert. Dagegen wird in Deutschland verstärkt die Bedeutung von Schulentwicklungsprozessen betont und werden entsprechende Erwartungen an die Schulen herangetragen. Während in Deutschland somit zumindest vordergründig auf eine Schulentwicklung durch „Einsicht" vertraut wird (s. Kapitel 2.2), hat die englische Schulinspektion lange v.a. auf eine Politik des „threat and fear" gesetzt (s. Kapitel 2.3).[10]

Damit wäre der Kontext skizziert, innerhalb dessen sich eine Untersuchung von schulinspektionsbezogenen Modi der Handlungskoordination vollzieht. Im Folgenden werden nun drei solcher Modi der Handlungskoordination diskutiert, über die sich das Spektrum der bisherigen Forschung zur Schulinspektion m.E. recht gut abbilden lässt.

2.2 Die Schulinspektion als rationaler Diskurs

Vor allem zu Beginn ihrer Einführung wurden Schulinspektionen in Deutschland in erster Linie als Mittel einer politisch-administrativ betriebenen Rationalisierung der Schulsystemsteuerung diskutiert. Hintergrund hierfür bilden die durch den PISA-Schock verstärkten Bemühungen der Bildungspolitik, ein evidenzbasiertes Bildungsmonitoring zu etablieren (vgl. KMK 2006, 2015). Diese Neuausrichtung der Schulsystemsteuerung wurde von Altrichter und Heinrich (2006) als „evaluationsbasiertes Steuerungskonzept" bezeichnet, das sich aus den folgenden Komponenten zusammensetze: „Bildungsstandards + externe Tests + Schulautonomie der Wege + interne Entwicklungssteuerung durch professionelles Management und Qualitätsmanagement" (S. 55). Ausgehend von der politisch-administrativen Steuerungsprogrammatik, beschreiben die beiden Autoren als ideellen Kern der evaluationsbasierten Steuerung ebenjene Vorstellung einer Rationalisierung der Handlungskoordination durch Evidenzbasierung:

> „Das *Wirkmodell* der vorgeschlagenen evaluationsbasierten Steuerung beruht auf einer Idee der Rationalisierung und Effektivierung der Systemsteuerung auf allen Ebenen des Bildungswesens durch Verbesserung der Informationslage über seine Auswirkungen: Das Handeln der ProtagonistInnen im Bildungssystem würde effektiver und effizienter, wenn ihnen mehr und besseres Steuerungswissen zur Verfügung stünde" (S. 57; Hervorhebung im Original).

---

[10] Mittlerweile wird allerdings auch im englischen Inspektionssystem den internen Schulentwicklungsprozessen eine größere Bedeutung beigemessen (vgl. OFSTED 2011).

Während Altrichter und Heinrich im weiteren Verlauf ihrer Ausführungen deutliche Skepsis bezüglich der Möglichkeiten der Realisierung eines solchen rationalisierenden Steuerungskonzepts äußern, findet speziell im erziehungswissenschaftlichen Schulinspektionsdiskurs zunächst eine eher unkritische Übernahme des politisch-administrativ propagierten Wirkmodells statt: Die Rationalisierung der Handlungskoordination im Mehrebenensystem Schule durch die Generierung von Evidenzen wird hier ihres programmatischen Charakters entkleidet und so als Wirkmechanismus der Schulinspektion „naturalisiert". Damit einher geht eine Verschiebung des Bedeutungsgehalts von „Rationalisierung". Während der Begriff bei Altrichter und Heinrich noch eher ökonomisch konnotiert ist, wird mit ihm im Schulinspektionsdiskurs eine Form der „vernünftigen", symmetrischen Form der Handlungskoordination im Schulsystem verstanden. Typisch hierfür ist eine Klassifikation von schulinspektionsbezogenen Wirkmechanismen durch Böttger-Beer und Koch (2008). Die Autor/inn/en, die selbst maßgeblich an der Konzeption der sächsischen Schulinspektion beteiligt waren,[11] unterscheiden zunächst zwischen drei Entwicklungsmodi externer (Schul-)Evaluation, nämlich (a) Entwicklung über Unterstützung bzw. Sanktionen, (b) Entwicklung über Wettbewerb und (c) Entwicklung über Einsicht. Diesen letztgenannten Modus einer *Entwicklung über Einsicht* reklamieren sie dann als handlungsleitend für das sächsische Inspektionsmodell. Konkret bedeutet das, dass *die Schulinspektion als (quasi-)rationaler Diskurs* zwischen verschiedenen Akteuren des Schulsystems konzipiert wird:

> „Wesentlich ist, dass nach der Berichtsübergabe die Ebene der Erhebung des Ist-Zustandes verlassen wird und man sich auf die Ebene eines diskursiven Aushandlungsprozesses möglichst mit allen an Schule beteiligten Gruppen begibt. Der Diskurs richtet sich auf eine zukunftsorientierte Entwicklung (Was kann verbessert werden?) und nicht auf Rechtfertigung des Vergangenen (Was wurde falsch gemacht und wer ist dafür verantwortlich?). Das gesamte Verfahren der externen Evaluation von der Gestaltung der Prozesse über die Gestaltung des Berichts bis hin zum Auftreten der Evaluatoren ist also auf die Entwicklung über Einsicht gerichtet" (S. 255).

Dieser Wirkmechanismus einer Entwicklung durch Einsicht wird dann beispielsweise von Rürup (2008) übernommen, der ihn auf Basis einer bundesweiten Befragung von ministeriellen Akteuren als *typischen* Modus der Handlungskoordination in deutschen Schulinspektionsverfahren generalisiert:

---

[11]   Diese (auch personelle) Vermischung von administrativer Steuerungs- und wissenschaftlicher Forschungsperspektive kann als typisch für den Schulinspektionsdiskurs angesehen werden (vgl. Lambrecht und Rürup 2012).

„In Deutschland – insbesondere in Sachsen – herrscht jedoch, so Böttger-Beer und Koch (2008), nur ein Wirkmechanismus vor. Deutsche Schulinspektionen sollen vor allem einen Anstoß zur eigenverantwortlichen Schulentwicklung durch Einsicht geben. Dieses theoretische Modell scheint so geeignet, das in Deutschland vorherrschende Konzept zu identifizieren und es gegenüber anderen Ansätzen in anderen Staaten abzugrenzen" (S. 468–469).

Diese „rationale" Modellierung der Handlungskoordination wird durch die im vorangegangenen Kapitel beschriebene „entwicklungsorientierte" Ausrichtung der deutschen Schulinspektionsmodelle begünstigt. Die deutschen Inspektionssysteme scheinen weder übermäßig kontroll- bzw. rechenschaftsorientiert zu sein noch in erster Linie auf Sanktionen oder Wettbewerbsmechanismen zu setzen, sondern vorrangig auf die positive Wirkung eines „Datenfeedbacks" (vgl. Altrichter 2010) zu vertrauen, durch das die Schulen angeregt werden sollen, ihre Praxis zu optimieren und so langfristig die Leistungen ihrer Schüler/innen zu verbessern. Rürup präzisiert die Hauptfunktion von Schulinspektionen in Deutschland dementsprechend als „Förderung von Schulentwicklung durch Einsicht (Konfrontation mit unerwarteten Informationen)" (2008, S. 467). In dieser Konzeption der Schulinspektion werden also die Erkenntnis- und die Entwicklungsfunktion des Instruments gegenüber seiner Kontroll- bzw. Rechenschaftsfunktion betont, wodurch ihm zumindest implizit ein „aufklärerischer" Impetus zugeschrieben wird. Dieser Mechanismus ist auch in das prominenteste schulinspektionsbezogene Wirkmodell eingeschrieben, das sogenannte Ehren-Visscher-Modell (2006), das in Abbildung 5 auf der folgenden Seite dargestellt ist.

Als intendierte Wirkungen der Schulinspektion werden in diesem Modell die Verbesserung von Schülerleistungen bzw. die Schaffung der notwendigen Bedingungen für die Optimierung von Schülerleistungen modelliert. Die Voraussetzung für die Erzielung dieser intendierten Wirkungen stellt zum einen die Akzeptanz der Schulinspektion und ihrer Ergebnisse durch die schulischen Akteure dar. Zum anderen sind dazu „echte" Verbesserungsbemühungen auf Seiten der Schule notwendig, die an die Inspektionsergebnisse anknüpfen. *Die Wirksamkeit der Schulinspektion hängt in diesem Modell also zu einem großen Teil von der rationalen „Einsichtsfähigkeit" der inspizierten Schule in die Ergebnisse der Schulinspektion ab.* Dementsprechend wird im Ehren-Visscher-Modell die Bedeutung von akzeptanzsteigernden Maßnahmen auf Seiten der Schulinspektion betont. Schulische Reaktionen, die eher auf eine vorauseilende bzw. formale

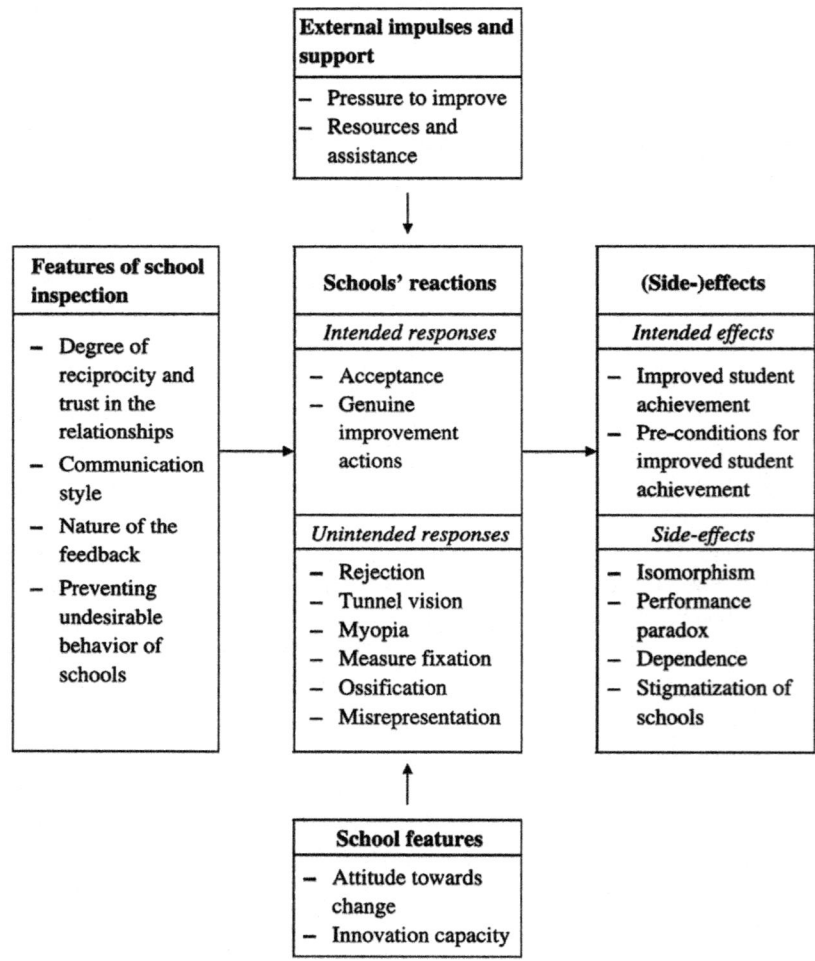

Abb. 5:   Das Ehren-Visscher-Modell (2006, S. 66)

Anpassung an die *Vorgaben* der Schulinspektion hindeuten, werden dagegen als nicht-intendierte Effekte modelliert und damit tendenziell negativ bewertet. Bei ihnen wird angenommen, dass sie einer offenen Haltung und Präsentation der Schule gegenüber der Inspektion und damit einer korrekten empirischen Erfassung des Ist-Standes der Schulqualität entgegenstehen. Zählen soll diesem Modell zufolge also einzig und allein der „zwanglose Zwang der – vermeintlich oder tatsächlich – besseren Evidenz" (Dietrich und Lambrecht 2012, S. 68). Vor diesem Hintergrund gibt es im deutschsprachigen Bereich eine Reihe evaluativ bzw. wirkungsorientiert angelegter Studien zur Schulinspektion, die nach der Wahrnehmung und Akzeptanz des Steuerungsinstruments durch schulische Akteure fragen (vgl. z.B. Sommer 2011; Böhm-Kasper und Selders 2013) und/oder untersuchen, ob die Rückmeldungen der entwicklungsorientierten Schulinspektionen zur Initiierung von Schulentwicklungsmaßnahmen führen (vgl. z.B. Ehren und Visscher 2008; Huber 2008; Gärtner et al. 2009; Pietsch 2011; Schwank und Sommer 2012; Böhm-Kasper et al. 2016). Diese Studien untersuchen also implizit oder explizit, inwiefern das Modell „Schulentwicklung durch Datenrückmeldung" funktioniert.[12] Daneben existieren Studien, die speziell auf die Rezeption von evaluativ generierten Daten durch schulische Akteure fokussieren; die Schulinspektion wird dann in der Regel als ein Verfahren unter anderen untersucht (vgl. z.B. van Ackeren et al. 2013; Wurster et al. 2013; Racherbäumer et al. 2013). Schließlich werden Bedingungen der schulischen Nutzung evaluativ erzeugter Daten diskutiert. Hier liegt beispielsweise ein Ansatz von Rürup (2008) vor, der die deutschen Schulinspektionssysteme im Anschluss an die Wissensverwendungsforschung danach klassifiziert, ob sie die Datenrückmeldung eher als wissenschaftlich-objektives Urteil (Wahrheitsorientierung) oder aber als fallorientiertes Peer Review (Angemessenheitsorientierung) gestalten, und mit diesen unterschiedlichen Formen der Datenrückmeldung unterschiedliche Wirkungserwartungen verknüpft. Aktuell wird innerhalb des schulinspektionsbezogenen Rationalisierungsdiskurses verstärkt auf innerschulische Voraussetzungen für die intendierte Verarbeitung von Schulinspektionsergebnissen fokussiert (vgl. z.B. Pietsch et al. 2016).

Diese wirkungs- und rezeptionsorientierten Ansätze, die empirisch überwiegend quantitativ vorgehen, übernehmen dabei tendenziell die politisch-administrative Steuerungsperspektive, d.h., sie unterstellen den Schulen implizit oder explizit ein qualitatives Defizit und fragen dann danach, ob Schulinspektionen die schulische Qualität „verbessern". Sie gehen außerdem von ähnlichen Rele-

---

[12] Die Untersuchung des Zusammenhangs von Schulinspektionen und Schülerleistungen spielt im deutschsprachigen Bereich bisher eine eher untergeordnete Rolle (vgl Husfeldt 2011; Böttcher und Keune 2010).

vanzsetzungen auf schulischer und Inspektionsseite aus, d.h. davon, dass die schulischen Akteure schulische Prozesse in ähnlicher Weise problematisieren wie die Schulinspektion und die angebotenen Lösungen für die festgestellten Defizite als adäquat empfinden. Governanceanalytisch betrachtet untersuchen sie insofern auch nicht im engeren Sinne den Modus der Handlungskoordination im Kontext von Schulinspektionen, sondern setzen das hier skizzierte rational-vernünftige Wirkmodell als Modus der Handlungskoordination im Kontext von Schulinspektionen voraus. Dieses Modell und damit auch der Wirkmechanismus einer „Entwicklung durch Einsicht in Evidenzen" wird allerdings zunehmend kritisch hinterfragt.

Kritik an der Konzeption von Schulinspektionen als rationalem Diskurs

Altrichter und Heinrich (2006) haben aus governanceanalytischer Perspektive schon recht frühzeitig darauf hingewiesen, dass der in diesem Kapitel skizzierte evidenzbasierte Wirkmechanismus der Schulinspektion auf eher naiven Steuerungsvorstellungen beruht und darüber hinaus logische Lücken aufweist:

> „Die Verwendung des suggestiven Begriffs ‚Steuerungswissen' täuscht vielleicht darüber hinweg, aber solches Wissen steuert weder selbst, noch ist es ein Baustein, der von allen [...] Handelnden umstandslos – und vielleicht auch noch gleichsinnig – aufgegriffen wird. [...] Die Vermittlungsschritte von der Information über die Steuerungshandlungen bis zur Systemwirkung müssten in einem ‚Wirkmodell' plausibilisiert werden; die gegenwärtigen Vorschläge zu einer ‚outputorientierten Steuerung' sind diesbezüglich allerdings höchst lückenhaft" (S. 57).

Auch Husfeldt (2011) verweist implizit auf die Lückenhaftigkeit der Konzeption von Schulinspektion als rationalem Diskurs, wenn sie in Bezug auf das Ehren-Visscher-Modell argumentiert, dass dort die von der Schule einzuleitenden Entwicklungsmaßnahmen quasi „automatisch ohne weitere Einflüsse aus der Akzeptanz hervorzugehen [scheinen]" (S. 270). Schließlich belegen die Ergebnisse der oben zitierten wirkungs- und rezeptionsorientierten Studien selbst die eher theoretische Plausibilität einer Schulentwicklung durch Einsicht in Evidenzen. So resümieren van Ackeren et al. (2013) in Bezug auf die schulische Rezeption der Ergebnisse von Schulinspektionen und Lernstandserhebungen, dass diese „sowohl für Lehrkräfte als auch für Schulleitungen von vergleichsweise geringer

Relevanz zu sein [scheinen]" (S. 69).[13] Dies bedeutet jedoch nicht, dass Schulinspektionen prinzipiell „wirkungslos" sind. Die Frage ist jedoch, *was* an der
Schulinspektion *wie* wirkt, wenn der schulinspektionsbezogene Wirkungsme-
chanismus nicht in erster Linie über die Figur einer Entwicklung durch Einsicht
in Evidenzen beschrieben werden kann.

Die bisher dargestellten rationalisierungskritischen Argumentationen verblei-
ben insofern innerhalb des Rationalisierungsdiskurses, als sie den politisch-
administrativen Akteuren unterstellen, sich tatsächlich an dem skizzierten ratio-
nal-vernünftigen Wirkmodell der Schulinspektion zu orientieren. Kritisiert wird
lediglich die *Naivität dieser Steuerungskonzeption*, ihre praktische Relevanz
wird dagegen nicht prinzipiell in Frage gestellt. Daneben gibt es Argumentationen, die die Bedeutung der generierten Evidenzen und damit der offiziellen Ergebnisse der Schulinspektion für die tatsächliche schulinspektionsbezogene
Form der Handlungskoordination relativieren und stattdessen *Differenzen zwischen (politisch-administrativem) Programm und (Steuerungs-)Praxis*, zwischen
„talk" und „action" (vgl. Brunsson 1989) herausarbeiten. So beschreibt Baltruschat (2010) die bayerische Schulinspektion in Anlehnung an Luhmann (2013)
als „zeremonielles Rollenspiel", durch das die Gleichberechtigung von Inspek-
tor/inn/en und Lehrer/inne/n im Rahmen eines „rationalen Diskurses" lediglich
inszeniert werde, um die Schulinspektion so zu legitimieren. Dietrich (2014)
zeigt anhand einer objektiv-hermeneutischen Fallrekonstruktion, dass auch innerhalb der Schulinspektionen selbst latent andere Formen der Handlungskoordination als die der Rationalisierung qua Evidenzbasierung wirkmächtig sind. In
der rekonstruierten Fallstruktur eines Akteurs der Schulinspektion kommt vielmehr die Vorstellung eines Einwirkens auf die inspizierte Schule qua charismati-
scher Führung zum Ausdruck:

> „Weder Verordnungen noch empirische Daten, sondern Initiationserfahrungen werden hier zum
> Steuerungsmedium. Entsprechend zielt die Schulinspektion weniger auf die Erzeugung von Wis-
> sen über die inspizierten Schulen als vielmehr darauf, diese qua Erleben des Inspektionsbesuchs
> auf den Kopf zu stellen" (S. 219).

Vor allem aber rücken bezüglich der Form der Handlungskoordination zunehmend *Normierungsprozesse* in den Fokus der schulinspektionsbezogenen For-

---

[13]   Insgesamt sind die Befunde zur Wirksamkeit von Schulinspektionen auf die Schulentwicklung
       eher uneindeutig (zuletzt z.B. Böhm-Kasper et al. 2016); gleiches gilt für ihre Wirkung auf
       Schülerleistungen (für England vgl. Cullingford und Daniels 1999; Matthews und Sammons
       2004; Shaw et al. 2003; Rosenthal 2004; für Deutschland vgl. Pietsch et al. 2014).

schung, und zwar unabhängig davon, ob sie eher quantitativ oder qualitativ-rekonstruktiv vorgeht (vgl. hierzu auch Heinrich und Lambrecht i.V.). So haben Dietrich und Lambrecht (2012) aus rekonstruktiver Perspektive gezeigt, dass im Kontext von Schulinspektionen „Evidenzen lediglich Vehikel einer latenten klassisch-hierarchischen Beeinflussung" (S. 68) darstellen oder doch zumindest tendenziell diese Funktion erhalten. Der „aufklärerische" Anspruch der deutschen Schulinspektionen wird so durch normierende Praktiken konterkariert: Der programmatische evidenzbasierte „rationale Diskurs" bekommt in der Praxis eine hierarchisch-normative Schlagseite. Zu einem ähnlichen Ergebnis kommen Altrichter und Kemethofer (2015) auf Basis einer quantitativen Untersuchung in sechs EU-Ländern, die die Ausdifferenzierung des schulinspektionsbezogenen Wirkmodells nach Ehren und Visscher zum Ziel hat. Wirkung erzeugen Schulinspektionen den Autoren zufolge weniger durch die Rückmeldung der Inspektionsergebnisse als durch Normsetzungen (vgl. Jeffrey und Woods 1995), insbesondere dann, wenn zusätzlich „accountability pressure" (Altrichter und Kemethofer 2015, S. 50), also Rechenschaftsdruck, aufgebaut wird. An anderer Stelle werden die Ergebnisse der Studie folgendermaßen zusammengefasst:

> „Datenfeedback klingt wie ein plausibler Mechanismus für die Stimulierung von rationaler Schulentwicklung, doch scheint es deutlich schwieriger als erwartet zu sein, im komplexen Mehrebenensystem den Schulen ein effektives Feedback zu geben. […] Viel wahrscheinlicher ist es aufgrund unserer Daten, dass Inspektionen ihren Haupteffekt vor dem Inspektionsbesuch haben, wenn sich Schulen für die Beurteilung vorbereiten, indem sie Selbstevaluationen durchführen und Entwicklungshandlungen setzen, um die Schule auf eine Linie mit den Inspektionsstandards zu bringen. Das bedeutet, dass die Effekte von Schulinspektion stärker aus ihren präskriptiven Merkmalen denn aus ihren evaluativen abgeleitet werden können, besonders dann, wenn das Inspektionsmodell gravierende Sanktionen für versagende Schulen enthält. In dieser Perspektive werden Schulen durch Inspektionen beeinflusst, indem sie lernen, wie und nach welchen Kriterien sie ihre Prozesse und Ergebnisse evaluieren und wie sie datenbezogene Entwicklungsprozesse orchestrieren sollen. Schulentwicklung ist im Kontext von Schulinspektionen eher ein antizipierender Anpassungsprozess denn eine Konsequenz gesteigerter Einsicht in die eigenen Funktionsweisen aufgrund von Datenrückmeldung […]. Evaluation und Datenfeedback geben einem Vorgang, der im Kern auf normativem Druck und Anpassung beruht, den ‚rationalen Anstrich' der Evidenzbasierung" (Altrichter et al. 2016, S. 316–317).

Statt durch die schulische Einsicht in Evidenzen wirken Schulinspektionen demzufolge also durch die Erzeugung von Anpassungsdruck. Dies bedeutet auch, dass die schulischen Anpassungsprozesse, die im Rahmen des Ehren-Visscher-Modells noch als nicht-intendierte Wirkungen modelliert wurden, nun als Teil des eigentlichen Wirkmechanismus der Schulinspektion angesehen werden (vgl. Lambrecht 2016b, S. 184). Der politisch-administrative Rekurs auf die Evidenzbasierung der Inspektionsergebnisse erscheint dagegen zunehmend als eher legitimatorische Geste bzw. als Teil einer politischen Implementationsstrategie. Das Instrument stellt in dieser Perspektive insofern weniger ein Mittel zur evidenzbasierten Rationalisierung der Schulsystemsteuerung dar als vielmehr eine normative Intervention in einem pseudo-empirischen Setting (vgl. Gilroy und Wilcox 1997).

Während die zuletzt vorgestellten Studien eher auf die *Widersprüchlichkeit von Erkenntnis- und Normierungsfunktion* abheben, gibt es andere Ansätze, die von einem *Zusammenhang zwischen evaluativer Erkenntnisproduktion, Normdurchsetzung und Kontrolle* ausgehen. So konzipiert Ozga (2014) Evidenzen nicht als neutral-objektive Steuerungsmedien, sondern als Mittel zum Zweck, die in unterschiedlichen Steuerungsregimen unterschiedliche Funktionen übernehmen können. Die Normdurchsetzungsfunktion konterkariert in dieser Perspektive nicht die Erkenntnisfunktion der Schulinspektion, sondern Normierung und Erkenntnisgenerierung sind hier eng miteinander verwoben. Die Schulinspektion stellt insofern zwar keinen evidenzbasierten „rationalen Diskurs" dar; nichtsdestotrotz wird die mess- und datenorientierte Vorgehensweise des Instruments als bedeutungsvoll für den schulinspektionsbezogenen Modus der Handlungskoordination angesehen. Auf diesen Zusammenhang von Erkenntnis- und Normdurchsetzungsfunktion haben insbesondere Studien hingewiesen, die das Instrument der Schulinspektion vor dem Hintergrund der Überlegungen Foucaults zur Disziplinarmacht analysieren. Schulinspektionen erscheinen hier nicht mehr als evidenzbasierte „Aufklärungsinstrumente", sondern als wissensbasierte Techniken einer Normalisierung schulischer Praxis.

2.3 Die Schulinspektion als Instrument der schulischen Disziplinierung

Während der im vorangegangenen Kapitel skizzierte Rationalisierungsdiskurs die erziehungswissenschaftliche Diskussion der deutschen Schulinspektionsmodelle verhältnismäßig lange dominiert hat, ist die englische Schulinspektion schon immer kritischer betrachtet worden. Aufgrund der relativ rigiden Ausrichtung des englischen Inspektionssystems standen hier schnell nicht-intendierte Effekte wie Datenmanipulationen (für einen Überblick vgl. Ehren und Visscher 2006), Stressreaktionen (z.B. Ferguson et al. 1999; Perryman 2007) und Deprofessionalisierungserfahrungen (z.B. Jeffrey und Woods 1996) im Vordergrund der Diskussion. Vor allem aber wird die englische Schulinspektion im Anschluss an M. Foucault (1989) immer wieder disziplinartheoretisch analysiert. Bevor näher auf diesen schulinspektionsbezogenen Disziplinierungsdiskurs eingegangen wird, soll das Konzept der Disziplinierung bzw. der Disziplinarmacht kurz erläutert werden.

Unter Disziplinierung fasst Foucault Machtmechanismen, die auf die „Anpassung an heteronome, präskriptive Verhaltensnormen" (Schrage 2008, S. 4126) zielen. Letzten Endes geht es dabei um die Herstellung von Konformität bzw. genauer: um die Herstellung regelkonformen Verhaltens (vgl. Foucault 1989, S. 236). Das Ziel disziplinierender Regime besteht dabei darin, den dazu nötigen Zwang zu internalisieren, also auf eine explizite Ausübung von Zwang verzichten zu können. Dazu bedient sich die Disziplinarmacht v.a. dreier Mechanismen (vgl. ebd., S. 220–250): (a) der „panoptischen", d.h., hierarchisch organisierten und institutionalisierten Dauerbeobachtung, bei der die Beobachteten wissen, dass sie beobachtet werden; (b) der normierenden bzw. normalisierenden Sanktion, d.h., einer „Mikro-Justiz" (S. 230), bei der „alles [strafbar ist], was nicht konform ist" (ebd., S. 231); und (c) der (wiederholten) Prüfung der Einhaltung der Regeln mittels normbezogener Messung, Dokumentation und Vergleich. Der Begriff der Normalisierung bezieht sich dabei auf die korrigierende Stoßrichtung der Disziplinarmacht (vgl. ebd., S. 232); Sanktionen haben hier in erster Linie die Funktion der Reduktion von Abweichungen von der Regel. Ein typischer disziplinierender Strafmechanismus ist beispielsweise die „bestrafende Klassifizierung" (ebd., S. 235), d.h. die wertende Anordnung der Individuen auf Rängen, ihre Aufteilung in „gute" und „schlechte": „Die Reihung wirkt sanktionierend, die Sanktionen wirken ordnend" (ebd., S. 234). In der Prüfung laufen dann alle Mechanismen der Disziplinarmacht zusammen: Sie ist „ein normierender Blick, eine qualifizierende, klassifizierende und bestrafende Überwachung" (ebd., S. 238).

Lemke, Krassmann und Bröckling (2000) zufolge funktioniert die Disziplinarmacht „über den Entwurf eines optimalen Modells und seiner Operationalisierung, das heißt sie setzt Techniken und Verfahren ein, um Individuen an dieser Vorgabe auszurichten und sie daran anzupassen" (S. 13). Foucault entwickelt das Konzept der Disziplinarmacht anhand moderner gesellschaftlicher Institutionen wie dem Gefängnis, der Schule und der Fabrik, die schon allein architektonisch-räumlich darauf ausgerichtet seien, die Individuen zu disziplinieren. Das

„Panopticon", der Entwurf eines „idealen" Gefängnisses, das so gebaut ist, dass es die permanente Beobachtung der Gefangen ermöglicht, ohne dass die Beobachter selbst sichtbar sind, ist denn auch die zentrale Metapher für die Disziplinarmacht: „Daraus ergibt sich die Hauptwirkung des Panopticon: die Schaffung eines bewussten und permanenten Sichtbarkeitszustandes beim Gefangenen, der das automatische Funktionieren der Macht sicherstellt" (Foucault 1989, S. 258). Das Konzept der Disziplinarmacht ist dabei ausgesprochen körperbezogen, d.h., es geht nicht nur um die willentliche Unterwerfung der Individuen, sondern auch um die „Zurichtung" der Individuen und ihrer Körper im Hinblick auf die Erfordernisse der modernen Gesellschaft und ihrer rationalisierten Produktions- und Reproduktionsprozesse. Foucault spricht denn auch immer wieder von „Dressur" (vgl. ebd., S. 232) oder bezieht sich auf Praktiken wie den militärischen Drill (vgl. ebd., S. 242–243). Ziel dieser Dressur ist die Produktion eines funktionierenden Individuums, und dieses funktionierende Individuum ist immer ein „berechnetes", „durchkalkuliertes" Individuum: „Ihr Strafsystem [das der Disziplinarmacht; M.L.] gehört in den Kreislauf der Erkenntnis der Individuen" (ebd., S. 234). In diesem Sinne ist die Disziplinarmacht auch „produktiv" (ebd., S. 250): Sie produziert das Individuum als empirischen Fall, als Element in einer Tabelle. Anders als im Kontext der im nächsten Kapitel diskutierten neoliberalen Regierung vollzieht sich die disziplinierende „Subjektivierung"[14] der Individuen also im Modus ihrer „objektivierenden Vergegenständlichung" (ebd., S. 247).

Wie bereits gesagt, wird der disziplinatorische Charakter von Schulinspektionen insbesondere in Bezug auf das englische Inspektionsmodell diskutiert. Aufgrund dessen rigider Vorgehensweise liegt ein Vergleich mit den von Foucault beschriebenen Mechanismen der Disziplinarmacht hier besonders nahe: Die englische Schulinspektion ist Ausdruck eines gesellschaftlichen Diskurses, der die *Accountability*, d.h., die Rechenschaftspflicht schulischer Akteure in besonderer Weise betont und damit generell darauf zielt, deren „Sichtbarkeit" zu erhöhen; sie stellt eine (Über-)Prüfung von Schulen anhand normativer Kriterien

---

[14]   Der Begriff der Subjektivierung/Subjektivation verweist auf das spezifische Subjekt-Konzept Foucaults: Für Foucault stellt das (mündige) Subjekt nicht die „eigentliche" Wesensform des Menschen dar, die es (pädagogisch) zu entfalten und vor gesellschaftlichen Zugriffen zu schützen gilt, sondern das (mündige) Subjekt ist eine Funktion von Macht. „Macht ist [...] das, was das Subjekt – in seiner je spezifischen historischen und gesellschaftlichen Form – erst hervorbringt, bildet und formt. [...] Es ist Wirkung und nicht Urheber einer gesellschaftlichen Ordnung" (Bublitz 2008, S. 294).

dar, die im Fall ihrer Nicht-Erfüllung auf ein eskalierendes System von Strafen
zurückgreifen kann; sie versucht die schulische Qualität messend und quantifizierend zu erfassen und ermöglicht so die Klassifizierung, den Vergleich und das
öffentliche Ranking von Schulen. In der Folge sind im englischsprachigen Raum
einige Schulfallstudien erschienen, die die Mechanismen und Konsequenzen dieses disziplinierenden Inspektionsregimes auf Schulebene beschreiben. Sie werden im Folgenden exemplarisch anhand einer Studie von Perryman (2006) skizziert (ähnlich z.B. Case et al. 2000; Jeffrey 2002).

Die Autorin nutzt das Konzept der Disziplinierung, um die Wirkungen zu beschreiben, die die Inspektion auf eine englische Schule hat, die aufgrund
schlechter Inspektionsergebnisse „unter besonderer Beobachtung" (*under special
measures*) steht. Im Fall der von Perryman untersuchten Schule entfalten die
oben beschriebenen Mechanismen der Disziplinarmacht aufgrund der speziellen
Situation, in der sich die Schule befindet, ihre volle Wirkung: Die Schule bewegt
sich außerhalb des durch die Inspektion definierten Normbereichs, wird somit als
failing school klassifiziert und dementsprechend einer „normalisierenden", d.h.,
korrigierenden Sonderbehandlung unterzogen. Dazu wird die Schule in einem
kurzen Zeitraum wiederholt re-inspiziert; Perryman berichtet von acht Inspektionen innerhalb von 18 Monaten. Allein schon aufgrund dieser Inspektionsdichte
sieht die Autorin das Kriterium der panoptischen Dauerbeobachtung erfüllt:
„Because there was so little ‚recovery time' between inspections, the staff learnt
to act as if inspection was continuous" (2006, S. 154). Die eng getakteten Re-
Inspektionen führen dazu, dass sich die schulischen Akteure auch zwischen den
Inspektionen an deren Vorgaben orientieren und so den externen Zwang der
Schulinspektion internalisieren, d.h., die Vorgaben verinnerlichen und sich den
Regeln des Schulinspektionsdiskurses unterwerfen. Das Ergebnis eines solchen
disziplinierenden Inspektionsregimes – governanceanalytisch reformuliert könnte man auch sagen: die sich so etablierende Form der Handlungskoordination –
beschreibt Perryman als *panoptic performativity*. Das bedeutet, dass Lehrkräfte
im Rahmen des disziplinierenden Inspektionsregimes lernen, Normalität „aufzu-
führen", d.h., sich nach den Regeln des akzeptierten Diskurses zu verhalten, da
dies die einzige Möglichkeit ist, der Dauerbeobachtung zu entkommen:

> "Panoptic performativity describes a regime in which frequency of inspection and the sense of
> being perpetually under surveillance leads to teachers performing in ways dictated by the dis-
> course of inspection in order to escape the regime" (ebd., S. 148).

Die Autorin zeigt beispielsweise, wie im Zuge der permanenten Re-Inspektion der Schule die schulische Dokumentation an die Sprache der Qualitätsagentur OFSTED, die die englische Schulinspektion durchführt, angepasst wird. Dabei weist sie auch auf die Kehrseiten der disziplinierenden Normalisierung hin: Neben Ohnmachts- und Deprofessionalisierungserfahrungen der Lehrer/innen zählt sie dazu insbesondere die „Unauthentizität" ihrer Entwicklungsbemühungen (vgl. ebd., S. 157–158).

Die Untersuchung von Perryman liefert für die Argumentation im Rahmen der hier vorliegenden Studie zwei wichtige Hinweise: Zum einen macht die Schulfallstudie deutlich, dass die Generierung von Evidenzen im Kontext von Schulinspektionen nicht in erster Linie der schulischen (Selbst-)Erkenntnis dient, sondern der (disziplinierenden) Normalisierung schulischer Praxis. Evaluative Verfahren wie die Schulinspektion stellen insofern keine „neutralen" oder „objektiven" Beobachtungen schulischer Praxis dar, sondern sind selbst *performative Praxen*. Für sie gilt daher dasselbe, was Power für Audits postuliert hat: „Audits do not passively monitor performance but shape the standards of this performance in crucial ways" (Power 1994, S. 8). Zum anderen wird von Perryman der normative Bezugspunkt dieser Normalisierung klar benannt, nämlich der (wissenschaftliche) Schuleffektivitätsdiskurs:

"Normalization, therefore, must be grounded in discourse, which sets the boundaries for required reforms. Panoptic performativity is the regime within which teachers and schools can successfully demonstrate their acceptance of the Ofsted and school effectiveness discourse and successfully normalize" (Perryman 2006, S. 152).

Auf diesen Schuleffektivitätsdiskurs, der auch die Grundlage für die deutschen Schulinspektionen darstellt, wird in Kapitel 3 noch einmal ausführlich eingegangen. Gleichzeitig machen die Beschreibungen Perrymans jedoch deutlich, dass die Argumentationsfiguren, wie sie sich in inspektionskritischen englischen Studien wie der ihren finden, nicht ohne weiteres auf den deutschen Kontext übertragen werden können. Auch wenn deutsche Schulinspektionen sicher keinen „rationalen Diskurs" darstellen, so wäre die für sie spezifische Form der Handlungskoordination doch nur unzureichend beschrieben, würde man sie allein auf die Wirkung eines panoptischen Blicks in Kombination mit drakonischen Strafen reduzieren. Das Programm einer „Entwicklung durch Einsicht" ist zwar ebenso wie die panoptische englische Schulinspektion eine machtvolle Steuerungsstrategie; diese setzt aber eben nicht vorrangig auf „improvement through threat and fear" (Lonsdale und Parsons 1998, S. 110).[15] Dies bedeutet nicht, dass sich in deutschen Inspektionssystemen nicht auch disziplinierende Elemente finden. Wie die Rekonstruktionen des Kapitels 5 zeigen werden, kommt es auch in den in dieser Studie untersuchten Inspektionsinterviews, die aus einem deutschen Inspektionssystem stammen, immer wieder zu Disziplinierungen der befragten Lehrer/innen, die auf die Normalisierung des Sprechens über Schule zielen. Allerdings spielt die empirische Verobjektivierung der Einzelschule zum Zwecke ihrer kontrollierenden Überprüfung in den untersuchten Interviews eine deutlich geringere Rolle, als es der englische Disziplinierungsdiskurs nahelegt. An ihre Stelle treten pädagogische Praktiken, die sich auf die *Vermittlung* einer neuen Selbstbeschreibung schulischer Akteure richten. *Die deutschen Schulinspektionssysteme basieren insofern weniger auf einer panoptischen als vielmehr auf einer pädagogischen Performativität.*

Um die Differenz zwischen englischer und deutscher Schulinspektion zu konkretisieren, ist womöglich eine Unterscheidung von Ozga (2014) hilfreich, die zwischen disziplinierenden und selbst-disziplinierenden Inspektionssystemen differenziert. Dem disziplinierenden Inspektionssystem in England stellt sie das selbst-disziplinierende Inspektionsmodell in Schottland gegenüber. Dieses setzt nicht auf die lückenlose empirische Erfassung der unterrichtlichen und schulischen Praxis, sondern auf die Etablierung einer Kultur der Evaluation und damit auf eine spezifische Form der Subjektivierung der schulischen Akteure:

> „In Scotland the performance of inspection, through self-evaluation and collaborative development, looks much more like Jacobssons's meditative governing: and is also more likely to enroll the different actors involved in governing work in that process of continuous self-scrutiny and self-improvement. Schools, pupils and teachers along with inspectors themselves have, it seems, been increasingly invited to imagine themselves as auditable or inspectable performative selves (Power, 1994, 1999)" (S. 34).

---

[15] Zu diskutieren wäre allerdings, ob die jüngsten Entwicklungen in einigen deutschen Schulinspektionssystemen nicht zumindest tendenziell in die Richtung einer disziplinierenden Dauerbeobachtung weisen und somit „englische Verhältnisse" vorbereiten: Wie in Kapitel 2.1 dargestellt, haben Hamburg und Berlin mittlerweile begonnen, Teile der Inspektionsberichte im Internet zu veröffentlichen. Auch das Instrument der Nachinspektion bzw. eines verkürzten Inspektionszyklus ist in einigen deutschen Bundesländern vorgesehen. Bei Schulen, die einer solchen Nachinspektion unterzogen werden, steigt dementsprechend auch der Rechenschaftsdruck, was zu ähnlichen Anpassungsprozessen führen könnte wie den von Perryman (2006) beschriebenen (vgl. Dedering et al. 2016). Aber auch die umgekehrte Entwicklung ist zu beobachten: So wurde in Niedersachsen das ursprüngliche Inspektionsmodell mit Nachinspektion durch ein neues „dialogorientiertes" Verfahren ersetzt (vgl. Hoffmeister et al. 2013).

Vor diesem Hintergrund soll nun noch auf eine weitere Argumentationsfigur eingegangen werden, die evaluative Verfahren wie die Schulinspektion in den Kontext einer neoliberalen Regierungspraxis einordnet und dabei in eine ähnliche Richtung weist wie das Konzept des selbst-disziplinierenden Inspektionssystems bei Ozga.

2.4 Evaluation und neoliberale Regierung

Eine dritte Argumentationsfigur entwirft evaluative Verfahren wie die Schulinspektionen als typische Kontrollmechanismen einer neoliberalen Regierungspraxis. Anders als im englischen Disziplinierungsdiskurs steht hier nicht die disziplinierende Unterwerfung der schulischen Akteure mittels panoptischer Praktiken im Vordergrund, sondern die Form der Selbstführung, die u.a. durch evaluative Verfahren an den Schulen etabliert wird. Auch hierzu wird wiederum auf Überlegungen von M. Foucault zurückgegriffen. Zentral sind dabei die Konzepte der Gouvernementalität, der Regierung sowie des Neoliberalismus als aktueller Ausdrucksgestalt der Regierung, die im Folgenden kurz skizziert werden.[16]

Mit dem Begriff der *Gouvernementalität* fasst Foucault die „Gesamtheit von Prozeduren, Techniken, Methoden, welche die Lenkung der Menschen untereinander gewährleistet" (Foucault 2005, S. 117).[17] Der Begriff verweist dabei auf ein spezifisches Verhältnis von Staat und Bevölkerung bzw. Staatsformierung und Subjektivierung (vgl. Lemke et al. 2000, S. 8), das im Konzept der Regierung zum Ausdruck kommt. Unter *Regierung/Regieren* versteht Foucault zu-

---

[16] Das Verhältnis von Disziplinarmacht und Gouvernementalität/Regierung wird unterschiedlich gefasst. Zum Teil werden sie als historisch aufeinanderfolgende Macht- bzw. Herrschaftsformen dargestellt, d.h. die Disziplinarmacht wird in dieser Perspektive durch die gouvernementale Regierung abgelöst (vgl. z.B. Rieger-Ladich 2004). Zum Teil wird die Gouvernementalität jedoch auch als moderne Großform der Herrschaft mit unterschiedlichen Ausprägungen konzipiert, eine liberal-disziplinierende und eine neoliberal-regierende (vgl. z.B. Patzner 2005). Foucault selbst scheint zumindest in seinen späten Schriften von der Gleichzeitigkeit des Ungleichzeitigen auszugehen und sieht sowohl das Souveränitätsprinzip als auch die Disziplinarmacht und die gouvernementale Führung als gleichbedeutend für die moderne Menschenführung an: „In Wirklichkeit hat man ein Dreieck: Souveränität – Disziplin – gouvernementale Führung, deren Hauptzielscheibe die Bevölkerung ist und dessen wesentliche Mechanismen die Sicherheitsdispositive sind" Foucault (2000, S. 64).

[17] Das Konzept weist in dieser Lesart insofern eine Verwandtschaft mit dem des Governance-Regimes auf, betrachtet die diesbezüglichen Prozeduren und Praktiken jedoch in dezidiert macht- bzw. herrschaftstheoretischer Perspektive und in Bezug auf das Konzept der Führung.

nächst einmal die Einflussnahme auf andere in Form von „Führen/Lenken/Steu-
ern" (Patzner 2005, S. 35). Die Regierung ist insofern kein exklusiv politisches
Konzept, sondern eine allgegenwärtige Form der „Menschenführung", die im
Zuge der Modernisierung der westlichen Gesellschaften *auch* zum Modus der
Handlungskoordination zwischen Staat und Subjekt wird. Das Spezifische der
Regierung besteht nun darin, dass sie die Lenkung bzw. Steuerung anderer als
„Führen der Führungen" (Foucault 1987, S. 255) vollzieht, d.h., sie verknüpft die
externe Führung der Subjekte mit deren Selbstführung:

> „Der Kontaktpunkt, an dem die Form der Lenkung der Individuen durch andere mit der Weise
> ihrer Selbstführung verknüpft ist, kann nach meiner Auffassung Regierung genannt werden. In
> der weiten Bedeutung des Wortes ist Regierung nicht eine Weise, Menschen zu zwingen, das zu
> tun, was der Regierende will; vielmehr ist sie immer ein bewegliches Gleichgewicht mit Ergän-
> zungen und Konflikten zwischen Techniken, die Zwang sicherstellen, und Prozessen, durch die
> das Selbst durch sich selbst konstruiert und modifiziert wird" (Foucault 1993, S. 203–204).

Die Regierung hat also eine „Scharnierfunktion" (Lemke et al. 2000, S. 8). Anders als die Disziplinarmacht richtet sie sich „nicht in erster Linie auf die Unter-
drückung von Subjektivität, sondern vor allem auf ihre ‚(Selbst-)Produktion',
oder genauer: auf die Erfindung und Förderung von Selbsttechnologien, die an
Regierungsziele gekoppelt werden können" (ebd., S. 29). Die Kunst der Regierung besteht dementsprechend in der *indirekten* Führung von Subjekten, und
zwar durch die Kanalisierung ihrer Selbstführung. Sie basiert auf der Schaffung
eines Feldes möglicher Handlungsweisen sowie auf der Präfiguration von Wahr-
scheinlichkeiten für die Wahl von Möglichkeiten innerhalb dieses „Möglich-
keitsraums":

> „Vielleicht eignet sich ein Begriff wie ‚Führung' gerade kraft seines Doppelsinns dazu, das Spe-
> zifische an den Machtverhältnissen zu erfassen. ‚Führung' ist zugleich die Tätigkeit des ‚Anfüh-
> rens' anderer (vermöge mehr oder weniger strikter Zwangsmaßnahmen) und die Weise des Sich-
> Verhaltens in einem mehr oder weniger offenen Feld von Möglichkeiten. Machtausübung be-
> steht im ‚Führen der Führungen' und in der Schaffung der Wahrscheinlichkeit" (Foucault 1987,
> S. 255).

Die historisch bzw. kulturell spezifische Form der gouvernementalen Ordnung
ergibt sich dabei aus der für sie typischen Form der Eröffnung und Schließung
von Möglichkeiten, durch „ein spezifisches Ineinandergreifen von Freiheiten und
Zwängen, ein ‚Wechselspiel der Freiheit und der Sicherheit' (Foucault 1979,
100)" (Patzner 2005, S. 36). Vor diesem Hintergrund werden von den *Govern-
mentality Studies* aktuell insbesondere *neoliberale Regierungspraktiken* untersucht (vgl. Lemke et al. 2000, S. 7).

Gemeinsamer Fluchtpunkt aktueller gouvernementalitätstheoretischer Untersuchungen ist die Annahme einer „Generalisierung der ökonomischen Form" (Lemke et al. 2000, S. 16), d.h., der Durchdringung sämtlicher gesellschaftlicher Teilbereiche und Praktiken durch die Logik des Marktes: „Das Ökonomische ist in dieser Perspektive nicht ein fest umrissener und eingegrenzter Bereich menschlicher Existenz, sondern umfasst prinzipiell alle Formen menschlichen Verhaltens" (ebd., S. 16). Hervorstechendstes Merkmal dieser neoliberalen Gesellschaft ist, dass ihre Mitglieder als „Unternehmer/innen ihrer selbst" (Patzner 2005, S. 44) entworfen und adressiert werden. Dies bedeutet zum einen, dass sie dazu aufgefordert werden, unternehmerisch zu denken und zu handeln, also Entscheidungen im Rahmen von Kosten-Nutzen-Rechnungen und im Hinblick auf Wettbewerbsvorteile zu treffen. Damit einher gehen zum anderen rationalistische Vorstellungen von Machbarkeit und Management (vgl. Lehmann-Rommel 2004, S. 269), die auch vor dem Subjekt nicht Halt machen; dieses ist im Neoliberalismus dazu aufgefordert, sich selbst als „Projekt" zu begreifen, d.h., sich einem rationalen Selbstmanagement und einer permanenten Selbstoptimierung zu unterwerfen. Das Subjekt ist dabei eingebunden in Regierungspraktiken, die ihm zunehmend Gestaltungsspielräume einräumen und gleichzeitig die damit verbundenen Risiken individualisieren: Das Subjekt haftet persönlich für die Wechselfälle seiner Biographie. Gegenüber der Disziplinarmacht stellt die (neoliberale) Regierung dabei eine Verfeinerung der Machtausübung dar (vgl. Lemke et al. 2000, S. 29), da die Regierungspraxis stärker mit der Identität der Individuen verwoben ist. Die Individuen werden nicht mehr einfach unterworfen, sondern wollen nun tatsächlich auch, was sie sollen.[18] Entsprechend schwieriger wird eine Distanzierung von den (neoliberalen) Subjektivierungen. Der spezifische Mechanismus der Regierung, der darin besteht, die Fremdführung der Subjekte mit der individuellen Selbstführung zu verknüpfen, führt letztendlich dazu, dass eine Subjektivierung jenseits des neoliberalen Paradigmas den Subjekten selbst als irrational erscheint:

---

[18] Die Differenz zwischen Disziplinarmacht und (neoliberaler) Regierung kann vielleicht mit der Differenz zwischen der von G. Orwell in seinem Roman *1984* entworfenen gesellschaftlichen Dystopie und dem Gesellschaftsentwurf A. Huxleys in *Brave New World* verglichen werden. So formulieren Lemke et al. (2000): „Warum sollte es nötig sein, individuelle Freiheiten und Gestaltungsspielräume einzuschränken, wenn sich politische Ziele wesentlich ‚ökonomischer' mittels individueller ‚Selbstverwirklichung' realisieren lassen?" (S. 30)

„Möglich und wahrscheinlich sollen eben nur jene Selbstführungen werden, die sich auch der-
art ‚unternehmerisch-spekulativ/rational' begründen lassen: Subjekte, die sich als ‚Unternehme-
rIn ihrer selbst' verstehen und hervorbringen, können gar nicht anders, als sich diesen Vorgaben
unterzuordnen, als sich unternehmerisch, d.h. Kosten/Nutzen kalkulierend sowie auf Wettbewerbsvorteile und Profit spekulierend, zu entscheiden. Unter der Voraussetzung gelingender
(Selbst)Verpflichtung auf unternehmerisches Denken ist jede Entscheidung/ Handlung, die nicht
vor dem Hintergrund eines potentiellen Gewinns/Profits getroffen bzw. gesetzt wird, irrational
und damit höchst unwahrscheinlich" (Patzner 2005, S. 45).

Vor diesem Hintergrund ändert sich auch die Bedeutung von Normalisierung:
Ging es im Disziplinarsystem hierbei um die korrigierende Anpassung an eine
präskriptive Norm, also einen (fiktiven) Soll-Wert, stellt im Regierungssystem
das (angeblich) empirisch Normale, das Übliche den Bezugspunkt der Normalisierung dar (vgl. Lemke et al. 2000, S. 13). Dies bedeutet auch, dass nicht mehr
jede Abweichung von der Norm sanktioniert wird, sondern sich das Prinzip der
Streuung durchsetzt, d.h., eine Zone der Normalität, innerhalb derer eine gewisse
Abweichung vom idealen Mittel toleriert wird.[19] Ein solches Ausloten von Normalitätsgrenzen zeigt sich auch in den im Rahmen dieser Studie rekonstruierten
Inspektionsinterviews (s. Kapitel 5.2.4).

Die neoliberale Subjektivierungsform wird im Zuge der erziehungswissenschaftlichen Diskussion aktueller Reformen im Schulsystem auch auf Schulen
übertragen. Im Kontext einer Neuen Schulsystemsteuerung scheinen Schulen
auch im deutschsprachigen Raum einer zunehmenden Ökonomisierung ausgesetzt zu sein, die sich insbesondere in Versuchen der Etablierung einer Marktlogik in und zwischen Schulen ausdrückt. So ermöglichen internationale und nationale Leistungsvergleiche zumindest potenziell einen Wettbewerb zwischen
Schulen (und Schulsystemen), der von Maßnahmen flankiert wird, durch die
Schulen dazu aufgefordert werden, sich zu profilieren. Gleichzeitig werden
Schulen zunehmend als managerial geführte Organisationen entworfen. Dieser
neoliberale Entwurf von Schule kulminiert in der Vorstellung von der Schule als
lernender Organisation (vgl. Argyris und Schön 1999), die sich wie die Subjekte
selbst auch im Hinblick auf den gewünschten „Output" permanent selbst optimiert:

„Die Schulen sind keine starren Lernmaschinen/-fabriken mehr, sondern sie können sich bzw.
müssen sich nun zusehends profilieren, schulspezifische Schwerpunkte setzen, d.h. in einem zu-
gestandenen Rahmen Freiräume nutzen. Das ‚Unternehmen Schule' bzw. die Gemeinschaft aller

---

[19]   Diese Differenzierung entspricht der von Link (2008, 2009) eingeführten Unterscheidung zwi-
        schen „Protonormalismus" und „flexiblem Normalismus".

maßgeblichen Akteure am ‚Standort' arbeitet daran, die eigenen Schwächen und Stärken transparent zu machen, erstere zu minimieren und zweitere zu maximieren" (Patzner 2005, S. 47).

In diesen „neoliberalen" Zusammenhang werden nun auch evaluative Verfahren wie die Schulinspektion eingeordnet. Deren konkrete Funktion bleibt dabei allerdings unterbestimmt. Ist das Instrument im Disziplinierungsdiskurs noch direkter Ausdruck der Disziplinarmacht, da in ihm alle Mechanismen dieser Machtform vereint zu sein scheinen, bleibt seine Rolle im Regierungsdiskurs eher diffus. Ausmachen lassen sich hier drei Argumentationsfiguren, über die versucht wird, das Verhältnis von Evaluation und neoliberaler Regierung zu klären. Zunächst einmal werden evaluative Verfahren direkt in Beziehung zur *Ökonomisierung* von Schulen gesetzt, d.h., es wird angenommen, dass über sie eine Marktlogik in und zwischen Schulen erzeugt wird:

> „Der Schul-, Unterrichts- und Lernerfolg wird (zusätzlich zu den schulinternen) von schulexternen Instanzen ‚evaluiert' und damit die Leistungen der Schulen, der LehrerInnen, der Klassen und der SchülerInnen gemessen, zu den eingesetzten ‚Ressourcen' in Beziehung gesetzt, (inter-) nationale ‚Benchmarks' und ‚Rankings' eingeführt. Damit wird nicht zuletzt ein Feld des Aufeinandertreffens von Angebot und Nachfrage, d.h. Markt, bereitet und ein Konkurrenzieren provoziert" (Patzner 2007, S. 84).

Evaluative Verfahren wären insofern selbst vorrangig marktlogisch strukturiert. Daneben werden Evaluationen im Regierungsdiskurs als typische *Kontrollmechanismen* innerhalb einer neoliberalen Regierungsrationalität konzipiert. Die Funktionsweise dieses Kontrollmechanismus wird allerdings uneinheitlich verhandelt. Höhne (2006) sieht in evaluativen Techniken das disziplinatorische Erbe des Neoliberalismus aufscheinen, d.h., für ihn „tragen sie unweigerlich zu einer sozialen Verallgemeinerung und Normalisierung panoptischer Praktiken bei" (S. 210–211). Durch den Einsatz evaluativer Verfahren zeige sich insofern, „dass im Neoliberalismus auch auf tayloristisch-disziplinartechnische Mittel zurückgegriffen wird, um Steuerungsfähigkeit zu erhalten und Kontrolle zu erhöhen" (ebd.). Diese Argumentation legt nahe, dass disziplinatorische Mechanismen eigentlich *nicht* Teil der neoliberalen Regierungsrationalität sind. Evaluationen würden in dieser Lesart also eine Art disziplinatorischen „Rückfall" darstellen. Andere Autoren weisen Evaluationen im Neoliberalismus dagegen eine grundsätzlich andere Funktion zu. So argumentiert Patzner (2005), dass im neoliberalen Regierungsregime Macht eben nicht mehr disziplinierend, d.h., vorrangig mittels panoptischer Überwachung ausgeübt wird, sondern evaluativ (vgl. ebd., S. 47), d.h. mittels (geführter) Formen der (empirisch fundierten) Selbstthematisierung. Disziplinierung und Evaluation stellen hier also zwei unterschiedliche Modi der Kontrolle dar: Schulinspektionen wandeln sich in dieser Perspektive von Disziplinarinstrumenten zu „entwicklungsorientierten" Evaluationsinstrumenten, die der Schule als lernender Organisation das nötige Reflexions- bzw. Steuerungswissen für ihre „autonome" Selbstoptimierung bereitstellen.

Während sich das englische Modell durchaus im Sinne Höhnes als „disziplinatorischer Rückfall" innerhalb einer neoliberalen, ausgesprochen marktlogisch strukturierten Schulreform beschreiben lässt,[20] hat dieses Modell für die Beschreibung der Handlungskoordination im Kontext deutschsprachiger Schulinspektionssysteme aufgrund der bereits erläuterten Unterschiede nur eine begrenzte Erklärungskraft. Hier scheint eher die Argumentation Patzners anschlussfähig zu sein, die Evaluationen von disziplinierenden Mechanismen tendenziell entkoppelt und stattdessen ihre Funktion innerhalb eines schulinternen Selbstoptimierungskreislaufs betont. Allerdings werden die empirischen Rekonstruktionen in Kapitel 5 zeigen, dass auch die Argumentation Patzners voraussetzungsreich ist: Schulinspektionen sind in dieser Perspektive nämlich auf die Schule als lernende Organisation und damit auf eine spezifische Subjektivierung der schulischen Akteure immer schon angewiesen. Nur so kann der evaluative Selbstoptimierungskreislauf in Gang kommen. Hiervon kann jedoch zumindest zu Beginn der Implementation von Schulinspektionen in den deutschen Bundesländern nicht automatisch ausgegangen werden. Vor diesem Hintergrund ist eine dritte Funktionsbestimmung evaluativer Verfahren im Regierungsdiskurs interessant, die sich ebenfalls bei Patzner (2007) findet. An anderer Stelle beschreibt der Autor evaluative Verfahren nämlich als *Schnittstellenphänomene*, in denen Fremd- und Selbstführung zusammenlaufen:

---

[20] Dazu passt, dass Ozga (2014) das englische Schulinspektionsmodell bzw. die Schulreform, in die es eingebettet ist, als inkonsistent beschreibt, da die Einzelschule hier zwar normativ als „lernende Organisation" konzipiert, aber nicht so adressiert werde: „In England there is a contradictory and inconsistent trajectory, preoccupied with combining data use and inspection judgment to drive improvement through competition and fear of failure. Regulative and inquisitive (or perhaps inquisitorial) processes are combined to arrive at inspection judgments, and the new inspection framework, by ,requiring improvement' installs the identification of failure, and fear of its consequences, as its core governing principle" (Ozga, S. 34). Das schottische Inspektionssystem als Beispiel für ein selbst-disziplinierendes Inspektionssystem appelliert Ozga zufolge dagegen konsistenter als das englische System an die Entwicklungsfähigkeit der Einzelschule und nimmt sie so als lernende Organisationen ernst. Normalisierungsdiskurs und Normalisierungstechniken passen hier insofern besser zusammen.

„Ihre Besonderheit liegt darin, dass sie einen Zwischenraum zwischen Unterstützung und Überwachung besetzen, indem sie den Überschneidungsbereich der ‚Führung durch andere' und der
‚Führung des Selbst' modellieren" (S. 84).

Evaluative Verfahren wie die Schulinspektionen dienen in dieser Perspektive also der *Vermittlung zwischen Fremd- und Selbstführung* und übernehmen damit
genau jene Scharnierfunktion, die für die regierende Menschenführung konstitutiv ist. Dies bedeutet jedoch im Umkehrschluss, dass Schulinspektionen *selbst
regierend strukturiert sein müssen*, zumindest dann, wenn sie nicht wie die englische Schulinspektion vorrangig über Dauerbeobachtung und Sanktionen Druck
auf die Schulen ausüben wollen bzw. können.

2.5 Zusammenfassung und Ausblick: Die Schulinspektion als *pädagogische* Regierung

In diesem Kapitel wurden drei wissenschaftliche Diskurse skizziert, die die
Handlungskoordination im Kontext der Schulinspektion unterschiedlich konzipieren: Während im Rationalisierungsdiskurs die Schulinspektion als rationaler
Diskurs entworfen wird und ihr damit zumindest potenziell eine aufklärerische
Funktion zugeschrieben wird, wird das Instrument im Disziplinierungs- und Regierungsdiskurs machtanalytisch betrachtet. Im Disziplinierungsdiskurs steht dabei die Unterwerfung schulischer Akteure unter eine heteronome Norm mittels
einer empirisch fundierten Dauerbeobachtung im Vordergrund. Im Regierungsdiskurs erscheint die Schulinspektion dagegen überwiegend als neoliberaler
Kontrollmechanismus, der die Selbstoptimierung schulischer Akteure als „Unter-
nehmer/innen ihrer selbst" sicherstellen soll.

Will man nun auf die Gemeinsamkeiten dieser Diskurse blicken und berücksichtigt man dazu insbesondere auch die rationalisierungskritischen Ansätze innerhalb des deutschen Rationalisierungsdiskurses, dann ist im internationalen
Vergleich eine typische Verschiebung in der wissenschaftlichen Beschreibung
der Handlungskoordination im Kontext der Schulinspektion zu beobachten:
Während zunächst in der Regel auf die Ergebnisse der Inspektion fokussiert
wird, rücken sowohl in England als auch in Deutschland zunehmend Normie-
rungs- bzw. Normalisierungsprozesse und damit die präskriptiven und performativen Elemente der Inspektionsverfahren in das Zentrum der Aufmerksamkeit
(vgl. Dietrich 2016, S. 160). Der Modus dieser Normalisierung schulischer Pra-

xis qua Schulinspektion scheint jedoch systemspezifisch zu sein. Während sie sich im Kontext der englischen Schulinspektion vorrangig über eine Kombination aus panoptischen und sanktionierenden Praktiken zu vollziehen scheint, erscheint eine einfache Übertragung dieser Mechanismen der Disziplinarmacht auf die deutschen Inspektionssysteme, die nicht auf „threat and fear", sondern auf eine „Entwicklung durch Einsicht" setzen (müssen), eher problematisch. Ansatzpunkte für eine alternative Beschreibung der Normalisierung innerhalb der deutschen Schulinspektionssysteme bietet der Regierungsdiskurs. Dazu ist jedoch ein Fokuswechsel innerhalb der Regierungsperspektive nötig: Statt „entwicklungsorientierte" Schulinspektionen als wiederum eher disziplinatorische Kontrollmechanismen innerhalb einer neoliberalen Regierung zu konzipieren, erscheint es schlüssiger, das Regierungsprinzip auf dieses Inspektionsmodell zu *übertragen*. Einen ersten Ansatzpunkt hierfür stellt eine Beobachtung Patzners (2007) dar, der die Besonderheit von Evaluationsinstrumenten darin begründet sieht, dass sie „den Überschneidungsbereich der ‚Führung durch andere' und der ‚Führung des Selbst' modellieren" (S. 84). Wenn Schulinspektionen jedoch eine solche Schnittstelle zwischen Fremd- und Selbstführung darstellen, dann sind sie nicht mehr nur der disziplinatorische Rest innerhalb einer neoliberalen Regierung, sondern *sie regieren selbst*, v.a. dann, wenn ihnen nicht in gleicher Weise Sanktionsmöglichkeiten zur Verfügung stehen wie im englischen System. Ihre Aufgabe müsste dann darin bestehen, den schulischen Akteuren *die aktuelle Form der Subjektivierung, auf die eine „neoliberale" oder auch „neue" Schulsystemsteuerung angewiesen ist, zu vermitteln.*

An dieser Schnittstellen- bzw. Vermittlungsfunktion, die sich aus der Übertragung des Regierungsprinzips auf das Instrument der Schulinspektion ergibt, setzt auch die Argumentation dieser Studie an. Dass die Regierung der Schulinspektion im Rahmen dieser Studie explizit als *pädagogische* Regierung beschrieben wird, ergibt sich dabei aus der *Vermittlungsbedürftigkeit* der spezifischen Form der Subjektivierung bzw. Selbstführung der schulischen Akteure, auf die die Schulinspektion bzw. die Neue Schulsystemsteuerung, in die das Instrument der Schulinspektion eingebettet ist, angewiesen ist. Die „Normdurchsetzungsfunktion" der Schulinspektion nimmt im Fall entwicklungsorientierter Inspektionssysteme also nicht die Form einer panoptischen Normalisierung, sondern die einer normalisierenden Vermittlung an, die allerdings bei Bedarf auf *pädagogische Formen der Disziplinierung* zurückgreift.[21]

Im folgenden Kapitel geht es nun darum, sowohl die Vermittlungsbedürftigkeit einer neuen Selbstführung schulischer Akteure im Kontext einer Neuen Schulsystemsteuerung als auch die darauf bezogene Vermittlungsfunktion des Steuerungsinstruments Schulinspektion noch einmal herauszuarbeiten und dabei zu konkretisieren, was unter einer „Pädagogisierung von Steuerung" im Rahmen dieser Studie verstanden wird. Dazu wird das Verhältnis von Neuer Schulsystemsteuerung und Schulinspektion rekonstruktiv reformuliert, und zwar indem die Schulinspektion deutscher Provenienz als Antwort auf ein spezifisches Strukturproblem Neuer Steuerung gefasst wird. Dieses besteht darin, die traditionelle schulische Selbstbeschreibung zu modifizieren. Im Zentrum dieser neuen schulischen Selbstbeschreibung steht das, was im Regierungsdiskurs als neoliberale Subjektivierung bzw. Selbstführung verhandelt wird und sich Perryman (2006) zufolge maßgeblich auf den wissenschaftlichen Schuleffektivitätsdiskurs stützt: die Schule als rational organisierte pädagogische Handlungseinheit.

---

[21] Ob und inwiefern für die Interaktion im Kontext der untersuchten Schulinspektionsinterviews darüber hinaus auch andere – z.B. bürokratische – Modi der Handlungskoordination relevant sind, und welche Rolle die Generierung von „Evidenzen" für diese Handlungskoordination *empirisch* hat, wird in Kapitel 5 diskutiert.

3 Pädagogische Regierung: Das zentrale Strukturproblem einer Neuen Schulsystemsteuerung und seine Bearbeitung im Kontext der Schulinspektion

Nachdem im vorangegangenen Kapitel der Forschungsstand zu den Modi der Handlungskoordination im Kontext der Schulinspektion dargestellt wurde, wird in diesem Kapitel nun eine Verhältnisbestimmung von Schulinspektion und Neuer Steuerung vorgenommen, die an die Ausführungen des letzten Kapitels anschließt. Es geht also um die Beschreibung des empirischen Gegenstands dieser Studie oder genauer: um eine Gegenstands*bestimmung*, die auf das im Rahmen des Forschungsstandes herausgearbeitete Desiderat reagiert. Dieses wurde in der adäquaten Beschreibung des Modus der Handlungskoordination im Kontext *entwicklungsorientierter* Schulinspektionen gesehen; gleichzeitig wurde die im erziehungswissenschaftlichen Regierungsdiskurs auftauchende Beschreibung von evaluativen Verfahren als Schnittstellenphänomenen, die zwischen schulischer Selbst- und politisch-administrativer Fremdführung vermitteln, als vielversprechender Ansatz für die Bearbeitung dieses Desiderats markiert. Entsprechend geht es in diesem Kapitel darum, die im vorangegangenen Kapitel aufgestellte These einer Vermittlungsbedürftigkeit der neuen Selbstführung schulischer Akteure im Kontext einer Neuen Schulsystemsteuerung sowie die daraus resultierende Vermittlungsfunktion der Schulinspektion anhand programmatischer Texte und bereits vorliegender erziehungswissenschaftlicher Beschreibungen zu plausibilisieren.

Die im Folgenden vorgenommene Gegenstandsbestimmung stellt insofern keine reine Deskription der Neuen Schulsystemsteuerung bzw. des Steuerungsinstruments Schulinspektion dar, sondern führt die im vorangegangenen Kapitel begonnene Argumentation fort. Darüber hinaus spiegelt die Darstellung bereits die spezifische methodologisch-methodische Perspektive wieder, die im Rahmen dieser Studie in Bezug auf den Gegenstand eingenommen wird. Diese Perspektive ist in erster Linie durch einen *rekonstruktiven* Zugriff auf das Phänomen der Steuerung im Schulsystem gekennzeichnet (s. Kapitel 4). Dies bedeutet u.a., dass die in Kapitel 5 rekonstruierten Praktiken der Interviewinteraktionen als *typische*

Lösungen für ein übergeordnetes Bezugsproblem (vgl. Meseth 2013, S. 69, 74)
der Interaktion aufgefasst werden. Im Mittelpunkt konversations- bzw. gesprächs-
analytisch orientierter Studien steht in der Regel die „Rekonstruktion der interaktiven Probleme bzw. Aufgaben, die mit den Methoden der Interaktionsorganisation bearbeitet werden" (Deppermann 2005, S. 59). Damit teilen solche Studien
zumindest implizit die rekonstruktive Prämisse eines dialektischen Verhältnisses
von Allgemeinem und Besonderem (vgl. Wernet 2009, S. 19–20), d.h. die Vorstellung, dass der Einzelfall immer auch über sich hinaus weist, da er als typische Ausprägung eines übergeordneten Phänomens verstanden wird, als fallspezifische Antwort auf ein allgemeines Interaktions- oder auch Strukturproblem.[22]
Entsprechend wird in Kapitel 5 das „adäquate" Sprechen über Schule als zentrales Bezugsproblem der analysierten Interviewinteraktion rekonstruiert, das
mithilfe pädagogischer Praktiken bearbeitet wird. Dieses Bezugsproblem der Interaktion im Kontext der Schulinspektion verweist dabei jedoch auf ein übergeordnetes Strukturproblem der aktuellen Schulsystemsteuerung, in die die Interviewinteraktion eingebettet ist. Dieses Strukturproblem wird im Rahmen dieser
Studie vorrangig in der Modifikation der schulischen Selbstbeschreibung und
damit in der Initiierung von Lernprozessen auf Ebene der Einzelschule gesehen
(vgl. Emmerich 2010b). Damit ist es jedoch ein *genuin pädagogisches* Problem,
da es um Fragen der Vermittlung und der Aneignung kreist (zu dieser konstitutiven pädagogischen Differenz vgl. z.B. Sünkel 2013, S. 29–33; Prange 2005,
S. 58, 92–93; Kade 1997). In dieser Studie werden also nicht nur die Inter-
viewpraktiken der Inspektor/inn/en als Lösung eines spezifischen Bezugsproblems der Interaktion verstanden, sondern das Instrument der Schulinspektion
selbst als Antwort auf ein zentrales Strukturproblem einer Neuen Schulsystemsteuerung beschrieben. Diese Antwort besteht in der Organisation der im
Kontext Neuer Steuerung notwendigen *Vermittlungsleistungen*, also in der Vermittlung des für Neue Steuerungsmodelle erforderlichen schulischen Selbstverständnisses. Für eine solche *pädagogische* Bearbeitung des spezifischen
Strukturproblems Neuer Steuerung ist die Schulinspektion als personifiziertes
Steuerungsinstrument, das einen *Face-to-Face*-Kontakt und damit die Interak-

---

[22]   Auf diese Verwobenheit von Allgemeinem und Besonderem hat insbesondere U. Oevermann
        hingewiesen. Ihm zufolge wollen rekonstruktive Verfahren wie die von ihm entwickelte Objek-
        tive Hermeneutik „von der Explikation der Strukturiertheit eines konkret gegebenen sozialen
        Ablaufes ausgehend, rekonstruierend zu dem allgemeinen Strukturtyp gelangen [...], von dem
        der konkrete Ablauf ein Exemplar darstellt" (1983, S. 236).

tion zwischen Inspektor/inn/en und Lehrer/inne/n ermöglicht, in besonderer Weise geeignet. Die nachfolgende Beschreibung des Verhältnisses von Neuer Steuerung und Schulinspektion schließt also einerseits an die Ausführungen im vorangegangenen Kapitel an, indem sie die dort herausgearbeitete regierende Funktion von evaluativen Verfahren wie der Schulinspektion als *pädagogische Regierung* konkretisiert. Andererseits stellt die Art und Weise, in der die Neue Schulsystemsteuerung und die Schulinspektion in diesem Kapitel beschrieben werden, einen Vorgriff auf die Ergebnisse des Rekonstruktionskapitels dar: Dort wird die These einer Pädagogisierung von Steuerung, die hier mithilfe von offiziellen Dokumenten und erziehungswissenschaftlichen Texten zur Schulinspektion vorbereitet wird, empirisch hergeleitet. Die in diesem Kapitel vorgenommene Verhältnisbestimmung von Neuer Steuerung und Schulinspektion geht der Rekonstruktion der Interviewinteraktion dabei zwar in der Darstellung, aber nicht forschungslogisch voraus. Vielmehr wäre eine solche Verhältnisbestimmung *ohne* die empirischen Rekonstruktionen nicht möglich gewesen.

Im Folgenden werden nun zunächst die wichtigsten Leitideen einer Neuen Schulsystemsteuerung, die den Kontext für die in Kapitel 5 analysierten Interviewinteraktionen darstellt, skizziert und daraus deren zentrales Strukturproblem, die Modifikation der schulischen Selbstbeschreibung, abgeleitet (3.1). Im Anschluss daran wird die Schulinspektion als performatives Steuerungsinstrument beschrieben, über das sich eine pädagogische Bearbeitung des zentralen Strukturproblems Neuer Steuerung vollzieht (3.2). Dies ermöglicht auch eine Konkretisierung dessen, was im Rahmen dieser Studie unter einer „Pädagogisierung" von Steuerung verstanden wird. Im abschließenden Kapitel wird die Argumentation noch einmal zusammengefasst und ein Ausblick auf die folgenden Kapitel gegeben (3.3).

3.1 Die Leitideen und das Strukturproblem einer Neuen Schulsystemsteuerung

Die in Kapitel 5 analysierten Interviewinteraktionen sind in einen spezifischen Steuerungskontext eingebettet, der als „Neue Steuerung" bezeichnet wird. Diese Neue Schulsystemsteuerung wird in der Regel auf Ansätze zur Reform der öffentlichen Verwaltung zurückgeführt, die unter dem Begriff des *New Public*

Managements (NPM) zusammengefasst werden (für eine ausführliche Darstellung vgl. z.B. Schedler und Proeller 2011). Das New Public Management setzt an der traditionsreichen Bürokratiekritik an (im Überblick z.B. Derlien, Böhme und Heindl 2011, S. 29–36) und wird dementsprechend als Gegenmodell zu einer als ineffektiv und ineffizient gerahmten bürokratischen Verwaltung verstanden. Als zentrales Merkmal des Ansatzes gilt die Übertragung betriebswirtschaftlicher Konzepte auf den öffentlichen Sektor, durch die die dort vorherrschende bürokratische Steuerung ergänzt oder sogar ersetzt werden soll. So besteht Brückner und Tarazona (2010) zufolge das zentrale Anliegen des NPM-Ansatzes darin, „durch veränderte, um betriebswirtschaftliche Konzepte angereicherte Steuerung einen leistungsfähigen, wirtschaftlichen, ergebnisorientierten öffentlichen Sektor zu gestalten" (S. 83). In diesem Zitat werden bereits die wichtigsten Leitlinien des New Public Managements benannt (vgl. hierzu auch Schedler und Proeller 2011, S. 57–59, 76):

– die Orientierung an *Effizienz und Effektivität,*
– die Einführung von *Wettbewerbs- und Marktmechanismen* zur Leistungssteigerung des öffentlichen Sektors, die mit der Orientierung an einer *Qualitäts- und Kundenperspektive* einhergeht,
– und die (dezentrale) Steuerung über *Ergebnisse und Wirkungen,* d.h. über den *Output* gesellschaftlicher Teilsysteme und organisationaler Einheiten.

Beim NPM-Ansatz handelt es sich also um ein normatives Good-Governance-Modell, das ein spezifisches Steuerungsmodell als politisch-administrative „Best Practice" propagiert (vgl. Czada 2010). Theoretisch basiert der Ansatz auf ökonomischen Theorien wie dem Rational-Choice- bzw. dem Public-Choice-Ansatz (vgl. Schedler und Proeller 2011, S. 50), d.h., er geht vom „Modell des rational handelnden von Eigeninteressen geleiteten homo oeconomicus" aus (ebd.). Darüber hinaus ist das New Public Management bestrebt, bürokratische Strukturen durch Managementstrukturen zu ersetzen (vgl. ebd., S. 52), d.h., es wird davon ausgegangen, „dass auch in der Verwaltung ein nach betriebswirtschaftlicher Rationalität funktionierendes Management möglich sein muss" (ebd., S. 58). NPM-Ansätze fügen sich insofern relativ nahtlos in die in Kapitel 2.4 beschriebene „neoliberale" Regierungsrationalität ein. Denn in der Übertragung von marktlogischen, betriebswirtschaftlichen und managerialen Konzepten und Logiken auf den öffentlichen Sektor, wie er für NPM-Ansätze typisch ist, kommt genau jene „Generalisierung der ökonomischen Form" (Lemke et al. 2000, S. 16) zum Ausdruck, durch die in gouvernementalitätstheoretischer Perspektive die neoliberale Regierung gekennzeichnet ist.

Das verstärkte Interesse am „Output" des Schulsystems ist sicherlich eines der hervorstechendsten Merkmale der deutschen Schulsystemsteuerung „nach PISA". In der Gesamtstrategie zum Bildungsmonitoring der Kultusministerkonferenz (KMK) aus dem Jahr 2006 heißt es dazu beispielsweise:

> „Wurde in der deutschen Schuldebatte traditionell vor allem auf die Frage passender Strukturen und die Festlegung von inhaltlichen Vorgaben besonderer Wert gelegt, so werden in jüngster Zeit, angeregt durch die PISA-Ergebnisse und internationale Entwicklungen, Prozesse und Ergebnisse des Lernens verstärkt in den Blick genommen. Diese Entwicklung hat die Kultusministerkonferenz 1997 mit den sogenannten Konstanzer Beschlüssen eingeleitet. Darin wird die systematische, wissenschaftlich abgesicherte sowie breit angelegte Feststellung von Ergebnissen des Bildungssystems (Bildungsmonitoring), die daraus abgeleitete Klärung von Ursachen für unbefriedigende Ergebnisse und Einleitung von geeigneten Reformmaßrahmen als eine der wesentlichen Aufgaben der Bildungspolitik festgelegt" (S. 6).

Mit dieser Fokussierung auf schulische Ergebnisse und damit auf die Effizienz und die Effektivität des Schulsystems wird hier bundesländerübergreifend eine bildungspolitische Leitlinie formuliert, die problemlos anschlussfähig an zentrale Grundsätze des New Public Managements und damit auch an ein neoliberales Regierungsprogramm ist. Die Verfassung des aktuellen Steuerungsmodells im deutschen Schulsystem allein auf die Einführung von NPM-Ansätzen in der Schulverwaltung zurückzuführen, würde jedoch zu kurz greifen, ebenso wie eine idealtypische Reduktion der empirisch vorfindbaren Handlungskoordination im Kontext Neuer Steuerung auf neoliberale Marktmechanismen (vgl. Lemke et al. 2000, S. 18). Das New Public Management stellt sicher die prominenteste, aber nicht die einzige Quelle des aktuellen Steuerungsmodels im Schulsystem dar. Der Steuerungskontext, in den die im Rahmen dieser Studie untersuchten Steuerungspraktiken eingebettet sind, wird in diesem Kapitel daher nicht auf NPM-Konzepte reduziert, sondern anhand von *Leitideen* skizziert, zu deren Entstehung unterschiedliche politische, administrative, sozialwissenschaftliche und erziehungswissenschaftliche Diskurse beigetragen haben. Diese Leitideen können *in ihrer Gesamtheit* durchaus wieder einem übergreifenden neoliberalen Programm zugeordnet werden. Vermieden werden soll hier jedoch eine reflexhafte Neoliberalismuskritik, die allein auf die Kolonialisierung pädagogischer Bereiche durch ökonomische Prinzipien abhebt und dabei die Verwobenheit von neoliberalen

Diskursen, (erziehungs-)wissenschaftlichen Konzepten und pädagogischen Praktiken übersieht (vgl. ebd., S. 19). Diese Verwobenheit drückt sich nicht lediglich darin aus, dass neoliberale Reformen *auch* von erziehungswissenschaftlich-pädagogischen Protagonist/inne/en mitgetragen werden.[23] Sie bezieht sich vielmehr auf den Umstand, dass Steuerungsfragen in (neo-)liberalen Gesellschaften wie der unseren in erster Linie Fragen der Regierung (im Sinne Foucaults) und damit häufig auch pädagogische Fragen sind.

Im Folgenden wird zunächst noch einmal gezeigt, dass für die aktuelle „neue" Schulsystemsteuerung indirekte Formen der Handlungskoordination typisch sind, für die die regierende Verknüpfung der politisch-administrativen Führung mit einer spezifischen Form der Selbstführung konstitutiv ist (3.1.1). Daraus folgt, dass die aktuelle Schulsystemsteuerung auf die Anpassung der schulischen Binnenlogik an die Binnenlogik des politisch-administrativen Systems angewiesen ist (vgl. Dietrich 2016, S. 163). In den folgenden beiden Kapiteln wird dann herausgearbeitet, worin diese Anpassung besteht. Dazu wird zunächst das neue Modell „guter Schule" skizziert, das im Kontext der aktuellen Schulsystemsteuerung propagiert wird. In dessen Mittelpunkt steht die Schule als (pädagogische) Handlungseinheit, die über ein *rationales* Schulmanagement verfügt (3.1.2). Der bevorzugte *Modus Operandi* dieser rational organisierten Handlungseinheit Schule ist eine empirisch abgesicherte Schulentwicklung, die ihren Ursprung in kybernetischen Planungskonzepten hat (3.1.3). Anhand dieses Modells „guter Schule" wird im Kapitel „Zur Rhetorik des Neuen" dann noch einmal herausgearbeitet, worin das Neue der Neuen Steuerung genau besteht

---

[23] So sprechen Brückner und Tarazona (2010) mit Blick auf die internationalen Leistungsvergleichsstudien beispielsweise davon, dass „die Öffnung der Schulsysteme für NPM [...] nicht zuletzt der Bildungsforschung zu verdanken" (S. 85) sei. Die Autorinnen drehen somit die gängigen Vorstellungen von den Wirkungsbeziehungen zwischen Bildung(swissenschaft) und Ökonomie um. Auch Bellmann (2012) hat in einer Analyse der historischen Ursprünge der schulsystembezogenen Neuen Steuerung herausgearbeitet, dass zumindest von einer Wechselwirkung zwischen Bildungsbereich und Ökonomie ausgegangen werden muss: „Die Beschäftigung mit der Vorgeschichte outputorientierter Bildungsreform gibt Anlass, das geläufige Denkmuster einer ‚Ökonomisierung der Bildung' zu differenzieren. Dieses Denkmuster suggeriert eine ursprünglich pädagogische Provinz, die erst nachträglich mit ökonomischen Steuerungsmodellen überzogen wird. Gerade die Vorgeschichte outputorientierter Steuerung zeigt ein anderes Bild: Das Beispiel der Administrative Progressives verdeutlicht, dass zentrale Elemente von Scientific Management zumindest zeitgleich im Bildungssystem und mit Blick auf das Bildungssystem entwickelt wurden und insofern nicht einfach als bloße Anwendung einer ökonomischen Managementlehre auf die Pädagogik dargestellt werden können" (S. 155).

(3.1.4). Quintessenz ist hier, dass die Neue Schulsystemsteuerung – als Teil einer (ökonomisierten) *Verwaltungs*reform – durch eine Dezentralisierung ursprünglich zentral-bürokratischer Vorstellungen rationaler Planung gekennzeichnet ist, wodurch eine Passung zwischen schulischer Selbstführung und politisch-administrativer Binnenrationalität erreicht werden soll. Das zentrale Strukturproblem der aktuellen Schulsystemsteuerung lässt sich vor diesem Hintergrund als Modifikation der schulischen Selbstbeschreibung bzw. als Initiierung von Lernprozessen auf Ebene der Einzelschule zusammenfassen (3.1.5): Es besteht darin, die schulischen Akteure dazu zu bringen, sich selbst als Teil einer rational organisierten Handlungseinheit zu betrachten und somit eine spezifische Form der Selbstführung zu etablieren, die mit administrativen Konzepten rationaler Planung korrespondiert.

3.1.1 Indirekte Steuerung

Das aktuelle Steuerungsmodell im Schulsystem muss vor dem Hintergrund einer übergeordneten Entwicklung betrachtet werden, für die die zunehmende Ablösung direkter, zentral-bürokratischer durch indirekte Formen politischer Steuerung gesellschaftlicher Teilsysteme kennzeichnend ist. Höhne (2006) beschreibt diese indirekte Steuerung im Anschluss an Burth (1999) als eine „Veränderung der Regierungsrationalität", die im Kern in einer „Verlagerung auf die Kontrolle der Selbstkontrolle" besteht (Höhne 2006, S. 209). Politische Steuerung löst sich demzufolge von Vorstellungen „linearer Fremdsteuerung" (ebd.), die sich nur bedingt als erfolgreich erwiesen haben (vgl. Pressman und Wildavsky 1973; Mayntz 1980, 1983), und richtet sich stattdessen auf die „Konditionalisierung der Rahmenbedingungen der selbstreferenziellen Operationsweise" (Burth 1999, S. 194) der jeweils von ihr fokussierten gesellschaftlichen Teilsysteme. Typisch für indirekte Steuerungskonzepte ist die Vorstellung, die Selbststeuerung gesellschaftlicher Teilsysteme für die politisch-administrative Gesamtsystemsteuerung nutzbar zu machen. Dabei wird auf Steuerungsmechanismen gesetzt, die nicht versuchen, die systeminternen Prozesse selbst zu steuern, sondern die Umwelt eines Systems so zu gestalten, dass sich das fokussierte System in der gewünschten Weise anpasst. Statt als *„Kontrolle der Selbstkontrolle"* wird das zentrale Prinzip dieser indirekten Steuerung z.B. auch als *„regulierte Selbstregulierung"* (Schuppert 2001) bezeichnet. Die verwendeten Termini und Konzepte verweisen

dabei auf die systemtheoretischen Ursprünge indirekter Steuerungsmodelle (für
einen Überblick systemtheoretisch orientierter Konzepte politischer Steuerung
vgl. z.B. Görlitz und Burth 1998, S. 196–245). In der Praxis setzen diese Steuerungsmodelle in der Regel auf eine Kombination aus Autonomisierungs- und
Dezentralisierungsstrategien einerseits und sogenannten kontextuellen Steue-
rungselementen andererseits, also von Vorgaben und Instrumenten, die Rahmenbedingungen regulieren oder aber den Output des interessierenden (Teil-)Sys-
tems kontrollieren. Anhand zweier Good-Governance-Modelle, auf die in der
aktuellen schulsystembezogenen Steuerungsdebatte immer wieder Bezug genommen wird, wird im Folgenden gezeigt, dass es diese Vorstellung einer indirekten Steuerung ist, die das aktuelle Modell der Schulsystemsteuerung strukturiert. Neben dem bereits skizzierten New Public Management handelt es sich
dabei um das Konzept der dezentralen Kontextsteuerung.

   Das von Willke (1989a, 1989b, 1995) entwickelte Konzept der *dezentralen
Kontextsteuerung* ist dezidiert systemtheoretisch orientiert. Gesellschaftliche
Teilsysteme erscheinen in dieser Perspektive als operativ geschlossene, selbst-
referenzielle, autopoietische Systeme, die von außen lediglich irritiert, aber nicht
direkt gesteuert werden können. Die Kontextsteuerung bezieht sich daher zum
einen auf „die reflexive dezentrale Steuerung der Kontextbedingungen aller Teilsysteme" und zum anderen auf die „autonome Selbststeuerung der internen Prozesse jedes einzelnen Teilsystems" (Willke 1989b, S. 58). Im Anschluss an Willke benennt Zlatkin-Troitschanskaia (2007) drei zentrale Elemente einer solchen
politisch-administrativen dezentralen Kontextsteuerung (vgl. S. 79), nämlich

   – die Definition eines öffentlichen Interesses,
   – die Anleitung zur Selbststeuerung der Funktionssysteme und
   – die Einführung kontextueller Kontrollinstrumente.

Wenn man vor diesem Hintergrund Instrumente und Konzepte der deutschen
Neuen Schulsystemsteuerung betrachtet, dann sind die Parallelen zur dezentralen
Kontextsteuerung offensichtlich: Mithilfe der Bildungsstandards wurde eine Re-
formulierung des bildungsbezogenen öffentlichen Interesses vorgenommen,
Schulen wurde mehr Eigenständigkeit eingeräumt bzw. zugeschrieben, was dem
Prinzip der „Anleitung zur Selbststeuerung" entspricht, und es wurden diverse
„kontextuelle" Kontrollinstrumente eingeführt, zu denen neben den auf die Bil-

dungsstandards bezogenen Vergleichsarbeiten und Lernstandserhebungen auch die Schulinspektionen gehören (vgl. ebd.). Das aktuelle schulsystembezogene Steuerungsmodell scheint insofern mehr oder weniger deckungsgleich mit dem Konzept der dezentralen Kontextsteuerung zu sein. Entsprechend beschreibt Zlatkin-Troitschanskaia die Neue Schulsystemsteuerung *als* Kontextsteuerung; gleichzeitig wird in dem nachfolgenden Zitat das diesem Steuerungsmodell zugrundeliegende Prinzip in Bezug auf das Schulsystem noch einmal zusammengefasst. Die Schule wird hier als sich selbst steuerndes System konzipiert, dem im Rahmen einer indirekten Kontextsteuerung die Aufgabe der „autonomen" Umsetzung extern vorgegebener Ziele zukommt:

> „In der einschlägigen schultheoretischen und verwaltungswissenschaftlichen Literatur wird unter dem ‚neuen' Steuerungsmodell der öffentlichen Verwaltung (hier des Schulwesens) das Modell der *Kontextsteuerung* verstanden [...]. Dieses folgt der Grundidee, ein modernes Steuerungsmodell [...] solle die Möglichkeiten der Selbststeuerung des Schulwesens konstruktiv und effektiv nutzen [...]. Die *Kontextsteuerung* wird als Steuerung auf Distanz gefasst, die in einem staatlich gesetzten Rahmen und auf rechtlicher Grundlage erfolgt: Die steuernde Instanz (hier das politische System) versucht, ihre Ziele im Schulwesen durchzusetzen, indem sie die Rahmenbedingungen setzt und Vereinbarungen mit den zu steuernden Instanzen eingeht. Die Konkretisierung der Ziele sowie Initiierung und Gestaltung der notwendigen Veränderungsprozesse vollzieht sich jedoch im Rahmen der Selbststeuerung des Systems. Folgerichtig ist das Modell dem Steuerungstyp ‚regulierter Selbstregulierung' (vgl. Schuppert 2001) zuzuordnen" (ebd., S. 78; Hervorhebungen im Original).

Auch das *New Public Management*, auf das in der Debatte um die aktuelle Schulsystemsteuerung ebenfalls häufig Bezug genommen wird, kann als „ökonomisierte" Variante einer indirekten politisch-administrativen Steuerung interpretiert werden. So finden sich die oben beschriebenen Elemente einer dezentralen Kontextsteuerung in abgewandelter Form auch in den NPM-Konzepten wieder, auch wenn diese nicht systemtheoretisch begründet werden. Der Definition eines öffentlichen Interesses entspricht hier die Formulierung von Leistungsstandards und darauf bezogener Messgrößen (vgl. Schedler und Proeller 2011, S. 41); die Idee der Selbststeuerung gesellschaftlicher Teilsysteme und organisationaler Einheiten spiegelt sich in der NPM-Forderung nach einer Dezentralisierung von Führungs- und Organisationsstrukturen wieder (vgl. ebd., S. 93). Schließlich kennt das New Public Management eine Reihe von Steuerungsinstrumenten, die auch als kontextuelle Kontrollinstrumente bezeichnet werden könnten, so z.B. Leistungsvereinbarungen (vgl. ebd., S. 141) und verschiedene Controlling- und Monitoringkonzepte (vgl. ebd., S. 177). Die Idee einer indirekten Steuerung kommt dabei insbesondere anhand der im NPM-Ansatz sehr präsenten Forderung nach einem Wechsel von einer Input- zu einer Outputsteuerung zum Ausdruck. Diese Outputorientierung des NPM-Ansatzes wird auch als Leistungs-, Wirkungs- oder Ergebnisorientierung beschrieben:

> „Nicht mehr die zur Verfügung stehenden Produktionsmittel, sondern die erbrachten Leistungen (Produkte) oder auch die durch die Leistungen erreichten Wirkungen sollen Diskussionspunkt und Ausrichtungsmassstab des Verwaltungshandelns werden. Das bedeutet, dass auch die politische Steuerung über Leistungs- und Wirkungsvorgaben zu erfolgen hat" (ebd., S. 76–77).

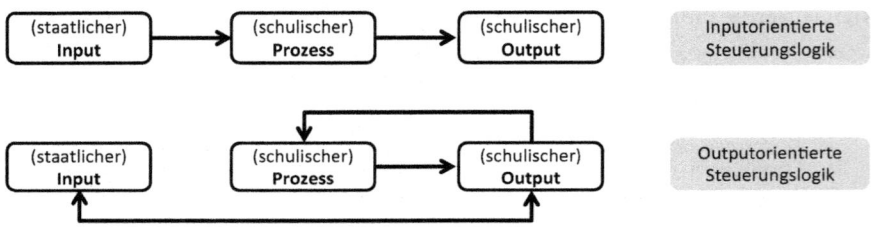

Abb. 6:   Input- vs. outputorientierte Steuerung (eigene Darstellung)

In Abbildung 6 sind die beiden Steuerungslogiken – die inputorientierte Steuerung einerseits und die outputorientierte Steuerung andererseits – schematisch dargestellt. Bezogen auf das Schulsystem können sie folgendermaßen beschrieben werden: Die Inputsteuerung steht für das lineare, zentral-bürokratische Steuerungsmodell, bei dem versucht wird, über eine staatliche Detailsteuerung ein ausreichend hohes und gleich verteiltes Maß an schulischer Qualität quasi-automatisch zu erzeugen (vgl. Zlatkin-Troitschanskaia 2007, S. 75). Diese Vorstellung einer Standardisierbarkeit von Schülerleistungen über die staatliche Regulierung schulischer Prozesse wurde durch die Ergebnisse der ersten PISA-Erhebung mit deutscher Beteiligung nachhaltig erschüttert. Die vom New Public Management favorisierte outputorientierte Steuerungslogik basiert dagegen auf der politisch-administrativen Vorgabe, Feststellung und Kontrolle von Ergebnissen, für deren Erreichung die mit neuen Entscheidungs- und Verfügungsrechten ausgestatteten Schulen selbst verantwortlich gemacht werden. Vorgaben beziehen sich dementsprechend nicht in erster Linie auf die schulischen Prozesse, sondern auf den gewünschten Output. So wird ein schulischer Selbststeuerungskreislauf initiiert, bei dem staatliche Akteure auf die Schulen „indirekt" über ein ergebnisbezogenes Monitoringsystem einwirken.

Anhand der Bezugnahmen sowohl auf die dezentrale Kontextsteuerung als auch auf das New Public Management wird zunächst deutlich, dass im aktuellen schulsystembezogenen Steuerungsmodell und in der diesbezüglichen erziehungswissenschaftlichen Debatte *verschiedene Steuerungskonzeptionen aufeinandertreffen*. Trotz ihrer strukturellen Ähnlichkeit beruhen die beiden hier skizzierten Steuerungsmodelle auf unterschiedlichen theoretischen Vorannahmen: Während die Kontextsteuerung aus systemtheoretischen Überlegungen zur Komplexität und operativen Geschlossenheit sozialer Systeme heraus entwickelt wurde, die eine strukturelle Begrenztheit politischer Steuerung nahelegen (vgl. ebd., S. 71), und somit letzten Endes einer theoretisch und praktisch fundierten *Steuerungsskepsis* entspringt (vgl. Görlitz und Burth 1998, S. 215), ist der handlungstheoretisch orientierte NPM-Ansatz durch einen kaum gebrochenen *Gestaltungsoptimismus* hinsichtlich der prinzipiellen „Machbarkeit" politisch-administrativer Steuerung gekennzeichnet. Während das Konzept der Kontextsteuerung *systemische Eigenlogiken* betont, geht das New Public Management von der *universellen Übertragbarkeit ökonomischer Prinzipien* aus. Dennoch teilen die Modelle im Kern die Vorstellung einer dezentralisierten, indirekten Steuerung. Dies ist wohl nicht zuletzt ihrem Status als Good-Governance-Konzepte geschuldet: Die indirekte Steuerung scheint in beiden Perspektiven die vielversprechendste Möglichkeit darzustellen, die „notwendige Fiktion" (Czada und Schimank 2000, S. 25) einer Steuerungsfähigkeit des politisch-administrativen Systems aufrechtzuerhalten. Damit ist es jedoch eben jene Vorstellung einer *indirekten* politisch-administrativen Steuerung gesellschaftlicher Teilsysteme, die als strukturierendes Prinzip und damit als *typisch* für die aktuelle Schulsystemsteuerung gelten kann.

Die „Einsicht" aktueller bildungspolitischer Steuerungsmodelle in die Begrenztheit direkter, zentral-bürokratischer Steuerung, die in indirekten Steuerungsmodellen zum Ausdruck kommt, bedeutet jedoch nicht, dass nun von politisch-administrativer Seite aus versucht würde, die Logik des „Systems Einzelschule" verstehend nachzuvollziehen. Als indirekte Form der *Steuerung*, die letzten Endes immer vom Staat und dessen Interessen her gedacht werden muss, zielt die aktuelle Schulsystemsteuerung vielmehr auf die Etablierung einer spezifischen Form der schulischen Selbststeuerung, die zum „Führungsstil" des

politisch-administrativen Systems passt. Wie Dietrich (2016) am Beispiel der
Schulinspektion gezeigt hat, ist die aktuelle Schulsystemsteuerung auf „die Herstellung der Voraussetzungen für einen administrativen Zugriff auf die schulische Praxis" angewiesen, „die an die Stelle der tradierten bürokratischen Steuerung tritt" (S. 163). Das politisch-administrative System zielt dementsprechend
auf die „Anpassung der schulischen Binnenlogik an die eigene Binnenrationalität" (ebd.). Damit fügt sich die aktuelle Schulsystemsteuerung jedoch auch in das
gouvernementalitätstheoretische Konzept der Regierung ein, das in Kapitel 2.4
skizziert wurde: *In der Vorstellung einer indirekten „Kontrolle der Selbstkontrolle", einer „regulierten Selbstregulierung" oder einer Outputsteuerung gesellschaftlicher Teilsysteme reproduziert sich genau jene Figur einer Führung der
(Selbst-)Führungen, die für die (neoliberale) Regierungsrationalität typisch ist.*

Vor diesem Hintergrund muss im Zentrum der aktuellen Schulsystemsteuerung – systemtheoretisch formuliert – die *Modifikation* der traditionellen schulischen Selbstbeschreibung bzw. – in gouvernementalitätstheoretischer Perspektive – die *Etablierung* einer spezifischen Form der Selbstführung schulischer
Akteure stehen.[24] In den folgenden beiden Kapiteln wird nun gezeigt, worin diese Modifikation genau besteht. Dazu wird das Modell „guter Schule" beschrieben, auf das die aktuelle Schulsystemsteuerung zurückgreift.

3.1.2   Die Schule als rational organisierte Handlungseinheit

In organisationstheoretischer Perspektive gelten Schulen als „loosely coupled
systems" (Weick 1976), d.h. als Einheiten, die sich „durch eine beträchtliche
Selbstständigkeit ihrer Einzelelemente aus[zeichnen]" (Terhart 1986, S. 211).
Trotz des Eingebundenseins schulischen Handelns in bürokratische Strukturen –
Schulen stellen die unterste Ebene der Kultushierarchie dar und sind insofern

---

[24]   Die Begriffe „Selbstbeschreibung" und „Selbstführung" stehen also für unterschiedliche theoretische Diskurse, die in der Debatte um die aktuelle Schulsystemsteuerung zusammenlaufen: die
systemtheoretische Perspektive auf das „System Einzelschule" einerseits und die gouvernementale Perspektive auf die schulischen Subjekte andererseits. Da aber auch das systemtheoretische
Konzept der Selbstbeschreibung nicht lediglich auf eine formal-abstrakte Bezugnahme eines
Systems auf sich selbst (z.B. in Form eines Leitbilds), sondern auf einen zentraler Mechanismus
verweist, über den ein System sich selbst erhält und reproduziert, werden die beiden Begriffe in
dieser Studie mehr oder weniger synonym verwendet. Der Begriff der Selbstbeschreibung wird
i.d.R. dann gewählt, wenn von der Einzelschule gesprochen wird, der der Selbstführung, wenn
die schulischen Akteure thematisiert werden.

formal selbst Verwaltungseinheiten (vgl. Zlatkin-Troitschanskaia 2007, S. 71–72) – wird Lehrer/inne/n traditionell ein relativ großer Freiraum bezüglich der Ausgestaltung ihrer Arbeit zugestanden:

> „Der Unterricht wird i.d.R. vom einzelnen Lehrer im Klassenzimmer also räumlich und zeitlich von der Gesamtorganisation weitgehend abgekoppelt und mit einem relativ großen ‚pädagogischen Freiraum' durchgeführt" (ebd., S. 74).

Eine solche lose Kopplung von Lehrerhandeln und Schulorganisation gilt aufgrund der strukturellen Unsicherheit pädagogischer Arbeit als unerlässlich. Das traditionelle schulische (Selbst-)Organisationsprinzip ist also das der *pädagogischen Freiheit*; die Schule basiert in dieser Perspektive auf der individuellen Handlungsautonomie ihres pädagogischen Personals. Dies entspricht auch dem klassischen Berufsverständnis von Lehrer/inne/n, das Lortie (1975) mithilfe des sogenannten *Autonomie-Paritäts-Musters* beschrieben hat. Demzufolge ist das Professionsverständnis von Lehrer/inne/n durch zwei implizite Regeln gekennzeichnet, nämlich dass (a) niemand in den Unterricht einer Lehrperson eingreifen darf (Autonomie) und (b) alle Lehrer/innen gleichberechtigt sind, also keine Lehrperson einer anderen vorgezogen oder dieser höhergestellt werden darf (Parität). Die Schulleitung wird vor diesem Hintergrund als überwiegend administrative Aufgabe verstanden, durch die den Lehrer/inne/n eine möglichst ungestörte pädagogische Arbeit ermöglicht werden soll (vgl. Heinrich und Altrichter 2008, S. 212–213).

Dieses traditionelle Schul- und Berufsverständnis wird durch die neuen, indirekten Steuerungsmodelle jedoch in Frage gestellt: Statt als loser Verbund pädagogisch arbeitender Individuen wird die Einzelschule hier *als (pädagogische) Handlungseinheit konstituiert* (vgl. Dietrich 2016, S. 161–162, ursprünglich Fend 1986), d.h. als *kollektiv* organisierter und adressierbarer Akteur. Diese Konstitution der Einzelschule als kollektiver Akteur impliziert dabei die Etablierung eines *zentralen Schulmanagements,* durch das die individuelle Handlungsautonomie der Lehrer/innen reduziert wird (vgl. Heinrich und Altrichter 2008, S. 212). Die „Neue Schule" wird als geführte Organisation (vgl. z.B. Böttcher und Terhart 2004) konzipiert, die darauf zielt, die sie konstituierenden Einzelelemente durch verbindliche Absprachen, die Institutionalisierung von Prozessen und eine verstärkte Kooperation zwischen Lehrer/inne/n enger zu koppeln, als dies bisher der Fall war. Die Schulleiter/innen und die ggf. neu installierten schulischen Steuergruppen (vgl. z.B. Berkemeyer 2007) nehmen dabei eine herausgehobene Stellung als Schulmanager/innen ein. Damit steht das Konzept der Schule als Handlungs*einheit* dem traditionellen Schul- und Berufsverständnis von Lehrer/inne/n, wie es im Autonomie-Paritäts-Muster verkörpert ist, diametral entgegen:

> „[...] die ‚neue Schule' ist [...] durch ein starkes ‚Management' geleitet, dem Bindungs- und Steuerungsinstrumente wie Schulprogramme und Qualitätsevaluationen zur Verfügung stehen. Eine solche Schule braucht mehr Koordination zwischen den Lehrkräften und mehr Verbindlichkeit der Abmachungen und Programme der Schule und fordert sie auch von ihrem Personal. Damit kommt ein zentrales Element des traditionellen Berufsverständnisses von Lehrern unter Veränderungsdruck, das *Autonomie-Paritäts-Muster*" (Heinrich und Altrichter 2008, S. 216–217; Hervorhebung im Original).

Fragt man nun nach den Vorteilen, die die Konstitution der Einzelschule als Handlungseinheit aus Sicht des politisch-administrativen Systems bietet, dann wird häufig darauf verwiesen, dass sich dadurch die Möglichkeit ergibt, Einzelschulen für ihre Prozesse und Ergebnisse verantwortlich zu machen und zur Rechenschaft zu ziehen (vgl. z.B. Rürup und Heinrich 2007; Altrichter und Rürup 2010). Die Schule als entscheidungs- und rechenschaftsfähiger kollektiver Akteur ist in dieser Perspektive die Voraussetzung für die v.a. im Kontext des New Public Managements propagierten *Accountability*-Strategien (vgl. z.B. Brückner und Tarazona 2010, S. 84). In dieser Studie wird jedoch anders argumentiert: Die Konstitution der Einzelschule als Handlungseinheit wird hier zunächst einmal als *konstitutiv für die Etablierung einer indirekten Form der Schulsystemsteuerung* angesehen, die gerade nicht vorrangig auf eine hierarchisch strukturierte Rechenschaftslogik, sondern auf die Synchronisierung von administrativer und schulischer Binnenlogik setzt (vgl. Dietrich 2016, S. 163). Eine solche indirekte Steuerung ist nur möglich, wenn sich das Schulsystem auf operativer Ebene aus Einheiten zusammensetzt, die indirekt gesteuert werden *können*, die also über eine autonome Selbststeuerung verfügen, an der die politisch-administrative Steuerung ansetzen kann. In diesem Zusammenhang kann insofern auch die Debatte um die Autonomisierung von Schulen eingeordnet werden (vgl. z.B. Rürup 2007). Das Phänomen der *Schulautonomie* wird in der Regel allerdings auf die Dezentralisierung von Entscheidungs- und Führungsstrukturen reduziert, also auf die *Verlagerung* von operativen Aufgaben von der zentralen Ebene auf nachgeordnete Einheiten:

> „Die verschiedenen Versionen einer Politik der ‚Schulautonomisierung', die in der ersten Hälfte der 1990er Jahre in den deutschsprachigen Schulsystemen realisiert wurden, bestanden im Kern darin, eine Reihe von *Entscheidungsrechten und -kompetenzen* von vor allem höheren Ebenen

des Schulsystems, die sich auf ‚strategische' Aufgaben konzentrieren sollten, *auf jene der Einzelschule zu verlagern*, die für ihre – als operativ verstandenen – Aufgaben größere Gestaltungsspielräume und erhöhte Eigenverantwortung zugewiesen bekam" (Altrichter und Rürup 2010, S. 114; Hervorhebungen im Original).

Dabei wird häufig übersehen, dass diese Verlagerung von Kompetenzen voraussetzungsreich ist und weitreichende Konsequenzen für die Verfassung der Einzelschule als solche hat. Emmerich zufolge erhöhen Dezentralisierungsmaßnahmen nämlich „nicht lediglich graduell einzelschulische Handlungsspielräume, sondern konstituieren die Einzelschule innerhalb des institutionellen Regelungssystems als (mehr oder weniger) entscheidungsfähiger Akteur" (Emmerich 2010a, S. 361). Erst diese Konstitution der Schule als entscheidungsfähigen, kollektiven Akteur – oder eben als Handlungseinheit – ermöglicht eine Verlagerung von Kompetenzen von der politisch-administrativen Zentrale auf die Einzelschule und damit auch eine Schulsystemsteuerung, die auf eine Steuerung der (autonomen) schulischen Selbststeuerung setzt.[25]

Die Einzelschule wird im Kontext der aktuellen Schulsystemsteuerung jedoch nicht nur als Handlungseinheit, sondern als *rational* organisierte Handlungseinheit konzipiert. Damit ist häufig gemeint, dass im Zuge der administrativen NPM-Bewegung betriebswirtschaftlich-manageriale Organisations- und Führungsprinzipien auf die Schule übertragen werden; so sprechen Heinrich und Altrichter (2008) beispielsweise von der „Verbetrieblichung der Einzelschule" (S. 216) im Kontext Neuer Steuerung. Auch hier würde es jedoch wiederum zu kurz greifen, das aktuelle Modell „guter Schule" allein auf eine einseitige Ökonomisierung des Schulsystems zurückzuführen. Es basiert vielmehr auf Modellierungen von Schule und Schulqualität, wie sie in der erziehungswissenschaftlichen Schuleffektivitäts- und Schulentwicklungsforschung entwickelt wurden (für einen Überblick vgl. z.B. Bonsen et al. 2008). Diese ist allerdings auf meh-

---

[25] Auch wenn die Autonomisierung von Schulen zu Beginn der 1990er-Jahre zunächst als Ausdruck einer „Politik der Ermöglichung" und damit als Voraussetzung eines schulischen „Empowerments" diskutiert wird, erscheint sie spätestens seit dem „PISA-Schock" als Element eines geänderten Modus bildungspolitischer Steuerung (vgl. Altrichter und Heinrich 2006, S. 52–53; Heinrich 2007, S. 59–70); sie wird daher auch als „kontrollierte Autonomie" (Heinrich und Altrichter 2008, S. 209) bezeichnet. Diese kontrollierte Autonomie bedeutet gerade nicht die „Emanzipation" der Einzelschulen vom politisch-administrativen ‚Gängelband", sondern muss als politisch-administrativer Versuch der Etablierung einer neuen Form der Handlungskoordination im Schulsystem verstanden werden (vgl. Altrichter und Rürup 2010, S. 112), die dem im vorangegangenen Kapitel beschriebenen Modell einer indirekten Schulsystemsteuerung entspricht.

reren Ebenen anschlussfähig an Neue Steuerungsmodelle und damit auch an
NPM-Ansätze.

Ausgangspunkt sowohl der *Schuleffektivitäts-* als auch *der Schulentwick-*
lungsforschung ist, dass „school matters" (Mortimore et al. 1988), d.h., dass die
spezifische Ausgestaltung von Prozessen auf Ebene der Einzelschule Einfluss
auf deren Qualität und damit auch auf die Leistungen ihrer Schüler/innen hat.
Entsprechend wird die Einzelschule in dieser Perspektive zum Zentrum und zur
zentralen Bezugsgröße von Veränderungen im Schulsystem (vgl. Bonsen et al.
2008, S. 22). Das für die aktuelle Schulsystemsteuerung konstitutive Konzept
von Schulen als pädagogischen Handlungseinheiten hat hier seinen Ursprung. Es
wurde ursprünglich von Fend (1986) entwickelt, der mit ihm die Ebene der Einzelschule gegenüber den Einflüssen von Bildungssystemen einerseits und den
Folgen individuellen Lehrerhandelns andererseits akzentuiert hat (vgl. S. 276).
Darüber hinaus korrespondiert die insbesondere im Rahmen der Schuleffektivitätsforschung vorgenommene Modellierung von Schule über sogenannte Bildungsproduktionsmodelle mit der neuen Outputorientierung der Bildungspolitik.
Dabei handelt es sich um „Gesamtmodelle schulischer Qualität" (Berkemeyer
2010, S. 54), die versuchen, „die Frage nach den Bedingungen des Outputs der
Schule" (ebd.) zu beantworten. Abbildung 7 zeigt eine bekannte Variante dieses
Modells, das integrierte Modell der Schuleffektivität nach Scheerens (2000,
S. 54).

In der obigen Darstellung wird deutlich, dass die Modellierungen schulischer
Qualität im Kontext der Schuleffektivitätsforschung – wie das aktuelle Steuerungsmodell auch – auf einem Input-Prozess-Output-Modell basieren. Die Bezeichnung „Bildungsproduktionsmodell" leitet sich dabei aus der Fokussierung
auf Schülerleistungen ab, die als zentraler „Output" des Schulsystems und als
wichtigste Bezugsgröße für die Bestimmung von Schulqualität angesehen werden (vgl. Berkemeyer 2010, S. 54). Die Abbildung zeigt außerdem, dass im
Rahmen dieser Bildungsproduktionsmodelle eine Reihe von schulischen Input-,
Prozess- und Kontextfaktoren bestimmt werden, die den Output der Einzelschule
beeinflussen. Nicht zuletzt aufgrund dieser Modellierung von Wirkungszusam-
menhängen ist das Bildungsproduktionsmodell „aktuell das wohl populärste
Modell zur Erklärung von Resultaten schulischen Lernens, insbesondere der Erklärung von Schülerleistungen" (ebd.). Es verspricht empirisch fundiert jene
„Stellschrauben" des Schulsystems benennen zu können, über die eine Optimie-

rung des schulischen Outputs gewährleistet werden könne (vgl. ebd.). Sie sind daher für eine Bildungspolitik, die eine verstärkte Ergebnisorientierung anstrebt, von besonderem Interesse.

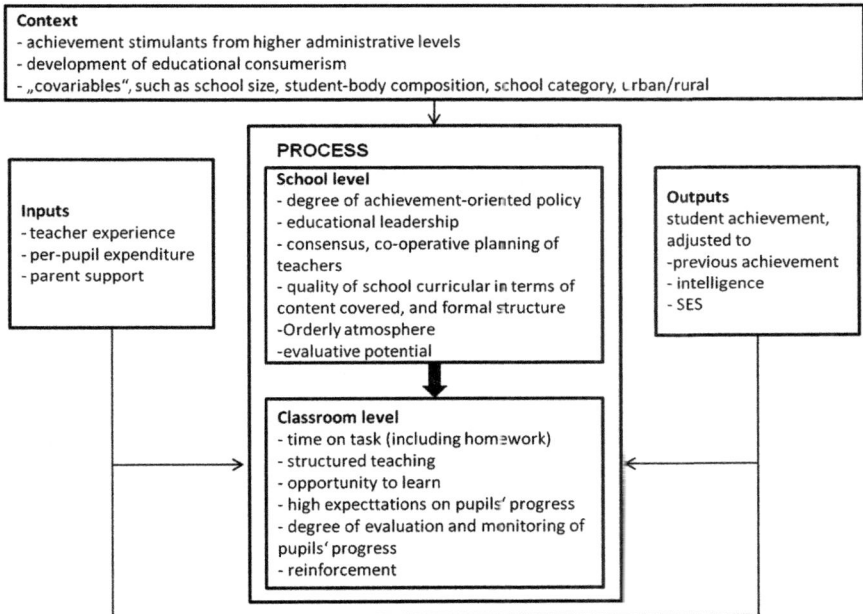

Context
- achievement stimulants from higher administrative levels
- development of educational consumerism
- „covariables", such as school size, student-body composition, school category, urban/rural

PROCESS

School level
- degree of achievement-oriented policy
- educational leadership
- consensus, co-operative planning of teachers
- quality of school curricular in terms of content covered, and formal structure
- Orderly atmosphere
- evaluative potential

Inputs
- teacher experience
- per-pupil expenditure
- parent support

Outputs
student achievement, adjusted to
- previous achievement
- intelligence
- SES

Classroom level
- time on task (including homework)
- structured teaching
- opportunity to learn
- high expecttations on pupils' progress
- degree of evaluation and monitoring of pupils' progress
- reinforcement

Abb. 7:   Integriertes Modell der Schuleffektivität (Scheerens 2000, S. 54)

Entscheidend für die Argumentation dieser Studie ist nur, dass insbesondere die Schuleffektivitätsforschung davon ausgeht, dass der Output der Einzelschule mithilfe eines rationalen Schulmanagements optimiert werden kann:

> „Das von der Schuleffektivitätsforschung in der Regel benutzte Input-Prozess-Output-Modell impliziert, dass die Schule als ein rational-ökonomisches System funktioniert und dass ein Zusammenwirken der unterschiedlichen Faktoren zur Optimierung ces gewünschten Outputs auf Schülerebene führen kann" (Bonsen et al. 2008, S. 20).

Was dies konkret bedeutet, wird deutlich, wenn man die Kriterien betrachtet, die die Schuleffektivitätsforschung als Merkmale effektiver Schulen definiert hat (für einen Überblick vgl. ebd., S. 16): Neben einer allgemeinen Leistungsorien-

tierung, einer systematischen Curriculumsarbeit sowie einem positiven Schul-
und Klassenklima gelten insbesondere der *Aufbau von innerschulischen Füh-
rungs- und Selbststeuerungsstrukturen* (durch die Schulleitung verantwortetes
Schulmanagement, Einführung einer erweiterten Schulleitung und von Steuergruppen, Institutionalisierung von schulischen Prozessen), die *Etablierung von
Kooperationsstrukturen* innerhalb des Lehrerkollegiums sowie die *Einführung
eines (datenbasierten) schulischen Qualitätsmanagements* (Evaluationen, „Feed-
backkultur") als förderlich für die schulische Qualität. Trotz z.T. unterschiedlicher Schwerpunktsetzungen entsprechen diese Kriterien effektiver Schulen mehr
oder weniger auch den Gelingensbedingungen für die Schulentwicklung, wie sie
von der Schulentwicklungsforschung definiert wurden (vgl. ebd., S. 24). Im
schulentwicklerischen Ideal der „Problemlöseschule" (vgl. Rolff 1991) kommt
denn auch das aktuelle Modell „guter Schule" in verdichteter Form zum Ausdruck:

> „Es handelt sich [...] um die Sich-selbst-erneuernde Schule, die souverän mit der prinzipiellen
> Begrenztheit der Unterrichtstechnologie umgeht, die den Mitgliedern Gelegenheit zu profes-
> sioneller Personalentwicklung gibt, die immanente Kontrollunsicherheit durch professionelle
> Selbstkontrolle produktiv macht, die teamartige Kooperationen auf allen Ebenen praktiziert und
> die vor dem Hintergrund gemeinsamer Diagnosen regelmäßig Ziele klärt, vereinbart und in
> Handlungsprogramme umsetzt" (ebd., S. 882).

Auch der Aufschwung, den solche rationalen schulischen Organisationsmodelle
zurzeit erleben, wird häufig auf die gestiegene Rechenschaftspflicht der Einzelschule im Kontext „neuer" Modelle der Schulsystemsteuerung zurückgeführt.
Entsprechend wird in dem folgenden Zitat von Schedler und Proeller (2011) die
vom NPM-Konzept angestrebte manageriale Organisationsform von Verwaltungseinheiten eng mit der Möglichkeit der Übernahme von Verantwortung für
„autonom" getroffene Entscheidungen verknüpft:

> „Die Grundstrategie wirkungsorientierter Organisationsformen in der öffentlichen Verwaltung
> zielt auf eine Vergrösserung der Verantwortlichkeit der Verwaltungsstellen hin. Hinter allen Re-
> formen, sei dies in Australien, Neuseeland oder in den USA, steht der Gedanke, dass nur effi-
> zient und effektiv arbeiten kann, wer für seine eigenen Handlungen verantwortlich ist und die
> Konsequenzen trägt. Daher wird eine Organisationsform angestrebt, deren Struktur derjenigen
> eines Konzerns (bzw. einer Management-Holding) gleicht" (S. 93).

Analog zur bisherigen Argumentation wird die neue rationale Organisationsform
der Einzelschule im Rahmen dieser Studie jedoch nicht lediglich als Voraussetzung dafür interpretiert, Schulen in einer hierarchischen Logik zur Rechenschaft
zu ziehen, sondern als Ausdruck des politisch-administrativen Versuchs, die

Binnenlogik der Einzelschule so zu verändern, dass sie zur Eigenlogik des politisch-administrativen Systems passt, und damit die Voraussetzung für eine regierende Führung der Selbstführung schulischer Akteure zu schaffen. Die Anschlussfähigkeit des erziehungswissenschaftlichen Schuleffektivitäts- und Schulentwicklungsdiskurses an die aktuelle Schulsystemsteuerung ergibt sich vor diesem Hintergrund nicht allein durch dessen „ökonomisches" Schulverständnis, sondern v.a. auch daraus, dass er Schulen in einer Weise modelliert, die der Eigenlogik des administrativen Systems entspricht: „Gutes" Schulmanagement erscheint hier nämlich in erster Linie als rational-planerisches Handeln. Die Schuleffektivitäts- und Schulentwicklungsforschung benennt als Kriterien für eine „gute" Schule genau jene Elemente, die auch kennzeichnend für Konzepte *bürokratisch-rationaler Planung* sind, und gewährleistet so die Passung zwischen politisch-administrativer Zentrale und den dezentralen, schulinternen Steuerungsprozessen im Rahmen Neuer Steuerungsmodelle. *Die aktuelle Schulsystemsteuerung zielt dementsprechend auf die Etablierung einer rationalen Selbstführung schulischer Akteure, die zwar auch mit ökonomischen Prinzipien korrespondiert, v.a. aber der (bürokratischen) Eigenlogik des administrativen Systems entspricht.*[26] Die „neue" Schule ist insofern nicht nur eine „verbetrieblichte" Schule, sondern mindestens ebenso sehr eine Schule, die der Logik der Bildungsadministration stärker unterworfen ist, als dies bisher üblich war. Zu diesen zentralen Elementen rationaler Planung, die im Kontext Neuer Steuerungsmodelle nun auch in Schulen implementiert werden, zählt neben der Modellierung sozialer Systeme über Input-Prozess-Output-Modelle v.a. die Regulierung (des Outputs) von Systemen über evaluative Rückkopplungsschleifen, d.h. über systematische Soll-Ist-Vergleiche (vgl. Görlitz und Burth 1998, S. 96–101; Reuter 2004). Auf diese „kybernetischen" Regelkreisläufe wird im folgenden Kapitel noch einmal genauer eingegangen.

---

[26] Dass das politisch-administrative Konzept rationaler Planung und die aktuellen Modellierungen „guter Schule" als rational organisierte Handlungseinheit in den aktuellen „ökonomisierten" Neuen Steuerungsmodellen so gut zusammenlaufen, verweist noch einmal darauf, dass alle diese Modelle durch neoliberale Vorstellungen strukturiert werden. Gleichzeitig scheinen für diese neoliberalen Vorstellungen eben nicht nur marktförmige, sondern insbesondere rationale Formen der Handlungskoordination typisch zu sein.

3.1.3   (Selbst-)Steuerung als kybernetisch-planerisches
         „Scientific Management"

Die deutsche Bildungspolitik ist durch eine spezifische Akzentsetzung innerhalb
des Neuen Steuerungsmodells gekennzeichnet: Statt wie in England in erster Linie auf die Einführung von Marktmechanismen zu setzen, wird in Deutschland
vor allem die Notwendigkeit einer Evidenzbasierung von Handlungen und Entscheidungen auf allen Ebenen des Schulsystems betont (vgl. z.B. Böttcher et al.
2009; van Ackeren et al. 2011; van Ackeren et al. 2013); statt der Schaffung eines „Schulmarktes" (vgl. z.b. Weiß 2001) wird also die Verwissenschaftlichung
der Schulsystemsteuerung über die Generierung eines empirisch abgesicherten
„Steuerungswissens" (vgl. z.b. Altrichter und Heinrich 2006, S. 57) angestrebt.
Die bereits zitierte KMK-Gesamtstrategie zum Bildungsmonitoring versteht sich
dementsprechend dezidiert als Fortsetzung der im Konstanzer Beschluss aus dem
Jahr 1997 eingeleiteten „empirischen Wende" der deutschen Bildungspolitik
(vgl. KMK 2015, S. 3).[27] Einer Unterscheidung von Otto (2007) folgend, kommt
in der bundesländerübergreifenden Programmatik der deutschen Bildungspolitik
„nach PISA" insofern weniger eine Wettbewerbs- als vielmehr eine Wirkungs-
orientierung zum Ausdruck, die auf die Einführung von (evaluativen) Methoden
der empirischen Sozialforschung in die Schulsystemsteuerung setzt:

> „Modelle der Wettbewerbsorientierung basieren auf der Annahme, dass der Konkurrenz-
> mechanismus systematisch zur Steigerung der Wirkung von Dienstleistungen führt. [...] Modelle
> der Wirkungsorientierung dagegen basieren wesentlich auf der Evaluation und Messung von
> Wirkungen durch Methoden der empirischen Sozialforschung" (S. 33).

Diese Empirisierung der Schulsystemsteuerung wird v.a. durch die Implementation von evidenzbasierten Qualitätsmanagementinstrumenten vorangetrieben.
Insbesondere evaluativen Verfahren wird eine Schlüsselrolle in der aktuellen
Schulsystemsteuerung zugeschrieben; diese wurde im erziehungswissenschaftlichen Diskurs daher zunächst auch als „evaluationsbasierte Steuerung" bezeichnet (vgl. Altrichter und Heinrich 2006, S. 55). Die Neue Schulsystemsteuerung
deutscher Provenienz verfolgt dabei eine evaluative Doppelstrategie (vgl. ebd.):

---

[27]   Dieser evidenzbasierten Ausrichtung bleibt die KMK auch in der 2015 erfolgten Neuauflage der
       Gesamtstrategie zum Bildungsmonitoring treu (vgl. KMK 2015). Allerdings werden auf Ebene
       der Bundesländer z.T. auch Wettbewerbselemente in die aktuelle Schulsystemsteuerung inte-
       griert. Zu diesen werden beispielsweise Maßnahmen zur Schulprofilierung gezählt (vgl. z.B.
       Büeler et al. 2005; Heinrich et al. 2011).

Neben der externen Generierung von „Steuerungswissen" *über* die (Ergebnisse der) Einzelschule wird von Anfang an auch die Implementierung von Verfahren eines evidenzbasierten Qualitätsmanagements *innerhalb* der Einzelschule angestrebt. Entsprechend wird in vielen Schulgesetzen der Bundesländer nicht nur die Teilnahme an *externen*, sondern auch die Durchführung von *internen* Schulevaluationen verbindlich festgeschrieben (vgl. z.B. Berkemeyer und Müller 2010, S. 200).[28] Es geht im Fall des aktuellen deutschen Steuerungsmodells also nicht ausschließlich um die rechenschaftsbezogene Steigerung der Transparenz schulischer Arbeit,[29] sondern v.a. auch darum, *den schulischen Modus Operandi zu verändern*: Die Selbststeuerung der Handlungseinheit Schule soll sich in erster Linie über extern und intern generierte, sowohl output- als auch prozessbezogene Evidenzen vollziehen. Diese evaluative Doppelstrategie kommt auch in der KMK-Gesamtstrategie zum Bildungsmonitoring zum Ausdruck. Die neue Ergebnisorientierung der Bildungspolitik „nach PISA" wird hier eng mit der Etablierung neuer Beobachtungssysteme auf *allen* Ebenen des Schulsystems verknüpft:

> „Um dem steigenden Bedarf an solchem Wissen [über die Ergebnisse des Bildungssystems; M.L.] gerecht werden zu können, müssen in den Ländern und innerhalb der Kultusministerkon-

---

[28] In der Evaluationsverordnung (EvaluationsVO) des Landes Baden-Württemberg in der Fassung vom 10. Juni 2008 heißt es in §1 Abs. 2 beispielsweise: „Die Schule führt zur Bewertung ihrer Schul- und Unterrichtsqualität regelmäßig Selbstevaluationen durch. Die systematische Datenerhebung und Datenauswertung soll darüber Auskunft geben, inwieweit die von der Schule festgelegten beziehungsweise die mit der Schulaufsicht vereinbarten Ziele erreicht worden sind." (http://www.landesrecht-bw.de/jportal/?quelle=jlink&docid=jlr-EvalVBWpP1&psml=bsbawueprod.psml&max=true; zugegriffen: 05. September 2016).

[29] In einer solchen Accountability-Logik wird mithilfe der Generierung von Evidenzen *über* die Leistungen von dezentralen Einheiten überprüft, ob eine Maßnahme oder Einrichtung den gewünschten Output in effektiver und/oder effizienter Weise produziert (vgl. Schedler und Proeller 2011, S. 100; Brückner und Tarazona 2010, S. 83–84). Böttcher (2007) zufolge verweist das Kriterium der Evidenz in rechenschaftsorientierten Steuerungsmodellen dementsprechend darauf, „dass pädagogische Maßnahmen oder Organisationen nachweisen müssen, ob sie ihren Zweck oder ihre Zwecke erreichen. Die bloße Behauptung von Erfolgen oder Erfolgsversprechen reichen nicht aus. Fehlende empirische Erfolgskontrolle unterstützt die These von der (möglichen) Verschwendung oder wenigstens mangelnden Zieltreue von Ressourcen in pädagogisch organisierten Prozessen. Wenn es richtig ist, dass bislang Effekte pädagogischer Neuerungen eher unterstellt als untersucht wurden, dann ist hiermit ein bedeutendes Defizit angesprochen, das nicht nur ökonomisch, sondern auch pädagogisch negative Konsequenzen hat: Wenn tatsächlich für ineffektive Maßnahmen Geld ausgegeben wird, dann fehlt dieses Geld solchen Maßnahmen, die erfolgreich sind oder sein könnten. In Konzepten wie der ,Evidence Based Policy Research' oder der ,Evidence Based Reforms in Education' feiert die Leitidee der Evidenz zurzeit weltweit eine Hausse" (S. 188).

ferenz neben den bestehenden neue Formen der Beobachtung des Bildungssystems geschaffen werden. Damit die verschiedenen Maßnahmen die notwendigen Impulse zur Verbesserung des Bildungswesens auch tatsächlich auslösen, ist es erforderlich, Prozesse der Qualitätsentwicklung und Standardsicherung *auf allen Ebenen, von der einzelnen Schule bis zum gesamten Bildungssystem*, systematisch umzusetzen und *miteinander zu verbinden*. Insbesondere muss sichergestellt werden, dass Informationen über die Qualität des Bildungssystems so weit wie möglich auch für die Entwicklung jeder einzelnen Schule genutzt werden können" (KMK 2006, S. 6; Hervorhebungen durch die Verfasserin).

Anhand der KMK-Gesamtstrategie zum Bildungsmonitoring lässt sich somit zeigen, dass die aktuelle Schulsystemsteuerung insbesondere durch den *politisch-administrativen Anspruch gekennzeichnet ist, eine Schulsystemsteuerung zu etablieren, bei der alle Ebenen des Schulsystems nach derselben Logik operieren.* Das obige KMK-Zitat verweist insofern direkt auf die bereits in den vorausgegangenen Kapiteln thematisierte Anpassung der schulischen an die politisch-administrative Binnenlogik im Kontext einer Neuen Schulsystemsteuerung. Inhaltlich entspricht diese angestrebte übergreifende Logik mehr oder weniger dem Konzept eines kybernetisch-planerischen „Scientific Managements" (vgl. Bellmann 2012, S. 153), d.h. einer evaluativen (Selbst-)Steuerung, bei der empirisch abgesichertes Wissen über Prozesse, Leistungen und Ergebnisse des Schulsystems und seiner Untereinheiten zum zentralen Steuerungsmedium wird. *Damit reproduzieren sich in den Konzepten eines „neuen" evidenzbasierten schulischen Qualitätsmanagement jedoch Steuerungsvorstellungen, wie sie für kybernetische Konzepte politischer Planung typisch gewesen sind.* Um dies besser nachvollziehen zu können, wird im Folgenden die politisch-administrative Planungsperspektive kurz skizziert.

Die für die 1960er-Jahre typischen Konzepte rationaler Planung betonen die Notwendigkeit einer Rationalisierung politisch-administrativen Handelns; Planungstheorien „zielen folglich darauf, das politisch-administrative System als zentralem Planungs- und Entscheidungsakteur zu einem [...] rational handelnden Entscheidungssystem umzustrukturieren" (Görlitz und Burth 1998, S. 90). Diese Rationalisierung des politisch-administrativen Handelns sollte dabei v.a. über eine wissenschaftliche Fundierung von Entscheidungen gewährleistet werden. Reuter (2004) führt die Planungsperspektive auf die szientifisch-zweckrational orientierte *Operations Research* zurück, bei der mithilfe der folgenden Schrittfolge wissenschaftlich fundierte Entscheidungen in Organisationen getroffen werden sollen: „eindeutige Zielformulierung; Konstruktion eines vollständigen Modells des Ausschnitts der Wirklichkeit, die es zu verändern gilt; eine Ableitung von Handlungsalternativen; Feststellung ihrer Folgewirkungen; ihre Bewertung anhand eindeutiger, gegebener Gütekriterien; Verwirklichung" (S. 58). Dieses lineare Modell wird in kybernetischen Planungskonzepten dann in einen Regelkreis überführt, indem Rückkopplungsschleifen in den Planungsprozess eingebaut werden, d.h., ein permanenter Abgleich von Ist- und Soll-Werten, über den sich sukzessive an das geplante Soll angenähert werden soll:

> „Der Regler misst den Istwert der Regelgröße, vergleicht ihn mit dem Sollwert und verändert die Stellgröße an der gemessenen Regelabweichung. Dieser Regelungsprozess läuft über seine positiven oder negativen Rückkopplungen so lange ab, bis die Regelgröße den Sollwert erreicht" (Görlitz und Burth 1998, S. 97).

Diese kybernetischen Vorstellungen einer rationalen Planung, die sich über die Schritte Zieldefinition, Operationalisierung der Ziele, Umsetzung entsprechender Maßnahmen, evaluative Überprüfung der Maßnahmen und Korrektur vollzieht, werden im Kontext der aktuellen Schulsystemsteuerung mithilfe der im vorangegangenen Kapitel skizzierten Modelle „guter" Schule nun auch als idealer *Modus Operandi* der pädagogischen Handlungseinheit Schule propagiert: In deren Zentrum soll eine rational-planerische, outputorientierte Schulentwicklung stehen, die mithilfe von empirisch-evaluativen Verfahren permanent überprüft und so optimiert wird. Die große Nähe von klassischen Konzepten politisch-administrativer Planung zu den aktuellen Modellierungen einer „evaluativen" Schule wird besonders deutlich, wenn man administrative Handreichungen für die Schulentwicklung bzw. für das schulische Qualitätsmanagement betrachtet. So wird im Leitfaden zur Selbstevaluation an allgemeinbildenden Schulen in Baden-Württemberg das Konzept des Qualitätsmanagements folgendermaßen definiert: „Qualitätsmanagement bezeichnet ‚[...] aufeinander abgestimmte Tätigkeiten zur Leitung und Steuerung einer Organisation bezüglich deren Qualität' (Deutsches Institut für Normung 2004). Es beinhaltet die Planung von Maßnahmen, deren Umsetzung und Evaluation sowie ggf. Veränderung (s. auch p-d-c-a-Zyklus, S. 12)" (LS 2007, S. 6). Hier wird explizit auf *Planung als schulentwicklerisches Grundprinzip* rekurriert. Der im Zitat thematisierte planerisch-evaluative *p-d-c-a-Zyklus* ist in Abbildung 8 auf der folgenden Seite dargestellt, wobei die Darstellung derjenigen in der baden-württembergischen Handreichung entspricht.

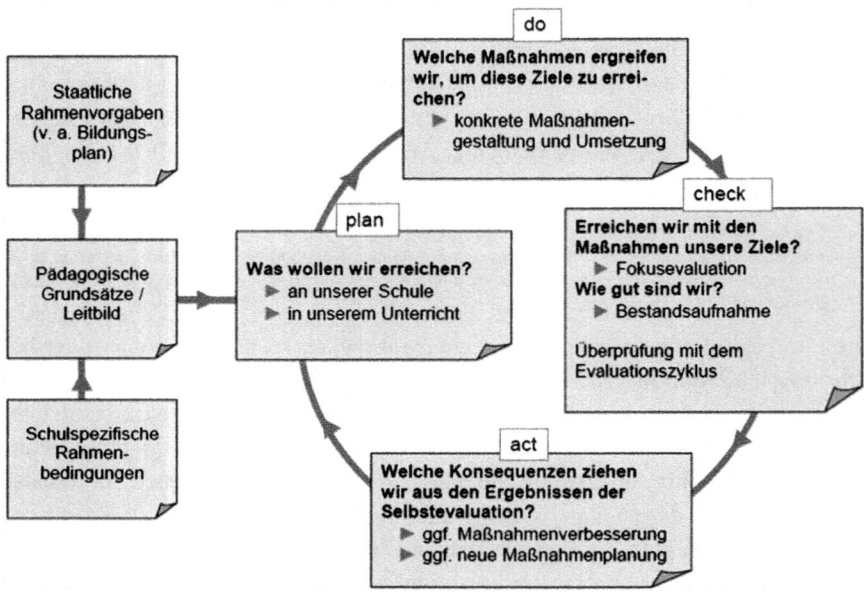

Abb. 8:   p-d-c-a-Zyklus (LS 2007, S. 12)

Diese administrative Darstellung eines idealtypischen Schulentwicklungsprozesses vereint die in den vorangegangenen Kapiteln thematisierte Vorstellung von Schulen als indirekt gesteuerten Handlungseinheiten mit dem Konzept rationaler Planung als präferiertem Selbststeuerungsmodus dieser Handlungseinheiten und stellt so die grafische Zusammenfassung der zentralen Leitlinien des aktuellen Steuerungsmodells im Schulsystem dar: Schulen werden hier als kollektive Akteure entworfen, die einheitliche Ziele verfolgen; diese ergeben sich aus einem für alle verbindlichen schulischen Leitbild. Die für indirekte Steuerungsmodelle typische Verknüpfung der Selbstführung schulischer Akteure mit der politisch-administrativen Fremdführung kommt in der Kopplung der in der *Plan*-Phase zu entwickelnden schulischen Ziele an staatliche Rahmenvorgaben zum Ausdruck. Die Zielerreichung wird dann als planerischer Prozess konzipiert, der durch die Integration von evaluativen Verfahren den Charakter eines zyklischen Optimierungskreislaufes annimmt (*plan* – do – check – act – *plan*). Schließlich verweist die in der *Check*-Phase vorgesehene Selbstevaluation, die in der Handreichung des Landesinstituts an anderer Stelle ebenfalls als kybernetischer Regelkreis dargestellt wird (vgl. Abbildung 9), auf die Vorstellung eines schulischen „Scientific Managements": Die schulische Qualitätsentwicklung wird hier durch die Bezugnahme auf wissenschaftliche Praktiken wie „Indikatoren bestimmen", „Instrumente entwickeln", „Daten sammeln" und „Daten auswerten" zur empirischen Sozialforschung stilisiert.

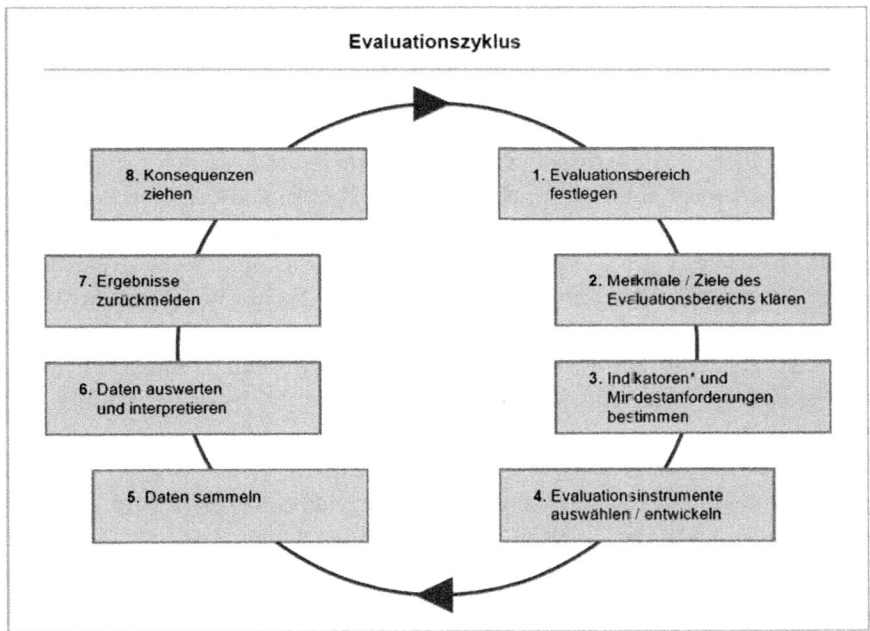

Abb. 9:   Idealtypischer schulischer (Selbst-)Evaluationszyklus (LS 2007, S. 35)

Die „neue" evaluationsbasierte schulische Selbststeuerung entspricht im Kern also klassischen Konzepten zentral-bürokratischer, rationaler Planung. In der evaluativen Doppelstrategie der aktuellen Schulsystemsteuerung, die darauf zielt, Elemente eines „Scientific Managements" sowohl auf Ebene der Gesamtsystemsteuerung als auch auf Ebene der Einzelschule zu implementieren, zeigt sich insofern besonders deutlich, dass im Kontext der aktuellen Schulsystemsteuerung eine Anpassung der schulischen an die politisch-administrative

Binnenlogik erfolgt und damit eine Form der Handlungskoordination angestrebt wird, die auf eine regierende Führung der Selbstführung schulischer Akteure zielt. Vor diesem Hintergrund geht es im nächsten Kapitel darum, die Spezifik der aktuellen Schulsystemsteuerung noch einmal auf den Punkt zu bringen und dabei herauszuarbeiten, was an ihr „neu" ist – und was nicht.

3.1.4   Zur Rhetorik des Neuen

Mittlerweile ist es im erziehungswissenschaftlichen Steuerungsdiskurs unstrittig, dass nicht von einer vollständigen Ablösung der bürokratischen Schulverwaltung durch Neue Steuerungskonzepte ausgegangen werden kann, sondern dass sich unterschiedliche Regulierungsformen in der Praxis der aktuellen Schulsystemsteuerung überlagern. So stellen beispielsweise Kussau und Brüsemeister (2007) fest, „dass bisherige Formen der Regulierung weiter wirksam sind und auf diese Weise Mischtypen für Governance-Regime die Regel sind; neue evaluationsbasierte Steuerungsmaßnahmen werden mit der bisherigen ‚bürokratischen' Steuerung amalgamiert" (S. 42–43). Hinzu kommt, dass Neue Steuerungsmodelle und speziell auch NPM-Ansätze nicht automatisch weniger bürokratisch sind als die bisherige Steuerung, sondern „technische Regeln, ‚gesatzte' Normen und eine unpersönliche Regelbindung [...] [beinhalten], die die bisherige Aktenförmigkeit der Bürokratie in den Schatten stellen dürfte" (ebd., S. 21). Aufgrund dieser Vermischung bzw. Verdopplung von Regelungsstrukturen wird der aktuellen Schulsystemsteuerung denn immer wieder auch eine Tendenz zur „Übersteuerung" (vgl. z.B. Zlatkin-Troitschanskaia 2007, S. 80–81) attestiert. Böttcher (2012) spricht vor diesem Hintergrund von einer mangelhaften Umsetzung der Neuen Steuerung im Schulsystem und fordert stattdessen die Rückkehr zu einer „ehrlichen", auf Vertrauen basierenden Politik der (Re-)Zentralisierung.

Darüber hinaus gibt es jedoch auch Argumentationen im Diskurs, die die Gegenüberstellung von alter bürokratischer und neuer outputorientierter Steuerung prinzipiell in Frage stellen. So zeigt Herrmann (2009), dass es die bürokratische Steuerung, die streng nach einer „hierarchisch-kausalen" (Görlitz und Burth 1998, S. 111) Steuerungslogik operiert, von der sich die Neuen Steuerungsmodelle abzusetzen versuchen, so nie gegeben hat. Und umgekehrt zeigen Bellmann (2012) und Waldow (2012), dass die aktuellen Reformen im Schulsystem und der Schulsystemsteuerung große Parallelen zur Social-Efficiency-Bewegung aufweisen, die Anfang des 20. Jahrhunderts in den USA aufkam, und somit alles andere als neu sind. Schließlich weist Zlatkin-Troitschanskaia (2008) darauf hin, dass es sich bei der „neuen" Outputsteuerung nicht um einen tatsächlichen Paradigmenwechsel politischer Gestaltung handelt, sondern lediglich um eine Akzentverschiebung innerhalb desselben Steuerungsmodells:

> „Der im Rahmen des neuen Modells angestrebte Perspektivenwechsel von input- zur output-orientierten Steuerung ist kein Paradigmenwechsel, zumindest nicht im radikalen *Kuhn'schen* Sinne. Vielmehr wird die Steuerungsperspektive des ‚alten' inputorientierten Modells um Elemente der verstärkten Outputkontrolle erweitert. Die beiden Leitbegriffe Input und Output richten den Fokus auf verschiedene Aspekte *desselben* komplexen Funktional- und Steuerungszusammenhangs [...]; im ‚neuen' Steuerungsmodell wird die Outputorientierung (genauer: Outputkontrolle) lediglich stärker gewichtet. Insgesamt kann im gegenwärtigen Steuerungsmodell des öffentlichen Schulwesens eher eine [...] Akzentverschiebung hin zur Outputorientierung konstatiert werden, so dass der Bezeichnung ‚Outputsteuerung' eher symbolischer Charakter zukommt" (S. 81; Hervorhebungen im Original).

Bedeutsam für die Argumentation im Rahmen dieser Studie ist insbesondere die hier vorgenommene Zuordnung beider Steuerungslogiken – also sowohl der Input- als auch der Outputsteuerung – zu *demselben* „komplexen Funktional- und Steuerungszusammenhang[]". Allerdings fehlt eine Konkretisierung dessen, worin dieser Zusammenhang genau besteht. Eine solche Konkretisierung lässt sich nun jedoch mithilfe der Ausführungen in den vorangegangenen Kapiteln vornehmen.

Zu den herausstechendsten Merkmalen der aktuellen deutschen Schulsystemsteuerung gehört es, dass äußerst rationalistische Vorstellungen von Management an die Einzelschule herangetragen werden, die die Rationalität und Steuerbarkeit (betrieblicher) Organisationen im Vergleich mit der „lose gekoppelten" Schule deutlich überschätzen und organisationstheoretisch eher überholt sein dürften.[30] In der Neuen Steuerung reproduziert sich insofern der alte politisch-administrative Traum von der rationalen Beherrschbarkeit gesellschaftlicher Komplexität. Diese Steuerungshoffnung stützt sich aktuell wie auch schon in früheren Zeiten auf die Rationalisierungsleistung eines „Scientific Managements" (vgl. Bellmann 2012, S. 153). Die Spezifität der Neuen Schulsystemsteuerung in Deutschland lässt sich vor diesem Hintergrund bemerkenswerterweise

---

[30] Aktueller und näher an empirisch vorfindbaren Formen der Handlungskoordination in (betrieblichen) Organisationen dürften hier insbesondere neo-institutionalistische (vgl. Meyer und Rowan 1977; Powell und DiMaggio 1977/1991; DiMaggio und Powell 1983; Koch und Schemmann 2009), systemtheoretische (vgl. Luhmann 2000) und neuere managementtheoretische (z.B. Baecker 2003) Ansätze sein.

am besten im Rückgriff auf die kybernetischen Konzepte rationaler politisch-administrativer Planung erläutern, die in den 1960er-Jahren Hochkonjunktur hatten. Auch wenn die Planungsperspektive im politik- und erziehungswissenschaftlichen Steuerungsdiskurs gemeinhin als überholt gilt (vgl. Görlitz und Burth 1998, S. 80; Schimank 2009), sind die Parallelen zwischen Neuer Steuerung und kybernetischer Planung doch offensichtlich, insbesondere dann, wenn man den Fokus auf eines der zentralen Steuerungsinstrumente der aktuellen Schulsystemsteuerung legt, die Evaluation. Höhne spricht in Bezug auf „neue", indirekte Steuerungsformen von einem „Komplex aus evaluativen Praktiken" bzw. „Formen sozialer Beobachtungen, durch die Institutionen, Gruppen und Subjekte einer (gegenseitigen) Dauerbeobachtung und einer kontinuierlichen (Selbst-)Bewertung unterworfen werden", und die im Wesentlichen „auf kybernetischen Annahmen über die Funktionsweise von Systemen und Subjekten (Regelkreis, Rückkopplung, Soll-Ist-Zustand, Steuerung usw.) [beruhen]" (Höhne 2006, S. 206). Auch von anderen Autor/inn/en wird die (Selbst-)Steuerung über kybernetische Rückkopplung, also z.B. über evaluativ angelegte Ist-Soll-Vergleiche, als typisch für die aktuelle Form der politischen Gesellschaftsgestaltung angesehen; so spricht Meyer-Drawe (2009) diesbezüglich von einem sich seit den 1930er-Jahren durchsetzenden „kybernetischen Stil". Diese kybernetischen Vorstellungen finden sich in klassischen Konzepten rationaler Planung ebenso wie im „ökonomisierten" New Public Management oder in den Modellierungen von Schulqualität im Schuleffektivitäts- und Schulentwicklungsdiskurs (vgl. Berkemeyer 2010, S. 54), die die Basis für das aktuelle, politisch-administrativ propagierte Modell „guter Schule" darstellen. Sie verbinden insofern „alte" und „neue", bürokratisch-planerische und ökonomisierte Steuerungskonzepte. *Das eigentlich „Neue" an der Neuen Steuerung ist, dass sie u.a. mithilfe des New Public Managements das Rationalisierungsgebot der Planungsperspektive vom politisch-administrativen System auf die zu steuernden Einheiten, in diesem Fall also auf die Schulen, verschiebt; aus der zentralen rationalen Planung wird so dezentrale rationale (Selbst-)Steuerung.* Hierüber lässt sich dann auch die Aussage Zlatkin-Troitschanskaias konkretisieren, die in Bezug auf die aktuelle Schulsystemsteuerung von einer Akzentverschiebung *innerhalb* eines Modells spricht: Die „neue" Schulsystemsteuerung stellt im Grunde die Fortsetzung kybernetischer Planung mit anderen Mitteln dar; durch sie wird versucht, die „alten" – den Regeln des Diskurses folgend eigentlich sogar *ver*alteten – kybernetischen Regelkreisläufe nun dezentral in die „Steuerungsobjekte" einzubauen und so die Selbstführung schulischer Akteure an die Eigenlogik des politisch-administrativen Systems anzupassen. Die Neue Schulsystemsteuerung ist insofern – trotz der für sie typischen Dezentralisierungs- und Autonomisierungsstrategien – weniger durch eine neue Unabhängigkeit der Schulen vom politisch-administrativen System gekennzeichnet als vielmehr durch den Versuch, das schulische und das politisch-administrative System durch eine Anpassung ihrer Binnenlogiken *stärker* zu koppeln, als dies bisher der Fall gewesen ist. Damit wird jedoch auch das Ideal rationaler Planung in den Schulen installiert, das eigentlich als gescheitert gilt.

3.1.5 Zwischenfazit I: Die Modifikation schulischer Selbstbeschreibung als zentrales Strukturproblem einer Neuen Steuerung im Schulsystem

Im Rahmen dieser Studie wird in Bezug auf die deutschen Varianten der Neuen Schulsystemsteuerung argumentiert, dass diese weniger durch die für das New Public Management als typisch angesehene Wettbewerbslogik geprägt sind als vielmehr durch die Tatsache, dass es sich bei NPM-Konzepten um eine – ökonomisierte – *Verwaltungs*reform handelt. Sie ist vor diesem Hintergrund v.a. durch Vorstellungen eines „Scientific Managements" gekennzeichnet, wie sie für die kybernetischen Planungstheorien der 1960er-Jahre typisch waren. *Statt auf eine wissenschaftlich fundierte Rationalisierung des politisch-administrativen Systems, wie in den Zeiten politischer Planung, setzt die Neue Schulsystemsteuerung (zusätzlich) jedoch auf eine „evidenzbasierte" Rationalisierung von Entscheidungsprozessen auf Ebene der Einzelschule.* Dadurch wird versucht, eine Anpassung der schulischen Binnenlogik an die Eigenlogik des politisch-administrativen Systems zu erreichen, die die Voraussetzung für indirekte, „regierende" Formen der Steuerung darstellt, wie sie für moderne Formen der Steuerung typisch sind. Ein wichtiges Bindeglied hierfür stellt der erziehungswissenschaftliche Schuleffektivitäts- und Schulentwicklungsdiskurs dar, da er Schulen in einer Weise modelliert, die sowohl der Eigenlogik des politisch-administrativen Systems als auch der indirekten Logik des aktuellen Steuerungsmodells entspricht, nämlich als sich mithilfe rational-planerischer Prozesse selbst steuernde Handlungseinheiten.

Dies bedeutet jedoch weder, dass das politisch-administrative System tatsächlich vorrangig rational operiert, noch dass die Handlungskoordination im Mehrebenensystem Schule im Kontext Neuer Steuerungsmodelle de facto rationalisiert wird. Für die Gesamtargumentation im Rahmen dieser Studie ist vielmehr eine Differenzierung bezüglich des Steuerungsmodus der aktuellen Schulsystemsteuerung von entscheidender Bedeutung: Die zentrale Aufgabe des politisch-administrativen Systems innerhalb Neuer Steuerungsmodelle ist weder die ökonomische Effektivierung des Schulsystems noch das evidenzbasierte Entscheiden, sondern die dezentrale Implementation von evidenzbasierten Entscheidungsstrukturen, die eine engere Kopplung von schulischem und politisch-administrativem System und damit eine indirekte Schulsystemsteuerung ermöglichen. *Es geht in der aktuellen Schulsystemsteuerung insofern nicht in erster Linie um eine empirisch nachweisbare Rationalisierung der Handlungskoordination im Schulsystem, sondern um die Verbreitung von Vorstellungen rationaler Planung. Die Herausforderung und das zentrale Strukturproblem der aktuellen Schulsystemsteuerung bestehen somit darin, die Schulen dazu zu bringen, sich selbst als rational organisierte Handlungseinheiten zu entwerfen und entsprechend zu handeln.* Dass sich dabei auch die Verwerfungen politisch-administrativer Planungskonzepte auf Ebene der Einzelschule reproduzieren, ist anzunehmen. Die Neue Schulsystemsteuerung ist so gesehen nicht evidenz-, sondern wissensbasiert, d.h., sie ist auf eine Veränderung der Wissensbasis schulischer Akteure angewiesen. Das politisch-administrative Steuerungshandeln im Rahmen einer Neuen Schulsystemsteuerung zielt insofern, wie Emmerich (2010b) es formuliert hat, auf die *Modifikation schulischer Selbstbeschreibung* und damit auf die *Initiierung von Lernprozessen auf Ebene der Einzelschule* (vgl. S. 188). In dem so reformulierten Steuerungszusammenhang einer Neuen Schulsystemsteuerung ist auch die Schulinspektion zu verorten, die den empirischen Gegenstand der hier vorgestellten Untersuchung darstellt. Über sie wird u.a. das Konzept von der Einzelschule als rational organisierter Handlungseinheit, die sich anhand von intern und extern produzierten Evidenzen selbst steuert, an die schulischen Akteure vermittelt.

3.2 Die Schulinspektion als Antwort auf das spezifische Strukturproblem Neuer Steuerung

Schulinspektionen gelten als typische Instrumente neuer, indirekter Modelle der Schulsystemsteuerung. Dabei wird ihnen entweder die Aufgabe der „kontextuellen" Kontrolle zugeschrieben (vgl. Zlatkin-Troitschanskaia 2007, S. 79), also der Kontrolle der Einzelschule über deren Leistungen und Ergebnisse, oder aber, wie im Fall der deutschen Schulinspektionssysteme, die Aufgabe der Initiierung von solchen Schulentwicklungsprozessen, die als förderlich für die Optimierung des schulischen Outputs gelten. Ein typisches Merkmal von Schulinspektionen ist dabei ihr „evidenzbasiertes" Vorgehen, d.h. ihr Anspruch, objektive Daten über die Schulwirklichkeit zu generieren. Vor allem in Deutschland wurde in diesem evidenzbasierten, empirisch-wissenschaftlichen Vorgehen der entscheidende Vorteil der neu eingeführten Schulinspektionen gegenüber den „alten" Schulaufsichten gesehen. So konstatiert Maritzen (2008), dass mit der Schulinspektion „ein Anspruch an empirische Fundierung verknüpft [ist], der von traditionellen Prozeduren der Schulverwaltung nicht mehr erfüllt werden kann" (S. 85); die Schulinspektion erscheint vor diesem Hintergrund „als Antwort auf Erfordernisse der Evidenzbasierung von politisch-administrativer Entscheidungsfindung" (ebd.). Rürup (2008) beschreibt die Schulinspektion als „Ausdifferenzierung, Professionalisierung und Verwissenschaftlichung einer Teilaufgabe des bisherigen Spektrums schulaufsichtlicher Tätigkeiten" (S. 470). Und auch in den Selbstdarstellungen der deutschen Inspektionssysteme finden sich vielfältige Bezüge zur Terminologie und zur Vorgehensweise der (quantitativen) empirischen Sozialforschung, über die sich diese von klassischen Verfahren schulaufsichtlicher Kontrolle abgrenzen. Ein besonders prägnantes Beispiel für ein solches wissenschaftliches Selbstverständnis der Schulinspektionen stellt das bayerische Modell dar:

„Externe Evaluation setzt Fakten an die Stelle von Vermutungen. Aus diesem Grund kommen erprobte sozialwissenschaftliche Verfahren zum Einsatz: standardisierte schriftliche Befragungen, Dokumentenanalysen, standardisierte Beobachtungen und qualitative Interviews" (ISB QA 2010, S. 10).[31]

---

[31] Fast wortgleich wurde dieser Anspruch beispielsweise auch von der Externen Evaluation in Mecklenburg-Vorpommern formuliert: „Evaluation setzt Fakten an die Stelle von Vermutungen und Mutmaßungen. Es entspricht den Prinzipien der Fairness und Transparenz, dass Evaluation sich in hohem Maße der in der empirischen und in der sozialwissenschaftlichen Forschung üblichen Verfahren bedient" (LISA 2006, S. 6).

In anderen Bundesländern wird der Schulbesuch der Inspektor/inn/en analog hierzu z.B. als „Datenerhebungsphase" konzipiert und kommuniziert (z.B. LS 2015, S. 22–25). Üblich ist außerdem, in Anlehnung an die klassischen Gütekriterien der quantitativen Sozialforschung die Validität und Reliabilität der im Rahmen von Schulinspektionen durchgeführten Unterrichtsbeobachtungen zu diskutieren (vgl. z.B. Gärtner und Pant 2011; Müller und Pietsch 2011; aktuell z.B. Maritzen 2015, S. 28–30). Schließlich ist auch die Aufbereitung der Inspektionsergebnisse in manchen Bundesländern deutlich an Darstellungsformen der quantitativen empirischen Sozialforschung orientiert (vgl. Abbildung 10). Dieser Überblick macht deutlich, dass in einer solchen Perspektive, die auch dem in Kapitel 2 beschriebenen Rationalisierungsdiskurs entspricht, die *Ergebnisse* der Schulinspektion im Vordergrund stehen; von ihrer Güte wird die Wirksamkeit des Instruments abhängig gemacht. Das zentrale Strukturproblem einer Neuen Schulsystemsteuerung besteht hier im evidenzbasierten Entscheiden. Die vorrangige Aufgabe der Schulinspektion stellt dementsprechend die adäquate empirische Erfassung von Schulqualität dar.

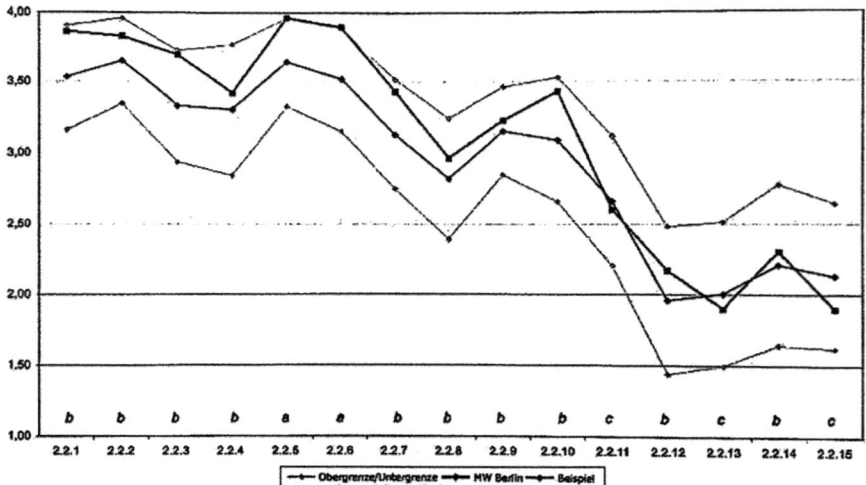

Abb. 10: Vergleichende Darstellung von Unterrichtsbewertungen (Schulinspektion Berlin 2012, S. 10)

Obwohl die empirisch-wissenschaftliche Präsentation von Ergebnissen der Schulinspektion, wie sie in Abbildung 10 zum Ausdruck kommt, eine große Rolle in
der Praxis der Schulinspektion spielt, wurde jedoch bereits in Kapitel 2 herausgearbeitet, dass im erziehungswissenschaftlichen Schulinspektionsdiskurs die Bedeutung der Inspektionsergebnisse zunehmend relativiert und stattdessen die *Performativität* des Instruments betont wird (zum Konzept der Performativität vgl.
insbesondere Butler 1997, 2006). Zuletzt und speziell für die deutschen Schulinspektionsmodelle wurde dies von Dietrich (2016) expliziert, der auf Basis objektiv-hermeneutischer Rekonstruktionen von Bezugnahmen auf die Schulinspektion
sowohl durch administrative als auch durch schulische Akteure resümiert: „Eine
zentrale Gemeinsamkeit bildet die geringe Bedeutung der Schulinspektionsergeb-
nisse in den Deutungen der Akteure bei gleichzeitiger Fokussierung auf die Performativität des Inspektionsbesuchs" (S. 160). Konkret bedeutet das, dass Schulinspektionen nicht so sehr über ihre Ergebnisse, d.h., durch die Rationalisierung
von Anschlusshandlungen wirken, sondern durch die Art und Weise ihres praktischen Vollzugs. Ähnlich argumentiert Bellmann (2016), der im Anschluss an
Faulstich (2004) von der neuen, evidenzbasierten Steuerung als einem „hyper-
technokratische[n] Steuerungsmodell" spricht, bei dem

> „Messung und Evaluation weniger Voraussetzungen für darauf gestützte wirksame Maßnahmen
> und Interventionen [sind]; sie stellen vielmehr selbst bereits eine steuerungswirksame Maßnah-
> me und Intervention dar" (S. 31).

Wenn jedoch der performative Charakter von Schulinspektionen in den Vordergrund der Argumentation rückt, dann stellt sich die Frage, worauf sich die Per-
formanz des Instruments bezieht. Im Rahmen dieser Studie ergibt sich die Antwort darauf aus den Ausführungen des Kapitels 3.1: Hier wurde das zentrale
Strukturproblem der Neuen Schulsystemsteuerung nicht in der Rationalisierung
der Schulsystemsteuerung, sondern in der Implementation von Formen und Verfahren einer rationalen schulischen Selbstführung und damit in der Modifikation
der schulischen Selbstbeschreibung gesehen. Es wird in dieser Studie bezüglich
des zentralen Strukturproblems der aktuellen Schulsystemsteuerung gegenüber
der Perspektive der Evidenzbasierung also eine Verschiebung vorgenommen, die
angesichts des *indirekten* Charakters Neuer Steuerungsmodelle sinnvoll erscheint: Eine solche indirekte Form der Steuerung basiert im Kern auf der Vorstellung einer *regierenden* politisch-administrativen Führung der Selbstführung
schulischer Akteure, die eine Anpassung der schulischen Selbstbeschreibung an

die politisch-administrative Binnenlogik voraussetzt. Für die performative Wirkung der Schulinspektion ist vor diesem Hintergrund ein Charakteristikum des Instruments entscheidend, das aufgrund der empirischen Erhebungs- und Darstellungsformen schulischer Qualität im Kontext von Schulinspektionsverfahren leicht aus dem Blick gerät: Anders als die klassische Schulaufsicht, zu deren Aufgaben die Dienstaufsicht über die *einzelnen* Lehrpersonen gehört, fokussiert die „neue" Schulinspektion prinzipiell auf die „Handlungseinheit Schule" (vgl. Rürup 2008, S. 469). Darüber hinaus ist das Instrument in doppelter Weise durch das für kybernetische Konzepte rationaler Planung typische Evaluationsprinzip geprägt: Es folgt als externe Evaluation selbst einer rational-planerischen Evaluationslogik und ist gleichzeitig darauf ausgerichtet, dieses Evaluationsprinzip auf Ebene der Einzelschule zu implementieren. Insofern zählt die konsequente *Adressierung von Schulen als rational organisierten Handlungseinheiten* zu den zentralen Interventionen des Instruments (vgl. Dietrich 2016, S. 160–163). Durch sie wird die Schule als eine solche rational organisierte Handlungseinheit mit konstituiert und so versucht, eine Passung zwischen der Logik des politisch-administrativen und des schulischen Systems herzustellen. *Das Instrument der Schulinspektion wird im Rahmen dieser Studie insofern nicht als Antwort auf Erfordernisse einer evidenzbasierten politisch-administrativen und/oder schulischen Entscheidungsfindung verstanden, wie Maritzen es oben formuliert hat, sondern als Antwort auf die Vermittlungsbedürftigkeit der aktuellen und offiziell ratifizierten schulischen Selbstbeschreibung.*

Vor diesem Hintergrund besteht die Aufgabe dieses Kapitels darin, die Schulinspektion als performativ wirkendes Steuerungsinstrument zu beschreiben, d.h. als Instrument, dessen vorrangige Aufgabe in der Konstitution der Schule als rational organisierter Handlungseinheit besteht. Dazu wird zunächst noch einmal herausgearbeitet, worin die Performativität der Schulinspektion genau besteht (3.2.1). Diese wird in dieser Studie als Normalisierungsleistung verstanden, die im praktischen Vollzug der Schulinspektion durch eine spezifische Adressierung der schulischen Akteure generiert wird. Im folgenden Kapitel werden dann die Referenzrahmen zur Schulqualität beschrieben, auf die die Schulinspektionen für die Beobachtung und Bewertung der Schulen zurückgreifen (3.2.2). Sie transportieren eben jenes Modell „guter Schule", das im Kontext der aktuellen Schulsystemsteuerung propagiert wird, und bilden so den inhaltlichen Bezugspunkt der performativen Wirkung der Schulinspektion. Bezüglich des performativen Modus der Schulinspektion wird im Rahmen dieser Studie außerdem die These vertreten, dass die Wirkung entwicklungsorientierter Schulinspektionen weder als Ergebnis eines rein disziplinierenden Prozesses der Unterwerfung noch einer geräuschlosen Anpassung der schulischen Akteure im praktischen Vollzug der Schulinspektion gedacht werden kann. Aufgrund der Vermittlungsbedürftigkeit der aktuellen schulischen Selbstbeschreibung im Kontext neuer Steuerungsmodelle wird vielmehr vom pädagogischen Charakter der Inspektionsintervention ausgegangen. Für ein solches pädagogisches Verhältnis von Administration und Schule im Kontext Neuer Steuerungsmodelle und speziell im Schulinspektionskontext finden sich im programmatischen und erziehungswissenschaftlichen Schulinspektionsdiskurs bereits einige Hinweise, die in den folgenden Kapiteln herausgearbeitet werden. Gezeigt wird hier zum einen, dass sich entwicklungsorientierte Schulinspektionen *als solche* als Form der pädagogischen Adressierung von Schulen interpretieren lassen, in deren Zentrum die Schule als „lernende Organisation" steht (3.2.3). Zum anderen finden sich pädagogische Bezüge insbesondere im Zusammenhang mit der Beschreibung der Rolle der Schulinspektor/inn/en (3.2.4). Ihnen wird zunehmend explizit eine vermittelnde Funktion zugeschrieben. Im Anschluss hieran wird konkretisiert, was speziell im Rahmen dieser Studie unter einer Pädagogisierung von Steuerung im Kontext der Schulinspektion verstanden wird (3.2.5). In Form eines Ausblicks wird skizziert, dass die Rekonstruktionen des empirischen Teils dieser Studie es ermöglichen werden zu zeigen, dass die Interviewinteraktion zwischen Inspektor/inn/en und Lehrer/inne/n situativ durch erzieherische und didaktische Praktiken und Interaktionsformen gekennzeichnet ist. Die zentralen Aussagen des Kapitels werden abschließend noch einmal zusammengefasst (3.2.6).

3.2.1 *Zur Performativität der Schulinspektion*

Die Voraussetzung für die performative Wirkung der Schulinspektion ist die im zweiten Kapitel herausgearbeitete Schnittstellen- bzw. Scharnierfunktion des Instruments, d.h. seine Funktion als Bindeglied zwischen politisch-administrativem und schulischem System. Dass die Schulinspektion an dieser Schnittstelle angesiedelt ist, ergibt sich dabei allein schon aus ihrer Funktion als Steuerungsinstrument. Auffällig ist allerdings, dass die der Schulinspektion zugeschriebenen Funktionen und Aufgaben über eine Positionierung des Instruments *zwi-*

schen zwei (unterschiedlichen) Systemen hinausweisen. Dies wird im Folgenden kurz anhand zweier Beispiele illustriert.

Schulinspektion wird typischerweise eine spezifische Doppelfunktion zugeschrieben: Sie soll sowohl „Steuerungswissen" für die Einzelschule als auch für die schulische Gesamtsystemsteuerung generieren; sie wird also einerseits als Dienstleister für die interne Schulentwicklung und andererseits als Datenlieferant für ein gesamtsystemisches Bildungsmonitoring verstanden. Diese Doppelfunktion wird im Fall der Berliner Schulinspektion folgendermaßen formuliert:

> „Angestrebt wird die gezielte Unterstützung der Schulentwicklungsprozesse durch konkrete Hinweise auf Stärken und Entwicklungsbedarf. Inspektionsberichte dienen als Anstöße zu innerschulischen Diskussions- und Entwicklungsprozessen. Darüber hinaus sollen Inspektionsergebnisse auf Bezirks- und auf Landesebene zur Entscheidungsfindung und Steuerung von Reformprozessen beitragen. Es geht also bei der externen Evaluation von Schulqualität um das System Schule – zunächst und direkt um jede einzelne Einrichtung, doch dann auch um verallgemeinerbare Aussagen zur Berliner Schule" (Schulinspektion Berlin 2012, S. 3).

In diesem Zitat kommt die Vorstellung zum Ausdruck, dass mithilfe *eines* Instruments und der durch es produzierten Daten sowohl einzelschulische als auch gesamtsystemische Prozesse gesteuert werden können. Damit klingt hier die Idee einer *Synchronisierung* von politisch-administrativem und schulischem System durch die Schulinspektion an, die in Kapitel 3.1 als konstitutiv für die aktuelle indirekte Form der Schulsystemsteuerung beschrieben wurde. Während diese Synchronisierungsidee in der Darstellung der Berliner Schulinspektion noch eher implizit enthalten ist, kommt sie in der nachfolgenden Beschreibung der Funktionsweise deutscher Schulinspektionen von Pietsch, Feldhoff und Petersen (2016) bereits expliziter zum Ausdruck:

> „Schulinspektionen in Deutschland verfolgen [...] derzeit primär das Ziel, Schul- und Unterrichtsentwicklung mittels der Rückmeldung von Informationen zur extern wahrgenommenen Qualität von Schule und Unterricht zu stimulieren [...]. Diesbezügliche Wirksamkeitserwartungen an Schulinspektionen knüpfen dabei vor allem an die Forschung zum zielorientierten Feedback an [...]. Entsprechend wird erwartet, dass das Aufzeigen von Differenzen zwischen normativ vorgegebenen Soll- und empirisch beobachteten Ist-Ständen dazu führt, dass in extern evaluierten Schulen infolge der Rückmeldung eine Handlungsoptimierung geplant werde, die es ermöglicht, anzustrebende Ziele in Zukunft besser zu erreichen" (S. 230).

Die Schulinspektion erscheint hier nun *als kybernetischer Regler*, der den schulischen Ist-Stand misst, mit dem politisch-administrativ formulierten normativen Soll vergleicht und die Differenz an die Schule zurückmeldet. Diese Rückmeldung soll eine interne Schulentwicklungsplanung anregen, durch die der schulische Ist-Stand an den extern vorgegebenen Soll-Stand „autonom" angepasst

wird. Das politisch-administrative System einerseits und die Einzelschule andererseits werden hier also über die Schulinspektion in einen gemeinsamen Prozess
rationaler Planung eingespannt. Die obige Beschreibung der Funktions- und
Wirkungsweise der Schulinspektion basiert insofern auf der idealtypischen Vorstellung einer *Integration von politisch-administrativem und schulischem System*.
    Die Beschreibung der Schulinspektion durch die Berliner Schulinspektion
und Pietsch et al. setzt allerdings den Vollzug einer solchen Integration bereits
voraus. Wie die Ausführungen in Kapitel 3.1 gezeigt haben, kann davon jedoch
nicht automatisch ausgegangen werden. Um eine Integration von politisch-administrativem und schulischem System zu erreichen, ist die aktuelle Schulsystemsteuerung vielmehr auf eine Veränderung der schulischen Selbstbeschreibung angewiesen. Die Schulinspektion wird im Rahmen dieser Studie daher
nicht als (outputorientierter) Regler innerhalb eines bereits integrierten politisch-
administrativen-schulischen Systems verstanden, sondern als *performative In-
stanz, die auf die Herstellung eines solchen integrierten Systems gerichtet ist*. Sie
muss so gesehen die Bedingungen ihrer Wirksamkeit, wie sie von Pietsch et al.
beschrieben werden, zunächst einmal selbst herstellen. Wenn im Rahmen dieser
Studie von Schulinspektionen als Schnittstellenphänomen gesprochen wird, dann
ist damit also weder gemeint, dass das Instrument als intermediärer Akteur (vgl.
Altrichter und Heinrich 2007, S. 61) zwischen politisch-administrativem und
schulischem System steht, noch dass es als Regler eines integrierten politisch-
administrativen-schulischen Systems fungiert, sondern dass es zwischen der politisch-administrativen Fremdführung und der Selbstführung schulischer Akteure
vermittelt: Durch die Schulinspektion soll eine Anpassung der schulischen an die
politisch-administrative Binnenlogik erfolgen.
    Diese Anpassung der schulischen an die politisch-administrative Binnenlogik
vollzieht sich im Kontext der Schulinspektion über den Transport einer spezifischen Vorstellung von „guter Schule" bzw. spezifischer Standards schulischer
Qualität. Die performative Leistung der Schulinspektion korrespondiert insofern
mit dem, was in Kapitel 2 als Normdurchsetzungsfunktion der Schulinspektion
beschrieben wurde. Für den deutschsprachigen Bereich wurde diese *normierende
Funktion* des Instruments am prägnantesten von Burkard (2005) benannt (vgl.
aber z.B. auch Rürup 2008, S. 469; Landwehr 2011):

> „Inspektionen orientieren sich an einem schulübergreifenden Qualitätsverständnis, das gegebe-
> nenfalls im Rahmen des Inspektionskonzepts durch Standards, Kriterien oder gegebenenfalls all-

gemein verbindliche Indikatoren zur Beurteilung der Qualität der schulischen Arbeit konkretisiert wird. Steuernden Einfluss auf die pädagogische Arbeit hat externe Evaluation auf dieser Ebene durch den Transport dieser Standards bzw. Qualitätsvorstellungen" (S. 89).

Allerdings wird mit dieser normierenden Funktion der Schulinspektion ein Mechanismus verbunden, der über eine Anpassung der inspizierten Schulen an präskriptive Normen funktioniert. Sie wird außerdem in der Regel als an die Rückmeldung von Ergebnissen gebunden betrachtet. Diese Vorstellung einer ergebnisbezogenen Normierung schulischer Praxis im Kontext Neuer Steuerung findet sich beispielsweise in erziehungswissenschaftlichen Arbeiten, die sich auf das systemtheoretische Konzept von „Wissen als Steuerungsmedium" beziehen. In dessen Zentrum steht die Vorstellung einer „Umprogrammierung" (Kuper 2008, S. 61) bestehender Praxen bzw. systemischer Programme mithilfe evaluativ erzeugter Daten. Möglich erscheint dies, da die im Rahmen Neuer Steuerung generierten und rückgemeldeten Daten selbst bereits das Ergebnis von spezifischen Selektionsentscheidungen sind.[32] Diesen Mechanismus beschreibt Altrichter (2010) folgendermaßen:

„‚Datenfeedback' ist ein zentrales Gelenkstück dieses ‚neuen Steuerungsmodells'. Die (z.B. systemtheoretische) Idee von Wissen oder Information als ‚Steuerungsmedium' wird aufgenommen und zur Hoffnung konkretisiert, ‚durch außerschulisch aufbereitetes Wissen innerschulische Entwicklung in Gang zu setzen – und dies auch noch in eine Richtung zu steuern, wie sie von der Systemebene gewünscht wird' (Rolff 2002, 79). Gerade durch Datenfeedback soll eine Dynamisierung und Zielorientierung des Steuerungsmodells geleistet werden: Durch die Rückmeldung der durch Evaluation produzierten ‚Evidenz' an die für schulische Qualität entscheidenden Akteure soll einerseits schulische Entwicklungsarbeit stimuliert und motiviert werden und diese Arbeit andererseits auch auf die richtigen Entwicklungsziele – gleichsam als Verstärkung des Akts der Zielvorgabe – ausgerichtet werden" (S. 222).

Im Rahmen dieser Studie wird die Normierungsleistung der Schulinspektion jedoch nicht ergebnisbezogen, sondern performativ verstanden, d.h. als eine Leistung, die durch den praktischen Vollzug der Schulinspektion generiert wird. *In ihrem Zentrum steht nicht die nachträgliche Beeinflussung der Einzelschule*

---

[32] Eine systematische Unterscheidung von Daten, Informationen und Wissen nimmt Willke in Anlehnung an systemtheoretische Konzepte vor (vgl. Willke 2007, S. 28–34). Daten sind in dieser Perspektive codierte Beobachtungen, die immer schon durch die Art und Weise der Beobachtung präfiguriert sind. Informationen stellen dagegen systemrelevante Daten dar, d.h. Daten, die anschlussfähig an das System sind, in die die Daten eingespeist werden sollen. Wissen schließlich entsteht erst durch den Einbau von systemrelevanten Informationen in Erfahrungskontexte; es ist somit an eine spezifische Praxis gebunden: „Wissen entsteht, wenn Informationen in einen Praxiszusammenhang eingebunden werden und daraus eine neue oder eine veränderte Praxis folgt" (ebd., S. 33).

durch ein selektives Datenfeedback, sondern eine spezifische Adressierung der schulischen Akteure durch die Schulinspektion (vgl. Dietrich 2016, S. 160). Die Qualitätsstandards, auf die sich die Schulinspektionen beziehen, selektieren in dieser Perspektive nicht lediglich die generierten und rückgemeldeten Daten, sondern präfigurieren die durch sie thematisierte schulische Praxis in spezifischer Weise und konfrontieren die schulischen Akteure so während der Durchführung einer Schulinspektion mit einem spezifischen Entwurf ihrer selbst. Ein solches performatives Verständnis der „normierenden Funktion" von evaluativen Verfahren beschreibt auch Emmerich (2010b):

> „Qualitätsstandards ‚steuern' Strukturbildungsprozesse normgeleitet, insofern sie als Blaupausen interner Problemkonstruktion fungieren, die im Evaluationsprozess als gültige Beschreibungen interner Wirklichkeit (Erzeugung von *common sense*) implantiert und als Handlungs- bzw. Lernanlässe wirksam werden sollen" (S. 188).

Die performative Leistung der Schulinspektion ist insofern keine normierende, sondern eine *normalisierende*: Sie unterstellt den Schulen eine spezifische Normalität und übt diese mit den schulischen Akteuren durch die wiederholte und wiederholende interaktive Inszenierung dieser schulischen Normalität ein (vgl. Butler 1997, 2006). Dabei steht im Fall der entwicklungsorientierten Schulinspektionen – so die in dieser Studie vertretene These – jedoch weniger die panoptische Kontrolle schulischer Praxis als vielmehr die pädagogische Vermittlung der erwünschten Form der Darstellung dieser Praxis im Vordergrund.

Den inhaltlichen Bezugspunkt für diese performative Wirkung der Schulinspektion stellen die Referenzrahmen zur Schulqualität dar, die die Basis für die Beobachtung und Bewertung von Schulen im Kontext von Schulinspektionen bilden. Das in ihnen verankerte Schulideal entspricht dabei dem Modell von der Einzelschule als rational organisierter Handlungseinheit, über dessen Implementierung im Kontext der aktuellen Schulsystemsteuerung versucht wird, die schulische an die politisch-administrative Binnenlogik anzupassen. Auf diese Referenzrahmen zur Schulqualität wird im folgenden Kapitel genauer eingegangen. Entscheidend für die Argumentation im Rahmen dieser Studie ist, dass sich diese Referenzrahmen nicht nur auf primäre schulische Prozesse wie den Unterricht beziehen, sondern Formulierungen und Qualitätsstandards umfassen, die die Schule als rational organisierte Handlungseinheit implizieren.

3.2.2   „Gute Schule": Die Orientierungsrahmen zur Schulqualität

Bei den sogenannten Referenz- oder auch Orientierungsrahmen zur Schulqualität handelt es sich um Kriterienkataloge, über die das politisch-administrative System definiert, was im Kontext der aktuellen Schulsystemsteuerung als „gute Schule" gilt. Anhand dieser Qualitätsrahmen werden die Schulen während einer Schulinspektion beobachtet und bewertet; sie sollen in der Regel aber auch handlungsleitend für schulinterne Entwicklungsprozesse allgemein sowie schulische Selbstevaluationen im Besonderen sein. In Kapitel 2.1 wurde bereits die Berliner Variante eines solchen Orientierungsrahmens dargestellt; Abbildung 11 zeigt das Hamburger Modell (vgl. Institut für Bildungsmonitoring Hamburg 2012).

Dimension 1: Führung und Management	Dimension 2: Bildung und Erziehung	Dimension 3: Wirkungen und Ergebnisse
1.1 Führung wahrnehmen	2.1 Lehr- und Lernprozesse gestalten	3.1 Kompetenzen
1.2 Die Entwicklung der Schule und des Lernens steuern	2.2 Zusammenarbeiten	3.2 Bildungslaufbahnen, Schulabschlüsse und Übergänge
1.3 Qualitätsmanagement etablieren	2.3 Zusätzliche Förderung gewährleisten	3.3 Anschlüsse und nachhaltige Wirkungen
1.4 Verantwortung für das Personal wahrnehmen	2.4 Erziehungsprozesse gestalten	3.4 Einverständnis und Akzeptanz
1.5 Die Finanz- und Sachmittel gezielt einsetzen	2.5 Lernentwicklung begleiten und Leistungen beurteilen	3.5 Arbeitszufriedenheit der Mitarbeiterinnen und Mitarbeiter
1.6 Kommunikation nach innen und außen gewährleisten	2.6 Den Unterricht kontinuierlich weiterentwickeln	
1.7 Regionale Bezüge ermöglichen und die Vernetzung sichern	2.7 Beratungsangebote gestalten	
1.8 Organisatorische Rahmenbedingungen sichern	2.8 Die Schulgemeinschaft beteiligen	
	2.9 Regionale Vernetzung gestalten	

Abb. 11:   Referenzrahmen zur Schulqualität (Hamburg) (vgl. Institut für Bildungsmonitoring Hamburg 2012, S. 20)

Auch wenn die beiden Modelle formal Unterschiede aufweisen – so umfasst das Hamburger Modell lediglich drei übergeordnete Qualitätsdimensionen, das Berliner Modell dagegen sechs Qualitätsbereiche plus eine Reihe ergänzender

Qualitätskriterien –, sind sie inhaltlich dennoch vergleichbar; das gleiche trifft auch auf die Orientierungsrahmen anderer Bundesländer zu. Bevor näher auf die inhaltlichen Grundlagen der Referenzrahmen eingegangen wird, soll zunächst ihr *formaler Aufbau* beschrieben werden. Dieser ist ebenfalls in allen deutschen Bundesländern ähnlich und auch international vergleichbar. Die Darstellung in Abbildung 12 stammt beispielsweise aus einem Aufsatz von Gilroy und Wilcox (1997), der sich auf das englische Inspektionssystem bezieht.

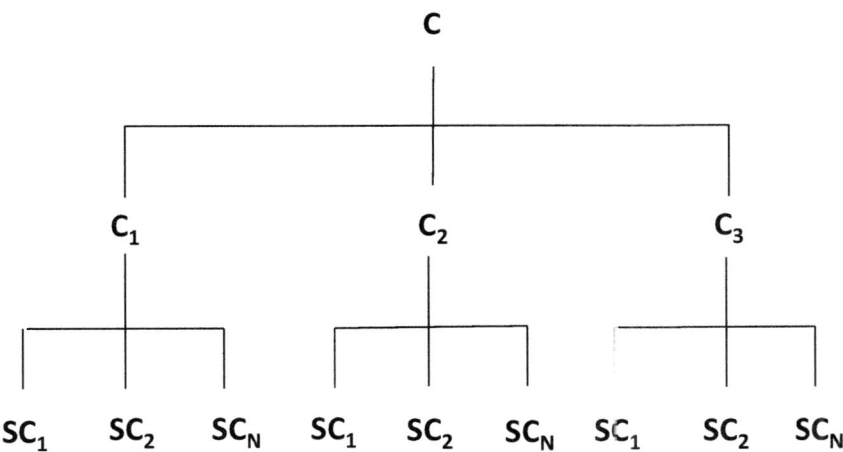

Abb. 12:   Die formale Operationalisierung von Schulqualität (vgl. Gilroy und Wilcox 1997, S. 24)

Die Schulqualität wird in den Referenzrahmen über mehrere Ebenen operationalisiert. Zunächst werden verschiedene Bereiche definiert, die für die schulische Qualität als relevant angesehen werden und in denen die schulische Qualität evaluiert werden kann. Im Fall des Hamburger Orientierungsrahmens sind dies die Dimensionen 1 – „Führung und Management", 2 – „Bildung und Erziehung" und 3 – „Wirkungen und Ergebnisse" (1. Ebene, s. Abbildung 11). Diese Themenbereiche werden dann in Teilkriterien zerlegt (2. Ebene, im Hamburger Modell z.B. 1.1 „Führung wahrnehmen"), von denen wiederum jedes anhand von Unterkriterien spezifiziert wird (3. Ebene, in Abbildung 11 nicht abgebildet). Das schullei-

tungsbezogene Hamburger Teilkriterium 1.1 „Führung wahrnehmen" wird beispielsweise in die Unterkriterien

- Führungsverständnis (1.1.1),
- Leitungsstrukturen und Delegation (1.1.2),
- Bereitstellung von Unterstützung und Beratung (1.1.3) und
- Haltung in Veränderungsprozessen (1.1.4)

ausdifferenziert. Die eigentliche Operationalisierung der Schulqualität erfolgt im
Fall des Hamburger Modells dann auf dieser dritten Ebene mithilfe von konkretisierenden Indikatoren. In Bezug auf das Führungsverständnis der Schulleitung
(1.1.1) soll durch die Inspektor/inn/en beispielsweise bewertet werden, ob und
inwiefern der oder die Schulleiter/in „prägenden Einfluss auf wesentliche Ziele
und Prioritäten der Entwicklung von Schule und Unterricht [nimmt]" (Institut für
Bildungsmonitoring Hamburg 2012, S. 22).[33] Diese Indikatoren auf der untersten
Ebene der Qualitätsmodelle werden von den Schulinspektionen in der Regel
auch als Fragebogenitems in den standardisierten Vorab-Befragungen eingesetzt,
während des Schulbesuchs als Indikatoren für die Unterrichtsbeobachtungen genutzt oder für die Formulierung von Leitfadenfragen für die Interviews mit schulischen Akteuren verwendet. Aus den aggregierten Einzelbewertungen auf dieser
untersten Ebene der Qualitätsmodelle ergibt sich außerdem die Gesamtbewer-
tung der inspizierten Schule.

Die Referenzrahmen zur Schulqualität sind insofern quantitativ-subsump-
tionslogisch orientiert (vgl. hierzu auch Gilroy und Wilcox 1997): Schulqualität
ist hier ein empirisch operationalisierbares theoretisches Konstrukt, über das sich
die Qualität schulischer Arbeit adäquat abbilden, messen und bewerten lässt und
das deduktiv auf die Schulen „angewendet" wird. Fragt man nun nach der *inhaltlichen* Ausrichtung der Referenzrahmen zur Schulqualität, dann ist aufschlussreich, auf welche Quellen sich diese beziehen. Zur Entstehung des Hamburger
Orientierungsrahmens heißt es in der dazugehörigen Handreichung des Instituts
für Bildungsmonitoring beispielsweise:

> „Die Qualitätsansprüche, die im Orientierungsrahmen festgehalten sind, basieren auf Er-
> kenntnissen der empirischen Bildungsforschung, die einen umfassenden Wissensbestand darüber

---

[33] Der Hamburger Orientierungsrahmen verfügt insofern eigentlich sogar über vier Ebenen und
      nicht nur, wie in Abbildung 12 am Beispiel der englischen Schulinspektion aufgeführt, über drei.

zusammengetragen hat, was Schülerinnen und Schüler beim Erwerb von Kompetenzen und was Schulen bei der Ermöglichung von Bildung und gesellschaftlicher Teilhabe erfolgreich macht. Zugleich haben zahlreiche Akteure aus dem Hamburger Schul- und Bildungssystem ihre Erfahrungen und Kompetenzen in den Orientierungsrahmen eingebracht" (Institut für Bildungsmonitoring Hamburg 2012, S. 8).

Betont wird hier v.a. die überwiegend wissenschaftliche Grundlage des Orientierungsrahmens. In Kapitel 3.1 wurde diese wissenschaftliche Grundlage auch bereits inhaltlich konkretisiert: Alle in den deutschen Bundesländern verwendeten Referenzrahmen zur Schulqualität beziehen sich auf Ergebnisse der Schuleffektivitäts- und Schulentwicklungsforschung (vgl. hierzu auch Bonsen et al. 2008, S. 15; Ehren und Scheerens 2015). Sie bilden insofern auch das Modell „guter Schule" ab, das von diesen Forschungsrichtungen entwickelt wurde.[34] Dies soll im Folgenden noch einmal anhand des Hamburger Orientierungsrahmens zur Schulqualität illustriert werden.

Ehren und Scheerens (2015, S. 249–254) benennen zwölf Schlüsselfaktoren schulischer Wirksamkeit, die aus Sicht der Schuleffektivitätsforschung die schulische Qualität maßgeblich beeinflussen. Dazu gehören zunächst spezifische unterrichtsbezogene Merkmale, nämlich eine effektive Nutzung der Lernzeit (1), ein strukturiert durchgeführter Unterricht (2), ein konstruktivistisches Unterrichtskonzept inklusive selbstbestimmter Lernformen (3), die Durchführung unterrichtlicher Differenzierung (4) und eine allgemeine Leistungsorientierung (5). Außerdem wird dem Schulleitungshandeln (6) eine große Bedeutung zugemessen. Die Faktoren „Kooperation, Konsens und Kohärenz im Kollegium" (7) und „curriculare Qualität" (8) beziehen sich v.a. auf die Etablierung systematischer Formen der kollegialen und inhaltlichen Zusammenarbeit. Als förderlich erachtet werden außerdem ein positives Schulklima (9), ein positives Klassenklima (10) sowie die Einbeziehung der Eltern (11). Schließlich werden die Etablierung eines schulinternen Evaluationssystems und (Ergebnis-)Monitorings (12) als wesentlich für die Qualität von Schulen angesehen.[35] Nahezu alle diese Aspekte finden sich auch im Hamburger Orientierungsrahmen wieder. So wird der Unter-

---

[34] Dies bedeutet jedoch nicht automatisch, dass die Ergebnisse und Modelle der Schulentwicklungs- und Schuleffektivitätsforschung im Kontext der Schulinspektionen *adäquat* operationalisiert und verwendet werden. So weist beispielsweise Baltruschat (2010) darauf hin, dass die Erkenntnisse der genannten Forschungsrichtungen durch die für die Schulinspektionen zuständigen Qualitätsagenturen „instrumentalisiert und dazu noch in unzulässiger Weise verallgemeinert" (S. 255) würden.

[35] Die hier vorgenommene Reihung der Schlüsselfaktoren entspricht nicht der Reihung in der Quelle.

richt innerhalb der Qualitätsdimension 2 „Bildung und Erziehung" u.a. danach
beurteilt, inwiefern „eine effiziente Nutzung der Lernzeit möglich ist" (Institut
für Bildungsmonitoring Hamburg 2012, S. 33) (1) und ob „bei der Gestaltung
aller Unterrichtsphasen, insbesondere aber bei der Gestaltung der instruktiven
Unterrichtsphasen und Unterrichtsformen auf Verständlichkeit, Kohärenz, Struk-
turiertheit und Zielklarheit sowie auf eine angemessene Visualisierung und Er-
gebnisdokumentation" (ebd., S. 32) geachtet wird (2). Für die Beurteilung des
Unterrichts ist außerdem entscheidend, inwiefern die Schüler/innen „Verantwortung für das eigene Lernen übernehmen und ihren Lernprozess selbst planen,
steuern und reflektieren" (ebd.), ihnen Arbeitstechniken und Lernstrategien vermittelt werden (vgl. ebd.) und sie an der Gestaltung von Lehr- und Lernprozessen beteiligt sind (vgl. ebd., S. 33) (3). Auch die unterrichtliche Differenzierung
bzw. Individualisierung (4) spielt im Hamburger Orientierungsrahmen eine große Rolle; so wird u.a. bewertet, inwiefern Lehrer/innen ihren Unterricht „unter
Beachtung der individuellen Lernvoraussetzungen, -interessen, -ziele und -be-
dürfnisse der Schülerinnen und Schüler [gestalten] und [...] für entsprechende
Lernaufgaben [sorgen]" (ebd., S. 32). Lediglich die alllgemeine Leistungsorientierung (5) wird im Hamburger Orientierungsrahmen zur Schulqualität nicht explizit benannt; bewertet wird aber beispielsweise, ob die Lehrer/innen „Lernge-
genstände, Leistungserwartungen und Anspruchsniveaus transparent [machen]"
(ebd.). Durch die Ausweisung einer eigenständigen Qualitätsdimension „Führung und Management", die gleichberechtigt neben den schulischen Bildungs-
und Erziehungsprozessen steht, wird im Hamburger Orientierungsrahmen zur
Schulqualität auch der Bedeutung des Schulleitungshandelns (6) Rechnung getragen, die diesem im Rahmen der Schuleffektivitätsforschung zugewiesen wird.
Die Operationalisierung des Qualitätsbereichs enstpricht dabei dem dort vertretenen Ideal des „transformationalen Schulleitungshandelns" (Ehren und Schee-
ren 2015, S. 250). So wird hier u.a. bewertet, inwiefern die Schulleitung Aufgaben delegiert, ob sie einen partizipativen Führungsstil pflegt und ob sie generell
positiv gegenüber Veränderungsprozessen eingestellt ist (vgl. Institut für Bildungsmonitoring Hamburg 2012, S. 22–23). Darüber hinaus finden sich im
Hamburger Orientierungsrahmen Qualitätskriterien, die auf die Etablierung systematischer Formen der inhaltlichen und kollegialen Zusammenarbeit zielen. So
gibt es in der Qualitätsdimension „Bildung und Erziehung" ein eigenes Teilkriterium „Zusammenarbeiten", in dem es um schulische Kooperationsstrukturen, um

unterrichtsbezogene Teamarbeit der Lehrer/innen und um die gemeinsame Entwicklung des Schulcurriculums geht (vgl. ebd., S. 35–36) (7, 8). Ebenfalls wird bewertet, inwiefern die Schule ein „soziales Miteinander" (ebd., S. 32) zwischen Schüler/inne/n sowie zwischen Lehrenden, Lernenden und Eltern fördert und sich somit für ein positives Schul- bzw. Klassenklima einsetzt (9, 10); an verschiedenen Stellen wird außerdem der Einbezug von Eltern (11) thematisiert (vgl. ebd., S. 34, 42). Der Aspekt „Evaluation und Monitoring" (12) schließlich ist zum einen in die Qualitätsdimension 1 „Führung und Management" integriert. Hier geht es insbesondere um den Aufbau von systematischen Schulentwicklungs- und Qualitätsmanagementstrukturen sowie um die Etablierung von Evaluationen als zentralem Instrument der schulischen Qualitätssicherung. Überprüft wird beispielsweise, ob die Schulleitung darauf achtet, „dass die schulischen Entwicklungsziele auf der Grundlage einer regelhaften Evaluation weiterentwickelt und aktualisiert werden" (ebd., S. 24). Zum anderen wird auch in der Qualitätsdimension „Bildung und Erziehung" die „systematische Erfassung und Reflexion von Unterrichtsqualität" als eigenes Teilkriterium erfasst (ebd., S. 40) und somit bewertet, inwiefern die inspizierte Schule über ein eigenes Monitoringsystem verfügt.

Damit ist am Beispiel des Hamburger Orientierungsrahmens zunächst gezeigt worden, dass die Schulinspektion auf einem Verständnis schulischer Qualität beruht, wie es von der Schuleffektivitäts- und Schulentwicklungsforschung entwickelt wurde. Ihr Qualitätsverständnis entspricht damit genau jenem Konzept von Schule, das die indirekte Neue Schulsystemsteuerung voraussetzt: Zum einen wird die Schule durch die Qualitätsstandards der Orientierungsrahmen auf vielfältige Weise als Handlungs*einheit* adressiert. Diese neue Adressierung der Einzelschule kommt insbesondere in Formulierungen zum Ausdruck, die auf die systematische Planung von Abläufen, die Abstimmung von Zielen, die Verbindlichkeit von Absprachen, die Institutionalisierung von Prozessen und die Dokumentation von Ergebnissen zielen. Als typisch hierfür kann die folgende Formulierung aus dem Hamburger Orientierungsrahmen angesehen werden, die sich auf die Entwicklung des schulinternen Curriculums bezieht:

„Im Entwicklungsprozess des schulinternen Curriculums werden die curricularen Vereinbarungen *miteinander abgestimmt* und *verzahnt* sowie im Hinblick auf die schulischen Entwicklungsschwerpunkte *miteinander verknüpft.* Die Lernzeiten werden gegenstands- und zielangemessen flexibilisiert und in schuleigenen Stundentafeln, Wochen- und Jahresstrukturplänen *dokumen-*

tiert" (Institut für Bildungsmonitoring Hamburg 2012, S. 35; Hervorhebungen durch die Verfasserin).

In dieser Beschreibung schulischer Prozesse wird die Schule in äußerst verdichteter Form als kollektiver Akteur adressiert, der sowohl inhaltlich als auch organisatorisch eine einheitliche Strategie verfolgt. Zum anderen beinhalten die Qualitätsrahmen neben einer spezifischen Vorstellung von „gutem Unterricht" v.a. die Vorstellung eines *rational-planerisch* vorgehenden Schulmanagements, dessen Kernelemente bereits in Kapitel 3.1 skizziert wurden. Dementsprechend wird im Fall der deutschen Schulinspektionen eine sogenannte Primärevaluation schulischer Kernbereiche mit metaevaluativen Elementen verknüpft (vgl. Brägger et al. 2005, S. 28–39). Dies bedeutet, dass Schulinspektionen nicht nur auf im engeren Sinne schulische und unterrichtliche Prozesse fokussieren, sondern darüber hinaus auf das schulische Qualitätsmanagement. Sie stellen insofern eine „Evaluation der Evaluation" dar. Insbesondere während des ersten Inspektionszyklus zielten die deutschen Schulinspektionen darauf, Prinzipien rationaler Planung, und hier insbesondere Formen schulischer Selbstevaluation, in den Schulen zu etablieren. Aber auch in der aktuellen Version des Hamburger Orientierungsrahmens zur Schulqualität heißt es noch:

> „Um Schulentwicklungsprozesse abzusichern, wird in der Schule ein Qualitätsmanagement etabliert. Qualitätsmanagement ist dabei als die Gesamtheit der auf eine systematische Qualitätsentwicklung gerichteten Aktivitäten einer Bildungseinrichtung zu verstehen, die notwendig ein zyklisches Handeln im Sinne der Zielformulierung – Maßnahmenplanung – Maßnahmendurchführung – Evaluation einschließt" (Institut für Bildungsmonitoring Hamburg 2012, S. 25).

Die Referenzrahmen transportieren also in Anlehnung an das Qualitätsverständnis der Schuleffektivitäts- und Schulentwicklungsforschung das Bild einer Schule, die als rational organisierte Handlungseinheit agiert. Dieses Konzept von Schule wird im Rahmen der Schulinspektion nun jedoch nicht lediglich als Zielvorstellung markiert, sondern als schulische Normalität präsentiert: An allen zitierten Formulierungen des Hamburger Orientierungsrahmens ist auffällig, dass sie *den inspizierten Schulen eine bestimmte Praxis unterstellen.* Mit den Referenzrahmen zur Schulqualität werden insofern nicht nur Standards schulischer Qualität beschrieben, sondern *es wird eine spezifische Schulwirklichkeit, eine spezifische schulische Normalität entworfen,* die dem Inspektionsprozess als Standard zugrunde gelegt wird. Dies ist die Basis für die performative Wirkung der Schulinspektion: Die Adressierung der Schulen in den Orientierungsrahmen und damit auch im Kontext der Schulinspektion erfordert von den schulischen

Akteuren eine Positionierung als Vertreter/innen der rational organisierten Handlungseinheit Schule (vgl. Dietrich 2016, S. 161).

Wie die Rekonstruktionen in Kapitel 5 zeigen werden, sind diese neue schulische Normalität und damit auch die aktuell zulässiger Positionierungen der schulischen Akteure jedoch vermittlungsbedürftig. In den folgenden drei Kapiteln wird daher ein weiteres Charakteristikum entwicklungsorientierter Schulinspektionssysteme thematisiert: Deren performative Ausrichtung wird von einer *Pädagogisierung des Verhältnisses von Administration und Einzelschule* flankiert. Diese Pädagogisierung zeigt sich in der Adressierung der Einzelschule als „lernender Organisation", in der vermittelnden Funktion, die den Schulinspektor/inn/en zugeschrieben wird, und in der Etablierung pädagogischer Praktiken und Interaktionsformen im praktischen Vollzug der Schulinspektion.

3.2.3 *Pädagogische Adressierungen: Die Schule als lernende Organisation*

Mit der entwicklungsorientierten Schulinspektion wird ein neues Verhältnis von politisch-administrativem System und Einzelschule propagiert; dieses soll nicht mehr in erster Linie kontrollierend, sondern *unterstützend* sein. Dies drückt sich auch in vielen Zieldefinitionen entwicklungsorientierter Schulinspektionssysteme aus. So heißt es beispielsweise auf der Internetseite der nordrhein-westfälischen Qualitätsanalyse:

> „Die Qualitätsanalyse ist ein Verfahren der externen Evaluation in Nordrhein-Westfalen. Ihr vorrangiges Ziel ist die Unterstützung der Schulen in ihrer Schul- und Unterrichtsentwicklung. Es gilt, über die Analyse der schulischen Prozesse den Ist-Stand schulischer Arbeit aufzuzeigen, mit Hilfe von Analysekriterien die Qualität von Schule und Unterricht zu bewerten und Impulse zur Weiterentwicklung zu setzen."[36]

Die Schulinspektion erscheint hier vorrangig als Aufforderung zur schulischen *(Selbst-)Reflexion* (vgl. Dietrich 2016, S. 165). In dieser Aufforderung klingt die im Rahmen systemtheoretisch inspirierter Modelle dezentraler Kontextsteuerung entwickelte Vorstellung von politisch-administrativer Steuerung als „politischer Supervision" an, die der Schule nichts vorschreibt, sondern ihr lediglich „die Möglichkeit zur ‚spielerischen' Thematisierung ihrer Identität" (Görlitz und Burth 1998, S. 218) bietet. Eine solche neue Verhältnisbestimmung von Bil-

---

[36] Vgl. https://www.schulministerium.nrw.de/docs/Schulentwicklung/Qualitaetsanalyse/index.html; zugegriffen: 11. Mai 2016.

dungsadministration und Einzelschule kommt in verdichteter Form im Topos von der Schule als „lernender Organisation" (ursprünglich Argyris und Schön 1999) zum Ausdruck, auf den im Kontext entwicklungsorientierter Schulinspektionssysteme häufig Bezug genommen wird. So wird im Fall der Hamburger Schulinspektion beispielsweise evaluiert, inwiefern die Schulleitung „persönlich für Prinzipien der lernenden Organisation und des lebenslangen Lernens [steht]" (Institut für Bildungsmonitoring Hamburg 2012, S. 22).

Für die Schule als lernende Organisation ist die Schulinspektion jedoch keine überprüfende Kontrolle mehr, sondern ein schulischer „Lernanlass". *Damit kann die Idee einer entwicklungsorientierten Schulinspektion als solche bereits als Ausdruck einer Pädagogisierung des Verhältnisses von Schulverwaltung und Schule gedeutet werden.* Höhne (2004) zufolge sind für pädagogisierende Diskurse drei Elemente zentral: (a) die Bezugnahme auf ein Subjekt, (b) die Beschreibung von sozialen Veränderungen im Modus von „Lernen", „Erziehung", „Bildung" etc. und (c) eine Steigerungs- und Entwicklungslogik (vgl. ebd., S. 31–32). Alle diese Elemente finden sich in der Programmatik entwicklungsorientierter Schulinspektionen und hier speziell im Topos von der Schule als lernender Organisation wieder (zur Pädagogisierung von Schulentwicklungsprozessen vgl. z.B. auch Heinrich 2006, S. 277–307). Durch ihre Adressierung entweder allgemein als kollektiv agierende Handlungseinheit oder speziell als lernende Organisation wird die Schule im Kontext Neuer Steuerung zum Subjekt ihrer eigenen Entwicklung gemacht. Diese *Subjektivierung der Schule* wird auch von den Schulinspektionen übernommen, die die Einzelschule konsequent als (selbst-)reflexive Handlungseinheit adressieren. Mit den expliziten und impliziten Bezugnahmen auf Vorstellungen von Schulen als *lernenden* Organisationen erfüllt die Schulinspektionsprogrammatik außerdem auch das zweite von Höhne benannte Kriterium für pädagogisierende Diskurse, die Beschreibung von Veränderungsprozessen in pädagogischen Kategorien. Hierzu kann auch der für die deutschen entwicklungsorientierten Inspektionsmodelle zentrale Topos von der „(Schul-)Entwicklung durch Einsicht" gezählt werden (s. Kapitel 2.2). Zwar bezieht sich dieser in der Regel auf ein Verhältnis zwischen politisch-administrativem System und Einzelschule, das idealtypisch als rationaler Diskurs „auf Augenhöhe" gedacht wird. Bei genauerer Betrachtung stellt sich das Konzept der *Einsicht* jedoch als doppeldeutig dar: Während ein rationaler Diskurs eigentlich auf Überzeugung abheben müsste, verweist die Einsicht eher auf ein autoritatives Konzept und damit auf eine (asymmetrische) pädagogische Beziehung. Einsicht ist immer die Einsicht in das Gute bzw. Richtige, das vom Gegenüber verkörpert wird. Es findet sich kaum ein pädagogischer Text, der nicht auf die Einsicht des Zöglings als zentralem Mechanismus pädagogischer Beziehungen rekurriert. So formuliert beispielsweise K. Mollenhauer (2008) im Rückgriff auf Augustinus:

> „[...] die Aneignung dessen, was in der Lebensform der Erwachsenen repräsentiert ist, ist eine tätige Aneignung. Der ‚Knabe‘ unterschiedet sich vom ‚Kind‘ nicht dadurch, dass etwa erst der Knabe als aktiv gelten würde, sondern dadurch dass er über die Sprache verfügt und darin sein Willensleben ausdrückt; und das heißt – im Unterschied von einer vielleicht in der Gegenwart möglichen Auffassung dieser Ausdrücke – nicht Willkür oder selbstbestimmte ‚autonome‘ Verwirklichung seiner selbst, sondern *Einsicht in das rechte Handeln, Auseinandersetzung mit dem, was als rechtes Handeln gedacht werden kann*“ (S. 28–29; Hervorhebung durch die Verfasserin).

Schließlich wird durch die Betonung der Entwicklungsorientierung der deutschen Inspektionsverfahren *(Schul-)Entwicklung offiziell zur Daueraufgabe der Einzelschule erklärt*. Hierin kommt das dritte Element pädagogisierender Diskurse zum Ausdruck, die Steigerungs- und Entwicklungslogik: Eine gute Schule ist eine Schule, die sich permanent verbessert. Symptomatisch hierfür sind die zyklisch angelegten Evaluationsprozesse (s. Kapitel 3.1.3), die sich in vielfältiger Form in den programmatischen Texten der Neuen Schulsystemsteuerung finden und die zu etablieren u.a. mithilfe der entwicklungsorientierten Schulinspektionsverfahren in den Schulen versucht wird.

Damit lässt sich zunächst festhalten, dass bereits die Programmatik entwicklungsorientierter Schulinspektionssysteme durch einen pädagogischen Duktus gekennzeichnet ist: Schulen werden hier als entwicklungsfähige, aber auch entwicklungsbedürftige organisationale „Subjekte“ adressiert, die von der Schulinspektion in ihrer „autonomen“ Entwicklung begleitet und unterstützt werden (müssen). Ziel dieser Studie ist es jedoch zu zeigen, dass die Pädagogisierung von Steuerung nicht nur auf programmatischer Ebene verbleibt, sondern sich auf Ebene der praktischen Handlungskoordination im Kontext der Schulinspektion fortsetzt und reproduziert. Sie manifestiert sich dort in konkreten Vermittlungsleistungen der Inspektor/inn/en, die sich komplementär zu dem in Kapitel 3.1 herausgearbeiteten Strukturproblem einer Neuen Schulsystemsteuerung verhalten: der Modifikation der schulischen Selbstbeschreibung.

3.2.4 Pädagogischer Bezug: Die Rolle der Inspektor/inn/en

Vor allem zu Beginn ihrer Implementation in den deutschen Bundesländern wurde die Schulinspektion als Instrument beschrieben, das sich durch seine Objektivität und Standardisierung von herkömmlichen Formen schulischer Kontrolle abhebt. So wird das standardisierte Vorgehen bei Rürup (2008) zu einem der zentralen Merkmale des neuen Steuerungsinstruments: „Schulinspektionen sind in Ablauf und Instrumenten standardisiert. Sie unterliegen dem generellen Anspruch einer objektivierten, für alle Schulen vergleichbaren, datengestützten Evaluation" (S. 470). In eine ähnliche Richtung weisen Beschreibungen der Schulinspektion, die das Instrument als Ausdruck einer eher technologischen Verfahrensrationalität deuten (vgl. z.B. Baltruschat 2010). Gleichzeitig wird jedoch dem Verhältnis von Inspektor/inn/en und schulischen Akteuren, d.h. der evaluativen „Beziehungsebene", eine große Bedeutung zugeschrieben. So ist nach Ehren und Visscher (2006) eine vertrauensvolle Beziehung zwischen Schulen und Inspektionsteams eine der Voraussetzungen für einen gelingenden Inspektionsprozess:

> "[...] mutual trustful relationships between schools and inspectors play a crucial role in inspections as these may encourage schools to have an open attitude about their strengths and weakness, and to act upon recommendations. The more the relationship is characterised by trust, the greater the probability that the Inspectorate takes into account the aspects of educational quality that really matter for schools" (S. 54).

Auch in Deutschland wird das Gelingen eines Schulinspektionsprozesses zunehmend von den Inspektor/inn/en – und nicht etwa von der Güte der generierten Evidenzen – abhängig gemacht. Allein ihre Qualifikation und ihr Verhalten im Feld, so scheint es, entscheiden über Wohl und Wehe des Verfahrens. So schreibt Klopsch (2009) in Bezug auf das baden-württembergische Verfahren der Fremdevaluation und die dort tätigen Evaluator/inn/en:

> „Die Qualität der Fremdevaluation [...] hängt von ihrer Durchführung und ihrer Rückmeldung ab. Damit liegt die Verantwortung einer qualitätsvollen Fremdevaluation bei den Evaluatoren. Ein Fremdevaluator muss unterschiedliche Rollen erfüllen und bestimmte Kompetenzen vorweisen, um eine Fremdevaluation verwirklichen zu können, die Schulen in ihrer Qualitätsentwicklung und -sicherung unterstützt" (S. 117).

Schulinspektionen scheinen insofern gerade nicht auf die standardisierte Erhebung objektiver Fakten über die Schulwirklichkeit reduziert werden zu können, sondern zu einem nicht unerheblichen Teil von der während des Schulbesuchs und der Ergebnisrückmeldung stattfindenden *Face-to-Face*-Interaktion zwischen Inspektor/inn/en und schulischen Akteuren abzuhängen. Darin zeigt sich einmal mehr, dass die eigentliche Leistung des Instruments weniger in einer ergebnisbezogenen Rationalisierung der Handlungskoordination im Mehrebenensystem Schule besteht als vielmehr in seiner performativen Wirkung. Diese Performativität ist dabei in soziale Interaktionen eingebettet und dementsprechend durch „zwischenmenschliche" Aspekte geprägt (vgl. Dietrich und Lambrecht 2012). *Die Performativität der Schulinspektion ist (auch) eine personifizierte, sie wird u.a. durch die Inspektor/inn/en verkörpert.* Die Modifikationen, die das Instrument in einzelnen Bundesländern z.T. durchläuft, weisen in eine ähnliche Richtung. So hat gerade das Inspektionssystem, das in Deutschland ursprünglich mit am stärksten rechenschaftsorientiert ausgelegt und gleichzeitig durch ein stark standardisiertes Vorgehen gekennzeichnet war, die Niedersächsische Schulinspektion, seine Vorgehensweise umgestellt und setzt nun stattdessen auf eine dezidierte „Dialogorientierung" (vgl. Hoffmeister et al. 2013). Damit einher geht eine Veränderung der Rolle der Inspektor/inn/en. Wurden diese zunächst als „neutrale Fachleute […], die in einem weitgehend standardisierten Verfahren und anhand transparenter Kriterien Analysen und Bewertungen vornehmen" (Lohmann und Reißmann 2007, S. 20) angesehen, wird im neuen Verfahren ihre Rolle „diskursiv" ausgelegt:

> „Der Schwerpunkt liegt […] auf dem Abgleich der schulischen QES [ein Instrument zur schulischen Selbsteinschätzung; M.L.] mit der des Inspektionsteams und damit dem Einstieg in einen Diskurs über die Qualitätsarbeit der Schule mit der Schulleitung und den Lehrkräften. Der Fokus liegt damit auf diesem Diskurs und der darin liegenden Impulsgebung für die weitere Qualitätsarbeit der Schule und nicht auf der Kategorisierung und Einordnung" (Hoffmeister et al. 2013, S. 37).

Anhand dieses Beispiels wird deutlich, dass den Inspektor/inn/en (zunehmend) eine *vermittelnde* Rolle innerhalb des Inspektionsprozesses zugesprochen wird. Es reicht offensichtlich nicht, den Schulen die generierten Evidenzen zu präsentieren, sondern es bedarf einer Bearbeitung ihrer Rezeption, d.h., einer situativsozialen „Nachsteuerung" (vgl. Dietrich und Lambrecht 2012, S. 68) im Inspektionsprozess, durch die die „Einsicht" der schulischen Akteure in die Ergebnisse der Schulinspektion und damit die Akzeptanz des ihnen zugrunde liegenden Entwurfs schulischer Normalität gefördert werden soll. Dies führt jedoch zu einer *Pädagogisierung der Inspektorenrolle*. So ist es Sowada (2015) zufolge für den Inspektionsprozess zentral, dass es „Inspektorinnen und Inspektoren gelingt,

den schulischen Akteuren zu neuen Einsichten zu verhelfen, für Veränderungs-
bedarf zu sensibilisieren und für Entwicklungsaufgaben zu motivieren" (S. 151).
Von einer solchen Argumentation aus ist es nur noch ein kleiner Schritt zum
klassischen „pädagogischen Bezug" oder dem „Lernhelfer" der moderneren pädagogischen Literatur (vgl. z.B. Giesecke 2010, S. 112–131). Entsprechend
spricht der Autor die Empfehlung aus, dass „Schulinspektoren [...] in ihrer Rol-
lenausübung nicht nur Evaluatoren, sondern Erwachsenenpädagogen sein [soll-
ten]" (Sowada 2016, S. 278).

Ob Inspektor/inn/en (Erwachsenen-)Pädagog/inn/en sein *sollten*, sei einmal
dahingestellt; *dass* sie es im Inspektionsprozess zumindest situativ werden, wird
in Kapitel 5 gezeigt. Die dort rekonstruierten Vermittlungsleistungen beziehen
sich jedoch nicht auf die Vermittlung von Ergebnissen der Inspektion. Vielmehr
wird gezeigt, dass die pädagogischen Bemühungen der Inspektor/inn/en bereits
früher ansetzen (müssen): In den analysierten Schulinspektionsinterviews zielen
sie darauf, zunächst einmal situativ eine Passung im Sprechen über Schule herzustellen. Dazu ist es notwendig, den befragten Lehrer/inne/n die neue schulische Selbstbeschreibung im Kontext des aktuellen Steuerungsmodells während
der Befragung zu vermitteln.

3.2.5   *Pädagogische Praktiken: Erziehung und Didaktisierung im Kontext der Schulinspektion*

Auch wenn sich im erziehungswissenschaftlichen Steuerungsdiskurs bereits einige Hinweise auf die vermittelnde Funktion von Schulinspektor/inn/en finden,
fehlt bisher eine empirische Beschreibung dieser administrativen Vermittlungs-
praxis. Eine solche empirisch fundierte Rekonstruktion pädagogischer Praktiken
in Steuerungskontexten erfolgt in Kapitel 5. Vorbereitend hierzu wird in diesem
Kapitel konkretisiert, was genau im Rahmen dieser Studie unter einer Pädagogisierung von Steuerung verstanden wird.

Die in dieser Studie vertretene These einer Pädagogisierung von Steuerung
im Kontext Neuer Steuerungsmodelle bezieht sich nicht lediglich auf einen allgemeinen pädagogischen Duktus programmatischer Texte zur Schulinspektion,
sondern rekurriert darauf, dass speziell Schulinspektor/inn/en auf eine Bandbreite unterschiedlicher pädagogischer *Praktiken* zurückgreifen, um die Selbstführung der schulischen Akteure so zu modifizieren, dass sie zum Programm und

zur Vorgehensweise des aktuellen indirekten Steuerungsmodells passt. Die Vermittlungsleistungen der Inspektor/inn/en beziehen sich insofern auch nicht allein
auf die Plausibilisierung der Ergebnisse der Schulinspektion. Sie richten sich
vielmehr, wie Dietrich (2016) es formuliert hat, „auf die Herstellung der Voraussetzungen für einen administrativen Zugriff auf die schulische Praxis" (S. 163)
und sind somit Teil der Performativität des Instruments: In Anlehnung an Brüsemeister und Eubel (2008), die Evaluationsprozesse als „besondere Verfah-
rensweisen zur Organisation von Wissen" (S. 11) beschreiben, wird in dieser
Studie empirisch gezeigt, dass Wissen durch Schulinspektionsverfahren in spezifischer Weise organisiert und reorganisiert wird. Mit der Verwendung des Begriffs der Reorganisation soll dabei darauf hingewiesen werden, dass im Rahmen
von Schulinspektionen nicht nur versucht wird, Erkenntnisse über die inspizierte
schulische Praxis zu generieren und zu deren „Verbesserung" zu nutzen, sondern
dass es v.a. darum geht, die schulische Selbstbeschreibung in spezifischer Weise
zu verändern. Den zentralen Bezugspunkt dieser Reorganisation von Wissen
stellt das in den Referenzrahmen zur Schulqualität verankerte Modell guter
Schule dar, das in Kapitel 3.2.2 skizziert wurde. Dieses Modell impliziert eine
spezifische schulische Normalität, an der sich der Schulinspektionsprozess orientiert. Dies hat zur Folge, dass die schulischen Akteure während des Schulbesuchs
der Inspektor/inn/en ihre Praxis in neuer Form *darstellen* müssen: Sie müssen
aus der Perspektive eines Mitglieds der rational organisierten Handlungseinheit
Schule sprechen, um überhaupt anschlussfähig an die Schulinspektion zu sein.
Vor allem während des ersten Inspektionszyklus bestand die zentrale Herausforderung der Inspektor/inn/en dementsprechend weniger darin, die schulische Qualität anhand von Qualitätsstandards zu überprüfen, als darin, eine *Passung im
Sprechen über Schule herzustellen.*[37] Vor diesem Hintergrund finden sich in den

---

[37]   Eine ähnliche Figur findet sich bei Fend (2005), wenn er von der sich ändernden „Grammatik
der Schulregulierung" spricht: „Das Handeln der Lehrkräfte wird von den oben formulierten
Rahmenregelungen zu Prüfungen, Schullaufbahnen und Abschlüssen tagtäglich geleitet. Sie repräsentieren ein Regelwerk ähnlich einer Grammatik der Sprache. Wie letztere das Sprachhan-
deln reguliert, leiten die institutionellen Regelungen des Bildungswesens das Handeln (das
‚Sprechen') der Lehrkräfte. (...) Diese Grammatik schafft Erwartungssicherheit, aber auch bestimmte Formen des ‚schulischen Sprechens' und eine sie begleitende Semantik, die anderen, die
nach einer anderen Grammatik der Schulregulierung leben, fremdartig erscheinen mag. Werden
die Regeln geändert, wird also die Grammatik neu konzipiert, dann verändern sich auch die
Formen des Sprechens, dann verändert sich das Lehrerhandeln und das Handeln der Schülerinnen und Schüler" (S. 22).

im Rahmen dieser Studie analysierten Interviews der Schulinspektion immer
wieder Passagen, in denen die Inspektor/inn/en versuchen, die Antworten der
befragten Lehrer/innen an den idealtypischen Entwurf schulischer Normalität,
wie er in den Orientierungsrahmen zur Schulqualität kodifiziert ist, anzupassen.
Mit anderen Worten: Es gilt den befragten Lehrer/inne/n die „richtige" Darstellungsweise ihrer Praxis zu vermitteln und ihnen so das „ordnungsgemäße[] Zitieren der Norm" (Rose und Koller 2012, S. 92), d.h. das Agieren innerhalb der im
Rahmen der Schulinspektion entworfenen schulischen Normalität, zu ermöglichen.[38]

In den Schulinspektionsinterviews finden sich vor diesem Hintergrund sowohl allgemeine pädagogisch-erzieherische als auch speziell unterrichtliche In-
teraktionslogiken. So lässt sich zeigen, dass die Inspektor/inn/en die Neuartigkeit
der verlangten Darstellungsweise schulischer Praxis antizipieren und deshalb
gegenüber den Lehrer/inne/n im pädagogischen Modus des „als ob" (vgl. Helsper 2010, S. 20) operieren. In anderen Fällen wird auf die Lehrer/innen pädagogisch-disziplinierend eingewirkt, um einen angemessenen Umgang mit zentralen
Themen der Schulinspektion zu erreichen. Schließlich etablieren sich in den Interviews z.T. unterrichtliche Settings, in denen sich eine Didaktisierung von
Themen der Schulinspektion beobachten lässt, wie sie für fragend-entwickelnde
Unterrichtssettings typisch ist. Das Beziehungsgefüge innerhalb der Interviews
lässt sich in diesen Fällen entlang des klassischen didaktischen Dreiecks rekonstruieren (vgl. Abbildung 13 auf der folgenden Seite): Die Inspektor/inn/en werden dabei zu Lehrer/inne/n, die den Lehrer-Schüler/inne/n die Logik des Orientierungsrahmens vermitteln.

---

[38] Diese Argumentation rekurriert wiederum auf den performativen Charakter der Schulinspektion.
Im Anschluss an Butler definieren Rose und Koller (2012) Performativität folgendermaßen:
„Normen sind in Butlers Perspektive [...] durch beständige Wiederholung verdichtete performative Äußerungen, womit sie vor allem darauf verweist, dass weder diskursive Normen noch Subjekte unabhängig von ihrer sprachlich-körperlichen Aktualisierung zu denken sind. Beide sind
auf ihr performatives In-Kraft-Setzen, ihre Aktualisierung in der Wiederholung angewiesen.
Subjekt und Norm werden dabei so ineinander verflochten, dass das Subjekt seine Existenz dem
ordnungsgemäßen Zitieren der Norm verdankt, während die Norm sich gerade nicht als solche
entfalten könnte, würde sie nicht beständig von Subjekten zitiert und bestätigt" (S. 91–92). Die
pädagogische Performativität der Schulinspektion bezieht sich insofern auf die Vermittlung des
„ordnungsgemäßen Zitierens" der durch die Schulinspektion gesetzten Normen durch die Leh-
rer/innen.

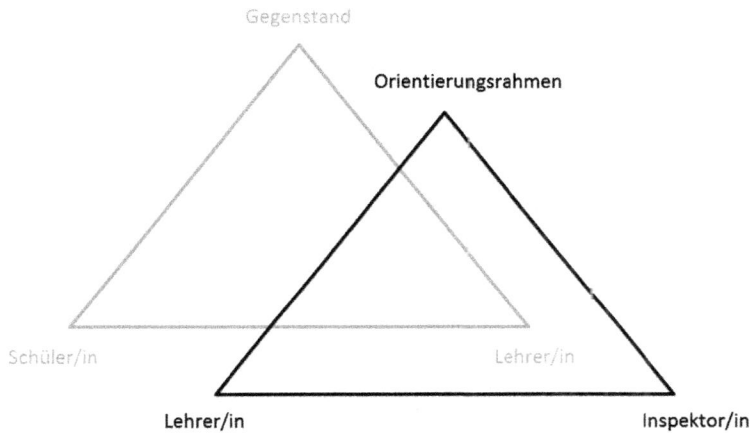

Abb. 13: Das didaktische Dreieck der Schulinspektion (eigene Darstellung)

Wenn im Kontext dieser Studie von einer *Pädagogisierung von Steuerung* die Rede ist, dann ist damit also die *Etablierung einer pädagogischen Interaktionslogik im praktischen Vollzug der Schulinspektion* gemeint, über die das zentrale Strukturproblem des aktuellen Steuerungsmodells bearbeitet wird: die Anpassung der schulischen Selbstbeschreibung an die politisch-administrative Fremdbeschreibung der Einzelschule.

3.2.6 Zwischenfazit II: Die pädagogische Konstitution der Handlungseinheit Schule im Kontext der Schulinspektion

Im Rahmen dieser Studie wird die Schulinspektion als Antwort auf ein zentrales Strukturproblem Neuer Steuerung verstanden. Dieses wurde in Kapitel 3.1 als Modifikation der schulischen Selbstbeschreibung und damit als Notwendigkeit der Initiierung schulischer Lernprozesse beschrieben. Konkret geht es darum, in den schulischen Akteuren eine Haltung bzw. eine Form der Selbstführung zu erzeugen, die sie als Vertreter/inn/en der rational organisierten Handlungseinheit Schule ausweist. Dies ist die Voraussetzung für eine Anpassung der schulischen an die politisch-administrative Binnenlogik, die für die aktuelle, indirekte Form der Schulsystemsteuerung konstitutiv ist. Die Schulinspektion wird hier daher

nicht in erster Linie als evidenzbasiertes, sondern als performatives Steuerungs-
instrument verstanden, dessen wesentliche Aufgabe in der (kommunikativen)
Konstitution der Schule als einer solchen rational organisierten Handlungseinheit
besteht. Die Basis für diese performative Leistung bildet eine konsequente
Adressierung schulischer Akteure als Vertreter/innen der rational organisierten
Handlungseinheit Schule. Dazu greift das Instrument auf Standards schulischer
Qualität zurück, die in sogenannten Orientierungsrahmen zur Schulqualität kodifiziert sind und durch die den inspizierten Schulen eine Normalität unterstellt
wird, die dem Konzept von der Schule als rational organisierter Handlungseinheit entspricht.

Die empirischen Rekonstruktionen in Kapitel 5 werden jedoch zeigen, *dass
die performative Konstitution der Schule als Handlungseinheit im Kontext der
Schulinspektion einer pädagogischen „Nachsteuerung" bedarf:* Die neue schulische Normalität muss den schulischen Akteuren im praktischen Vollzug der
Inspektion interaktiv vermittelt werden, um die Anschlussfähigkeit zwischen
schulischen und administrativen Darstellungsformen schulischer Praxis im Inspektionsprozess zu gewährleisten. Entsprechend finden sich im programmatischen und erziehungswissenschaftlichen Diskurs bereits etliche Hinweise auf
eine solche vermittelnd-pädagogische Verhältnisbestimmung zwischen Bildungsadministration und Einzelschule im Kontext Neuer Steuerung bzw. im
Schulinspektionskontext. Die Leistung dieser Studie besteht darin, diese pädagogische Seite politisch-administrativer Steuerung empirisch zu konkretisieren, und
zwar nicht nur als allgemeine Adressierung auf programmatischer Ebene („die
Schule als lernende Organisation"), sondern auf der Ebene interaktiver sozialer
Praktiken: Gezeigt wird, dass in den analysierten Inspektionsinterviews versucht
wird, den schulischen Akteuren beizubringen, was es bedeutet, aus der Position
eines Mitglieds der rational organisierten Handlungseinheit Schule zu sprechen.
Die Vermittlungsleistung der Inspektor/inn/en bezieht sich insofern nicht nur auf
eine Plausibilisierung der generierten Evidenzen – also des Ergebnisses der
Schulinspektion –, sondern insbesondere auch auf das über die Inspektion transportierte Modell „guter Schule". Die Interviewinteraktion ist vor diesem Hintergrund u.a. durch Versuche der erzieherischen Einwirkung auf die befragten Leh-
rer/innen und eine „Didaktisierung" von Inhalten der Orientierungsrahmen zur
Schulqualität gekennzeichnet. Damit lässt sich die Handlungskoordination im
Kontext entwicklungsorientierter Schulinspektion als pädagogische Form der

Regierung beschreiben: Sie ist durch die Vermittlung zwischen politisch-administrativer Fremdbeschreibung der Einzelschule und schu ischer Selbstbeschreibung gekennzeichnet.

3.3 Zusammenfassung und Ausblick: Politisch-administrative Steuerung als pädagogische *Praxis*

Die Gesamtzusammenfassung des Kapitels 3 kann an d eser Stelle recht kurz
ausfallen: In diesem dritten Kapitel der Studie ist eine Gegenstandsbestimmung
vorgenommen worden, in deren Zentrum eine rekonstruktive Reformulierung
des Verhältnisses von Neuer Steuerung und Schulinspektion steht. Das Instrument der Schulinspektion wurde dabei als Ausdruck einer spezifischen Bearbeitung des zentralen Strukturproblems Neuer Steuerung, der Modifikation schulischer Selbstbeschreibung, gedeutet. In Form eines Vorgr ffs auf die Ergebnisse
des empirischen Teils dieser Studie wurde argumentiert, dass die zentrale Leistung der Inspektion in der performativen Konstitution der Schule als rational organisierter Handlungseinheit besteht, wobei sich die Inspektor/inn/en hierzu u.a.
pädagogischer Praktiken bedienen. Damit kann die Handlungskoordination im
Kontext entwicklungsorientierter Schulinspektionen als pädagogische Regierung
beschrieben werden, die auf die Vermittlung einer spezifischen Form der Selbstführung schulischer Akteure als Basis einer indirekten politisch-administrativen
Fremdführung der Schule zielt. Dabei wird im Rahmen dieser Studie von einer
Strukturhomologie zwischen politisch-administrativer Steuerung und pädagogischer Praxis ausgegangen: Wenn hier von einer Pädagog sierung von Steuerung
im Kontext des aktuellen Modells der Schulsystemsteuerung gesprochen wird,
dann ist damit gemeint, dass die aktuelle politisch-administrative Steuerung auf
genuin pädagogischen Praktiken und Interaktionsformen basiert.

Bevor diese These in Kapitel 5 empirisch hergeleitet wird, werden im nächsten Kapitel der methodologische Hintergrund und das methodische Vorgehen
dieser Studie beschrieben. Dies beinhaltet auch eine „Operationalisierung" des
Pädagogischen, d.h. die Explikation des theoretischen Vorverständnisses, auf
dessen Grundlage im empirischen Teil dieser Studie soziale Praktiken als pädagogische Praktiken rekonstruiert werden. Die Herausforderung besteht dabei darin, ein Verständnis des Pädagogischen zu entwickeln, das die Bedeutung einer

erzieherischen Absicht für pädagogische Interaktionen berücksichtigt, ohne jedoch handlungstheoretisch zu argumentieren.

4 Methodologie und Methode: Die Rekonstruktion von (pädagogischen) Steuerungspraktiken

Die Verhältnisbestimmung von Neuer Steuerung und Schulinspektion, die im vorangegangenen Kapitel vorgenommen wurde, ist Ausdruck des spezifischen methodologischen und methodischen Zugriffs der Studie auf Phänomene der Steuerung im Schulsystem. Entscheidend für diesen Zugriff ist die *rekonstruktive* Ausrichtung der Studie. Dies bedeutet zunächst einmal, dass in ihrem Zentrum nicht die Frage danach steht, ob mithilfe von Schulinspektionen die Schulqualität verbessert werden kann, sondern die Frage nach der Strukturlogik des aktuellen Governance-Regimes (vgl. Altrichter und Maag Merki 2010a, S. 24) der deutschen Schulsystemsteuerung, und zwar so, wie sie sich am Beispiel der Schulinspektion zeigt. Damit einher geht der Anspruch einer *empirischen* Rekonstruktion dieser Strukturlogik, was eine möglichst große theoretische Offenheit der Analyse impliziert. Insbesondere wird darauf verzichtet, der untersuchten Interviewinteraktion eine evidenzbasierte Form der Handlungskoordination zu unterstellen. Ziel des gewählten praxistheoretischen Ansatzes ist stattdessen die wissenschaftliche Explikation der *impliziten* Ordnung der Interaktion im Kontext von Schulinspektionen, d.h. einer Ordnung, die im praktischen Vollzug der Schulinspektion etabliert wird und die sich unabhängig davon zeigt, ob sie von den beteiligten Akteuren intendiert gewesen ist oder nicht. Diese Ordnung wird im Rahmen dieser Studie als pädagogische Ordnung beschrieben. Die fokussierten Steuerungsprozesse werden dabei *interpretativ* mithilfe eines sequenzanalytischen methodischen Vorgehens erschlossen, das in diesem Kapitel erläutert wird. Neben der Darstellung des methodologischen und methodischen Ansatzes der Studie dient dieses Kapitel darüber hinaus dazu, die theoretische Grundlage zu explizieren, auf deren Basis die rekonstruierten Steuerungspraktiken als pädagogische Praktiken beschrieben werden.

Methodologisch betrachtet besteht die Herausforderung dieser Arbeit in der Bearbeitung eines *doppelten Intentionalitätsproblems*: Sowohl der Steuerungsbegriff als auch die gängigen Definitionen des Pädagogischen basieren in der Regel auf handlungstheoretischen Konzepten, d.h., für sie werden intentionale

Akte als konstitutiv angesehen. Beide Konzepte müssen im Rahmen dieser Studie also praxistheoretisch gewendet werden, ohne dass sie dabei an Erklärungskraft einbüßen. Im Folgenden wird daher nun zunächst die Grundidee einer rekonstruktiven Governanceforschung entfaltet und dabei auch erläutert, was die rekonstruktive Ausrichtung der Studie für den verwendeten Steuerungsbegriff bedeutet (4.1). Im Anschluss daran werden der praxistheoretische Ansatz der Studie skizziert, die Grundzüge der ethnomethodologischen Konversationsanalyse vorgestellt, die die methodische Basis der Studie darstellt, und das forschungspraktische Vorgehen erläutert, das sich an dem von A. Deppermann entwickelten Konzept der Gesprächsanalyse orientiert (4.2). Vor diesem Hintergrund wird dann die im Rahmen dieser Studie vorgenommene praxistheoretische „Operationalisierung" des Pädagogischen expliziert (4.3).

4.1 Rekonstruktive Governanceforschung

Die hier vorliegende Studie ist im Kontext einer erziehungswissenschaftlichen Governanceforschung entstanden. In dem von Altrichter, Brüsemeister und Wissinger 2007 herausgegebenen programmatischen Sammelband werden die zentralen Fragestellungen der Educational Governance folgendermaßen formuliert:

> „1. Wie werden neue Steuerungselemente im Bildungswesen rezipiert, verarbeitet und umgesetzt, und treten die vorhergesagten und erhofften Wirkungen ein? 2. Führen die neuen Steuerungsmaßnahmen unter den Bedingungen gemischter Formen der Educational Governance zu wünschenswerten Ergebnissen?" (2007b, S. 9–10)

In dieser frühen Beschreibung des Forschungsprogramms kommt die Vieldeutigkeit und damit auch die Problematik des Governancebegriffs pointiert zum Ausdruck: In den oben formulierten Forschungsfragen spiegeln sich sowohl die Steuerungsskepsis der Governance-Perspektive als auch der Anspruch der wissenschaftlichen Educational Governance wieder, Prozesse gesellschaftlicher Gestaltung empirisch fundiert zu analysieren. Gleichzeitig wird der Ausdruck „Educational Governance" doppeldeutig sowohl für die Forschungsperspektive als auch für den Forschungsgegenstand verwendet. Schließlich verweist die inhaltliche Stoßrichtung der Fragestellungen auf Fragen einer „Good Governance" (vgl. z.B. Czada 2010) und damit trotz aller Steuerungsskepsis auf einen dezidierten „Gestaltungsimpetus" (Schimank 2007b, S. 29) und „Anspruch auf Praxisrelevanz" (Haus 2010, S. 460). Mit dem Governancebegriff können also

sowohl eine „aufgeklärte" Steuerungstheorie als auch eine analytische Forschungsperspektive oder ein politisches Best-Practice-Modell bezeichnet werden. Diese begriffliche und konzeptionelle Unübersichtlichkeit erfordert einige
erläuternde Bemerkungen zur Verortung der hier vorliegenden Studie innerhalb der Governanceperspektive. Dazu wird im Folgenden zunächst zwischen
einer normativen und einer analytischen Governance-Perspektive unterschieden
(4.1.1). Die Studie wird dabei innerhalb einer analytischen Governance*forschung*
verortet und hier speziell noch einmal innerhalb rekonstruktiv orientierter Forschungsansätze (4.1.2). Diese rekonstruktive Ausrichtung der Studie macht eine
Konkretisierung des verwendeten Steuerungsbegriffs nötig, da dieser in der Regel mit intentionalen Formen der politisch-administrativen Beeinflussung gesellschaftlicher Akteure und Teilsysteme verbunden wird, die in Kapitel 5 dargestellten Rekonstruktionen jedoch auf die Erschließung einer impliziten sozialen
Praxis zielen. Abschließend wird daher noch auf das Verhältnis von intentionalem Steuerungsbegriff und der Wirklichkeitsebene der sozialen Praktiken eingegangen, deren Rekonstruktion im Zentrum des empirischen Teils dieser Studie
stehen (4.1.3).

4.1.1 Normative vs. analytische Governance-Perspektive

Für die Argumentation im Rahmen dieser Studie ist zunächst die Unterscheidung
zwischen einer normativen und einer analytischen Governanceperspektive wichtig (vgl. Dietrich 2014, S. 204–205; Maag Merki und Altrichter 2010, S. 403–
404; Kussau und Brüsemeister 2007, S. 22). Die Neue Schulsystemsteuerung
und die Schulinspektion werden hier weder als Elemente einer globalen Good
Governance konzipiert (vgl. van Ackeren und Brauckmann 2010, S. 44–48),
noch werden die Ergebnisse der Rekonstruktionen als ein Beitrag zur Konkretisierung einer bildungspolitischen Best Practice verstanden. Als Governanceperspektive, Governanceforschung oder Educational Governance wird mit Altrichter und Maag Merki (2010a) vielmehr ein Forschungsansatz bezeichnet, „der
Steuerungsfragen im breiteren Kontext von Fragen der sozialen Gestaltung in
komplexen Systemen thematisiert" (S. 21) und dabei durch ein dezidiert analytisches Interesse gekennzeichnet ist. Eine solche analytische Governanceforschung ist gegenüber klassischen Steuerungstheorien und normativen Good-
Governance-Konzepten vor allem durch zwei Aspekte gekennzeichnet: Typisch

ist zum einen eine *Dezentrierung der (Forschungs-)Perspektive,* d.h., „eine[]
Differenzierung zwischen der Position des (vermeintlichen) Steuerungssubjekts
und der Position der Beobachterin und Interpretin bzw. des Beobachters und In-
terpreten des Steuerungsgeschehens" (Dietrich 2014, S. 202). Das Forschungsinteresse entspricht also nicht automatisch dem Interesse eines (staatlichen)
„Steuerungssubjekts". Zum anderen steht die analytische Governanceperspektive
für eine *theoretische Offenheit* hinsichtlich der im Mittelpunkt governanceanalytischer Untersuchungen stehenden Formen der Handlungskoordination:

> „Traditionelle Steuerungsanalysen tendieren dazu, dem untersuchten Geschehen implizit oder
> explizit die Koordinationsform ‚Hierarchie' zu unterstellen, was sich beispielsweise in Begriffen
> wie top-down oder bottom-up ausdrückt. Durch die Fokussierung auf den ‚Mehrebenencharak-
> ter' des Bildungssystems und die Übergänge zwischen diesen Ebenen erklärt die Governance-
> Perspektive jedoch genau die Koordinationsform zwischen verschiedenen Systemmitspielern zu
> einer empirischen Frage und öffnet damit den Blick für alternative Koordinationsformen" (Alt-
> richter et al. 2007b, S. 11).

Die hier vorliegende Studie nutzt die Governanceperspektive also als eine Forschungsperspektive, die einen analytischen Zugriff auf Steuerungsphänomene
ermöglicht, d.h., sowohl von der Perspektive politisch-administrativer Steue-
rungsakteure und deren Steuerungsprogrammatiken als auch von gängigen linear-hierarchischen Steuerungsvorstellungen abstrahiert (vgl. Altrichter und Maag
Merki 2010a, S. 32) und stattdessen an der Analyse empirisch vorfindbarer Kon-
figurationen gesellschaftlicher Gestaltung ansetzt. Allerdings sind auch analytische Governancestudien in der Praxis oft mit zwei Problemen behaftet.

Zum einen wurde innerhalb der Educational Governance zur Beschreibung
von Modi der Handlungskoordination zunächst häufig auf *theoretische Kategorien* zurückgegriffen, die aus der politikwissenschaftlichen und soziologischen
Governanceforschung stammen. Dazu gehören insbesondere sogenannte elementare bzw. basale Mechanismen wie „Beobachtung", „Beeinflussung" und „Verhandlung" (vgl. Schimank 2007b) sowie Konzepte, die komplexere Formen der
Handlungskoordination beschreiben, insbesondere „Markt", „Hierarchie", „Gemeinschaft" oder „Netzwerk" (vgl. z.B. Kussau und Brüsemeister 2007, S. 39–
41). Dabei wird davon ausgegangen, dass sich die im Fokus der Governanceforschung stehenden bereichsspezifischen Governance-Regime aus der spezifischen
Zusammensetzung und Ausformung dieser Koordinationsformen ergeben:

> „Die Educational Governanceforschung hat – neben der Identifizierung einzelner Formen der
> Koordination – des Weiteren zum Ziel, die empirischen Mischformen der Handlungskoordinati-
> on in einem Gesamtzusammenhang zu erkennen, die sich mit dem Begriff des ‚Governance-

Regimes' festhalten lassen. Dafür müssen für einen institutionalis erten Sozialzusammenhang [...] die empirischen Ausprägungen der Handlungskoordination zwischen Akteuren entlang der basalen Formen der Handlungskoordination (Beobachtung, Beeinflussung und Verhandlung) sowie entlang weiterer Formen (von Hierarchie bis zu Netzwerker sowie Verfügungsrechten) identifiziert und spezifiziert werden" (ebd., S. 41).

Die gängige governanceanalytische Herangehensweise an die Analyse von Governance-Regimen folgt somit einer *Subsumptionslogik* (vgl. Dietrich 2014, S. 207), die dem Postulat der theoretischen Offenheit tendenziell widerspricht: Das empirische Material wird in der Regel dahingehend analysiert, welche der theoretisch vorformulierten Mechanismen und Koordinationsformen es beinhaltet und in welchem Verhältnis diese ggf. zueinander stehen. Beispielhaft hierfür ist eine internationale Studie von Schimank (2007a), die die Transformation der Hochschul-Governance im Kontext von New-Public-Management-Reformen anhand von fünf Dimensionen beschreibt: (1) staatliche Regulierung, (2) externe Steuerung, (3) akademische Selbstorganisation, (4) hierarchische Selbststeuerung und (5) Konkurrenzdruck (vgl. ebd., S. 240). Jede dieser Dimensionen setzt sich dabei in spezifischer Weise aus den oben beschriebenen elementaren und komplexeren Mechanismen und Koordinationsformen zusammen; so beruht Schimank zufolge die akademische Selbstorganisation z B. auf Gemeinschaft und Konsens; das Konkurrenzprinzip verweist dagegen auf marktförmige Beziehungen, d.h., „auf Tausch als Verhandlung auf der Basis wechselseitiger Beobachtung und unter Nutzung von Einflusspotentialen" (ebd., S. 242). Mithilfe eines sogenannten „Governance-Equalizers" (ebd., S. 238) wird dann dargestellt, inwiefern sich die Hochschul-Governance in verschiedenen Ländern im Zuge von hochschulpolitischen Reformen auf diesen fünf Dimensionen verschiebt und sich dadurch dem NPM-Ideal mehr oder weniger annähert (vgl. Abbildung 14 auf der folgenden Seite).

Auch wenn sich mithilfe solcher kategorialen Systeme durchaus differenzierende Aussagen bezüglich unterschiedlicher Governance-Regime formulieren lassen, wurde in der Educational Governance bereits recht frühzeitig auf die Begrenztheit dieser Vorgehensweise hingewiesen. So ziehen Altrichter und Heinrich (2007) in Bezug auf den oben dargestellten „Governance-Equalizer" von Schimank das folgende Fazit:

„Die Kategorien sollen helfen, eine erste Strukturierung empirischer Komplexität zu schaffen, nicht jedoch jene abschließend unter den vorformulierten Kategorien zu subsumieren. Das governanceanalytische Geschäft wäre etwas langweilig, bestünde es fürderhin nur mehr darin, den jeweiligen Entwicklungsstand von Koordinationssystemen auf fünf Schiebereglern abzubilden. Vielmehr erwarten wir bei der Übertragung der Analysekategorien zwischen Ländern, Zeiten und gesellschaftlichen Feldern [...] auch neue empirische Phänomene zu entdecken, die eine weiterführende Kategorienbildung notwendig machen" (S. 74).

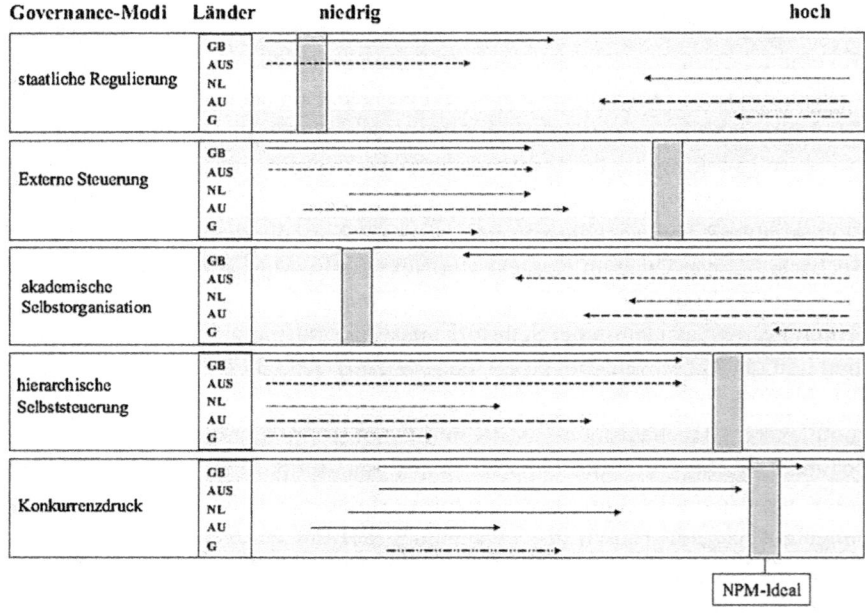

Abb. 14:   Governance-Equalizer (vgl. Schimank 2007a, S. 240)

Argumentiert wird hier, dass die verwendeten Heuristiken lediglich einen ersten Zugang zu den interessierenden empirischen Phänomen darstellen, die Analyse daneben jedoch offen bleiben müsse für Kategorien und Modelle, die aus dem Material „emergieren". Ähnlich argumentieren Kussau und Brüsemeister (2007), wenn sie den „Werkzeugcharakter" der zur Verfügung stehenden theoretischen Konzepte zur Analyse von Modi der Handlungskoordination betonen und davon ausgehen, „dass für die empirische Analyse die ‚Erfindung' weiterer Modelle notwendig ist" (S. 40). Gegen solche Argumentationen wendet Dietrich (2014) jedoch ein, dass eine theoriegeleitete Analyse die „Emergenz des Neuen" zwar nicht ausschließe, aber doch erschweren könne: „Ungeklärt bleibt, wie aus einer

Empirie, welcher die Kategorien zu Grunde liegen, die Unstimmigkeit derselben erkennbar werden sollen [sic!]" (S. 207). So ist zwar denkbar, dass der oben abgebildete Governance-Equalizer ggf. um eine sechste, empirisch entwickelte Dimension erweitert wird; Maßstab der Analyse bleibt jedoch ein theoretisches „NPM-Ideal". Dass dieses allerdings weder eindeutig zu bestimmen noch automatisch geeignet ist, Neue Steuerungsmodelle im Bildungswesen trennscharf zu beschreiben, wurde in Kapitel 3.1 versucht zu zeigen.

Außerdem sind auch viele programmatische Texte und Studien, die sich innerhalb eines analytischen Educational-Governance-Ansatzes verorten, explizit oder implizit durch „Gestaltungsambitionen" (Haus 2010, S. 460) geprägt und somit an Fragen einer Good Governance orientiert. Entsprechend konstatiert Haus, dass es bei der Governance-Perspektive – wie in der klassischen Steuerungstheorie auch – „um die intentionale Gestaltung von Regelungsstrukturen als Voraussetzung von Problemlösung" gehe (ebd., S. 469). Diese *Verwobenheit von Analyseinteresse und bildungspolitischem „Sendungsbewusstsein"* kommt innerhalb der Educational Governance beispielsweise in dem folgenden Zitat von Altrichter und Maag Merki (2010a) zum Ausdruck:

> „Governance als Forschungsansatz [...] will das Zustandekommen, die Aufrechterhaltung und die Transformation sozialer Ordnung und sozialer Leistung in einem sozialen System – in unserem Fall im Schulwesen – *verstehen, erklären sowie Strategien für deren Gestaltung entwickeln*" (S. 27; Hervorhebung durch die Verfasserin).

Dietrich hat herausgearbeitet, dass mit der analytischen Governance-Perspektive z.T. sogar eine eigentümliche Steigerung des politisch-administrativen Steuerungsanspruches einhergehe, da mit ihr die Hoffnung verbunden sei, „mit Hilfe der Governance-Forschung das Steuerungspotenzial der Steuerungsimpulse so zu erweitern, dass letztlich durch alle Eigensinnigkeit und Transintentionalität hindurchgesteuert werden kann" (Dietrich 2014, S. 224). Dieser Gestaltungsimpetus verweist auf ein „steuerungstheoretisches Erbe" (Haus 2010, S. 463) der Governanceforschung, durch das letzten Endes doch wieder vorrangig die Perspektive des staatlichen Steuerungssubjekts reproduziert wird, wenn auch auf subtilere Weise.[39]

---

[39] Allerdings wird die Propagierung spezifischer Steuerungsmodelle innerhalb der Governanceperspektive in der Regel abgelehnt. Stattdessen wird für eine wissenschaftlich fundierte „Ideologie-, Umsetzungs- und Wirkungskritik" (Altrichter und Maag Merki 2010a, S. 32) plädiert und die Educational Governance somit als wissenschaftliches „Aufklärungsprojekt" verstanden: „Nach unseren Vorstellungen sollte die Governance-Perspektive [...] diesen Gestaltungsanspruch nicht

Die subsumptionslogische Vorgehensweise einerseits und der (implizite) Gestaltungsanspruch andererseits stehen tendenziell im Widerspruch zum innovativen Anspruch der Governanceperspektive, wie er in den Forschungsprämissen der theoretischen Offenheit und der Dezentrierung der Perspektive zum Ausdruck kommt. Vor diesem Hintergrund finden sich zunehmend governanceanalytische Studien, die einen rekonstruktiven Ansatz verfolgen (vgl. z.B. Asbrand 2014; Bender und Heinrich 2016; Bormann et al. 2016; Dietrich 2016). In diesem Zusammenhang einer rekonstruktiven Governanceforschung ist auch die hier vorliegende Studie einzuordnen.

4.1.2 Die rekonstruktive Reformulierung der analytischen Governance-Perspektive

Rekonstruktive Governanceanalysen heben nicht in erster Linie auf eine Praxisrelevanz ihrer Ergebnisse ab, sondern verstehen sich als Teil einer sozialwissenschaftlichen Grundlagenforschung und möchten so zunächst einmal „zu einem besseren Verstehen von Handlungskoordination im Steuerungskontext" (Dietrich 2014, S. 225) beitragen. In ihrem Fokus steht insofern in der Regel auch nicht die Überprüfung der programmatisch postulierten Wirkungen von Steuerungsinstrumenten, sondern die Rekonstruktion der Strukturlogik der Handlungskoordination im Mehrebenensystem Schule, die sich in der Ausgestaltung, Rezeption und Adaption von Steuerungsmaßnahmen zeigt. Das Ziel einer solchen Forschung ist es, Beschreibungen dieser Handlungskoordination zu generieren, die nicht bereits von theoretisch („Rationalisierung der Schulsystemsteuerung") oder programmatisch („Evidenzbasierung") vorgegebenen Kategorien oder von idealtypischen Gegenüberstellungen („alte" vs. „neue" Steuerung) präfiguriert sind, sondern eine Reflexion und Transzendierung dieser Kategorien und Konzepte ermöglichen. Dies bedeutet allerdings weder, dass eine solche Forschung „theoriefrei" operiert, noch dass sie automatisch „wertfrei" oder „unpolitisch" ist.[40]

---

einlösen, indem sie neue umfassende Steuerungsmodelle propagiert, sondern viel eher indem sie Wissen über die Implikationen von Koordinationskonstellationen in spezifischen Kontexten und kritische Punkte ihrer Prozessgestaltung den verschiedenen an praktischer Steuerung beteiligten Akteuren zur Verfügung stellt. Dabei wird deutlich, dass Governance-Forschung selbst Teil des zu untersuchenden sozialen Systems ist" (ebd., S. 33).

[40]   In jüngerer Zeit sind zur Frage der politischen Dimension erziehungswissenschaftlicher Forschung zwei Themenhefte erschienen, zum einen eine Ausgabe der Zeitschrift „Die Deutsche

Plädiert wird jedoch für eine *größtmögliche Offenheit in der Analyse* (vgl. Hummrich und Kramer 2011, S. 234–235), durch die empirische Phänomene weder vorschnell theoretisch kategorisiert noch im Hinblick auf einen möglichen Anwendungsbezug normativ aufgeladen werden. Wegweisend für einen solchen rekonstruktiven Zugang zu Steuerungsphänomenen sind Überlegungen von Dietrich (2014), der das Theorie- und Forschungsprogramm der Educational Governance zur Methodologie der Objektiven Hermeneutik in Beziehung gesetzt und so rekonstruktiv reformuliert hat (vgl. außerdem Dietrich i V.). Dietrichs Grundgedanke ist, dass mithilfe einer rekonstruktiver Methodologie die zentralen Ansprüche der Governanceperspektive an die Erforschung ihres Gegenstands – die theoretische Offenheit, die Dezentrierung der Forschungsperspektive und die Fokussierung auf Modi der Handlungskoordination – in geradezu idealtypischer Weise erfüllt werden können (vgl. S. 208). Rekonstruktive Governanceanalysen können insofern als Ausdruck der forschungspraktischen Radikalisierung der Prämissen einer analytischen Governanceperspektive betrachtet werden. Dies erläutert Dietrich anhand der für die *Objektive Hermeneutik* zentralen Konzepte der Kontextfreiheit, der latenten Sinnstruktur und der Sequenzanalyse.[41]

Das Prinzip der *Kontextfreiheit* besagt, dass bei der Interpretation des interessierenden Materials zunächst jegliches Kontextwissen, also alle gegenstandsbezogenen Vorkenntnisse und Vorannahmen, ausgeblendet wird. Eine solche kontextfreie Interpretation ermöglicht eine systematische Differenzbildung zwischen empirischem Phänomen und theoretischen Heuristiken. Ein weiterer Vorteil dieser Vorgehensweise besteht darin, dass durch die (zeitweilige) Ausblendung des Kontextes nicht nur versucht wird, eine größtmögliche theoretische Offenheit in der Analyse zu gewährleisten, sondern sich „das Problem der Standortbestimmung auf[löst]" (ebd., S. 209): Wer in dem untersuchten Zusammenhang wen in welcher Form „steuert", ist bei rekonstruktiven Vorgehensweisen eine empirische Frage und kann nicht im Rückgriff auf soziale Rollen (staatliches „Steuerungssubjekt" vs. zivilgesellschaftliches „Steuerungsob-

---

Schule – DDS" (3/2015), die sich mit dem Verhältnis von politischem Bildungsmonitoring und erziehungswissenschaftlicher Bildungsforschung befasst, und zum anderen eine Ausgabe der Zeitschrift „Erziehungswissenschaft" (50/2015), die danach fragt, wie politisch die Erziehungswissenschaft ist.

[41] Die Objektive Hermeneutik wurde ursprünglich von U. Oevermann (2000; vgl. auch Oevermann et al. 1979) entwickelt. Für eine Einführung in die Methodologie und die Methode der Objektiven Hermeneutik vgl. insbesondere Wernet (2009).

jekt") oder politisch-administrative Programmatiken beantwortet werden. Die Kontextfreiheit der Analyse trägt insofern auch bereits zu einer Dezentrierung der Forschungsperspektive bei.

Diese Dezentrierung der Perspektive wird darüber hinaus dadurch unterstützt, dass rekonstruktive Verfahren nicht auf den subjektiven Sinn zielen, den einzelne Akteure mit einer sozialen Praxis verbinden, sondern auf die *Rekonstruktion „impliziter"* bzw. *„latenter" Sinnstrukturen* sozialer Interaktion, die sich unabhängig von den Intentionen individueller Akteure entfalten. Entsprechend geht es im Fall objektiv-hermeneutischer Governanceanalysen auch nicht darum, „die Intention des Steuerungssubjekts [...] nachzuempfinden, sondern darum, die Sinnstruktur der sich im Kontext des Steuerungshandelns entfaltenden Interaktion bzw. Handlungskoordination zu erschließen" (ebd., S. 210). Die Fokussierung auf eine latente bzw. implizite Sinnebene führt insofern zu einer Dezentralisierung der Forschungsperspektive durch Egalisierung: Als analysebedürftig erscheinen nicht mehr nur die Reaktionen des „Steuerungsobjekts", sondern die gesamte Akteurkonstellation und der durch sie generierte Handlungszusammenhang.

Diese implizite bzw. latente Sinnebene sozialer Praxis wird in rekonstruktiv angelegten Studien über ein *sequenzanalytisches Vorgehen* erschlossen, d.h., über den Nachvollzug des „Prozesse[es] der Gestaltung einer Interaktion bzw. einer Textproduktion", wobei „einzelne Sprech- oder auch Schreibeinheiten [...] Zug um Zug interpretiert [werden]" (Rosenthal 2008, S. 70). Es wird also davon ausgegangen, dass soziale Ordnung sequenziell organisiert und etabliert wird und dass der Nachvollzug des sequenziellen Aufbaus sozialer Praxis Rückschlüsse auf diese soziale Ordnung bzw. deren Strukturlogik ermöglicht. In der Objektiven Hermeneutik basiert dieses Vorgehen auf der Annahme, dass jede zu interpretierende Aussage bzw. Handlung Teil einer regelgeleiteten *sozialen* Praxis ist, und zwar unabhängig davon, ob der zu interpretierende Text eine soziale Interaktion tatsächlich abbildet oder aber „monologisch" strukturiert ist. Aussagen bzw. Handlungen werden also nicht als isolierte Ereignisse konzipiert, sondern als fallspezifische Realisierungen sozial präfigurierter Handlungsalternativen. Sie stellen insofern immer bereits eine „Reaktion auf etwas" dar und generieren gleichzeitig einen „Möglichkeitsraum" (Dietrich 2014, S. 210) für Anschlusshandlungen. Auch wenn Rekonstruktionen an Äußerungen und Handlungen einzelner Akteure ansetzen, bilden sie insofern immer auch die Strukturlogik der sozialen Praxis ab, in die der „Einzelfall" eingebettet ist.[42] Die Objektive Hermeneutik richtet sich in dieser Perspektive also „unmittelbar auf die Erschließung von Praktiken der Handlungskoordination" (ebd.) und somit genau auf jene Phänomene, die im Zentrum der Governanceforschung stehen:

> „Damit fokussiert die Objektive Hermeneutik zwingend auf die Frage nach der Handlungskoordination, weil nicht zunächst ‚Einzelhandlungen' in den Blick genommen werden, um daran gegebenenfalls anschließend nach deren Relationalität zu fragen, sondern diese von vorneherein als Interaktionssequenzen gedeutet werden. Die Frage, wie diese Handlungssequenzen koordiniert sind, wird so zwingend thematisch. Kern der Sequenzanalyse ist die Rekonstruktion der jeweiligen fallspezifischen Entscheidungen, die sich an jeder Sequenzstelle manifestieren. Leitende Annahme ist dabei, dass diese Entscheidungen nicht zufällig erfolgen, sondern einer fallspezifischen Strukturlogik folgen. Diese Fallstruktur bildet jedoch nichts anderes ab, als die Strukturlogik der Handlungskoordination des in den Blick genommenen Interaktionszusammenhangs" (ebd., S. 211).

Auch wenn im Rahmen dieser Studie nicht objektiv-hermeneutisch, sondern konversationsanalytisch gearbeitet und somit praxistheoretisch argumentiert wird, lassen sich die von Dietrich ausgearbeiteten zentralen Prämissen einer rekonstruktiven Governanceforschung auf den hier gewählten Ansatz übertragen: Auch für die konversationsanalytische Vorgehensweise sind ein reflexiver Umgang mit Kontextinformationen sowie ein sequenzanalytisches Vorgehen, das auf die Erschließung einer impliziten sozialen Praxis zielt, zentral. Insofern wird im Rahmen dieser Studie ähnlich wie im Fall der von Dietrich beschriebenen objektiv-hermeneutischen Governanceanalyse die Rekonstruktion des für das Governance-Regime einer Neuen Schulsystemsteuerung typischen Modus der Handlungskoordination angestrebt, und zwar über die sequenzanalytische Interpretation der impliziten Interaktionslogik in Schulinspektionsinterviews. Im Vordergrund des empirischen Teils dieser Studie steht allerdings nicht – wie in der Objektiven Hermeneutik – die Rekonstruktion eines latenten Strukturproblems Neuer Steuerung; dieses wurde in Kapitel 3 bereits u.a. im Anschluss an Dietrichs objektiv-hermeneutische Analysen zur Schulinspektion herausgearbeitet. Vielmehr werden im Rahmen dieser Studie konversations- bzw. gesprächsanalytische Ansätze dazu genutzt, konkrete interaktive Praktiken der Handlungskoordination zu rekonstruieren, mit denen dieses Strukturproblem interaktiv

---

[42] Rekonstruktive Verfahren erlauben insofern auch die Analyse von für eine soziale Praxis typischen Modi der Handlungskoordination und damit von spezifischer „Governance-Regimen" anhand relativ überschaubarer Datenmengen, während in der klassischen Governanceforschung in der Regel davon ausgegangen wird, dass dies im Rahmen von Einzelstudien nicht möglich sei (vgl. Altrichter und Maag Merki 2010a, S. 34).

bearbeitet wird.[43] Das spezifische Kontext-Konzept der Konversationsanalyse, die Kontexte als lokal produziert versteht, ermöglicht es dabei, in der Analyse von theoretisch gängigen Formen der Handlungskoordination in Steuerungskontexten zu abstrahieren und Steuerung empirisch fundiert als pädagogisches Problem zu rekonstruieren.

Voraussetzung für die in diesem Kapitel in Anlehnung an Dietrich vorgenommene rekonstruktive Reformulierung der analytischen Governanceforschung ist jedoch die Loslösung der Governanceperspektive von handlungstheoretischen Implikationen. Dies hat Konsequenzen für den im Rahmen dieser Studie verwendeten Steuerungsbegriff, für den die Annahme einer intentionalen Beeinflussung zentral ist. Bevor der methodologisch-methodische Ansatz der Studie genauer erläutert wird, wird daher im Folgenden zunächst noch einmal das Verhältnis von Steuerungsbegriff einerseits und dem hier gewählten praxistheoretischen Zugriff auf Steuerungsphänomene andererseits thematisiert.

4.1.3   Zum Steuerungsbegriff

Als „Steuerung" werden Formen intentionaler Beeinflussung bezeichnet, die das Ziel verbindet, „ein System von einem Ort oder Zustand zu einem bestimmten anderen zu bringen" (Mayntz 1997, S. 190). In der Politikwissenschaft wird unter dem Begriff der Steuerung insbesondere die gezielte, d.h., von konkreten Steuerungsmaßnahmen und -instrumenten flankierte Beeinflussung von gesellschaftlichen Teilsystemen bzw. zivilgesellschaftlichen Akteuren durch das politisch-administrative System verstanden (vgl. ebd., S. 191–192). Damit einher geht die Annahme eines hierarchischen Verhältnisses zwischen staatlichem Steuerungssubjekt und den adressierten „Steuerungsobjekten". Die politikwissenschaftliche Steuerungsperspektive negiert dabei zwar nicht automatisch die Autonomie dieser Steuerungsobjekte; so heißt es beispielsweise bei Mayntz:

> „Zum Begriff der Steuerung gehört [...], dass das Steuerungsobjekt eine autonome Existenz besitzt, d.h., dass es sich in Abwesenheit des Steuerungseingriffs selbsttätig weiter entwickeln würde. Man könnte das auch so ausdrücken, dass das Steuerungsobjekt selbst ein System ist; durch die Steuerung soll seine autonome Dynamik gezielt geändert werden, sei es, dass eine be-

---

[43]   Die Argumentation – nicht die Analyse – dieser Studie rekurriert insofern sowohl auf strukturtheoretische als auch auf praxistheoretische Ansätze und bearbeitet so – wenn auch nur rudimentär – das in der Konversations- bzw. Gesprächsanalyse nach wie vor ungelöste Mikro-Makro-Problem (vgl. Habscheid 2000).

stimmte Struktur entgegen bestehenden Veränderungstendenzen bewahrt, ein spontaner Wandlungsprozess umgelenkt oder auch eine aus sich heraus stabile Struktur verändert werden soll" (ebd., S. 191).

Nichtsdestotrotz handelt es sich bei der Steuerungsperspektive um eine „hoch selektive Betrachtungsweise" (ebd.), die Veränderungsprozesse vorrangig aus der Perspektive des staatlichen Steuerungssubjekts betrachtet. Das Handeln der Steuerungsobjekte erscheint entsprechend in erster Linie als „Reaktion (Anpassung, Entzug, Gegenstrategien usw.), und zwar gleichgültig, ob es sich selbst als Objekt oder nicht seinerseits primär als Handlungssubjekt erfährt" (ebd.).

An dieser Konzeption der Adressat/inn/en staatlicher Steuerungsbemühungen als rein reaktive „Objekte" setzt der „steuerungskritische Impetus" (Altrichter und Heinrich 2007, S. 98) der Governanceforschung an. Dieser richtet sich insofern gegen Vorstellungen einer linearen Steuerbarkeit gesellschaftlicher Teilsysteme durch das politisch-administrative System (vgl. Dietrich 2014, S. 201). Die Governanceperspektive betont stattdessen die eigenlogische Adaption von Steuerungsimpulsen durch die Adressat/inn/en von Steuerungsbemühungen (vgl. ebd., S. 202). Diese werden insofern nicht als Steuerungsobjekte, sondern ebenfalls als Subjekte konzipiert. Entsprechend wird der Begriff der Steuerung in governanceanalytischen Texten und Studien häufig durch den der Interdependenzbewältigung bzw. der Handlungskoordination ersetzt (vgl. ebd., S. 203). Diese governanceanalytischen Differenzierungen gegenüber klassischen Steuerungsmodellen bedeuten jedoch nicht, dass *Steuerung als empirisches Phänomen* negiert würde. Vielmehr ist auch die Governanceperspektive in Bezug auf die Definition ihres Gegenstandsbereichs auf Vorstellungen einer intentionalen Steuerung gesellschaftlicher Teilbereiche durch das politisch-administrative System angewiesen, da das Konzept der Handlungskoordination zur Bestimmung eines konkreten Untersuchungsgegenstands zu unspezifisch wäre. Steuerung darf dabei jedoch nicht mit Steuerbarkeit gleichgesetzt werden, sondern muss als spezifische Form der Handlungskoordination gefasst werden, die durch *Versuche* der intentionalen Beeinflussung gekennzeichnet ist:

„Jenseits der pointierten Abgrenzung teilt sich der Governance-Ansatz mit den sich um den Steuerungsbegriff zentrierenden Steuerungsvorstellungen den Gegenstand. Hier wie dort richtet sich der Blick auf Steuerung, im Sinne des Versuchs einer gezielten und absichtsvollen Gestaltung von Akteurkonstellationen bzw. von Handlungskoordination oder Interdependenzbewältigung. Es geht also nicht um Handlungskoordination oder Interdependenzbewältigung im Allgemeinen. Ansonsten fiele der Gegenstand der Governance-Forschung und der Soziologie in eins" (ebd., S. 204).

Ähnlich argumentieren Altrichter und Maag Merki (2010a), die von einem *revidierten Steuerungsbegriff* als Grundlage einer governanceanalytischen Erfassung von Steuerungsphänomenen ausgehen. In dieser Deutung steht der Begriff der Governance für eine erweiterte Analyseperspektive auf Steuerungsprozesse. Es bedarf aus Sicht der beiden Autor/inn/en daher auch keiner Ersetzung des Steuerungsbegriffs durch bzw. seine Unterordnung unter den Terminus „Governance", wie sie von anderen Autor/inn/en gelegentlich gefordert wird (vgl. Schimank 2009, S. 235; Berkemeyer 2010, S. 200):

> „,Governance' ist in unserem Verständnis keine begriffliche oder praktische Alternative zu ‚Steuerung', sondern entspricht einem Forschungsansatz, der Steuerungsfragen im breiteren Kontext von Fragen der sozialen Gestaltung in komplexen Systemen thematisiert" (Altrichter und Maag Merki 2010a, S. 21).

Ein solches „gebrochenes" Verständnis von Steuerungsprozessen liegt auch dem im Rahmen dieser Studie verwendeten Steuerungsbegriff zugrunde. Die Beschreibung der untersuchten Interviewinteraktion als Teil eines *Steuerungs*zusammenhangs rekurriert auf den Umstand, dass im Zentrum der Untersuchung ein Steuerungsinstrument steht, das den Versuch einer gezielten Beeinflussung der Einzelschule durch das politisch-administrative System darstellt. Die Studie teilt insofern die Annahme, dass Intentionalität konstitutiv für die Definition sozialer Phänomene als (politisch-administrative) Steuerung ist:

> „Machtausübung ist nur dann Steuerung, wenn sie intentional erfolgt. Machteffekte, die gänzlich anonym und diffus wirken, sind nicht sinnvoll mit dem Begriff der Steuerung zu benennen, denn Steuerungssubjekt und Steuerungsobjekt müssen zumindest analytisch und situativ unterscheidbar sein. Von Steuerung lässt sich nur dann sprechen, wenn ein Akteur absichtsvoll versucht, auf einen anderen Akteur oder eine Vielzahl anderer Akteure in einer bestimmten Situation einzuwirken" (Göhler et al. 2009a, S. 19).

Allerdings sind zum besseren Nachvollzug der Argumentation dieser Studie zwei Differenzierungen bezüglich der Intentionalität von Steuerungsprozessen notwendig. Die Definition von Steuerung als intentionaler Form der Machtausübung bedeutet zum einen nicht, dass sich die Handlungskoordination in Steuerungskontexten automatisch hierarchisch über „Befehl und Gehorsam" vollzieht (vgl. ebd., S. 18). Vielmehr sind mittlerweile vielfältige Formen *„weicher Steuerung"* beschrieben worden (vgl. Göhler et al. 2009b; Dietrich 2016, S. 163), zu denen auch die im Fokus dieser Studie stehende „pädagogische Regierung" gezählt werden kann.[44] Zum anderen folgt aus der Definition von Steuerung als Versuch der intentionalen Beeinflussung nicht, dass die Handlungskoordination im Kontext von Steuerungsprozessen ausschließlich auf Basis intentionaler Akte erfolgt. Die Etablierung einer pädagogischen Ordnung in den untersuchten Schulinspektionsinterviews ist weder von den Inspektor/inn/en noch von ihren Vorgesetzen intendiert, im Gegenteil: Eine solche Kontextualisierung würde von den beteiligten Akteuren höchstwahrscheinlich zurückgewiesen. Dennoch sind die rekonstruierten pädagogischen Praktiken Teil des „intentionalen" Steuerungsimpulses Schulinspektion. Im Rahmen dieser Studie wird dementsprechend rekonstruiert, *welche impliziten Praktiken der Handlungskoordination sich im Kontext von Versuchen der intentionalen politisch-administrativen Beeinflussung von Prozessen auf Einzelschulebene etablieren* (vgl. Lambrecht und Heinrich 2016, S. 124).[45] Diese impliziten Praktiken sind dabei durchaus *funktional* im Hinblick auf die steuernde Wirkung des Instruments Schulinspektion, nämlich die Konstitution der Schule als rational organisierte Handlungseinheit. Sie sind aber nicht unbedingt deckungsgleich mit den offiziell mit ihm verbundenen „Intentionen", z.B. einer evidenzbasierten Rationalisierung der Schulsystemsteuerung. Auf die methodische Erfassung dieser impliziten Ebene der Handlungskoordination im Kontext politisch-administrativer Steuerung wird nun im folgenden Kapitel eingegangen.

4.2 Methodologisch-methodischer Ansatz der Studie

Die Prämissen einer rekonstruktiven Governanceforschung werden in dieser Studie mithilfe eines praxistheoretischen Ansatzes einzulösen versucht. Wie im vorangegangenen Kapitel zum Steuerungsbegriff bereits angedeutet wurde, wird

---

[44] Allerdings bewegen sich auch diese weichen Formen der Steuerung im „Schatten der Hierarchie" (vgl. Göhler et al. 2009a, S. 16). So werden die empirischen Analysen in Kapitel 5 zeigen, dass sich die hierarchische Struktur des Steuerungsgeschehens in den etablierten pädagogischen Interaktionsformen, die per se asymmetrisch sind, reproduziert.

[45] Letzen Endes erfordert die hier vorgenommene Argumentation bezüglich des Verhältnisses von intentionalem Steuerungskonzept und Steuerungspraktiken – ebenso wie die Argumentationsfigur, die in Kapitel 4.3 in Bezug auf das Verhältnis von erzieherischer Absicht und pädagogischen Praktiken entwickelt wird – eine Entkopplung des Intentionalitätskonzepts von handlungstheoretischen Implikationen, die im Rahmen dieser Arbeit jedoch nicht vollumfänglich geleistet, sondern lediglich im Rahmen der Darlegung des praxistheoretischen Ansatzes der Studie angedeutet werden kann.

politisch-administrative Steuerung im Rahmen dieser Studie *als soziale Praxis* beschrieben, d.h., es werden nicht offizielle politisch-administrative Programme zu Wirkungen auf Ebene der Einzelschule ins Verhältnis gesetzt, sondern die impliziten Regeln des praktischen Vollzugs von Steuerung rekonstruiert. Im Zentrum der Analyse stehen also Steuerungs*praktiken*. Die sich auf dieser Ebene der sozialen Praktiken im Kontext der Schulinspektion etablierende pädagogische Ordnung ist dabei zwar nicht von den politisch-administrativen Akteuren oder den Inspektor/inn/en beabsichtigt, aber dennoch Ausdruck des Versuchs einer gezielten Beeinflussung der Einzelschule. Vor diesem Hintergrund wird der methodologisch-methodische Ansatz der Studie im Folgenden in drei Schritten erläutert. Zunächst werden die zentralen Implikationen der praxistheoretischen Perspektive, die die methodologische Grundlage für die in Kapitel 5 dargestellten Rekonstruktionen bildet, kurz skizziert und dabei erläutert, was genau unter sozialen Praktiken verstanden wird (4.2.1). Die interessierenden Steuerungspraktiken werden im Rahmen dieser Studie dabei konversationsanalytisch rekonstruiert, d.h., über die Rekonstruktion von Gesprächspraktiken in Steuerungskontexten. In einem zweiten Schritt wird daher die ethnomethodologische Konversationsanalyse in ihren Grundzügen vorgestellt (4.2.2). Abschließend wird das forschungspraktische Vorgehen der Studie erläutert (4.2.3). Dieses orientiert sich am Konzept der Gesprächsanalyse nach A. Deppermann, das als Aktualisierung und Weiterentwicklung der Konversationsanalyse im deutschsprachigen Raum gelten kann.

4.2.1   *Praxistheoretische Verortung der Studie*

Die folgende Darstellung der praxistheoretischen Perspektive ist an der Theorie sozialer Praktiken orientiert, wie sie Reckwitz (2003) im Anschluss an Schatzki et al. (1996; vgl. auch Schatzki et al. 2001) formuliert hat. Demzufolge sind Praxistheorien[46] auf das Tun der Menschen gerichtet, ohne jedoch handlungstheoretisch zu argumentieren (vgl. Reckwitz 2003, S. 288–289). In ihrem Zentrum

---

[46]   Zu den theoretischen Vorläufern und Einflüssen des praxistheoretischen Ansatzes zählt Reckwitz (2003) die Sozialtheorien Bourdieus und Giddens', die Sozialphilosophie Wittgensteins und Heideggers, die Ethnomethodologie, poststrukturelle Ansätze und hier insbesondere die gouvernementalitätstheoretischen Überlegungen Foucaults, die Cultural Studies sowie Theorien des Performativen, wie sie insbesondere von Butler formuliert wurden (vgl. S. 282–283).

steht vielmehr eine spezifische Vorstellung des Sozialen; dieses wird weder in überindividuellen Strukturen noch in den absichtsvoll koordinierten Einzelhandlungen intentionaler Akteure, sondern in einem impliziten „praktischen Wissen" und dessen Vollzug verortet. Soziale Praktiken stellen insofern „ein typisiertes, routinisiertes und sozial ‚verstehbares' Bündel von Aktivitäten" dar, das durch ein „implizites, methodisches und interpretatives Wissen zusammengehalten" wird (ebd., S. 289). Was dies genau bedeutet, wird im Folgenden anhand der für praxistheoretische Ansätze zentralen Konzepte der Materialität, der Performativität und der Implizität erläutert.

Das Soziale basiert Schatzki zufolge auf einem „nexus of doings und sayings" (ebd., S. 290). Zu den grundlegenden Merkmalen sozialer Praktiken gehört daher ihre *Materialität*. Dies bedeutet zum einen, dass soziale Praktiken körperlich vollzogen werden:

> „Eine Praktik *besteht* aus bestimmten routinisierten Bewegungen und Aktivitäten des Körpers. Dies gilt ebenso für intellektuell ‚anspruchsvolle' Tätigkeiten wie die des Lesens, Schreibens oder Sprechens" (ebd.; Hervorhebung im Original).

Die materiale Orientierung praxistheoretischer Ansätze kommt darüber hinaus in dem relativ hohen Stellenwert zum Ausdruck, der konkreten Dingen bzw. Artefakten in der Analyse eingeräumt wird (vgl. ebd., S. 290–291): Das Interesse praxistheoretischer Studien richtet sich u.a. auf den „sinnhaften Gebrauch" von Dingen, die als „Teileelemente" (ebd., S. 291) sozialer Praktiken verstanden werden.

Wenn von der *Performativität* sozialer Praktiken gesprochen wird, dann ist damit zum einen gemeint, dass diese so „aufgeführt" werden müssen, dass sie von anderen als eine „skillful performance" (ebd., S. 290) wahrgenommen werden können, d.h., als verstehbarer Ausdruck eines spezifischen Typs von Praxis:

> „Die Praktik als *soziale* Praktik ist nicht nur eine kollektiv vorkommende Aktivität, sondern auch eine potentiell intersubjektiv als legitimes Exemplar der Praktik X verstehbare Praktik – und diese soziale Verständlichkeit richtet sich auf die körperliche ‚performance'" (ebd.; Hervorhebung im Original).

Dass Praktiken *sozial* sind, bedeutet im praxistheoretischen Verständnis also nicht zwingend, dass sie interaktiv organisiert sind; die Sozialität einer Praktik ergibt sich vielmehr aus ihrer Typik und „Repetitivität", d.h. aus ihrer prinzipiellen Wiederholbarkeit, die durch das in ihr gespeicherte „kollektiv inkorporierte[] praktische[] Wissen" gewährleistet wird (ebd., S. 292). Darüber hinaus verweist das Konzept der Performativität auf den Umstand, dass Wirklichkeit in praxistheoretischer Perspektive als „Vollzugswirklichkeit" (z.B. Bergmann 1994, S. 6) konzipiert wird. Das bedeutet, dass soziale Praktiken sich nicht lediglich auf präexistente soziale Phänomene und Subjekte beziehen, sondern diese erst durch den Vollzug spezifischer Praktiken konstituiert werden (vgl. Butler 1997). Insbesondere soziale Ordnung wird als praktisch hergestellt verstanden, z.B. indem sich die an einer Interaktion Beteiligten in spezifischer Weise zueinander positionieren (vgl. Reckwitz 2003, S. 289; Fritzsche et al. 2011, S. 32). Der Begriff der sozialen Ordnung bezeichnet dementsprechend „eine Zusammenhangsbildung, die in der Relationierung von sozialen Praktiken entsteht bzw. performativ, also im Vollzug hervorgebracht wird; Ordnung wird also streng prozessual als Bildung von Ordnung beobachtet" (Fritzsche et al. 2011, S. 32).

Schließlich basieren soziale Praktiken auf einem *inkorporierten Wissen* und folgen somit einer *impliziten Logik*. Wenn soziale Praktiken als „wissensbasiert" (Reckwitz 2003, S. 292) bezeichnet werden, dann steht dahinter nicht die Vorstellung von Wissen als einem „System expliziter kognitiver Regeln" (ebd., S. 290), sondern die Vorstellung der „körperlich-leibliche[n] Mobilisierbarkeit von Wissen, die häufig gar nicht mit einer Explizierungsfähigkeit oder Explizierungsbedürftigkeit dieses Wissens einhergeht" (ebd.). Wissen wird dementsprechend als ein „Können im Sinne eines ‚know how' und eines praktischen Verstehens" (ebd., S. 292) verstanden. Dieses implizite Wissen basiert (a) auf einem interpretativen Verstehen, d.h., auf „einer routinemäßigen Zuschreibung von Bedeutungen zu Gegenständen, Personen, abstrakten Entitäten, dem ‚eignen Selbst' etc." (ebd.), beinhaltet (b) ein methodisches Wissen in Form von „scriptförmige[n] Prozeduren" (ebd.) und umfasst (c) ein motivational-emotionales Wissen, „d.h., ein[en] implizite[n] Sinn dafür, ‚was man eigentlich will', ‚worum es einem geht' und was ‚undenkbar' wäre" (ebd.). *Explizite* Intentionen und Normen spielen in praxistheoretischen Ansätzen für die Erklärung des Sozialen dagegen eine eher untergeordnete Rolle; sie werden zwar als soziale Phänomene nicht negiert, aber nicht als primär handlungsleitend verstanden:

„Für die Praxistheorie ist es nicht die vorgebliche Intentionalität, sondern die wissensabhängige Routinisiertheit, die das einzelne ‚Handeln' ‚anleitet'; dies schließt teleologische Elemente nicht aus, die Praxistheorie betrachtet diese jedoch nicht als explizite und diskrete ‚Zwecke' oder ‚Interessen', sondern als sozial konventionalisierte, implizite Motiv/Emotions-Komplexe, die einer Praktik inhärent sind, in die die einzelnen Akteure ‚einrücken' und die sie dann möglicherweise als ‚individuelle Interessen' umdefinieren. Auch die ‚Normativität' des Handelns kann praxeologisch nicht als ‚handlungsanleitende Sollens-Regeln' verstanden werden. Nur innerhalb des weit über Normen hinausgehenden praktischen Wissens können auch implizite normative Kriterien im Sinne eines sozial ‚angemessenen' Praktizierens wirksam werden. Diese impliziten normativen Kriterien des Angemessenen innerhalb eines Komplexes von Praktiken sind zu unterscheiden von etwaig vorhandenen expliziten, auch formalisierten Katalogen von Normen, die das gesamte Feld des Impliziten nicht zu repräsentieren vermögen und möglicherweise sogar im Widerspruch zu diesem stehen" (ebd., S. 293).

Soziale Praktiken sind insofern sowohl nicht-intentional als auch „moralisch indifferent" (vgl. Meseth 2013, S. 65): Sie sind nicht in erster Linie an expliziten Sollens-Vorstellungen, sondern *funktional* ausgerichtet (vgl. Deppermann 2008, S. 82–83), d.h., nicht an präskriptiven Normen, sondern an situativen Erfordernissen orientiert. Aufgrund dieser funktionalen Ausrichtung sind sie außerdem kontextsensitiv bzw. kontextreflexiv (vgl. Reckwitz 2003, S. 294). Dies bedeutet zum einen, dass die Wissensbasis sozialer Praktiken nicht universell, sondern historisch-spezifisch ist (vgl. ebd., S. 292). Zum anderen betont insbesondere die Ethnomethodologie die situative und lokale Produktion sozialer Praktiken und Ordnungen (vgl. Garfinkel 1967). Diese zeigt sich beispielsweise in der Generierung situativer Lösungen für lokal auftretende Interaktionsprobleme.[47]

Forschungspraktisch zielen praxistheoretisch orientierte Analysen auf die „beobachtende Entdeckung der Praktiken" und „auf die Rekonstruktion der Logik dieser Praktiken" (Breidenstein 2006, S. 18). In der hier vorliegende Studie geht es dementsprechend darum zu zeigen, wie sich politisch-administrative Steuerung praktisch vollzieht, d.h., durch welche sozialen Praktiken sie konstituiert wird und welche soziale Ordnung durch diese Praktiken in den untersuchten Schulinspektionsinterviews etabliert wird. Die rekonstruierte pädagogische Ord-

---

[47] Diese Vorstellung der situativ-lokalen Produktion sozialer Praktiken ist einer der wesentlichen Unterschiede zwischen praxistheoretischen Ansätzen und strukturtheoretischen Ansätzen wie der Objektiven Hermeneutik, anhand derer Dietrich (2014) die Grundzüge einer Rekonstruktiven Governanceforschung herausgearbeitet hat. Zwar sind Praktiken als soziale Praktiken routinehaft; gleichzeitig wird ihnen in praxistheoretischer Perspektive jedoch immer auch ein „‚anarchisches' Element" (Reckwitz 2003, S. 297) zugeschrieben, das sich daraus ergibt, dass die performative Wirkung von Praktiken auf Wiederholung basiert, Praktiken aber nie eins zu eins wiederholt werden können. Praxistheorien basieren insofern auf einem dialektischen Verhältnis von Routine und Offenheit; in ihnen verbinden sich deshalb auch „post-humanistische" und „humanistische" Aspekte (vgl. ebd., S. 296–297): Einerseits wird eine Ontologisierung des Menschen als „autonomes Subjekt" abgelehnt und das Subjekt stattdessen als Funktion sozialer Praktiken verstanden; andererseits werden soziale Praktiken selbst als „autonom" verstanden, die sowohl über innovatives als auch über subversives Potenzial verfügen. Während die Objektive Hermeneutik also das Soziale als durch latente und objektive Sinnstrukturen strukturiert sieht und damit auf die Vorgängigkeit sozialer Regeln abhebt, betont die Ethnomethodologie stärker die lokale Produktion sozialer Ordnung und damit auch die Kontingenz des Sozialen.

nung der Interviewinteraktion wird dabei nicht als Ausdruck einer intentionalen, d.h., absichtsvoll geplanten Steuerungsstrategie verstanden, sondern als situative Bearbeitung eines Interaktionsproblems im Kontext der aktuellen politisch-administrativen Schulsystemsteuerung, das darin besteht, im Inspektionsprozess und vor dem Hintergrund des im Interviewleitfaden kodifizierten Modells „guter Schule" eine Passung im Sprechen über schulische Praxis herzustellen. Dafür greifen die Inspektor/inn/en auf ein spezifisches implizites Wissen – nämlich pädagogische Praktiken – zurück.

Als eigentliche „Paradedisziplin" praxistheoretischer Forschung gilt die Ethnographie (vgl. Reckwitz 2003, S. 298), da diese sowohl die „Beobachtung der ‚skillful performance' von Körpern" (ebd., S. 290) als auch des Gebrauchs von Artefakten ermöglicht. Im Rahmen dieser Studie wurde mit der Konversationsanalyse jedoch ein anderer Ansatz gewählt und die Analyse von Steuerungspraktiken im Kontext einer Neuen Steuerung des Schulsystems so auf sprachliche Interaktionen und deren Manifestation in *einem* Datentypus, nämlich Schulinspektionsinterviews, fokussiert.[48] Steuerungspraktiken werden im Rahmen dieser Studie also über Gesprächspraktiken rekonstruiert.

4.2.2   Die ethnomethodologische Konversationsanalyse

Das übergeordnete Forschungsinteresse der ursprünglich von H. Sacks (1992) entwickelten Konversationsanalyse (KA) lässt sich folgendermaßen beschreiben:

> „Allgemein formuliert gilt das Interesse der KA den generativen Prinzipien und Verfahren, mittels derer die Teilnehmer an einem Gespräch in und mit ihren Äußerungen und Handhabungen die charakteristischen Strukturmerkmale und die ‚gelebte Geordnetheit' (Garfinkel) des interaktiven Geschehens, in das sie verwickelt sind, hervorbringen" (Bergmann 2010, S. 528).

Es geht konversationsanalytischen Studien also um die Analyse von Praktiken sozialer Ordnungsbildung, wobei diese Praktiken in der Regel auf Ebene der sprachlichen Formalstruktur beschrieben werden. Die Konversationsanalyse untersucht formale Strukturen bzw. Strukturprinzipien sprachlicher Interaktion (vgl. ebd., S. 525–526) oder auch „Formen und Funktionen von Gesprächsprak-

---

[48]   Die Übergänge zwischen Konversationsanalyse und Ethnographie sind jedoch je nach Forschungsinteresse und Erhebungssetting fließend (vgl. z.B. Deppermann 2008, S. 22–24); für eine Kombination bzw. Integration von Konversationsanalyse und Ethnographie plädierte z.B. bereits Moerman (1988).

tiken" (Deppermann 2008, S. 49). Ihre methodologische Grundlage bildet die Ethnomethodologie, deren zentrale Prämissen im Folgenden kurz skizziert werden.

Die von H. Garfinkel (1967) entwickelte *Ethnomethodologie* gilt als eine der Quellen des im vorangegangenen Kapitel beschriebenen praxistheoretischen Ansatzes (vgl. Reckwitz 2003, S. 283; Breidenstein 2006, S. 17). Sie teilt insofern die praxistheoretische Grundannahme, dass das Soziale auf der Ebene impliziter Praktiken zu verorten ist und Wirklichkeit somit als „Vollzugswirklichkeit" verstanden werden muss, „d.h., als eine Wirklichkeit, die von den Interagierenden ,lokal' hervorgebracht und intersubjektiv ratifiziert wird" (Bergmann 1994, S. 6). Die Ethnomethodologie untersucht dementsprechend die „Produktion von Ordnung im Handlungsstrom" (Eberle 1997, S. 249). Garfinkels Forschungsinteresse setzt dabei „an den praktischen, routinehaften, scheinbar ,automatisierten' und für die Individuen ganz selbstverständlich scheinenden Alltagshandlungen [an], die er als implizit geregelt begreift und deren Ordnungsprinzipien er aufdecken möchte" (Bonß et al. 2014, S. 198). Damit ist auch der empirische Forschungsfokus der Ethnomethodologie benannt, dem sie ihren Namen verdankt, nämlich jene *Ethno-Methoden*, mit denen die Mitglieder einer Gesellschaft soziale Ordnung hervorbringen:

> „Seine [Garfinkels; M.L.] Aufmerksamkeit richtete sich auf das operative Fundament der im alltäglichen Handeln als selbstverständlich hingenommenen sinnhaften Ordnung, d.h., auf die Techniken und Mechanismen – die Ethno-Methoden – ihrer Produktion" (Bergmann 1994, S. 5).

Diese Methoden der sozialen Ordnungsbildung sind im ethnomethodologischen Verständnis nicht Ausdruck bewusster Überlegungen oder intentionaler Handlungen („action"), sondern Teil einer impliziten Praxis („doing") (vgl. Bonß et al. 2014, S. 197). Anders als andere praxistheoretische Ansätze betont die Ethnomethodologie dabei den *interaktiven* Charakter sozialer Ordnungsbildung (vgl. Bergmann 1994, S. 6). Garfinkel versteht soziale Interaktion als permanente „Ordnungsleistung" (ebd.), d.h., als kontinuierlichen Verständigungsprozess darüber, was gerade „der Fall" ist. Die Interagierenden sind also laufend damit beschäftigt, eine gemeinsame Wirklichkeitsdefinition zu erzeugen, vor deren Hintergrund ihre Handlungen als rational, d.h., als sinnvoll erscheinen. Diese interaktive Konstitution von Sinn beruht maßgeblich darauf, dass die Beteiligten ihre Handlungen wechselseitig *interpretieren*. Um diese Interpretation zu erleichtern und so Handlungen möglichst effizient aufeinander abzustimmen, zei-

gen sich die Beteiligten mithilfe von Ethno-Methoden wechselseitig an, wie ihre
Handlungen zu verstehen sind, d.h., sie liefern ihrem Gegenüber permanent
„Verstehenshilfen" (ebd.) zur „richtigen" Interpretation ihrer Handlungen. Im
ethnomethodologischen Sprachgebrauch heißt das, dass Äußerungen und Handlungen „accountable" (Garfinkel 1967) gemacht werden, also „identifizierbar,
verstehbar, beschreibbar oder erklärbar" (Eberle 1997, S. 248). „Accounting
practices" sind „Methoden der Sinndarstellung und der Sinnherstellung" (Eickelpasch 1982, S. 10) oder einfach „instructions to perception" (Abels 2013,
S. 97).[49] Die Ethnomethodologie geht insofern davon aus, dass der Sinn einer
Handlung stets mit der (Sprach-)Handlung kommunikativ vermittelt wird; Handlung und Erklärung der Handlung fallen somit in eins: „Kommunikation ist fort-
laufendes accounting" (ebd., S. 98). Die soziale Praxis des Accounting ist für die
soziale Ordnungsbildung deshalb konstitutiv, da (Sprach-)Handlungen in der
Perspektive der Ethnomethodologie durch *Indexikalität* gekennzeichnet sind
(vgl. z.B. Abels 2007, S. 131–135, 2013, S. 101). Jede Handlung und jede Äußerung werden als in einen Verweisungszusammenhang eingebunden verstanden,
d.h., sie verweisen auf spezifische Kontexte und sind dementsprechend „voraussetzungsreich" (Bergmann 1994, S. 7). Diese Kontextgebundenheit ergibt sich
allein schon aus dem sequenziellen Aufbau von Kommunikation bzw. sozialer
Interaktion. So werden im Verlauf eines Gesprächs bestimmte Artikel wie „der",
„die" oder „das" zu Indices bzw. Kontextbegriffen, die auf etwas verweisen, das
zuvor einmal konkret benannt worden ist (oder auch nicht); andere Beispiele für
leicht identifizierbare indexikale Äußerungen, die auf einen spezifischen Kontext
verweisen, sind Namen, Fachausdrücke, Abkürzungen o.Ä. (vgl. Abels 2007,
S. 132). Welche Kontexte in der jeweiligen Situation als relevant erachtet werden, können sich die Interaktanten u.a. mithilfe von „accounts" wechselseitig anzeigen; oft werden diese jedoch auch stillschweigend als bekannt vorausgesetzt
und erst im Fall des Auftretens eines Kommunikationsproblems expliziert und
die (Sprach-)Handlung so „entindexikalisiert". Der Aspekt der Indexikalität
verweist insofern auch auf die für die Ethnomethodologie zentrale Prämisse einer „wechselseitigen Konstituierung von Handeln und Kontext" (Bonß et al.
2014, S. 203), d.h., es wird in dieser Perspektive davon ausgegangen, „dass es

---

[49] Das ethnomethodologische Konzept der „accountability" bezieht sich somit auf die „darstellen-
de" Dimension von (Sprach-)Handlungen und verweist insofern auf die im vorangegangenen
Kapitel beschriebene Performativität sozialer Praktiken (vgl. Bonß et al. 2014, S. 201).

weder einen Kontext gibt, der unabhängig von seinen Deutungen besteht, noch eine Deutung, die ohne Kontext sinnvoll wäre" (ebd., S. 206). Garfinkel fasst dieses wechselseitige Konstitutionsverhältnis von Handlung und Kontext unter den Begriff der *Reflexivität:* Der indexikale Charakter sozialer Interaktion verweist darauf, dass jedes Interaktionsgeschehen „in sich die spezifischen, einmaligen Handlungsumstände seiner Realisierung reflektiert" (Bergmann 1994, S. 8).

Dieses ethnomethodologische Verständnis sozialer Interaktion, wie es soeben anhand der Konzepte des Accounting, der Indexikalität und der Reflexivität erläutert wurde, bildet auch die Grundlage für das methodische Vorgehen der *Konversationsanalyse*. Sie gilt als „Einlösung des ethnomethodologischen Forschungsprogramms am Gegenstand der sprachlichen Interaktion" (Eberle 1997, S. 250).[50] Zu ihren zentralen Prämissen gehört zunächst das strikt *datengeleitete* methodische Vorgehen (vgl. ebd., S. 259). Das Interaktionsgeschehen soll aus sich selbst heraus erklärt und nicht anhand theoretischer Konzepte „extern" geordnet werden:

> „Die KA ist darauf aus, ein Interaktionsgeschehen ‚from within' (Garfinkel) zu beschreiben. Das bedeutet, dass sie es ablehnt, soziale Vorgänge unter externe, vorgegebene Kategorien zu subsumieren; stattdessen bemüht sie sich darum, soziale Formen und Prozesse in ihrer inneren Logik und Dynamik zu erfassen und als sich selbst organisierende, reproduzierende und explizierende Strukturen zu untersuchen" (Bergmann 1994, S. 8).

Die Methode verfolgt insofern einen *rekonstruktiven* Ansatz. Hausendorf (2010) beschreibt die Konversationsanalyse als eine „textanalytische Mäeutik", d.h., als „eine ihrem Selbstverständnis nach zutiefst *rekonstruktive* Beobachtungspraxis, die dabei hilft, eine Sinnhaftigkeit zum Vorschein zu bringen, die für die Entstehung und konkrete Gestalt der Interaktion immer schon konstitutiv gewesen ist" (S. 262; Hervorhebung im Original). Auch Deppermann (2008) zufolge ist der Konversationsanalyse ein „Gestus der Rekonstruktion" zu eigen, „der die Interaktion soweit als möglich als sich selbst interpretierendes Geschehen behandelt" (S. 51). Die Möglichkeit einer solchen wissenschaftlichen Re-Konstruktion des

---

[50] Zum Teil wird die Konversationsanalyse als *die* Methode der Ethnomethodologie dargestellt, zum Teil aber auch zwischen ethnomethodologischen und konversationsanalytischen Studien unterschieden. Am differenziertesten ist wohl die Darstellung bei Bergmann (2010) und Eberle (1997). Demnach stellt die Ethnomethodologie ein eigenes Forschungsprogramm dar, aus dem sich einerseits die Konversationsanalyse und andererseits die ethnomethodologischen *Studies of Work* entwickelt haben. Während erstere in erster Linie auf sprachliche *accounting practices* fokussieren, zielen letztere stärker auf sogenannte *embodied practices*.

beobachteten Interaktionsgeschehens ergibt sich dabei aus einer der grundlegenden ethnomethodologischen Prämissen, nämlich dass die Gesprächsbeteiligten
sich laufend wechselseitig *anzeigen*, welchen Sinn sie ihren Äußerungen zuschreiben, und dass sich dies in der Art und Weise, wie sie ihre Interaktionszüge
sprachlich gestalten, manifestiert. Konversationsanalytische Rekonstruktionen
verstehen sich insofern als wissenschaftliche Explikationen der impliziten Ordnung der interessierenden Interaktion und der Methoden ihrer Herstellung:

> „Es geht [...] darum, die Prinzipien zu rekonstruieren, an denen sich die Beteiligten selbst beim
> Handeln und Interpretieren im Gespräch orientieren, und dies soll so weit als möglich an den Da-
> ten, d.h., an wahrnehmbaren, prinzipiell ‚öffentlichen‘, weil für alle hör- und sichtbaren Merk-
> malen des Gesprächsprotokolls ausgewiesen werden" (ebd., S. 50).

Allerdings verfügt die Konversationsanalyse nicht über ein kanonisiertes methodisches Vorgehen. Als typisch können jedoch die folgenden forschungspraktischen Leitlinien gelten (vgl. Bergmann 1994, S. 9–12, 2010, S. 530–534; Eberle
1997, S. 275–262):

„Natürliche" Gespräche als empirisches Material. Konversationsanalytische
Analysen basieren auf der Aufzeichnung sogenannter „natürlicher" Gespräche,
also auf Daten, die möglichst unverfälscht sprachliche Interaktionen, wie sie im
Alltag vorkommen, wiedergeben. Typisch ist also ein „registrierender Konser-
vierungsmodus, der ein soziales Geschehen in den Details seines realen Ablaufs
fixiert" (Bergmann 2010, S. 531). Entsprechend gilt es, das aufgezeichnete
Rohmaterial möglichst original- und detailgetreu zu transkribieren, was insbesondere bedeutet, dieses sprachlich nicht zu glätten und stattdessen auch Pausen,
Äußerungsüberlappungen, Versprecher etc. in der Transkription sichtbar zu machen.

Order at all points. Pointiert formuliert geht es der Konversationsanalyse um
die Entdeckung von (formaler) Ordnung im Material (vgl. Eberle 1997, S. 259).
Dabei gilt die von Sacks formulierte Maxime „order at all points", womit gemeint ist, dass kein Äußerungselement lediglich als zufällig angesehen werden
darf, sondern der gesamte transkribierte Text in seiner konkreten Ausgestaltung
als relevant für die interaktive Ordnungsbildung angesehen wird: „Jedes
Textelement wird zunächst – auch wenn dies dem Common Sense des Forschers
widerspricht – als Bestandteil einer sich reproduzierenden Ordnung betrachtet"
(Bergmann 2010, S. 532).

Sequenzanalyse. Die Konversationsanalyse arbeitet wie andere rekonstruktive Verfahren auch sequenzanalytisch, d.h., sie rekonstruiert die Ordnung des interessierenden Geschehens „Zug um Zug" über den interpretativen Nachvollzug des Ablaufs und der Ausgestaltung der Interaktion. Dabei wird davon ausgegangen, dass jede Äußerung sowohl kontext-geprägt („context-shaped") als auch kontext-erneuernd („context-renewing") ist (vgl. Eberle 1997, S. 256; Heritage 1984, 2004, S. 223–224). Jede Äußerung beinhaltet, so betrachtet, Rückbezüge auf vorangegangene Äußerungen und erzeugt Folgeerwartungen in Bezug auf nachfolgende:

> „Äußerungen stehen in einem doppelten zeitlichen Horizont. Einerseits sind sie auf den Kontext, der sich im bisherigen Gesprächsverlauf entwickelt hat, zugeschnitten, und sie dokumentieren ein Verständnis dieses Kontextes; andererseits sind sie Handlungen, die einen neuen Kontext und normative Erwartungen für folgende Handlungen schaffen [...]. Verstehen und Handeln sind also nicht zu scheiden. Intersubjektivität – in Form von geteilten Bedeutungen und koordinierten Handlungen – wird dadurch hergestellt, dass Gesprächsteilnehmer Schritt für Schritt verdeutlichen, wie sie einander verstehen" (Deppermann 2008, S. 49–50).

Typisch für das konversationsanalytische Vorgehen ist daher ein analytischer Dreischritt, über den die interaktive, sequenziell organisierte Ordnungsbildung der Gesprächsteilnehmer/innen nachvollzogen wird (vgl. ebd., S. 70–75): Begonnen wird mit der Analyse der sogenannten *fokalen Äußerung* (1. Position), wobei gefragt wird, welche Kontexte mit dieser aufgerufen werden und welche Folgeerwartungen sie generiert. Es folgt die Analyse der *Reaktion* der Gesprächspartner/innen (2. Position), über die sich rekonstruieren lässt, wie die fokale Äußerung verstanden wird und wie sich die Gesprächspartner/innen zu dieser positionieren. Die Analyse wird vervollständigt mit der Rekonstruktion der *Re-Reaktion* der Produzentin bzw. des Produzenten der fokalen Äußerung (3. Position). Hier zeigt sich, inwieweit es den Interagierenden gelingt, eine gemeinsame Interpretation der Situation vorzunehmen. Diese sequenzielle Rekonstruktion der interaktiven Konsequenzen einer Äußerung („procedural consequentiality"; Schegloff 1991) stellt die wichtigste Aufgabe im Rahmen konversationsanalytischer Untersuchungen dar (vgl. Deppermann 2008, S. 70). Sie setzt die detaillierte Analyse der sprachlichen Gestaltung einzelner Äußerungen bzw. Interaktionszüge voraus (s. Kapitel 4.2.3).

Rekonstruktion des generativen Prinzips. Ziel konversationsanalytischer Studien ist es, formale Mechanismen der Interaktion zu rekonstruieren, über die die Ordnung des Gesprächs durch die Beteiligten methodisch erzeugt wird. Es geht also um die Rekonstruktion des generativen Prinzips der Interaktion, d.h. des Prinzips, „das in der Lage ist, sowohl die Ausgangsdaten der Analyse zu reproduzieren als auch neue Fälle und ähnliche Phänomene zu erzeugen" (Bergmann 2010, S. 533). Dahinter steht eine Annahme, die auch von anderen interpretativen bzw. rekonstruktiven Verfahren geteilt wird, nämlich dass die beobachtbare Ordnung des Gesprächs und die Methoden ihrer Erzeugung Antworten auf (strukturelle) Probleme der Interaktion darstellen. Wenn also von der Rekonstruktion des generativen Prinzips der Interaktion gesprochen wird, dann ist damit gemeint, dass die Konversationsanalyse daran orientiert ist, „die praktischen Methoden zu rekonstruieren, die den Handelnden als Lösung für interaktive Probleme dienen und deren Verwendung die beobachtbare Geordnetheit eines Interaktionsgeschehens generiert" (ebd.).[51]

Validierung. Die Validierungsstrategien konversationsanalytischer Untersuchungen ergeben sich aus dem Anspruch der Methode, rekonstruktive Explikationen einer beobachtbaren Praxis zu sein. Konversationsanalytische Analysen gelten vor diesem Hintergrund dann als valide, wenn es gelingt aufzuzeigen, dass die rekonstruierten Mechanismen für die Interagierenden selbst „reale Orientierungsgrößen" (Bergmann 1994, S. 11) darstellen, d.h., „wenn gezeigt werden kann, dass diese Interpretation und die Handlungsprinzipien, die ihr zugrunde liegen, für die Interaktanten selbst im weiteren Gesprächsverlauf handlungsleitend sind" (Deppermann 2008, S. 70). Insofern dient die oben skizzierte sequenzielle Analyse von erster, zweiter und dritter Position nicht nur der Rekonstruktion der Logik der Interaktion, sondern gleichzeitig der Überprüfung von diesbezüglichen Interpretationen:[52]

> „Indem die Gesprächsbeteiligten durch ihre Reaktionen *einander* ihre Interpretationen einer fokalen Äußerung verdeutlichen, bieten sie *zugleich uns* als Analytikern einen Ausgangspunkt und ein Prüfkriterium für die Entwicklung von Interpretationshypothesen und Regelkonstruktionen: Wie die Gesprächsbeteiligten können auch wir die Reaktionen einer Analyse unterwerfen […]. Die Protokollierung, Analyse und Präsentation der Aktivitäten, die einer fokalen Äußerung oder Sequenz folgen, ist also für den Forschungsprozess und für die Darstellung der Ergebnisse unerlässlich, da nur so überprüft werden kann, ob sich die Interaktanten tatsächlich an den Prinzipien orientieren, die postuliert werden" (ebd.; Hervorhebungen im Original).

---

[51] Viele dieser Interaktionsprobleme sind dabei für die Gesprächsteilnehmer/innen „unproblematisch", d.h., sie stellen Handlungsanforderungen dar, die routinisiert gelöst werden können und dabei kaum auffallen (vgl. Deppermann 2008, S. 81). Sie können die Interaktion jedoch auch gefährden und bedürfen dann einer ausführlicheren Bearbeitung und Reparatur.

[52] So gesehen sind auch „qualitative" Verfahren der empirischen Sozialforschung „hypothesenprüfend" (vgl. Dietrich 2014, S. 209).

Eine weitere gängige Validierungsstrategie besteht darin, anhand von „abwei-
chenden" Fällen aufzuzeigen, dass die Interagierenden sich dennoch an der rekonstruierten Regel orientieren, z.b. indem sie die entsprechende Praxis selbst
als abweichend markieren oder aber „reparieren". Daneben kann auch der
Nachweis von Varianten einer Gesprächspraktik zur Validierung der Interpretation genutzt werden (zur Validierung gesprächs- bzw. konversationsanalytischer
Interpretationen vgl. außerdem Bergmann 2010, S. 534; Deppermann 2008,
S. 97–103).

Generalisierung. In Bezug auf die Generalisierung konversationsanalytischer
Analyseergebnisse gibt es bisher kaum systematische Überlegungen (vgl. Deppermann 2008, S. 109). Die skizzierten Validierungsstrategien legen nahe, dass
die Generalisierung konversationsanalytischer Analysen eher quantifizierend erfolgt, d.h., über den Nachweis einer gewissen Häufigkeit einer Gesprächspraktik
in einem spezifischen Kontext bzw. einer Regelmäßigkeit in ihrem Auftreten.
Darauf verweist auch die gängige Praxis, eine Kollektion von Fällen anzulegen
(„Korpus"), in denen das zentrale Ordnungselement, d.h das interessierende
Phänomen, in verschiedenen Variationen auftritt.[53] Das Ziel dieser Studie ist es
allerdings nicht nachzuweisen, dass pädagogische Praktiken ein konstitutives
Element des Gesprächstyps „Schulinspektionsinterview" sind, sondern zu zei-
gen, dass sich in den untersuchten Schulinspektionsinterviews ein strukturelles
Problem der aktuellen Schulsystemsteuerung aktualisiert, das situativ mithilfe
pädagogischer Praktiken bearbeitet wird. Die rekonstruierte pädagogische Ordnung wird dabei als *typisch* für den untersuchten Interaktionszusammenhang angesehen, ohne dass damit ausgesagt würde, dass die Handlungskoordination im
Kontext von Schulinspektionen ausschließlich pädagogisch organisiert ist. Die
Ergebnisse der Rekonstruktionen sollen insofern einen Beitrag zur Entwicklung
einer empirisch fundierten Steuerungstheorie leisten und werden daher auf *theoretischer* Ebene generalisiert (vgl. Rosenthal 2008, S. 96).[54]

---

[53] Als „Fälle" werden dabei nicht Personen oder organisationale Einheiten bezeichnet, sondern
spezifische und sich wiederholende Gesprächsereignisse; im Fall der im Rahmen dieser Studie
analysierten Schulinspektionsinterviews sind dies Frage-Antwort-Sequenzen.

[54] Die Generalisierungsstrategie, die im Rahmen diese Studie zum Tragen kommt, orientiert sich
insofern eher an rekonstruktiven Ansätzen, die von einem dialektischen Verhältnis von Allgemeinem und Besonderem ausgehen (vgl. Wernet 2009, S. 19–20). Eine solche Argumentation
klingt beispielsweise auch bei Deppermann (2008) an, wenn er in Bezug auf konversations- bzw.
gesprächsanalytische Studien schreibt: „Die idiographische Interpretation des Einzelfalles ist

Die Bezugnahme auf den ethnomethodologischen Ansatz bzw. die ethnomethodologische Konversationsanalyse bedeutet zunächst einmal, dass die im Rahmen
dieser Studie untersuchten Schulinspektionsinterviews unter einer spezifischen
Perspektive betrachtet werden, nämlich als Dokumente eines permanenten, interpretativen Verständigungsprozesses darüber, „was der Fall" ist, d.h., worüber
wie gesprochen wird und was dabei als relevant angesehen wird und was nicht.
Dabei wird gezeigt, dass sich in den analysierten Interviews das grundlegende
Problem sozialer Ordnungsbildung, das aus ethnomethodologischer Sicht in der
interaktiven Erzeugung einer gemeinsamen Wirklichkeitsdefinition besteht, in
spezifischer Weise reproduziert: nämlich als Problem der Synchronisation des
Sprechens über Schule. Die Voraussetzung dafür, dass die von den Beteiligten
verwendeten Synchronisierungsmethoden im Rahmen dieser Studie „erwartungswidrig" als pädagogische Praktiken beschrieben werden können, stellt dabei das spezielle Kontext-Konzept der Konversationsanalyse dar. Bevor in Kapitel 4.2.3 das konkrete forschungspraktische Vorgehen erläutert wird, wird daher
nun noch auf dieses Kontext-Konzept und seine Konsequenzen für die konversationsanalytische Analyse institutioneller Interaktionsformen, zu denen auch die
in dieser Studie analysierten Schulinspektionsinterviews zählen, eingegangen.

Die konversationsanalytische Analyse institutioneller Kommunikation

Die klassische Konversationsanalyse verfolgte ursprünglich das Ziel, „universelle, kontextfrei operierende Mechanismen […] zu entdecken" (Deppermann 2008,
S. 14). Ihre Analysen bezogen sich daher zunächst in erster Linie auf Alltags-
kommunikationen und die darin vorkommenden *allgemeinen* sprachlichen Mechanismen sozialer Ordnungsbildung, wie z.b. den Sprecherwechselmechanis-
mus. Dieses eher enge thematische Spektrum wurde jedoch zunehmend durch
die Analyse institutioneller Interaktionen erweitert (vgl. Eberle 1997, S. 266).
Erklärtes Ziel dieser institutionell orientierten Studien ist es, nicht mehr nur allgemeine sprachliche Mechanismen und Interaktionsstrukturen zu rekonstruieren,
sondern die spezifische interaktive Konstitution von institutionellen Settings. Ein

---

[…] nur der Ausgangspunkt für die Rekonstruktion allgemeiner Praktiken, Regeln etc., auf denen das Handeln im konkreten Fall beruht" (S. 51).

auch in der Erziehungswissenschaft relativ bekanntes Beispiel hierfür sind die Untersuchungen von Mehan (1979) zur unterrichtlichen Interaktionsstruktur.

Bei der Ausweitung konversationsanalytischer Fragestellungen auf spezifische institutionelle Kontexte gilt es jedoch, das spezielle Kontext-Konzept der Konversationsanalyse zu berücksichtigen, d.h. die konversationsanalytische Fassung des Verhältnisses von Text und Kontext bzw. Äußerung und Äußerungskontext. Kontexte und Identitäten werden in konversationsanalytischer Perspektive als „inhärent lokal produziert, inkremental entwickelt und in jedem Moment transformierbar" (Eberle 1997, S. 265), eben als Produkte einer Vollzugswirklichkeit verstanden. Dies bedeutet, dass die interaktiv etablierte Ordnung nicht einfach aus dem Äußerungskontext abgeleitet werden kann. Ob und inwiefern der institutionelle Kontext der Interaktion für die Interaktion bedeutsam ist oder nicht, ist vielmehr eine empirisch zu klärende Frage. Dementsprechend dürfen gemäß dem Prinzip der prozeduralen Konsequenz (vgl. Schegloff 1991) nur solche Kontexte für die Interpretation einer Interaktion herangezogen werden, die für die Gesprächsbeteiligten selbst relevant sind:

> „Institutionelle Kontexte sind für eine bestimmte Interaktionssequenz und deren Analyse nur dann und insoweit relevant, als anhand des aufgezeichneten Datenmaterials aufgewiesen werden kann, dass sich die Teilnehmer zu einem bestimmten Zeitpunkt an ihnen auch tatsächlich orientieren. [...] Sie [die Konversationsanalyse; M. L.] darf institutionelle Kontexte nur insoweit berücksichtigen, als diese dem Kriterium der prozeduralen Konsequenz [...] genügen: Es muss aufgezeigt werden können, wie sich der jeweilige Kontext (die lokale soziale Struktur) im beschriebenen Aspekt prozedural auf das Gespräch auswirkt. Es muss m.a.W. beschrieben werden können, wann und über welchen Mechanismus der Kontext Auswirkungen auf die Form, den Verlauf, den Inhalt oder den Charakter einer gegebenen Interaktionssequenz hat" (Eberle 1997, S. 264).

Das Prinzip der prozeduralen Konsequenz hat also zur Folge, dass Interaktionen nicht vorab als spezifisch institutionelle bestimmt werden können, da die Logik der beobachteten Interaktion und die offizielle Funktion der Institution, in die sie eingebettet ist, auseinanderfallen können. Dies wird auch an den folgenden Beispielen deutlich, die Deppermann (2008) aufzählt:

> „Ein Arzt-Patient-Gespräch wird zu einem Plausch zwischen Bekannten, eine freundschaftliche Begegnung zu einem Verhör. Kontextannahmen dürfen daher nie a priori festgeschrieben werden, sondern müssen vom Gespräch selbst aus entwickelt bzw. an ihm plausibilisiert werden" (S. 88).

Es geht also bei der konversationsanalytischen Analyse institutioneller Interaktionen immer darum, „den Kontext des Gesprächs als Kontext im Gespräch zu

bestimmen" (Bergmann 2010, S. 530). Nichtsdestotrotz hat sich eine konversationsanalytische Forschungsrichtung etabliert, die das Ziel hat, typische institutionelle Interaktionsmuster zu rekonstruieren. Maßgeblich hierfür sind die Arbeiten
von Drew und Heritage (1992a). In dieser konversationsanalytischen Forschungsperspektive wird davon ausgegangen, dass sich institutionelle Interaktionen strukturell von alltäglichen Konversationen, die als „zwanglose Unterhal-
tungen zwischen gleichberechtigten Partnern" (Eberle 1997, S. 266) konzipiert
werden, unterscheiden lassen. Dazu bestimmen die Autoren institutionelle Interaktionen zunächst anhand formaler Kriterien, z.b. dass diese auf die Erfüllung
spezifischer Aufgaben gerichtet sind und dass an ihnen mindestens eine Person
beteiligt ist, die eine formale Organisation repräsentiert (vgl. Drew und Heritage
1992b, S. 3). Um trotz dieser Setzungen dem konversationsanalytischen Prinzip
der prozeduralen Konsequenz Genüge zu leisten, schlagen Drew und Heritage
ein zweischrittiges methodisches Vorgehen vor, bei dem die Interaktion zunächst
in der konkreten Situation verortet und anschließend auf ihre institutionellen Bezüge hin untersucht wird (vgl. ebd., S. 20):

> „Erstens gilt es die ‚normalen KA-Aufgaben' durchzuführen, d.h., das Verhalten der Teilnehmer
> einschließlich ihrer Orientierung an spezifischen lokalen Identitäten zu analysieren. Zweitens
> soll aber auch zu zeigen versucht werden, wie das Verhalten der Akteure und dessen Organisati-
> on Orientierungen verkörpert, die spezifisch institutionell sind oder zumindest auf institutionelle
> Zwänge ansprechen" (Eberle 1997, S. 265).

Dieser Ansatz zur Analyse institutioneller Interaktion ist jedoch in mehrfacher
Hinsicht problematisch. Zum einen überschätzt er die Möglichkeit, Institutionen
bzw. institutionelle Interaktionen formal, z.B. anhand von „offiziellen" Aufga-
ben- und Funktionsbeschreibungen, zu bestimmen. Zum anderen gehen Drew
und Heritage davon aus, dass sich institutionelle Interaktionen distinkt voneinan-
der und von alltäglichen Interaktionsformen unterscheiden lassen:

> "These special features create a unique 'fingerprint' (Heritage and Greatbatch, 1991: 95–6) for
> each kind of institutional interaction, the fingerprint being made up of specific tasks, identities,
> constraints on conduct, and relevant inferential procedures that the participants deploy and are
> oriented to in their interactions with one another" (Heritage 2004, S. 225).

Dagegen argumentiert beispielsweise Arminen (2000), dass institutionelle Settings nicht zwingend auf einem exklusiven Interaktionsmuster basieren, sondern
in ihnen verschiedene „Aktivitätstypen" (vgl. Levinson 1992) aktualisiert werden können:

"As we have shown, there is no warrant for a claim that only interactionally distinct patterns would be relevant for institutional practices. Some exclusively distinct patterns may be found in formal types of institutional interaction, but all institutional interactions utilize generic patterns of talk in interaction. The generic interactional patterns nevertheless may have characterizable uses in the institutional setting. The analyst's task is the reverse-engineering of the members' techniques, methods and procedures through which institutional reality is reflexively constituted in the first place" (S. 454).

Eine solche Aktualisierung unterschiedlicher interaktiver Aktivitätstypen verweist dabei nicht unbedingt auf eine funktionale Hybridität des untersuchten institutionellen Settings, sondern darauf, dass dieses „aus einem Fundus von Realisierungsformen schöpfen kann, um ein spezifisches Ziel zu bedienen" (Hitzler 2012, S. 75). Arminen zufolge geht es bei der Analyse institutioneller Interaktion insofern weniger darum, einen spezifischen institutionellen Aktivitätstyp zu identifizieren, als darum, die von den Beteiligten aktualisierten Interaktionsformen, die ggf. auch aus unterschiedlichen bzw. anderen (institutionellen) Kontexten importiert worden sein können, daraufhin zu untersuchen, welche Funktion sie für die Bewältigung der interaktiven und/oder institutionellen Aufgaben übernehmen (vgl. Hitzler 2012, S. 73–74):

"The aim is not so much to spell out the distinctive interactional forms, but to reverse-engineer the constituents of the relevant institutional activities irrespective of the potential commonality of the interactional forms used" (Arminen 2000, S. 452).

Vor diesem Hintergrund wurden die im Zentrum dieser Studie stehenden Schulinspektionsinterviews *nicht* als spezifischer institutioneller Gesprächstyp, der an einer formal definierten Funktion orientiert ist, untersucht („Was macht Schulinspektionsinterviews zu Schulinspektionsinterviews?"). Stattdessen wurde zunächst das zentrale Bezugsproblem der Interaktion rekonstruiert und davon ausgehend danach gefragt, *welche* soziale Ordnung mithilfe *welcher* Praktiken im Kontext von Schulinspektionsinterviews von den Beteiligten etabliert wird, um dieses Bezugsproblem zu bearbeiten. Nur so ist es möglich, die rekonstruierten Steuerungspraktiken als pädagogische Praktiken zu beschreiben.

4.2.3   Forschungspraktisches Vorgehen

Am systematischsten wurde das konversationsanalytische Vorgehen im deutschsprachigen Raum zunächst von J. Bergmann (1980, 1981b, 1993, 1994, 2010), in letzter Zeit von A. Deppermann (2008) beschrieben. An Deppermanns Ansatz einer auf der ethnomethodologischen Konversationsanalyse basierenden, aber deutlich sozial- und nicht sprachwissenschaftlich orientierten Gesprächsanalyse ist auch das forschungspraktische Vorgehen im Rahmen dieser Studie ausgerichtet. Im Folgenden wird zunächst (a) die Datengrundlage der Studie beschrieben und dann (b) auf die zentralen Analyseschritte und analytischen Konzepte eingegangen, an denen sich die Rekonstruktion orientiert hat.

(a) Das empirische Material

Die empirische Grundlage der Studie bilden Audioaufnahmen von Schulinspektionsinterviews, d.h. von Interviews, die standardmäßig während einer Schulinspektion von Inspektor/inn/en mit Lehrer/inne/n geführt werden. Die verwendeten Daten erfüllen somit die Anforderungen einer konversationsanalytischen Rekonstruktion von Gesprächspraktiken an das ihr zugrundeliegende Material in zweifacher Weise: Es handelt sich bei den verwendeten Interviewmitschnitten zum einen um *natürliche Gespräche* in dem Sinne, dass sie nicht für Forschungszwecke inszeniert, sondern lediglich „ausnahmsweise" mitgeschnitten wurden, um sie einer Auswertung zugänglich zu machen.[55] Zum anderen verspricht das Material einen relativ direkten Zugriff auf die interessierenden Steuerungspraktiken: „The direct focus on recorded conduct has the advantage that it cuts across basic problems associated with the gap between beliefs and action and between what people say and what they do" (Drew und Heritage 1992b, S. 5). Die Interviewaufnahmen stammen alle aus demselben Bundesland und repräsentieren dementsprechend *eines* der deutschen Inspektionsverfahren. Sie wurden von den Inspektor/inn/en auf freiwilliger Basis und unter der Voraussetzung der Zustimmung der beteiligten Lehrer/innen selbst durchgeführt und der Autorin anschließend für die Auswertung zur Verfügung gestellt. Aus Datenschutzgründen wird auf eine Konkretisierung des Bundeslandes bzw. Schulinspektionssystems verzichtet. Um das Verfahren konzeptionell einordnen zu können, soll jedoch zumindest auf einige seiner charakteristischen Merkmale eingegangen werden.

---

[55] Normalerweise, d.h., im wissenschaftlich unbeobachteten Inspektionsalltag, werden die Interviews nicht aufgezeichnet. Insofern stellte die Aufnahme der Gespräche für die Beteiligten, insbesondere für die Inspektor/inn/en, durchaus eine besondere und keine „natürliche" Situation – im Sinne von alltäglich – dar.

Das untersuchte Verfahren kann als typisches Beispiel für ein *entwicklungsorientiertes Inspektionssystem* gelten (s. Kapitel 2.1). Es wird als an der Herstellung von Akzeptanz orientiertes Instrument kommuniziert, das den Schulen in erster Linie eine datengestützte Reflexionsgelegenheit in Bezug auf ihre Stärken und Schwächen anbietet. Sein vorrangiges Ziel besteht darin, die interne Schulentwicklung zu fördern. Den inspizierten Schulen drohen bei unterdurchschnittlichem Abschneiden keine Sanktionen; allerdings gehören Zielvereinbarungsgespräche mit der zuständigen Schulaufsicht auf Basis der Ergebnisse der Schulinspektion zum festen Bestandteil des Verfahrens. Der Schulbesuch der Inspektor/inn/en wird als an wissenschaftliche Verfahren angelehnte Form der Datenerhebung konzipiert und kommuniziert. Die untersuchten Schulinspektionsinterviews sollen dementsprechend der empirisch fundierten Einschätzung der Schulqualität dienen. Die Inspektor/inn/en rekrutieren sich überwiegend aus der Lehrerschaft selbst und werden für den Zeitraum ihrer Tätigkeit an die administrative Einheit abgeordnet, die die Schulinspektion durchführt. Inhaltlich spiegelt der dem Verfahren zugrunde liegende Orientierungsrahmen zur Schulqualität mehr oder weniger das in Kapitel 3.1.2 skizzierte Modell „guter Schule" wieder. Wie bei den anderen deutschen Schulinspektionssystemen auch, steht im Zentrum der Inspektion nicht die einzelne Lehrperson, sondern die Schule als (rational organisierte) Handlungseinheit. Die Ergebnisse der Inspektion werden der Schule und der Schulaufsicht in einem Inspektionsbericht zur Verfügung gestellt; außerdem werden Handlungsempfehlungen ausgesprochen.

Die im Rahmen dieser Studie untersuchten Interviews wurden während der *Erprobungsphase* des Verfahrens aufgezeichnet, also zu einem Zeitpunkt, zu dem das Instrument bundesweit und speziell in diesem Bundesland noch relativ neu war. Die meisten der befragten Lehrer/innen erlebten die Schulinspektion zum ersten Mal; die Schulen – nicht unbedingt die einzelnen Lehrer/innen – haben an der Erprobungsphase außerdem freiwillig teilgenommen. Der inhaltliche Schwerpunkt der Inspektionen lag auf der Evaluation des schulinternen Qualitätsmanagements. Das Verfahren war außerdem allein auf die Evaluation schulischer Prozesse ausgelegt; „Outputfaktoren" spielten (noch) keine Rolle.

Nr.	Schule	Schultyp	Interview-Sigle	interviewende/r Inspektor/in	Gruppenzusammensetzung
1			A/L4	Im2	Oberstufe
2	A	Gymnasium	A/L5	Iw1	Spezielle Funktionen
3			A/L6	Im2	Spezielle Funktionen (QM)
4			B/L1	Im1	Grundschule
5	B	Grund- und Hauptschule	B/L2	Im1	Hauptschule
6			B/L3	Im2	Spezielle Funktionen
7			C/L1	Iw1	Grundschule
8			C/L2	Iw2	Hauptschule
9	C	Schulverbund	C/L3	Iw2	Realschule
10			C/L4	Im2	Spezielle Funktionen

Abb. 15:   Der Datenkorpus[56]

Abbildung 15 gibt einen Überblick über den Datenkorpus. Er umfasst insgesamt
zehn Interviewmitschnitte. Da die Datenerhebung von der freiwilligen Selbstrek-
rutierung sowohl der Inspektor/inn/en als auch der von ihnen inspizierten Schulen und befragten Lehrer/innen abhing, war eine systematische Vorab-Auswahl
von Schulen bzw. Inspektionskonstellationen nicht möglich. Dennoch konnte
eine relativ große Bandbreite an unterschiedlichen Interviewkonstellationen im
Material abgebildet werden. Die zehn Interviews verteilen sich auf drei verschiedene Schulen unterschiedlichen Typs, was auch bedeutet, dass die Interviews aus
drei verschiedenen Inspektionsverfahren stammen. Die zehn Interviewgruppen
wurden von vier Inspektor/inn/en befragt, zwei männlichen (Im1, Im2) und zwei
weiblichen (Iw1, Iw2). Die vorliegenden Interviews repräsentieren außerdem
unterschiedliche Lehrergruppen, z.B. Oberstufen- oder Grundschullehrer/innen
oder Lehrer/innen mit speziellen Funktionen, z.B. in Bezug auf das schulische
Qualitätsmanagement.

---

[56]   Die Interviews, aus denen die in Kapitel 5 ausführlich dargestellten Fälle 1–4 stammen, sind
grau hinterlegt.

(b) Die zentralen Analyseschritte und gesprächsanalytischen Konzepte

Der erste Analyseschritt bestand darin, alle zehn Interviews zu inventarisieren, d.h., in ihrem formalen Ablauf und ihrer thematischen Gliederung tabellarisch zu erfassen (vgl. Deppermann 2008, S. 32–35). Anhand dieser Gesprächsinventare wurden vier in Gruppenzusammensetzung und Gruppendynamik variierende Interviews ausgewählt und komplett transkribiert, wobei hier in Bezug auf die Tiefe der Transkription zunächst lediglich die Möglichkeit des inhaltlichen und sequenziellen Nachvollzugs des Gesprochenen im Vordergrund stand. Auf Basis der Gesprächsinventare und der Komplett-Transkriptionen wurde dann eine Beschreibung der Makrostruktur der Schulinspektionsinterviews vorgenommen (s. Kapitel 5.1). Die im Mittelpunkt der hier vorliegenden Studie stehenden Steuerungspraktiken wurden anschließend anhand der spezifischen Ausgestaltung von Frage-Antwort-Sequenzen rekonstruiert, durch die die Interviews formal strukturiert sind. Dazu wurden detaillierte sequenzielle Analysen von ebensolchen Frage-Antwort-Sequenzen durchgeführt (vgl. ebd., S. 53–55). In die Analyse einbezogen wurden dabei insbesondere solche Sequenzen, in denen die Interaktion durch Irritationen, Missverständnisse oder Reparaturen und dementsprechend explizite „accounting practices" gekennzeichnet war (vgl. ebd., S. 52). Die ausgewählten Sequenzen wurden in Anlehnung an das gesprächsanalytische Transkriptionssystem GAT (vgl. Selting et al. 1998) so (nach-)transkribiert, dass eine Analyse gemäß der konversationsanalytischen Prämisse „order at all points" gewährleistet werden konnte.

Wie bereits im vorangegangenen Kapitel erläutert wurde, stellen nicht die untersuchten Schulinspektionsinterviews selbst den Gegenstand der Analysen dar, sondern die sich in ihnen manifestierenden Steuerungspraktiken. Anders als in konversationsanalytischen Studien zu Schlichtungsgesprächen (Nothdurft und Spranz-Fogasy 1991), Notrufen (Bergmann 1993), *focus groups* (Puchta und Wolff 2004) oder Hilfeplangesprächen (Hitzler 2012) geht es in Kapitel 5 also nicht darum, evaluative Interviews als spezifischen Gesprächstyp bzw. kommunikative Gattung zu beschreiben. Im Mittelpunkt steht vielmehr die Rekonstruktion des zentralen Bezugsproblems der Interaktion und dessen interaktiver Bearbeitung (vgl. Meseth 2013, S. 69, 74). Fokussiert wird also auf die Art und Weise der Bewältigung von Interaktionsaufgaben und -problemen (vgl. Deppermann 2008, S. 16) in Steuerungskontexten. Dabei wird davon ausgegangen, dass die (Re-)Organisation von Wissen eine zentrale Rolle für die Ordnungsbildung in den untersuchten Interviews darstellt. Entsprechend wurde die detaillierte Sequenzanalyse durch die Fragen angeleitet, wie Wissen in den untersuchten Schulinspektionsinterviews (re-)organisiert wird, welche Interaktionsprobleme dabei zu beobachten sind, welche Praktiken bzw. Methoden der Handlungskoordination eingesetzt werden, um diese zu bearbeiten, und welche Ordnung dadurch in der Interviewsituation etabliert wird (s. Kapitel 1). Forschungspraktisch orientierte sich die Sequenzanalyse an dem Vorgehen, das Deppermann für detaillierte gesprächsanalytische Sequenzanalysen vorgeschlagen hat (vgl. ebd., S. 53–78). Dieses beinhaltet

- die inhaltliche *Paraphrase* und formale *Handlungsbeschreibung* der interessierenden Sequenz,
- die Explikation von Spezifika der *Äußerungsgestaltung* (Phonetik, Prosodie, Grammatik, Lexik, Stilistik) und der *Formulierungsdynamik* (Stockungen, Wiederholungen, Formulierungsprobleme, Selbstkorrekturen etc.),
- die Beschreibung des *Timings* von Aktivitäten (Organisation von inhaltlichen Redebeiträgen, Rederechten und Sprecherwechseln; Entstehung und Funktion von Überlappungen, Schweigen etc.),
- die Analyse der durch eine Äußerung aufgerufenen *Kontexte* und implizierten *Folgeerwartungen*,
- die Analyse der *interaktiven Konsequenzen* einer Äußerung, also der auf sie folgenden Reaktion (2. Position) und Re-Reaktion (3. Position), und schließlich hierauf aufbauend
- die Rekonstruktion von *Sequenzmustern* und *Makroprozessen*.

Um die Ordnung der interessierenden Gesprächspraktiken zu rekonstruieren, reicht es jedoch nicht aus, die sprachlichen Spezifika der untersuchten Sequenz zu beschreiben und zu klassifizieren (vgl. ebd., S. 79). Vielmehr gilt es, die Art und Weise der sprachlichen Gestaltung der Sequenz zu ihrer sozialen Funktion in Beziehung zu setzen, und das bedeutet, ihre spezifische Ausgestaltung nicht als Zufallsprodukt zu betrachten, sondern als Lösung für ein Interaktionsproblem.[57]

---

[57]   Deppermann (2008) verweist vor diesem Hintergrund darauf, dass gesprächsanalytische Erklärungen funktionale bzw. problemtheoretische Erklärungen sind: „Gesprächspraktiken werden

„Grundlegend für die Interpretation jedes Merkmals des Gesprächshandelns ist die Frage, die sich auch die Interaktanten selbst stellen, wenn sie das Geschehen zu verstehen versuchen: ‚Why that now?' (Sacks 1972; Bilmes 1985). Die Ordnung des Gesprächs wird damit als Resultat methodischer Anstrengungen zur Bewältigung von Aufgaben und Problemen begriffen, die sich den Interaktanten im Lauf ihres Austausches stellen. Mit der Oberflächengestalt des Gesprächs haben wir also gewissermaßen eine Lösung vor uns, und die Frage ist, welche Probleme da gelöst – oder wenigstens bearbeitet wurden. Ist dies geklärt, wäre auch verstanden, wozu die einzelnen Gesprächspraktiken eingesetzt werden" (ebd., S. 80–81).

Diese Annahmen liegen auch den in Kapitel 5 ausführlich dargestellten Fallrekonstruktionen zugrunde. Für die Rekonstruktion des zentralen Bezugsproblem der untersuchten Interviewinteraktion – die Herstellung einer Passung im Sprechen über Schule – und der zur Bearbeitung dieses Problems situativ etablierten pädagogischen Ordnung spielten dabei insbesondere drei gesprächsanalytische Analysekonzepte eine Rolle: die Kontextanalyse, das *recipient design* und die *accounting practices*. Hinzu kommt ein Begriffsinventar zur Beschreibung der Diskursorganisation, das ursprünglich im Kontext der Dokumentarischen Methode entwickelt wurde (vgl. Przyborski 2004). Auf diese für die Analyse zentralen Konzepte wird im Folgenden noch einmal gesondert eingegangen.

Kontextanalyse. Als Kontexte fasst Deppermann (2008) solche Sinndimensionen von Äußerungen, die „nicht den Gegenstand der Äußerung bilden", aber dennoch „als Interpretationshintergrund herangezogen werden müssen, um Motivation, Bezugnahmen und Funktionen von Äußerungen zu verstehen" (S. 62). Kontexte zu rekonstruieren bedeutet also, über das wörtlich Gesagte hinauszugehen, ohne den Bezug zur konkreten sprachlichen Ausgestaltung der analysierten Äußerungseinheit zu verlieren. Kontexte können sich dabei auf sehr unterschiedliche Phänomene beziehen, so z.B. auf

„[…] die Interpretation der vorangegangenen Äußerung und der mit ihnen verbundenen Erwartungen an die gegenwärtige Sprecherin; Annahmen über Fähigkeiten, Vorwissen oder Kommunikationsabsichten der Partner; über die Existenz von Dingen, ihre Eigenschaften oder Gesetzmäßigkeiten ihres Zusammenhangs; über die Beziehung der Gesprächspartner, ihre Rechte, Pflichten und Machtmittel oder den Grad an Nähe, Sympathie und Vertrautheit; Annahmen über Zwecke und Spielregeln des Gesprächs; Befindlichkeiten der Hörer; Ereignisse oder Handlungen, auf die angespielt wird etc." (ebd.).

Der Kontextanalyse kommt insbesondere bei der Analyse der fokalen Äußerung einer Sequenz – im Fall der hier analysierten Inspektionsinterviews also der Fra-

durch ihr Potential für die Probleme, Funktionen, Zwecke, etc., in bezug auf die sie systematisch eingesetzt werden, erklärt. […] Interaktive Praktiken werden durch interaktive Probleme erklärt, das Explanans gehört also zur gleichen ontologischen Domäne wie das Explanandum" (S. 82).

gen der Inspektor/inn/en – eine große Bedeutung zu. Sie lässt sich anhand von
drei Fragestellungen konkretisieren: „1. Was geht einer fokalen Äußerung voraus? 2. Wie bezieht sich die fokale Äußerung auf Vorangegangenes? 3. Welche
Voraussetzungen werden mit der fokalen Äußerung gemacht?" (Ebd., S. 63) Um
zu rekonstruieren, welche Kontexte mit einer Äußerung aufgerufen werden,
muss also sowohl analysiert werden, wie sich die fokale Äußerung zu vorangegangenen Interaktionssequenzen und Äußerungsinhalten relationiert und positioniert, als auch bestimmt werden, welche expliziten und impliziten Bezugskontexte sie für Anschlussäußerungen aufruft. [58] Für die Rekonstruktion von
impliziten Kontexten schlägt Deppermann dabei ein Vorgehen vor, das an die
Bildung gedankenexperimenteller Kontexte im Rahmen der Objektiven Hermeneutik erinnert (vgl. Wernet 2009, S. 22–23, 39–40):

> „In welcher Situation sagt man so etwas? In welche Geschichte passt diese Äußerung? [...] Zu
> suchen sind also mögliche Ganzheiten (Geschichten, Szenarien, Situationen, Selbst- und Bezie-
> hungsentwürfe), innerhalb derer die fokale Aktivität die Rolle eines Teils spielen kann" (Dep-
> permann 2008, S. 66).

Auch im Fall der Rekonstruktion von solchen impliziten Kontexten muss die Interpretation jedoch an die konkrete Äußerungsgestaltung gebunden bleiben, d.h.,
an spezifischen sprachlichen Merkmalen ansetzen, die den Interagierenden selbst
als Kontextualisierungshinweise dienen (vgl. ebd.). Eine der zentralen Aufgaben
gesprächsanalytischer Rekonstruktionen besteht also darin, „genau auszuweisen,
wie wann welcher Kontext im Verlauf des Gesprächs relevant wird, woran das
zu erkennen ist und was genau den entsprechenden Kontext und Wissensbestand
ausmacht" (ebd., S. 88). In den analysierten Interviews entwerfen die Inspek-
tor/inn/en beispielsweise ein Bild von der Einzelschule als pädagogischer Handlungseinheit, das das Sprechen über Schule in der Interviewsituation implizit
strukturiert bzw. strukturieren soll.

Recipient design. In konversationsanalytischer Sicht sind nicht nur Kontexte
lokal produziert, sondern auch Identitäten. Für die Rekonstruktion dieser per-

---

[58] Das Sequenzialitätsprinzip und das Kontextkonzept sind in der Konversationsanalyse also eng
gekoppelt; Kontexte werden als in der Interaktion sequenziell produziert verstanden: „CA is a
field that focuses heavily on issues of meaning and context in interaction. It does so by linking
both meaning and context to the idea of sequence. In fact, CA embodies a theory which argues
that sequences of actions are a major part of what we mean by context, that the meaning of an
action is heavily shaped by the sequence of previous actions from which it emerges, and that social context is a dynamically created thing that is expressed in and through the sequential organization of interaction" (Heritage 2004, S. 223).

formativen Herstellung von Identität sind Praktiken der Selbst- und Fremdpositionierung von besonderer Bedeutung (vgl. Deppermann 2013, S. 46). Eine „zentrale Konstituente interaktiver Positionierung" (ebd.) ist dabei das sogenannte „recipient design", also der spezifische, oft antizipatorische Zuschnitt von Äußerungen auf deren Adressat/inn/en:

> „Indem Sprechende Turns auf Vorannahmen, Wissen, Erwartungen und Einstellungen zuschneiden, die sie bei dem Adressaten bzw. der Adressatin aufgrund gemeinsamer Interaktionserfahrungen oder der Zugehörigkeit zu bestimmten sozialen Kategorien vermuten, positionieren sie diese/n als Person mit bestimmten Eigenschaften, Einstellungen und Kompetenzen" (ebd.).

Durch ihre Positionierungspraktiken entwerfen die Interagierenden also spezifische Rollen und Identitäten füreinander, die wiederum auf die Kontexte verweisen, auf die sie sich beziehen. Letzten Endes dient also auch die Rekonstruktion des *recipient design* der Kontextanalyse. Im Fall der hier analysierten Schulinspektionsinterviews lässt sich beispielsweise zeigen, dass die Interaktanten füreinander Schüler- und Lehrerpositionen entwerfen und so situativ einen schulischen Kontext etablieren.

Accounting practices. Wie bei allen konversations- bzw. gesprächsanalytischen Studien stellt auch für die hier vorliegende Studie die Analyse der durch eine fokale Äußerung produzierten interaktiven Konsequenzen die zentrale Analyseressource für die Rekonstruktion des Bezugsproblems der Interaktion und seiner Bearbeitung dar (vgl. Deppermann 2008, S. 70). Es gilt also insbesondere zu klären, in welchem Verhältnis die Redebeiträge der Inspektor/inn/en zu denen der befragten Lehrer/innen stehen, bzw. genauer: wie die Gesprächsbeteiligten dieses Verhältnis praktisch bestimmen. Wichtige Hinweise hierauf geben die „accounting practices" der Gesprächsbeteiligten, d.h. solche Gesprächspraktiken, mithilfe derer sich die Interaktanten die Bedeutungen ihrer Äußerungen wechselseitig anzeigen. Dazu gehören

- *formulations*, d.h. metakommunikative Äußerungen über Äußerungen wie Ankündigungen, Zusammenfassungen etc.,
- *reframings*, d.h. Neurahmungen bzw. Umdeutungen von Äußerungen, z.B. als Witz,
- *accounts* im engeren Sinne, d.h. Äußerungen, die eigene Äußerungen für andere erläutern,
- und *Korrekturen*, durch die Äußerungen in „optimierter" Form reformuliert werden.

Im empirischen Teil dieser Studie wird sowohl gezeigt, dass die Inspektor/inn/en durch ihre Redebeiträge die Antworten der Lehrer/innen in spezifischer Weise *vorstrukturieren*, als auch, dass sie die Interaktion mithilfe spezifischer „accounting practices" *nachsteuern*. In beiden Fällen bekommen ihre Redebeiträge dabei situativ einen pädagogischen Charakter, und das bedeutet, dass sie durch *Praktiken pädagogischen Zeigens* gekennzeichnet sind, also durch eine Form des methodisierten Zeigens, das auf die Aneignung bestimmter Sachverhalte und Haltungen zielt (s. Kapitel 4.3).

Begriffsinventar zur Beschreibung der Diskursorganisation. Im Rahmen dieser Studie wird davon ausgegangen, dass die (Re-)Organisation von Wissen eine zentrale Rolle für die Ordnungsbildung in den untersuchten Interviews darstellt. Um die Ordnung der untersuchten Interviewinteraktion rekonstruieren zu können, gilt es von daher auch zu analysieren, wie die Gesprächsbeteiligten *inhaltlich* aufeinander Bezug nehmen. Zur *Beschreibung der formalen Organisation semantischer Gehalte* wird in dieser Studie auf ein Begriffsinventar zurückgegriffen, das ursprünglich im Kontext der Dokumentarischen Methode entwickelt wurde (vgl. Przyborski 2004). Es handelt sich dabei um eine „typologische [] Zusammenstellung der unterschiedlichen Modi formal-semantischer Bezugnahmen" (ebd., S. 61). Über sie lässt sich „die formale Struktur der Diskurse als Verhältnis zwischen Orientierungsgehalten von Diskurseinheiten" (ebd., S. 62) fassen. Mit dem Orientierungsgehalt (bzw. dem Dokumentsinn) einer Äußerung ist in der Dokumentarischen Methode die Art und Weise der Bearbeitung von Themen gemeint, also „wie ein Thema oder eine Problemstellung verarbeitet, d.h., in welchem Orientierungsrahmen ein Thema oder eine Problemstellung abgehandelt wird" (Nohl 2006, S. 9). So wird im Rekonstruktionskapitel dieser Studie gezeigt, dass die Gesprächsbeteiligten situativ unterschiedliche Sprecherpositionen einnehmen, die entweder durch die Vorstellung von Schule als rational organisierter Handlungseinheit oder aber durch das Prinzip der pädagogischen Freiheit strukturiert werden. Mithilfe des von Przyborski (2004) entwickelten Begriffsinventars zur Diskursorganisation lässt sich die formale Organisation solcher Orientierungsgehalte beschreiben. Die folgenden Konzepte sind hierfür zentral (vgl. ebd., S. 62–76):

- *Proposition*: „In der Proposition taucht ein dokumentarischer Gehalt im Verlauf der Behandlung eines Themas erstmalig auf bzw. wird in einem ersten Ansatz in einem Diskurs artikuliert" (ebd., S. 64).[59]
- *Elaboration*: Ausführung/Weiterbearbeitung einer Proposition.
- *Antithese*: Entwurf eines Gegenhorizonts: „Eine Antithese bezieht sich auf eine Proposition wie auf eine These. Der in der Proposition aufgeworfene Orientierungsgehalt bildet die These zur Antithese" (ebd., S. 71).
- *Opposition*: Entwurf einer gegenläufigen, mit der Proposition unvereinbaren Orientierung; Hinweis auf fehlenden gemeinsamen Orientierungsrahmen bzw. Rahmeninkongruenzen. Oppositionelle Diskurse werden rituell beendet, d.h., mit Äußerungen, die sich nicht auf das Thema beziehen.
- *Divergenz*: Gegenläufige Äußerung, die vorangegangene Orientierungen scheinbar aufgreift, tatsächlich jedoch transformiert: „Eine Divergenz ist das Aufwerfen eines zu einer Proposition, zu einer Elaboration einer Proposition usw. widersprüchlichen Orientierungsrahmens unter Einbeziehung von Elementen aus jenen Diskursbewegungen, denen sie entgegensteht" (ebd., S. 73).
- *Konklusion*: Beendet ein Thema. Unterschieden werden „echte Konklusionen, in denen die Orientierung abschließend aufscheint, und rituelle Konklusionen, die einen Themenwechsel provozieren" (ebd., S. 74).

Damit sind nun die zentralen Analysekonzepte, auf die in Kapitel 5 Bezug genommen wird, dargestellt. Die These von der Pädagogisierung von Steuerung im Kontext der aktuellen Schulsystemsteuerung wird im folgenden Rekonstruktionskapitel anhand von vier Fällen, d.h. vier unterschiedlichen Frage-Antwort-Sequenzen, entwickelt. Diese vier Fälle stammen alle aus unterschiedlichen Interviews; diese Interviews wurden außerdem von unterschiedlichen Inspektor/inn/en geführt. Die Etablierung einer pädagogischen Ordnung zur Herstellung einer Passung im Sprechen über Schule kann insofern als *typisch* für die untersuchten Schulinspektionsinterviews angesehen werden. *Die pädagogisch-zeigende Steuerung der Lehrerantworten durch die Inspektor/inn/en stellt dabei das generative Prinzip dar, über das sich die spezifische Ordnungsbildung in*

---

[59]   Anders als in der Ethnomethodologie protokolliert sich in der Dokumentarischen Methode in der Proposition bzw. im propositionalen Gehalt einer Äußerung also ein partikularer und nicht ein universeller Sinngehalt (vgl. Przyborski 2004, S. 62–65).

den rekonstruierten Sequenzen fallübergreifend erklären lässt. Das bedeutet jedoch nicht, dass sich darüber hinaus nicht auch andere Formen der Handlungskoordination – z.B. bürokratische – in den Schulinspektionsinterviews finden. Hierauf wird in Kapitel 5 noch genauer eingegangen werden.

In diesen Ausführungen zum forschungspraktischen Vorgehen ist bereits angeklungen, dass die Rekonstruktion der untersuchten Steuerungspraktiken als pädagogische Praktiken auf einem spezifischen theoretischen Verständnis des Pädagogischen basiert. Es handelt sich dabei um Überlegungen K. Pranges, der Erziehung als auf Lernen bezogenes Zeigen fasst. Auf dieses theoretische Konzept, über das das Pädagogische im Rahmen dieser Studie „operationalisiert" wurde, wird nun im folgenden Kapitel noch einmal genauer eingegangen und die Darstellung des methodologisch-methodischen Ansatzes der Studie damit vervollständigt.

4.3 Pädagogische Praktiken

Die Betonung der Notwendigkeit einer theoretischen Offenheit *in der Analyse* bedeutet nicht, dass im Rahmen rekonstruktiver Studien auf die „externe" Theoretisierung der Analyseergebnisse verzichtet werden muss. So formuliert Dietrich für objektiv-hermeneutische Governanceanalysen:

> „Die am Ende einer Rekonstruktion stehende material gesättigte Strukturhypothese stellt nichts anderes dar als eine Theorie des untersuchten Falls und ist insofern anschlussfähig an einen theoretischen Diskurs" (Dietrich 2014, S. 209).

Diese Theoretisierung ist der empirischen Rekonstruktion jedoch nachgeordnet. Bestehende Heuristiken werden also nicht analyseleitend eingesetzt, sondern als theoretische „Gegenhorizonte" (vgl. Bohnsack 2010, S. 136) betrachtet, die eine Präzisierung der rekonstruierten Struktur- bzw. Interaktionslogik ermöglichen können. Theoretisches Wissen dient insofern dazu, „Ideen zu liefern, auf potenziell Relevantes aufmerksam zu machen und ein Reservoir von Konzepten und Aussagen zur Bildung von Interpretationen anzubieten" (Deppermann 2008, S. 88). Inwiefern diese Konzepte empirisch tragfähig sind, muss jedoch stets am Material gezeigt werden. In diesem Sinne sind auch die folgenden Ausführungen zu den pädagogischen Praktiken zu verstehen. Sie stellen keine Explikation theoretischer Vorannahmen dar, sondern ermöglichen den intersubjektiven Nachvoll-

zug der theoretischen Bezüge, mithilfe derer die rekonstruierten Steuerungspraktiken in dieser Studie als pädagogische Praktiken beschrieben werden.

Die Beschreibung politisch-administrativer Steuerung als pädagogisches
Problem kann dabei an erziehungswissenschaftliche Ansätze anschließen, die
von einer Entgrenzung des Pädagogischen in modernen westlichen Gesellschaften ausgehen und dementsprechend versuchen zu zeigen, dass pädagogische
Interaktionsformen in andere gesellschaftliche Teilbereiche diffundieren (vgl.
Lüders et al. 2010; Kade und Seitter 2007b; Kade und Seitter 2007c; Dinkelaker 2008). Dabei besteht die Herausforderung jedoch darin, einen Begriff des
Pädagogischen zu entwickeln, der empirisch trennscharf ist, mit dem sich also
pädagogische Praktiken von anderen Formen sozialer Interaktion, von Sozialisa-
tionsprozessen, aber z.B. auch von den „accounting practices" der Ethnomethodologie (s. Kapitel 4.2.2) unterscheiden lassen, und zwar unabhängig von ihrem
Auftreten in formalen pädagogischen Settings.[60] Die Argumentation dieser Studie erfordert also eine Positionierung zu der Frage, wie sich das Pädagogische
empirisch beobachten lässt (vgl. Neumann 2010; Meseth et al. 2016). Dies ist
deshalb nicht ganz einfach, weil eine trennscharfe Definition des Pädagogischen
letzten Endes wohl nur über die Vorstellung von pädagogischem Handeln als *ab-
sichtsvoller* und *zielgerichteter* Form der Einwirkung möglich ist. Dies entspricht
beispielsweise der handlungstheoretischen Definition von Erziehung bei Brezinka (1978). Damit reproduziert und verschärft sich an dieser Stelle jedoch das bereits anhand des Steuerungsbegriffs diskutierte Intentionalitätsproblem (s. Kapitel 4.1.3): Die im Rahmen dieser Studie vorgenommenen Analysen zielen auf die
Rekonstruktion einer sozialen Praxis, d.h., auf eine Wirklichkeitsebene, die nicht
durch Intentionalität, sondern durch Routinen bestimmt wird und insofern durch
„Selbstläufigkeit" (vgl. Breidenstein 2009, S. 210) gekennzeichnet ist. Entsprechend wird argumentiert, dass die rekonstruierten pädagogischen Praktiken in
den untersuchten Schulinspektionsinterviews nicht auf eine intentionale Steuerungsstrategie verweisen, sondern auf ein Interaktionsproblem im Kontext
politisch-administrativer Steuerung, das im routinehaften Rückgriff auf einen

---

[60] Zwar ist der Kontext der untersuchten Interaktionen ein schulischer in dem Sinne, dass hier ausge-
bildete Lehrer/innen in einer Schule miteinander über schulische Angelegenheiten reden; dies
macht die Interaktion selbst jedoch noch nicht zu einer pädagogischen Veranstaltung: Weder haben die Inspektor/inn/en gegenüber den Lehrer/inne/n einen pädagogischen Auftrag, noch sind
die Interviews offiziell (Weiter-)Bildungsveranstaltungen. Formal dienen sie vielmehr der evaluativen Datenerhebung im Rahmen einer evidenzbasierten Schulsystemsteuerung.

spezifischen Komplex sozialer Praktiken zu bearbeiten versucht wird. Die Rekonstruktionen bewegen sich also *nicht* auf der Ebene intentionalen Handelns.
Darüber hinaus erscheint auch bei einer rein alltagsweltlichen Betrachtung des
untersuchten Settings die Bezugnahme auf eine „Erzieherintention" zur Erklärung des interaktiven Geschehens wenig hilfreich: Dass die Inspektor/inn/en als
bewusst erzieherisch handelnde Pädagog/inn/en agieren, ist schlicht nicht plausibel.

Vor diesem Hintergrund scheint die Verwendung eines intentionalen Erziehungsbegriffs zur Operationalisierung des Pädagogischen im Rahmen dieser
Studie zunächst eher problematisch zu sein. Der praxistheoretische Ansatz der
Studie erfordert vielmehr ein Konzept des Pädagogischen, das sich auf die Wirklichkeitsebene der sozialen Praxis bezieht, das es also ermöglicht, das Pädagogische als soziale Praxis zu beschreiben. Gleichzeitig kann jedoch die Vorstellung
einer Erzieherintention nicht vollständig aufgegeben werden, wenn der verwendete Begriff des Pädagogischen einigermaßen trennscharf sein soll. Dieses Dilemma lässt sich m.E. nur über einen methodologischen „Kniff" lösen: *Die Operationalisierung des Pädagogischen im Rahmen dieser Studie erfordert eine
praxistheoretische Reformulierung der erzieherischen Absicht, d.h., ihre Beschreibung als soziales Phänomen* (vgl. Hünersdorf 2010, S. 31). Dies wird im
folgenden Kapitel versucht (4.3.1). Im Anschluss hieran wird das Konzept des
pädagogischen Zeigens nach K. Prange vorgestellt, auf dem diese praxistheoretische Reformulierung der Erzieherintention beruht, und dadurch auch konkretisiert, was genau im Rahmen dieser Studie unter pädagogischen Praktiken verstanden wird (4.3.2). Das Kapitel schließt mit zwei Anmerkungen zum Konzept
des pädagogischen Zeigens: Zum einen ist für die Verwendung des Zeigekonzepts in dieser Studie dessen explizite praxistheoretische Wendung nötig (4.3.3);
zum anderen wird es im Anschluss an Ricken (2009) bzw. Fritzsche, Idel und
Rabenstein (2011) um den Aspekt der Adressierung erweitert (4.3.4).

4.3.1 Die praxistheoretische Reformulierung des handlungstheoretischen Erziehungsbegriffs

Die bevorzugte Referenzquelle für den handlungstheoretischen Erziehungsbegriff stellt in der Regel W. Brezinka (1978) dar, der die *erzieherische Absicht* als Ausgangspunkt für seine Definition von Erziehung nimmt. Über diese Erzieherintention grenzt der Autor pädagogisches Handeln von anderen sozialen Tätigkeiten ab:

> „Unter den vielen Handlungen, die Menschen ausführen, gibt es auch solche, die als ‚Erziehen‘ bezeichnet werden. Wodurch unterscheidet sich erzieherisches Handeln von anderen Handlungen? In erster Linie durch den Zweck, den der Handelnde verfolgt. Er will durch sein Handeln etwas Bestimmtes erreichen: er will in einem oder in mehreren anderen Menschen eine bestimmte Wirkung hervorbringen" (S. 42).

Erziehung wird hier als intentionale Handlung konzipiert, die auf die Veränderung des zu Erziehenden zielt; die Erzieherintention stellt also eine *zielgerichtete Einwirkungs- bzw. Veränderungsabsicht* dar. Entsprechend bringt Brezinka Erziehung auf die folgende Formel: „Wer erzieht, will das Gefüge der psychischen Dispositionen des Educanden beeinflussen" (ebd., S. 43). Gegen diese Definition des Erziehungsbegriffs sind in der erziehungswissenschaftlichen Diskussion verschiedene Einwände vorgebracht worden (für eine Kritik aus der Perspektive der kritischen Erziehungswissenschaft vgl. z.B. Mollenhauer 1982 und Kron 1996). Relevant sind an dieser Stelle vor allem zwei Kritikpunkte (vgl. Koller 2012, S. 52–54): Als problematisch wird zum einen angesehen, dass Brezinka die pädagogische Beziehung zwischen Erzieher/in und Zögling theoretisch als *Kausalverhältnis* konzipiert, das durch die Intention der erziehenden Person bestimmt wird. Dagegen stehen theoretische Ansätze, die Erziehung als durch ein strukturelles Technologiedefizit gekennzeichnetes Handeln (Luhmann und Schorr 1982), als „Planung des Unplanbaren" (Treml 2000, S. 26) oder als Handeln unter der Prämisse der Unsicherheit beschreiben: „Der Pädagoge muss mit Veränderungsabsichten handeln, ohne über Ursache-Wirkungs-Zusammenhänge verfügen zu können und mit ungewollten Nebenwirkungen rechnen, die seine Absicht durchkreuzen können" (Helsper 2010, S. 18–19). Zum anderen ergibt sich aus der handlungstheoretischen Bestimmung des Pädagogischen über eine Erzieherintention ein *empirisches Problem*, da sich Intentionen nicht beobachten lassen (vgl. z.B. Deppermann 2008, S. 83). (Erzieher-)Intentionen sind als *kognitives* Phänomen empirisch also schlicht nicht abbildbar:

„Die Auffassung von Erziehung als einem intentionalen Handeln bringt es mit sich, dass eine
gegebene Handlung nie mit Sicherheit als erzieherische bestimmt werden kann, da man nie wissen kann, welche Intention ihr tatsächlich zugrunde lag" (Koller 2012, S. 53).

Obwohl als deskriptives Konzept gedacht (vgl. ebd., S. 52), scheint Brezinkas
Erziehungsbegriff für empirische Fragestellungen daher wenig geeignet.

Angesichts dieser Schwachstellen wird dem intentionalen Erziehungsbegriff
von verschiedenen Autoren eine *funktionale Definition von Erziehung* zur Seite
gestellt (vgl. z.B. Treml 2000, S. 67–74; Koller 2012, S. 54). Nach diesem Verständnis findet Erziehung auch dann statt, wenn (erwünschte) Veränderungen bei
einem Educanden durch soziale Handlungen hervorgerufen werden, die nicht auf
einen bewussten erzieherischen Akt rückführbar sind (vgl. Koller 2012, S. 54).
Allerdings verschwimmt bei solchen funktionalen Definitionen die Grenze zwischen Erziehung und Sozialisation (vgl. ebd.). Im Rahmen dieser Studie wird
daher am Kriterium der Erzieherintention zur Bestimmung des Pädagogischen
festgehalten, d.h., Erziehung wird z.b. im Anschluss an Luhmann (2004) als *in-
tentional gesteigerte Sozialisation* verstanden. Allerdings liegt dieser Definition
ein spezifisches Verständnis von Intentionalität zugrunde (vgl. Lambrecht 2016a,
S. 90–92): Zum einen wird davon ausgegangen, dass pädagogische Prozesse
zwar durch das Vorhandensein einer erzieherischen Absicht strukturiert sind,
nicht jedoch durch diese determiniert werden können. Erziehung wird dementsprechend weder als Kausalverhältnis noch die zu erziehende Person lediglich
als Objekt von Erziehung gefasst (zum Erziehungsverhältnis als bi-subjektivem
Verhältnis vgl. Sünkel 2013, S. 31–32).[61] Vielmehr werden (Erzieher-)Inten-
tionen zum einen als von (pädagogischen) Wirkungen entkoppelt gedacht und
das pädagogische Verhältnis somit als *kontingente Relationierung von Vermitt-
lungs- und Aneignungsprozessen* verstanden (vgl. Hünersdorf 2010, S. 31). Zum
anderen wird die *erzieherische Absicht nicht als kognitives, sondern als soziales Phänomen* konzipiert, d.h. als ein Phänomen, das seinen Ursprung nicht in
mentalen Repräsentationen hat, sondern sich über soziale Praktiken vermittelt
(vgl. ebd.; vgl. zum praxistheoretischen Intentionalitätsbegriff auch Reckwitz
2003, S. 293).[62] So würde der Versuch, den Inspektor/inn/en in den untersuchten

---

[61] Die Parallelen zwischen der (erziehungs-)wissenschaftlichen Auseinandersetzung um den Erzie-
      hungsbegriff und der um den Steuerungsbegriff werden hier offensichtlich. Auf sie wird im ab-
      schließenden Kapitel 6 noch einmal dezidiert eingegangen.
[62] In eine ähnliche Richtung geht möglicherweise Tremls (2000) systemtheoretisch inspirierte
      Definition von (Erzieher-)Intentionalität als Beobachterkategorie: „Das gegenwärtige Handeln

Schulinspektionsinterviews eine bewusste erzieherische Absicht nachzuweisen, höchstwahrscheinlich ins Leere laufen. Dagegen lässt sich sehr wohl rekonstruieren, dass die Inspektor/inn/en Praktiken generieren, die darauf gerichtet sind, dass die adressierten Lehrer/innen lernen, bestimmte Dinge zu sagen, Sachverhalte in einer bestimmten Form darzustellen oder diese anders zu thematisieren, als bisher für sie üblich. In ethnomethodologischer Perspektive wären pädagogische Praktiken insofern Praktiken, die durch die spezifische *Steigerung* von „accounting practices" (vgl. Lambrecht 2016a, S. 92) gekennzeichnet sind.[63] Diese *pädagogische „Gerichtetheit" der rekonstruierten Praktiken*, die z.B. in der *zeigenden* Einführung eines Themas zum Ausdruck kommt, ist dabei unabhängig von dem bewussten Wunsch der Inspektor/inn/en, pädagogisch handeln zu wollen. Die erzieherische Intention manifestiert sich vielmehr in der spezifisch pädagogischen Form der Adressierung der Lehrer/innen, in einer sozial vermittelten Veränderungserwartung sowie in Praktiken der pädagogischen (Vor-) Strukturierung der Lehrerantworten. Die Operationalisierung des Pädagogischen im Rahmen dieser Studie basiert, so gesehen, ebenfalls auf einem funktionalen Erziehungsbegriff, der allerdings nicht die Abwesenheit, sondern die soziale Vermitteltheit der erzieherischen Absicht betont.

Damit wurde nun zwar erläutert, wie sich die erzieherische Absicht als Kernelement des Pädagogischen praxistheoretisch operationalisieren lässt; die kon-

---

absorbiert auch in pädagogischen Kontexten unsere Aufmerksamkeit so stark, dass wir nicht auch noch zur gleichen Zeit an die causa finalis denken können. Ich vermute deshalb, dass im Begriff der intentionalen Erziehung der Gedanke der Intention eine Kategorie des Beobachters – und nicht des Handelnden selbst ist. Sie kann deshalb nur bei Bedarf – etwa, wenn die Handlung gestört wird – vom Handelnden aktualisiert – sprich bewusst gemacht – werden, nämlich dann, wenn er selbst zum Beobachter (seines selbst) wird" (S. 64).

[63] Diese Differenzierung ist wichtig, da sich in den ethnomethodologische Beschreibungen der Methoden des Alltagshandelns – insbesondere in denen des *accountings* – eine Reihe von Begriffen findet, die mit pädagogischen Kontexten assoziiert sind: Da liefern sich die Interaktanten „Verstehenshilfen", Sinn wird kommunikativ „vermittelt" und das Alltagsdenken generell als „Sammlung von wechselseitigen Instruktionen" (Abels 2013, S. 100) beschrieben. Garfinkel (1986) selbst spricht in den *Ethnomethodological Studies of Work*, die auf die Rekonstruktion der Herstellung von spezifischen Handlungsordnungen in konkreten Arbeitsvollzügen fokussieren, von Praktiken als „instructed action" (vgl. Abels 2013, S. 105) und klassifiziert diese als „Pädagogiken" (vgl. Garfinkel 1996, S. 9), die einen praktischen Lehr-Lern-Zusammenhang herstellen (vgl. Abels 2013, S. 104). Zu fragen ist jedoch, ob die damit einhergehende Universalisierung des Pädagogischen als basale Praktik des (beruflichen) Alltagshandelns zulässig ist oder ob nicht vielmehr in den beobachteten Arbeitszusammenhängen situativ spezifisch pädagogische Praktiken generiert werden, um beispielsweise neue Kolleg/inn/en in die berufliche Ordnung zu integrieren.

krete Ausgestaltung der spezifischen pädagogischen Praktiken, in denen sich
diese Absicht manifestiert, wurde bisher jedoch nur angedeutet. Dies ist nun
Aufgabe des nächsten Kapitels. Dazu wird auf das Konzept der Operativen Pädagogik von K. Prange (2012) zurückgegriffen, da die für dieses Konzept zentrale Figur des pädagogischen Zeigens hochgradig anschlussfähig an praxistheoretische Ansätze ist (vgl. Fritzsche et al. 2011).

4.3.2 Pädagogisches Zeigen: Die Operative Pädagogik nach K. Prange

Im Zentrum der Operativen Pädagogik K. Pranges (2012) steht die Frage nach
der *pädagogischen „Form"*. Unter Form versteht Prange dabei nicht lediglich
ein erzieherisches Instrumentarium, sondern eine „Kausalität eigener Art"
(S. 53), die das Pädagogische organisiert: „Form ist dasjenige, wodurch Themen
zu Lernaufgaben, andere Menschen zu Lernenden und wir selber zu Erziehern
werden" (ebd., S. 55). Diesen Gedankengang veranschaulicht er, indem er die
Form in die Mitte des klassischen didaktischen Dreiecks setzt (s. Abbildung 16).

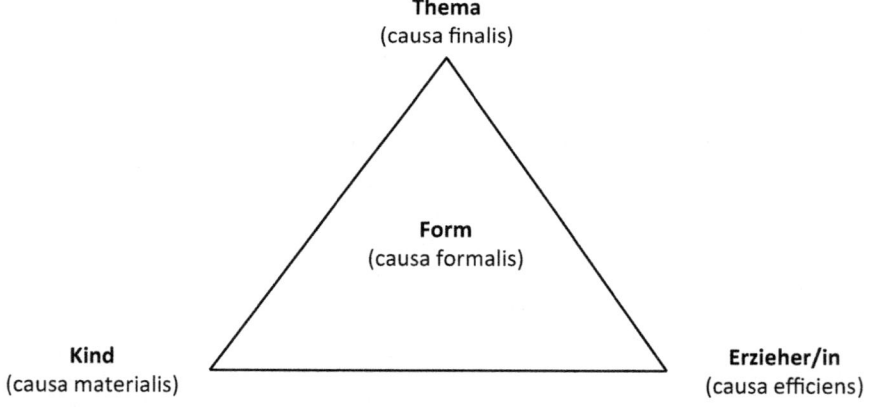

Abb. 16:   Das didaktische Dreieck nach K. Prange (2012, S. 55)

Prange setzt zur Bestimmung des Pädagogischen also nicht – wie Brezinka – an
der Erzieherintention und auch nicht – wie beispielsweise die Kritische Erziehungswissenschaft – an normativen Zielen wie Mündigkeit oder Autonomie an,

sondern an der „Strukturgesetzlichkeit" pädagogischer Operationen, man könnte auch sagen: an der impliziten Logik der Praxis des Erziehens. Handeln wird dementsprechend nicht allein durch eine spezifische Personenkonstellation von Erzieher/in einerseits und Zögling andererseits zu pädagogischem Handeln und auch nicht durch den Bezug der Interaktion auf einen zu vermittelnden Gegenstand, sondern erst durch eine spezifische Praxis, die diese Elemente verbindet:

> „Weder aus Zielnormen noch aus anthropologischen Gegebenheiten und aus der Tatsache des Lernens, geschweige denn aus den thematisierten Inhalten für das Lernen geht die Erziehung hervor, sondern aus ihrer Kombination und Organisation unter den eigenen Mustern, Verfahrensweisen und Formen des Erziehens selber" (ebd., S. 50).

Diese spezifisch pädagogische Form, die Handeln zu pädagogischem Handeln macht, bezeichnet Prange als *auf Lernen bezogenes Zeigen*: „Wir handeln ausdrücklich pädagogisch, indem wir einem anderen etwas so zeigen, dass er oder sie es wieder zeigen kann" (Prange und Strobel-Eisele 2006, S. 45). Prange konzipiert Erziehung also differenztheoretisch als Koordination zweier unterschiedlicher Ordnungen, Erziehen einerseits und Lernen andererseits. Erst durch diese Bezugnahme auf Lernen wird Zeigen zum pädagogischen Zeigen und somit von anderen sozialen Zeigeformen abgrenzbar (vgl. Prange 2012, S. 67):

> „Lernen ist das eine, Erziehen etwas anderes. Erziehung ist der Versuch, diese beiden Operationen zu koordinieren, wörtlich: zwei Ordnungen in eine zu überführen, sie aufeinander abzustimmen und zu synchronisieren [...] Erziehung ist die Einheit einer Differenz" (ebd., S. 93).

Das auf Lernen bezogene Zeigen gliedert sich bei Prange dabei in eine soziale, eine thematische und eine zeitliche Dimension. In den ersten beiden Dimensionen, der *sozialen* und der *thematischen*, reproduziert sich die Grundidee des klassischen didaktischen Dreiecks. Über sie verdeutlicht Prange, dass es beim Zeigen darum geht, einem anderen etwas zu zeigen, im Zeigen also soziale und themen- bzw. sacherschließende Elemente zusammenkommen: „Zeigen ist, in der Sprache der Logik, ein mehrstelliges Prädikat: Es enthält den Bezug auf Sachverhalte und auf Personen zugleich" (ebd., S. 78). Ausschlaggebend für das Zeigen als *pädagogische* Grundform ist Prange zufolge jedoch dessen *zeitliche* Dimension, d.h., die durch das pädagogische Zeigen geleistete Koordination von Zeigen einerseits und Lernen andererseits. Diese Koordination bezeichnet Prange auch mit dem Begriff der *Artikulation* bzw. als *Inszenierung des Zeigens*. Artikulation ist die „Verzeitigung des Zeigens" (ebd., S. 73), also die „Gliederung des Zeigens zum Zweck des Lernens" (ebd., S. 110). Der Begriff bezieht sich insofern auf eine *adressatenbezogene Methodisierung des Zeigens*, durch die die zeigende Person zwischen den Themen und den Adressat/inn/en des Zeigens vermittelt (vgl. ebd., S. 74). Diese pädagogische Artikulation vollzieht sich wiederum in zwei Dimensionen. Zum einen umfasst sie eine „Gliederung von Themen" (ebd., S. 115), d.h., eine *didaktische Aufbereitung* des zu Zeigenden:

> „Diese Hinweise lassen erkennen, dass das Artikulieren zunächst einmal darin besteht, im großen das Nacheinander der Themen zu bestimmen und dann für die einzelnen Schritte ebenso eine Abfolge von Stufen und Schritten vorzusehen, nach denen das Lernen auf die Reihe gebracht und geordnet wird. So gesehen ist ‚Artikulation' die ‚Artikulation der Lehrinhalte', wie es bei Otto Willmann heißt. Sie stellt sich als vorsorgende Aktivität der Erzieher dar, um die kulturelle Botschaft in Lernschritte zu transformieren, und zwar im Blick auf die Lernenden und am Leitfaden der Zeit als Folge von größeren und kleineren Zeitstrecken und Zeitpunkten" (ebd., S. 112).

Zum anderen ist die Artikulation des Zeigens durch *Vorzeitigkeit* gekennzeichnet. Damit ist gemeint, dass sich das pädagogische Zeigen in der Regel auf Sachverhalte bezieht, die von den Adressat/inn/en des Zeigens eigentlich noch nicht gewusst, gekonnt, gezeigt werden können. Das pädagogische Zeigen greift insofern vor, wobei dieser Vorgriff nur im Rückgriff auf bereits Vorhandenes anschlussfähig gemacht werden kann; das pädagogische Zeigen ist ein *vorlaufender Rückgriff*:

> „In dieser Doppelbewegung besteht der Akt der Koordination: das Zeigen geht vor, trifft den Lernenden und greift auf dessen Möglichkeiten zurück. Es ist in sich gewendet, keine einfache gerade Linie, dann geht es am Lernen vorbei oder durch es hindurch. Es besteht vielmehr darin, etwas vorgreifend zu vergegenwärtigen und dann rückläufig sammelnd zu klären. Beim Lernen dagegen verhält es sich gerade umgekehrt: Es sieht sich dem Vorstoß ausgesetzt, wird auf sich zurückgeworfen, dann sammelt und ordnet es sich und geht dann seinerseits vor. Zeigen ist vorlaufender Rückgriff, Lernen rücklaufender Vorgriff" (ebd., S. 118).

Das auf Lernen bezogene Zeigen als Kernoperation pädagogischen Handelns wird im Rahmen der Operativen Pädagogik also als ein methodisches Ins-Verhältnis-Setzen von Themen und Adressat/inn/en des Zeigens bestimmt, das durch zwei Zeitdifferenzen gekennzeichnet ist: die Differenz von *„früher : später"* (ebd., S. 119), die in der didaktischen Gliederung bzw. Aufbereitung von Themen zum Ausdruck kommt, und die Differenz von *„schon jetzt : noch nicht"* (ebd., S. 120), die Prange in der Figur des vorlaufenden Rückgriffs fasst. Vor diesem Hintergrund reformuliert der Autor die Zeigestruktur der Erziehung folgendermaßen: *„Einem anderen etwas in Zeit so zeigen, es gewissermaßen ‚zeitigen', damit sich ihm Sachverhalte so zeigen, dass er sie selber wieder zeigen kann"* (ebd., S. 73; Hervorhebung durch die Verfasserin). Damit wäre die Operative Pädagogik in ihren Grundzügen dargestellt. Es folgen nun noch zwei Anmerkungen zum Konzept des pädagogischen Zeigens, die die Ausführungen Pranges im Hinblick auf die im Rahmen dieser Studie vorgenommenen Analysen präzisieren.

4.3.3 Anmerkung I: Vom zeigenden Handeln zu Praktiken des Zeigens

In Bezug auf das Verhältnis von Operativer Pädagogik und Praxis- bzw. Handlungstheorie ist zu sagen, dass Prange sich diesbezüglich nicht explizit positioniert und in den einschlägigen Texten uneindeutig argumentiert. So geht er einerseits zwar von den „einheimischen Operationen" (Prange 2012, S. 20) des Erziehens aus und spricht auch von der „Ordnung von Zeigen und Lernen" (ebd., S. 114), was praxistheoretischen Konzepten und Begrifflichkeiten nahe kommt. Andererseits scheint aber allein schon in der Fokussierung auf den Erziehungsbegriff (vgl. ebd., S. 12) das handlungstheoretische Erbe der Operativen Pädagogik auf, ebenso wie in der Rede von den „Formen des pädagogischen Handelns" (Prange und Strobel-Eisele 2006), eine Formulierung, die Prange synonym für die unterschiedlichen Zeigeformen verwendet. Schließlich bezieht sich Prange auch explizit auf das Konzept der erzieherischen Intention, beispielsweise wenn er Erziehung von Sozialisation abgrenzt (vgl. Prange 2012, S. 103–104). Kade (2009), der als Begründer der systemtheoretisch argumentierenden Theorie pädagogischer Kommunikation gelten kann, betont daher die handlungstheoretische Verankerung der Operativen Pädagogik:

> „Zur Analyse der Überbrückung der Kluft zwischen Erziehen und Lernen verfolgt die Operative Pädagogik einen handlungstheoretischen, auf ‚intentionale Akte' (Fuhr 1999, 119) abhebenden Ansatz. Im Zentrum steht die als pädagogisches Handeln konzeptualisierte Operation des Erziehens. Die Analyse pädagogischer Formen meint aus dem Blickwinkel der Operativen Pädagogik daher die Analyse pädagogischen Handelns" (S. 193).[64]

---

[64] Allerdings weist Kade (2009) der Operativen Pädagogik aus einer sozialwissenschaftlichen Perspektive heraus abgrenzend die handlungstheoretische Perspektive zu, ohne dass Prange, der an die „einheimischen" Theorien der Pädagogik anknüpft, sich selbst explizit so verortet hätte. Letzten Endes bleibt sowohl in der Operativen Pädagogik als auch in der Theorie pädagogischer Kommunikation die Frage der Erzieherintention ungelöst (vgl. z.B. die Bezugnahme auf eine „Erzieherintention" bei Kade und Seitter 2007, S. 39). Dies verweist letzten Endes darauf, dass die erzieherische Absicht in ihrer strukturellen Bedeutung für Erziehungssituationen nicht einfach negiert werden kann. Ein systematischer Vergleich der Operativen Pädagogik und der Theorie pädagogischer Kommunikation wäre insofern hinsichtlich einer Bestimmung des Päda-

Damit ist zunächst festzuhalten, dass die Problematik des intentional-handlungs-theoretischen Erziehungsbegriffs durch die Bezugnahme auf Pranges Konzept der Operativen Pädagogik nicht automatisch überwunden ist. Nichtsdestotrotz ist die Operative Pädagogik durch ihre Fokussierung auf das Zeigen als zentrale Operation des Pädagogischen hochgradig anschlussfähig an praxistheoretische Ansätze. Dieser Anschluss muss jedoch aktiv hergestellt werden, und zwar durch eine vereindeutigende Reformulierung der Zeigestruktur der Erziehung als lern-bzw. aneignungsbezogene Zeige*praxis*, so wie sie beispielsweise Fritzsche, Idel und Rabenstein (2011) vorgenommen haben. Die Autor/inn/en sprechen explizit von „Praktiken des Zeigens" (S. 40), wodurch das pädagogische Zeigen von den intentionalen Handlungen eines Erziehungssubjekts entkoppelt und stattdessen in den impliziten Routinen der sozialen Praxis verortet wird. Gleichzeitig erlaubt das Konzept des pädagogischen Zeigens, gerade weil es in der Operativen Pädagogik eng an den klassischen Erziehungsbegriff gekoppelt bleibt, eben jene praxistheoretische Reformulierung der erzieherischen Absicht, die die Argumentation dieser Studie erfordert: Die Erzieherintention, die für eine distinkte Abgrenzung pädagogischer Praktiken von anderen Formen sozialer Interaktion m.E. unerlässlich ist, wird mithilfe der von Prange explizierten Zeigestruktur der Erziehung als soziales Phänomen beschreibbar. Eine solche sozial vermittelte Konzeption der Erzieherintention lässt sich möglicherweise auch Prange (2012) selbst zuschreiben, wenn er von einer „im Zeigen manifesten Erziehungsinten-tion" (S. 71) spricht.

Die Attraktivität der Operativen Pädagogik ergibt sich u.a. daraus, dass sie die Vielzahl pädagogischer Operationen und Arrangements unter einem begrifflichen und konzeptionellen Dach, eben des auf Lernen bezogenen Zeigens, bündelt. So haben Prange und Strobel-Eisele (2006) vier grundlegende Zeigeformen ausdifferenziert (vgl. Ricken 2009, S. 114): das ostensive Zeigen (Vormachen), das repräsentative Zeigen (Darstellen), das direktive Zeigen (Aufforderung und Appell) und das reaktive Zeigen (Rückmeldung und Prüfung). Darüber hinaus haben sie komplexere bzw. institutionalisierte Formen des pädagogischen Zei-gens als spezifische Kombinationen dieser grundlegenden Zeigeformen be-schrieben. Damit können sowohl unterschiedliche pädagogische Adressierungen – Vermittlungsbedürftigkeit, Aufforderung, Disziplinierung – als auch unter-

---

gogischen und der Frage, welchen Stellenwert die Erzieherintention hierbei hätte, ausgesprochen aufschlussreich, kann und muss an dieser Stelle jedoch nicht geleistet werden.

schiedliche pädagogische Settings – z.B. Unterricht – als Zeigeformen operationalisiert werden.[65] Trotz dieser Ausdifferenzierungen bleibt die konkrete Gestalt des pädagogischen Zeigens bei Prange jedoch tendenziell unterbestimmt. So stellt beispielsweise Ricken (2009) fest, dass

> „in der Skizze des Zeigens die Pole des Zeigens – *ich zeige jemandem etwas* – zuungunsten der angezielten Formbestimmung des Zeigens bzw. der im Zeigen etablierten Relation überbetont zu sein [scheinen] [...]. Vielmehr käme es darauf an, die Form der Operation selbst genauer zu kennzeichnen: als Praktik der Lenkung von Aufmerksamkeit anderer auf etwas [...]" (S. 118; Hervorhebungen im Original).

Prange arbeitet mit seiner Zeigestruktur der Erziehung zwar die Strukturgesetzlichkeit pädagogischer Praxis theoretisch heraus, expliziert jedoch kaum konkrete Zeige*praktiken*, die als Grundlage für empirische, insbesondere rekonstruktive Studien dienen könnten. Die empirische Konkretisierung des pädagogischen Zeigens muss dementsprechend am empirischen Material geleistet werden. Daher werden nun noch einmal die Kernpunkte des Prange'schen Zeigekonzepts herausgearbeitet und ihnen erziehungswissenschaftliche Konzepte zur Seite gestellt, die eine solche empirische Konkretisierung erleichtern.

Die Früher-Später-Zeitdifferenz. Im Kern verweist das Prange'sche Konzept der Artikulation und hier insbesondere die Früher-Später-Zeitdifferenz des pädagogischen Zeigens auf eine *„Strukturierung von Aneignung"* (Kade 2009, S. 196), die sich auch in anderen Bestimmungen des Pädagogischen wiederfindet. So wird im Rahmen der Theorie pädagogischer Kommunikation (vgl. Kade 1997; Kade 2004; Kade und Seitter 2007c) das Pädagogische als „Aneignungsbezug[] von Vermittlungsintentionen" (Kade und Seitter 2007a, S. 187) gefasst.[66] Auch soziolinguistische Rekonstruktionen rekurrieren auf eine vorstruk-

---

65 Entsprechend muss auch nicht prinzipiell zwischen Erziehung und Unterricht differenziert werden. Unterricht erscheint vielmehr als eine spezifische Form des erzieherischen Zeigens (ähnlich z.B. Sünkel 2013, S. 30).

66 Die Operative Pädagogik nach Prange und die insbesondere von Kade entwickelte Theorie pädagogischer Kommunikation weisen in ihren Konzeptionen des Pädagogischen deutliche Parallelen auf, die sich auch in wechselseitigen Bezugnahmen der Autoren aufeinander ausdrücken (vgl. Prange und Strobel-Eisele 2006, S. 35–36; Kade 2009). Beide verfügen über einen operativen Begriff des Pädagogischen (vgl. Kade 2009, S. 192); was bei Prange die pädagogische Differenz von Erziehen/Zeigen und Lernen ist, ist bei Kade die Differenz von Vermitteln und Aneignen; was Prange Artikulation nennt, nennt Kade Strukturierung der Aneignung. Die Ansätze unterscheiden sich jedoch in ihren jeweiligen Theoriebezügen und hinsichtlich ihrer Annahmen bezüglich der Möglichkeit einer „universellen" Formbestimmung des Pädagogischen. Während Prange eine solche universelle Bestimmung des Pädagogischen erlangt „einheimischer" pädagogischer Begriffe und Operationen anstrebt (vgl. Prange 2012, S. 19–20) und dazu an klassische

turierte bzw. „vermittelte Aneignung" (vgl. Sünkel 2013, S. 46) als Kernelement des Pädagogischen. So beschreibt Hausendorf (2008) das Pädagogische im Rahmen einer empirischen Rekonstruktion von Unterrichtsinteraktion als „Erarbeitung und Vermittlung eines spezifischen Wissens unter der Bedingung der Anleitung und der Führung" (S. 945). Gemeint sind mit solchen und ähnlichen Beschreibungen stets Formen der Didaktisierung von Themen und eine entsprechende Vorstrukturierung der Thematisierung von Sachverhalten, die sich in vielfältiger Form auch am im Rahmen dieser Studie untersuchten Interviewmaterial zeigen lassen. Für deren Rekonstruktion sind u.a. die von Ricken im obigen Zitat thematisierten Praktiken der Lenkung von Aufmerksamkeit hilfreich (vgl. Ricken 2009, S. 118), aber auch soziolinguistische bzw. konversationsanalytische Rekonstruktionen zur Interaktionsstruktur von Unterricht (vgl. Mehan 1979; Hausendorf 2008).

Die Zeitdifferenz von „schon jetzt" und „noch nicht". Zu den Kernelementen des pädagogischen Zeigens nach Prange gehört die zeitliche Differenz von „schon jetzt" und „noch nicht". Auf eine solche strukturelle Vorzeitigkeit des Pädagogischen wird auch von anderen Autor/inn/en verwiesen. So formuliert Ricken, dass es „nicht abwegig" sei, „das pädagogische Handeln in die Paradoxie einzuspannen, den/die anderen anzuerkennen als jemanden, der sie/er schon ist, und zugleich als jemanden zu adressieren, der er/sie noch nicht ist" (Ricken 2009, S. 129). Und Helsper (2010) beschreibt – allerdings in Bezug auf die Autonomieantinomie der Pädagogik – einen pädagogischen Modus des *„als ob"*, der deutliche Parallelen zum „vorlaufenden Rückgriff" des Zeigens bei Prange aufweist:

> „Wie aber soll aus pädagogischer Anleitung in asymmetrischen Interaktionen Autonomie resultieren? Sie kann nicht als Resultat eines pädagogischen Appells entstehen. Vielmehr bedarf es eines Handelns, das an rudimentär vorhandenen Fähigkeiten Heranwachsender ansetzt und auf dieser Grundlage sowohl stützend, stellvertretend deutend, als auch zur Eigentätigkeit auffordernd eingreift. PädagogInnen handeln hier im Modus des ,Als-ob': Sie unterstellen die Autonomie möglicher Verantwortungsübernahme und damit die mögliche Autonomie des Kindes" (S. 20).

---

pädagogische und philosophische Theorien anknüpft, entwirft Kade im Rahmen der Theorie pädagogischer Kommunikation ein Modell des Pädagogischen, das auf sozialwissenschaftlichen – insbesondere systemtheoretischen – Theorien basiert, wobei das Pädagogische letztlich jedoch als prekäres Phänomen (unter-)bestimmt bleibt (vgl. Kade und Seitter 2007a). Auch deswegen wurde in dieser Arbeit die Operative Pädagogik als Referenztheorie für die Operationalisierung des Pädagogischen gewählt.

Dieser von Helsper formulierte Adressierungsmodus des „als ob" stellt insofern eine Möglichkeit dar, das Konzept der Prange'schen Vorzeitigkeit im Kontext empirischer Arbeiten zu operationalisieren. In Bezug auf das hier vorliegende Material stellt sich also die Frage, inwiefern die Frageimpulse der Inspektor/inn/en durch *Vorzeitigkeitskonstruktionen* gekennzeichnet sind.

Auf Lernen bezogenes Zeigen. Schließlich gehört zum pädagogischen Zeigen untrennbar eine Veränderungserwartung, d.h., es ist auf die Initiierung von Lernprozessen bezogen. Dieser Aneignungsbezug des pädagogischen Zeigens manifestiert sich auf der Ebene der sozialen Praxis in der Generierung von Praktiken, die darauf gerichtet sind, dass die adressierte Person das Gezeigte wiederzeigt. Erst diese *(implizite) Aufforderung zur Selbsttätigkeit* macht eine soziale Interaktion zu einer pädagogischen. So schreibt Mollenhauer (2008) über den Umgang mit dem Schüler Didier: „[...] die[] Lösungen werden ihm nicht gesagt, es finden keine Belehrungen statt. Vielmehr wird der kindliche Geist streng auf den Punkt hingeführt, an dem er selbst die Lösung finden kann" (S. 126). Und bei Hausendorf (2008) heißt es in Bezug auf den schulischen Unterricht:

> „Es geht also bei Unterricht dieser Form [dem Frontalunterricht; M.L.] [...] nicht einfach um die Weitergabe von Wissen im Sinne der Information [...], sondern es geht um die *Führung und Anleitung anderer, sich dieses Wissen zumindest ansatzweise selbst- und eigenständig zu erarbeiten.* Die ganz und gar unauffällige-selbstverständliche Umsetzung dieser bemerkenswert anspruchsvollen ,didaktisch-pädagogischen Intention' (um nicht zu sagen: Prätention) durch die Beteiligten macht aus ihnen Teilnehmer der Veranstaltung Unterricht" (S. 945; Hervorhebung durch die Verfasserin).

Diese spezifisch pädagogische „Autonomieorientierung" (vgl. Lambrecht 2016a, S. 96), in deren Mittelpunkt das Wiederzeigen steht, reproduziert sich auch in den untersuchten Schulinspektionsinterviews: Selbst dann, wenn die Inspektor/inn/en bereits über einschlägige Informationen über die schulische Praxis verfügen, müssen die Lehrer/innen die „richtigen" Antworten *selber sagen* und so zeigen, dass sie die von ihnen erwartete Haltung verinnerlicht haben

4.3.4   Anmerkung II: Repräsentation vs. Adressierungen

Die zweite Anmerkung zum Konzept des pädagogischen Zeigens betrifft das, was im Zeigen gezeigt wird. Sie geht auf eine Kritik von Ricken (2009) an K. Prange zurück, die auch von Fritzsche, Idel und Rabenstein (2011) aufgegriffen wird. Diese Kritik zielt im Kern darauf, dass Prange das Gezeigte vorrangig als Abbildung bzw. Darstellung von Welt konzipiert und Erziehung dementsprechend als Ausdruck einer „repraesentatio mundi" fasst (vgl. Prange 2012, S. 66; Ricken 2009, S. 117). Darüber würde die *performative* Kraft des pädagogischen Zeigens vernachlässigt. Im Anschluss an die anerkennungstheoretischen Ansätze Honneths (1992) und Butlers (z.b. 2007) wird das Zeigen bei Fritzsche, Idel und Rabenstein (2011) daher als Adressierungsgeschehen reformuliert, also als „konstitutiver Akt […], der seinen Gegenstand formt oder hervorbringt […], der Subjekte konstituiert" (S. 33). Im Zeigen werden die Adressierten somit nicht nur zur Welt ins Verhältnis gesetzt, sondern auch zu sich selbst. Im Zeigen wird ihnen gezeigt, in welcher Form sie als Subjekte anerkannt werden können.

Den Gegenstand von Erziehung, d.h., das, was pädagogisch vermittelt und angeeignet werden soll, bei Prange und allgemein in der klassischen pädagogischen Literatur allein auf das (kognitive) Begreifen und Verstehen von Dingen, Themen und Sachverhalten zu beschränken, ist vielleicht zu kurz gegriffen. So bezieht sich bereits bei Brezinka (1978) die Veränderungsabsicht der erziehenden Person auf die sogenannten psychischen Dispositionen und somit auf eine „bestimmte Verfassung der Persönlichkeit" (S. 43). Nach Sünkel (2013) richtet sich das pädagogische Handeln auf alle „nichtgenetische[n] Tätigkeitsdispositionen" (S. 46), die er als „Wissen, Können und Wollen" (ebd., S. 53) des Educanden konkretisiert. Prange (2012) schließlich geht davon aus, dass über die unterschiedlichen Zeigeformen sowohl Kenntnisse und Fertigkeiten als auch Haltungen erschlossen werden (vgl. S. 121). Auf letztere bezieht sich insbesondere das direktive Zeigen, in dessen Zentrum der Appell steht. Hierzu schreibt Prange, dass

> „der appellative Impuls, die Aufforderung und die Warnung sich darauf beziehen, wie die Lernenden sich auf sich beziehen: Erziehung durch Evokation. Dabei geht es darum, dass der Adressat des Zeigens angesprochen und auf sich aufmerksam gemacht wird, auf seine Möglichkeiten und Grenzen: er lernt sich selber von seinen Möglichkeiten her kennen" (ebd., S. 134).

In diesen allgemeinpädagogischen Fassungen des „dritten Faktors" (vgl. Sünkel 2013, S. 41) der Erziehung schwingt insofern bereits eine Vorstellung der „Formung" des zu Erziehenden mit, die sich selbst jedoch nicht in *der* Konsequenz als Teil der performativen Konstitution des zu erziehenden Subjekts reflektiert, wie dies beispielsweise bei Ricken (2009) angemahnt wird. So zeigt sich die performative Kraft des Zeigens eben nicht nur im direktiven Zeigen, sondern muss als konstitutiver Bestandteil des pädagogischen Zeigens in allen seinen Formen angesehen werden.

Die performative Kraft des pädagogischen Zeigens und damit die Frage der Adressierung sind in dieser Studie in zweifacher Hinsicht relevant. Zum einen gilt es im Rekonstruktionsteil zu zeigen, inwiefern die Lehrer/innen von den Inspektor/inn/en *pädagogisch adressiert* werden, und dies bedeutet vor dem Hintergrund des bisher Gesagten: inwiefern sie als jemand positioniert werden, dem etwas zunächst so – d.h. in methodisierter Weise – gezeigt werden muss, dass er es anschließend selbst zeigen kann. Dies beinhaltet eine „Defizitkonstruktion als Kern einer personbezogenen Veränderungserwartung" (Kade 2009, S. 197), die jedoch nicht handlungstheoretisch als Ausdruck einer bewussten Erzieherintention verstanden wird, sondern als eine in Zeigepraxen eingelassene spezifische „Struktur der Adressierung" (Fritzsche et al. 2011, S. 33). Zum anderen wird in den Rekonstruktionen der Interviewinteraktion deutlich werden, *als was sich die Lehrer/innen zeigen sollen*, worauf sich also die Zeigepraxis der Inspektor/inn/en bezieht, nämlich auf eine spezifische „Subjektivation" der Adressierten: In der Darstellung ihrer Praxis soll zum Ausdruck kommen, dass sich die Lehrer/innen als Teil der rational organisierten Handlungseinheit Schule verstehen. Auf die Vermittlung dieses Selbstverständnisses zielen die rekonstruierten Zeigepraktiken der Inspektor/inn/en.

4.4 Zusammenfassung und Ausblick: Die empirische Rekonstruktion der pädagogischen *Zeige*struktur politisch-administrativer Praxis

In den ersten Kapiteln dieser Arbeit wurde die These einer Pädagogisierung von Steuerung im Kontext der aktuellen Schulsystemsteuerung in Form eines theoretisierenden Vorgriffs auf die Ergebnisse des Rekonstruktionskapitels begründet und hergeleitet. Dazu wurde anhand des erziehungswissenschaftlichen Forschungsstandes zu „neuen" Modi der Handlungskoordination im Mehrebenensystem Schule zunächst der spezifische Modus der Handlungskoordination im Kontext entwicklungsorientierter Schulinspektionen als Forschungsdesiderat abgeleitet und gleichzeitig als Form der pädagogischen Regierung konkretisiert. Die vorrangige Funktion entwicklungsorientierter Schulinspektionen besteht demnach darin, zwischen der „neuen" politisch-administrativen Fremdführung und der Selbstführung der schulischen Akteure zu vermitteln. Vor diesem Hintergrund wurde dann eine Gegenstandsbestimmung vorgenommen, bei der die deutschen entwicklungsorientierten Schulinspektionssysteme als Antwort auf ein spezifisches Strukturproblem Neuer Steuerung konzipiert wurden. Dieses Strukturproblem besteht in der Modifikation der schulischen Selbstbeschreibung: Die aktuelle Schulsystemsteuerung ist auf die Konstitution der Schule als rational organisierte Handlungseinheit angewiesen. Durch entwicklungsorientierte Schulinspektionsverfahren wird dementsprechend versucht, diese Schule als eine solche rational organisierte Handlungseinheit performativ herzustellen und zwar mithilfe pädagogischer Praktiken.

In diesem vierten Kapitel ging es nun darum, die methodologisch-methodischen Grundlagen zu explizieren, auf deren Basis die untersuchten Steuerungspraktiken als pädagogische Praktiken rekonstruiert wurden. Dazu wurde die Studie zunächst innerhalb einer rekonstruktiven Governanceforschung verortet. Der praxistheoretische Ansatz der Studie impliziert dabei ein Verständnis von politisch-administrativer Steuerung als sozialer Praxis, d.h., rekonstruiert werden implizite Praktiken der Handlungskoordination im Kontext von politisch-administrativen Versuchen der intentionalen Beeinflussung schulischer Prozesse. Diese Steuerungspraktiken werden mithilfe eines konversationsanalytisch orientierten Verfahrens sequenziell rekonstruiert und zwar anhand von Gesprächspraktiken in Schulinspektionsinterviews. Die These von der Pädagogisierung von Steuerung im Kontext der aktuellen Schulsystemsteuerung wurde aufgrund der Tatsache entwickelt, dass die untersuchten Interviewinteraktionen von den Inspektor/inn/en situativ durch Zeigepraktiken strukturiert werden, die im Anschluss an K. Prange (2012) als pädagogische Praktiken beschrieben werden können, d.h. als Ausdruck einer sozial vermittelten erzieherischen Absicht. Dies bedeutet, dass die befragten Lehrer/innen in den Inspektionsinterviews als Subjekte adressiert werden, denen die korrekte Darstellungsweise ihrer schulischen Praxis zunächst so gezeigt werden muss, dass sie diese anschließend wiederzeigen können. Auf diese Weise wird von den Interaktanten das zentrale Bezugsproblem der Interaktion bearbeitet, nämlich die Notwendigkeit der Herstellung einer Passung im Sprechen über Schule: Die von den Inspektor/inn/en generierten pädagogischen Praktiken sind darauf gerichtet, den Lehrer/inne/n die aktuell gültige Form der schulischen Selbstbeschreibung zu vermitteln, d.h., sie in die Lage zu versetzen, aus Sicht eines Mitglieds der rational organisierten Handlungseinheit Schule zu sprechen. Die rekonstruierten pädagogischen Praktiken können dabei als typisch für den untersuchten Steuerungszusammenhang gelten, da sie eine fallübergreifend rekonstruierbare Lösung für ein übergeordnetes Bezugsproblem der Interaktion darstellen.

Im folgenden fünften Kapitel wird die These von der Pädagogisierung von Steuerung im Kontext der aktuellen Schulsystemsteuerung, die die bisherige Darstellung bereits strukturiert hat, nun auch empirisch hergeleitet. Auch wenn die empirischen Rekonstruktionen am Ende dieser Studie stehen, stellen sie dennoch das Zentrum und den Ausgangspunkt ihrer Argumentation dar. Alles, was bisher gesagt wurde, ist auf die im Rahmen dieser Studie vorgenommenen empirischen Rekonstruktionen am Material zurückzuführen. Dies gilt es nun am Material zu zeigen.

5 Die Pädagogisierung von Steuerung im Kontext der Schulinspektion: Empirische Rekonstruktionen

In diesem fünften Kapitel wird die These von der Pädagogisierung von Steuerung im Kontext der aktuellen Schulsystemsteuerung empirisch-rekonstruktiv hergeleitet. Die Darstellung folgt dabei dem Verlauf des praktischen Forschungsprozesses. Dementsprechend steht am Anfang dieses Kapitels eine strukturelle Beschreibung der Makrostruktur der untersuchten Schulinspektionsinterviews (5.1). Auf dieser Basis wurde die Argumentation dieser Studie folgendermaßen entwickelt (vgl. Deppermann 2008, S. 94–96):

Zunächst wurde anhand von Frage-Antwort-Sequenzen, die durch Irritationen bzw. Missverständnisse gekennzeichnet waren, die Herstellung einer Passung im Sprechen über Schule als zentrales Bezugsproblem der Interviewinteraktion rekonstruiert. Ausschlaggebend für diese Fassung des zentralen Bezugsproblems war die Beobachtung, dass die sich im Material manifestierenden interaktiven Probleme nicht unbedingt auf ein Auseinanderfallen von normativen Vorgaben der Schulinspektion einerseits und schulischer Praxis andererseits verweisen, sondern zunächst einmal auf divergierende Konstruktionen schulischer Wirklichkeit auf Seiten der Lehrer/innen und der Inspektor/inn/en. So implizieren die Fragen der Inspektor/inn/en die Schule regelmäßig als rational organisierte pädagogische Handlungseinheit; die Lehrer/inn/en antworten jedoch häufig aus der Perspektive von Lehrerindividuen, deren Handeln durch das Prinzip der pädagogischen Freiheit strukturiert wird. Gleichzeitig wurde deutlich, dass die Interviewinteraktion von Versuchen der (Nach-)Steuerung der Inspektor/inn/en gekennzeichnet ist, durch die den befragten Lehrer/inne/n gezeigt wird, wie sie ihre Antworten zu gestalten haben. Diese Versuche der zeigenden (Nach-)Steuerung wurden im Anschluss an K. Prange als pädagogische Steuerungspraktiken gefasst und die Analyse auf die Rekonstruktion von Varianten dieses pädagogischen Bearbeitungsmodus des zentralen Bezugsproblems der Interaktion fokussiert (vgl. ebd., S. 97–98). Dadurch ließ sich zeigen, dass sich die pädagogischen Steuerungsversuche der Inspektor/inn/en u.a. auf die Vermittlung und Einübung einer spezifischen Form der Selbstbeschreibung der befragten

Lehrer/inn/en richten, die sie als Vertreter/innen der rational organisierten Handlungseinheit Schule ausweist. Sie sind somit Teil der performativen Konstitution der Schule als einer solchen Handlungseinheit, auf die die aktuelle Schulsystemsteuerung angewiesen ist (s. Kapitel 3).

Das soeben skizzierte zentrale Bezugsproblem der Interaktion – die Herstellung einer Passung im Sprechen über Schule – wird im Folgenden anhand des Falls 1 exemplarisch rekonstruiert (5.2). In den sich anschließenden Kapiteln werden dann drei pädagogische Figuren ausdifferenziert, die sich im Interviewmaterial finden lassen und über die dieses Bezugsproblem der Interaktion bearbeitet wird: Anhand des Falls 2 wird gezeigt, dass die Interviewinteraktion die Form eines fragend-entwickelnden Unterrichts annimmt, über den der Inspektor versucht, mit den von ihm befragten Lehrer/inne/n die „richtige" Darstellungsweise ihrer schulischen Praxis zu erarbeiten (5.3). Der Fall dient insofern als Beispiel für die Didaktisierung der Interviewinteraktion. Der Fall 3 fokussiert dagegen auf die Adressierung der befragten Lehrer/innen im pädagogischen Modus des „als ob" (5.4). Rekonstruiert wird hier, dass die etablierte Interaktionsordnung die implizite Aufforderung an die befragten Lehrer/innen beinhaltet, ihre Antwort in Form eines wiederholenden Nachvollzugs des pädagogischen Entwurfs schulischer Normalität zu gestalten, der in der Frage des Inspektors angelegt ist. Im Fall 4 schließlich stehen pädagogische Praktiken der Disziplinierung im Vordergrund (5.5). Hier versucht die Inspektorin bereits im Frageimpuls erzieherisch auf die Lehrer/innen einzuwirken, indem sie diese in Form eines impliziten Appells dazu „ermahnt", die Relevanzsetzungen der Schulinspektion zu respektieren. Die Fälle 3 und 4 dienen neben der rekonstruktiven Ausdifferenzierung der im Rahmen der Interviews verwendeten pädagogischen Praktiken auch dazu aufzuzeigen, welche interaktiven Konsequenzen sich aus der pädagogischen Performativität der Interviewinteraktion ergeben. Insbesondere der Interaktionsverlauf des Falls 3 zeigt auf, dass die pädagogische Form der Adressierung auf Seiten der Lehrer/innen eine regressive Widerständigkeit hervorruft, die sich gegen die in der pädagogischen Adressierung des Frageimpulses enthaltene Aufforderung des wiederholenden Nachvollzugs eines pädagogischen Entwurfs schulischer Normalität richtet. Diese regressive Form der Widerständigkeit reproduziert sich auch in Fall 4. Das Rekonstruktionskapitel schließt mit einem Fallvergleich, in dem als fallübergreifende Gemeinsamkeit der beobachteten pädagogischen Steuerungspraktiken deren inszenatorischer Charakter herausgearbeitet wird (5.6).

5.1 Zur Makrostruktur der Schulinspektionsinterviews

In diesem Kapitel geht es um eine erste empirische Annäherung an das Phänomen „Schulinspektionsinterview". Dazu wird eine sogenannte *strukturelle Beschreibung* (vgl. Deppermann 2008, S. 52–53) der aufgezeichneten Interviews vorgenommen, die einen Überblick über deren Makrostruktur ermöglicht und die für sie typischen Merkmale benennt. Diese strukturelle Beschreibung basiert einerseits auf den Inventarisierungen der zehn vorliegender Interviewmitschnitte und den vier erstellten Interview-Volltranskripten (s. Kapitel 4.2.3), andererseits auf ethnographischem (Zusatz-)Wissen, also auf Kontextwissen der Autorin, das im Rahmen von teilnehmenden Beobachtungen gewonnen wurde (vgl. ebd., S. 87–88). Im Folgenden werden zunächst die Zusammensetzung und die Dynamik der Interviewgruppen beschrieben (5.1.1), dann der formale Ablauf der Interviews skizziert (5.1.2), und schließlich wird auf die inhaltliche Strukturierung der Interviews durch den Orientierungsrahmen zur Schulqualität eingegangen (5.1.3). In einem ersten Zwischenfazit wird herausgearbeitet, dass es sich bei den untersuchten Schulinspektionsinterviews um stark vorstrukturierte, „geführte" Gespräche handelt (5.1.4). Es wird außerdem auf die Kriterien für die Auswahl der in den nachfolgenden Kapiteln dargestellten vier Fälle eingegangen.

5.1.1 Zusammensetzung und Dynamik der Interviewgruppen

In den untersuchten Inspektionsinterviews sitzt eine Gruppe von fünf bis acht Lehrer/inne/n jeweils zwei Inspektor/inn/en gegenüber. Die Lehrer/innen haben sich in der Erprobungsphase des untersuchten Inspektionssystems in der Regel freiwillig für die Interviews gemeldet. Allerdings wurde von Seiten der Schulinspektion versucht, ein möglichst breites Lehrerspektrum in den Interviews zu befragen; neben Klassen- und Fachlehrer/inne/n sollten beispielsweise auch Vertreter/innen in Gremien, Funktionsträger/innen und Lehrer/innen mit schulspezifischen Aufgaben in den Interviews vertreten sein. Es ist von daher nicht auszuschließen, dass einige der interviewten Lehrer/innen von ihren Schulleiter/inne/n gemäß den Vorgaben der Inspektion gezielt für die Interviews „rekrutiert" wurden. Auch eine strategische Auswahl von Lehrer/inne/n durch die Schulleitungen liegt im Bereich des Möglichen.

Da die Interviews normalerweise nicht aufgezeichnet werden, sind während eines Inspektionsinterviews immer zwei Mitglieder des Inspektionsteams anwesend: Ein Teammitglied ist für die Interviewführung zuständig, das zweite für die Protokollierung der Lehrerantworten. Das interviewende Teammitglied strukturiert das Interview mithilfe eines Leitfadens, der formal an einem in der qualitativen Sozialforschung weit verbreiteten Leitfadenschema mit offenen Erzählaufforderungen und konkretisierenden Nachfragen orientiert ist (vgl. z.B. Helfferich 2005, S. 186). Inhaltlich folgt der Leitfaden der Struktur des Referenzrahmens zur Schulqualität, der die Grundlage für das Inspektionsverfahren darstellt (s. Kapitel 5.1.3). Die zentrale Aufgabe der Protokollantin bzw. des Protokollanten besteht darin, die Lehrerantworten schriftlich zu fixieren und dabei den Qualitätskriterien des Orientierungsrahmens zuzuordnen. Wenn das Gespräch von der Leitfadenstruktur abweicht, kommt es in den aufgezeichneten Interviews dementsprechend gelegentlich zu Metakommentaren der Inspektor/inn/en, in denen das interviewende Teammitglied der Protokollantin bzw. dem Protokollanten Hinweise darauf gibt, an welcher Stelle des Leitfadens bzw. Orientierungsrahmens man sich gerade befindet, oder in denen das protokollierende Teammitglied selbst entsprechende Verständnisfragen stellt. Hierin offenbart sich der streckenweise recht *bürokratische Charakter* der Gesprächsführung, auch wenn die Inspektor/inn/en offiziell dazu angehalten sind, den Leitfaden flexibel zu handhaben.

Die vorliegenden Interviews haben eine Lauflänge von ca. 60 bis 90 Minuten. Dabei ist immer wieder zu beobachten, dass die Inspektor/inn/en unter Zeitdruck geraten. Dies kommt insbesondere in der Erhöhung der Fragefrequenz gegen Ende der Interviews zum Ausdruck, wodurch kaum noch Zeit für Antworten bleibt. Die sich hierin protokollierende Logik des „Abhakens" von vorgegebenen Fragen trägt ebenfalls zum bürokratischen Duktus der Interviews bei. Damit reproduziert sich in den Schulinspektionsinterviews ein strukturelles Dilemma von Leitfadeninterviews, das darin besteht, den Befragten einerseits genügend Raum für ihre Antworten zu lassen und andererseits bestimmte Themen ansprechen zu müssen (vgl. z.B. Hopf 1978; Helfferich 2005). Dieses Dilemma verschärft sich tendenziell in evaluativen Kontexten: Um ihre Arbeit legitimieren zu können,

müssen die Inspektor/inn/en aussagekräftige Antworten zu einzelnen Qualitätskriterien produzieren, gleichzeitig jedoch garantieren, dass für die Bewertung
aller zu evaluierenden Qualitätskriterien ausreichend Datenmaterial zur Verfügung steht.

Schließlich sind die aufgezeichneten Interviews durch eine unterschiedliche
Interaktionsdynamik gekennzeichnet. Manche Interviews zeichnen sich durch
einen eher ruhigen Wechsel zwischen Inspektorenfragen und Lehrerantworten
aus, was in der Regel darauf hindeutet, dass die befragten Lehrer/innen versuchen zu *kooperieren* (Fall 1, Fall 2). Andere Interviews verlaufen deutlich
konfrontativer (Fall 3, Fall 4). In solchen Fällen werden auf Lehrerseite beispielsweise explizit Interviewfragen problematisiert oder der Interviewstil der In-
spektor/inn/en bzw. allgemein die Vorgehensweise der Inspektion kritisiert. Die
Inspektor/inn/en reagieren hierauf in erster Linie mit direktiven Formen der Gesprächsführung, durch die versucht wird das Gespräch auf die „offiziellen" In-
spektionsthemen zurückzuführen, gelegentlich aber auch mit Rechtfertigungs-
und Disziplinierungsversuchen. Neben einer allgemeinen kritischen Haltung der
befragten Lehrer/innen gegenüber der Schulinspektion dokumentieren sich in
diesen interaktiven Konflikten v.a. unterschiedliche Relevanzsetzungen in Bezug
auf die thematisierte schulische Praxis. Diese unterschiedlichen Relevanzsetzungen führen allerdings in fast allen Interviews zu kommunikativen Missver-
ständnissen und wechselseitigen Irritationen, auch wenn diese nicht zwingend
konflikthaft ausagiert werden.[67] Eine spezielle Interaktionsdynamik entsteht außerdem in Fall 4 aufgrund der Tatsache, dass die in diesem Interview befragten
Lehrer/innen bereits Erfahrungen mit der Schulinspektion gesammelt haben.
Hier lassen sich auf Seiten der befragten Lehrer/innen u.a. *Lerneffekte* in Bezug
auf die Relevanzsetzungen der Inspektion und damit auch in Bezug auf die Darstellung der eigenen schulischen Praxis rekonstruieren.

---

[67] „Glatter" verlaufen Interviews, in denen es den befragten Lehrer/-nne/n gelingt, passgenaue
Antworten zu generieren, d.h. Antworten, die dem Modell „guter Schule" entsprechen, das die
Schulinspektion transportiert. Dies trifft beispielsweise auf das Interview A/L5 zu, in dem v.a.
Lehrer/innen befragt werden, die für das schulische Qualitätsmanagement verantwortlich sind.
Diese Beobachtung bestätigt insofern indirekt die Argumentation dieser Studie: Es besteht in
diesem Interview keine Notwendigkeit mehr, mithilfe pädagogischer Praktiken eine Passung im
Sprechen über Schule herzustellen; diese ist vielmehr bereits gegeben.

5.1.2   Der formale Ablauf der Interviews

Betrachtet man den Gesamtverlauf der mitgeschnittenen Interviews, dann wird deutlich, dass diese einem standardisierten Ablaufmuster folgen, das sich in drei Phasen gliedern lässt: Auf eine einleitende Intervieweröffnung durch den interviewenden Inspektor oder die interviewende Inspektorin folgt eine leitfadengestützte Befragung der Lehrer/innen zu den zu evaluierenden Themen und Kriterien des Referenzrahmens zur Schulqualität. An diesen Hauptteil schließt sich eine standardisierte Abschlussfrage an, mit der die Lehrer/innen dazu aufgefordert werden, das Besondere ihrer Schule zusammenzufassen („Highlight-Frage"). Diese drei Gesprächsphasen werden im Folgenden jeweils noch einmal gesondert betrachtet.

Intervieweröffnung. Für die Anfangsphase des Interviews steht den Inspektor/inn/en eine Handreichung zur Verfügung, in der die Informationen zusammengefasst sind, die vorab an die Lehrer/innen weitergegeben werden sollen. Vorgesehen ist, dass die Inspektor/inn/en sich vorstellen, ihren Auftraggeber nennen und ihre Aufgaben erläutern. Angesprochen werden sollen darüber hinaus der Ablauf und die zeitliche Planung der Interviews, die inhaltlichen Schwerpunkte, der Interviewleitfaden und dessen Handhabung, die Funktion des Protokolls und der Datenschutz. Den Befragten soll außerdem die Möglichkeit gegeben werden, ihrerseits Fragen zum Interview und zu dessen Ablauf zu stellen. Vor allem der Frage des *Datenschutzes* wird im Rahmen der Intervieweröffnung eine große Bedeutung zugewiesen: Die Inspektor/inn/en sichern den befragten Lehrer/inne/n Vertraulichkeit bzw. Anonymität zu und bitten diese in der Regel darum, die Inhalte des Gesprächs selbst ebenfalls vertraulich zu behandeln. Diese Betonung der Vertraulichkeit protokolliert sich auch in den aufgezeichneten Interviews. So wird beispielsweise in einem Fall, in dem von der Schule Schilder mit den Namen der befragten Lehrer/innen aufgestellt wurden, vom Inspektor zu Beginn des Interviews versichert, dass keine Namen protokolliert würden; ein anderes Mal weist der Inspektor einen Lehrer, der sich Notizen macht, explizit darauf hin, dass die Gesprächsinhalte vertraulich seien. Gleichzeitig – und somit quasi im Gegenzug – bitten die Inspektor/inn/en die Befragten darum, dass sich möglichst jede/r äußern solle, dass die Äußerungen die eigene Meinung wiederspiegeln sollten und dass diese möglichst *offen* formuliert werden solle. Auch wenn die konkrete Ausgestaltung der Intervieweinführung in der

Praxis variiert, wird deutlich, dass diese Gesprächsphase zumindest konzeptionell nicht nur dem Austausch von Informationen und der Klärung des Ablaufs dient, sondern die Grundlage für eine spezifische Gesprächskultur schaffen soll, in der sich die Programmatik der deutschen entwicklungsorientierten Inspektionsverfahren reproduziert (s. Kapitel 2.1): In den Vorgaben zur Intervieweröffnung manifestiert sich die Vorstellung von der *Schulinspektion als einem rationalen Diskurs unter gleichberechtigten Partner/inne/n*. Dies beinhaltet gelegentlich auch die Distanzierung der Inspektor/inn/en von der Rechenschaftslegungsfunktion der Schulinspektion. Im Interview A/L4 versichert der interviewende Inspektor den Lehrer/inne/n in der Intervieweröffnung beispielsweise, dass sie ihm keinerlei Rechenschaft schuldig seien und dementsprechend jederzeit ohne Angabe von Gründen oder einer Entschuldigung aufstehen und gehen könnten. Ebenso deutlich wird jedoch, dass der programmatische Anspruch, die Interviews als rationalen Diskurs zu führen, in der Schul*inspektionspraxis* konterkariert wird und werden muss: Weder können die Gesprächsinhalte in einem engeren Sinne „vertraulich" behandelt werden, da sie eine der Grundlagen für die Bewertung der Schule darstellen und somit auch im Inspektionsbericht skizziert werden müssen, noch handelt es sich bei der Interviewinteraktion um eine symmetrische Interaktion „auf Augenhöhe". Dies beginnt schon damit, dass die kommunikative *Strukturierungsmacht* überwiegend bei den Inspektor/inn/en liegt (s. Kapitel 5.2). Auch die im Fokus dieser Studie stehenden *pädagogischen Praktiken* verweisen auf eine asymmetrische Form der Interaktion.

Leitfadengestützte Befragung. Den größten Raum innerhalb der Schulinspektionsinterviews nimmt die leitfadengestützte Befragung der anwesenden Lehrer/innen zu den Themen des Orientierungsrahmens zur Schulqualität ein. Formal betrachtet bestehen die untersuchten Interviews dementsprechend vor allem aus *Frage-Antwort-Sequenzen.* Allgemein gehören Fragen und Antworten zu den klassischen konversationsanalytischen „Nachbarschaftspaar[en]" (Deppermann 2008, S. 68) bzw. „adjacency pairs" (vgl. Schegloff 1968); sie stellen also eine interaktive Einheit dar, in der die meist auf zwei Sprecher verteilten Interaktionszüge relativ eng gekoppelt sind:

„Diese Paare bestehen aus zwei Teilen, die von unterschiedlichen Sprechern aufeinanderfolgend produziert werden. Hat ein Sprecher einen ersten Teil produziert, ist der zweite erwartbar bzw. gar einzufordern" (Deppermann 2008, S. 68).

Interaktive Nachbarschaftspaare sind durch sogenannte *konditionelle Relevanzen* verbunden, d.h., „die erste Äußerung schafft Bedingungen, durch die ein bestimmter Typ von Folgehandlungen relevant wird" (ebd.). Sie zeichnen sich insofern durch eine formal festgelegte Struktur und eine klare Rollenverteilung aus, die nicht ohne weiteres ignoriert werden kann, und erzeugen so in besonderer Weise interaktive „Zugzwänge": Ist erst einmal eine Frage gestellt, ist eine Antwort auf diese Frage sozial nahezu zwingend erforderlich. Die im Rahmen der hier vorliegenden Studie durchgeführten Analysen zielen nun insbesondere darauf, die spezifischen Merkmale der untersuchten Frage-Antwort-Sequenzen zu rekonstruieren, d.h., ihre kontextspezifische Ausgestaltung nachzuvollziehen. Eine Besonderheit der untersuchten Frage-Antwort-Sequenzen besteht dabei darin, dass stets mehrere Lehrer/innen gemeinsam befragt werden. Die Lehrerantworten setzen sich daher in der Regel entweder aus mehreren, von unterschiedlichen Lehrer/inne/n formulierten Antworten zusammen oder stellen gemeinsam produzierte, *kollektive* Antworten dar, die Gülich und Mondada (2008) im Anschluss an Sacks auch als „joint productions" bzw. „collaborative utterances" (S. 45) bezeichnen. Die Interviews sind insofern durch die Notwendigkeit einer doppelten Interaktionsorganisation bzw. eines doppelten Verständigungsprozesses gekennzeichnet: Die Lehrer/innen müssen nicht nur die Frage der Inspektorin oder des Inspektors beantworten, sondern deren Beantwortung auch untereinander koordinieren; die Inspektor/inn/en stellen nicht nur Fragen und warten auf die Antwort, sondern müssen die Antwort ggf. anhand mehrerer Antworten „rekonstruieren". Für die Analyse der Interviews bedeutet das, dass nicht nur die Interaktion zwischen Inspektor/inn/en und Lehrer/inne/n, sondern auch die Interaktion zwischen den Lehrer/inne/n von Bedeutung ist. Vor allem jedoch geht es in den nachfolgenden Rekonstruktionskapiteln darum zu zeigen, dass über die spezifische Art und Weise der Ausgestaltung von Fragen und Antworten in den untersuchten Schulinspektionsinterviews situativ eine pädagogische Ordnung etabliert wird.

Interviewabschluss durch „Highlight-Frage". Den Abschluss jedes der mitgeschnittenen Interviews bildet eine Frage, die im Rahmen dieser Studie als „Highlight-Frage" bezeichnet wird, da sie auf die Darstellung der Stärken der jeweiligen Schule durch die befragten Lehrer/innen zielt. Konkret bitten die Inspektor/inn/en die Lehrer/innen am Ende jedes Interviews darum, das Besondere ihrer Schule zusammenzufassen. Die Frageformulierungen können allerdings variieren; gelegentlich wird auch darum gebeten, Gründe zu nennen, warum sich jemand an der Schule bewerben sollte. Oft erfolgt die Antwort in Form einer „Runde", d.h., alle anwesenden Lehrer/innen werden dazu aufgefordert, sich abschließend noch einmal zu äußern. Der gewählte Interviewabschluss verweist dabei einerseits auf den Anspruch des Schulinspektionsverfahrens, den Schulen „wertschätzend" zu begegnen. Andererseits reproduziert sich in dessen standardisierter und formalisierter Form die starke (Vor-)Strukturierung der Interviewinteraktion, die sich bereits in der bürokratischen Gesprächsführung angedeutet hat. Die in Interviews der qualitativen Sozialforschung übliche Abschlussfrage, ob die Befragten noch etwas ergänzen möchten, wird von den Inspektor/inn/en dagegen – wenn überhaupt – eher *pro forma* gestellt, z.B. indem bereits durch die Frageformulierung deutlich gemacht wird, dass eine Antwort nicht wirklich erwartet wird (z.B. „Wenn Sie nicht noch etwas ergänzen möchten, würde ich das Interview jetzt beenden."). Am Ende des Interviews A/L4 wird diese „allerletzte" Frage allerdings dennoch von den Lehrer/inn/en dazu genutzt, den Interviewstil bzw. die Fragetechnik des Inspektors zu kritisieren und ein eigenes Thema einzuführen. Hierin kommen wiederum die unterschiedlichen thematischen Relevanzsetzungen von Inspektor/inn/en einerseits und Lehrer/inne/n andererseits zum Ausdruck. Auf die spezifische *inhaltliche* (Vor-)Strukturierung der Interviews wird im folgenden Kapitel eingegangen.

5.1.3 Zur inhaltlichen (Vor-)Strukturierung der Schulinspektionsinterviews

Inhaltlich gliedert sich die Befragung der Lehrer/innen in mehrere thematische Blöcke, die den zu evaluierenden Themenbereichen entsprechen. Diese Themenbereiche stellen eine Auswahl aus den Qualitätsbereichen und Qualitätskriterien des Referenzrahmens zur Schulqualität dar. Das in dieser Studie untersuchte Inspektionsverfahren fokussierte in der Erprobungsphase dabei fast ausschließlich auf die Evaluation schulischer Prozessfaktoren; sogenannte Input- oder Outputfaktoren, die in den Referenzrahmen zur Schulqualität meist auch aufgeführt werden, wurden so gut wie nicht thematisiert. Dementsprechend steht in den Interviews das *Reden über die schulische und unterrichtliche Praxis* im Vordergrund. Dieses Reden über die Praxis der Lehrer/innen wird dabei in spezifischer Weise vorstrukturiert: Grundlage der Interviews ist das in den Kapiteln 3.1.2 und 3.1.3 beschriebene Modell „guter Schule", wie es im Kontext der Schulentwicklungs- und Schuleffektivitätsforschung entwickelt wurde. In diesem Modell wird die Schule als rational organisierte pädagogische Handlungseinheit konzipiert. Was diese inhaltliche Vorstrukturierung für die Interview*interaktion* bedeutet, wird in den folgenden Rekonstruktionskapiteln ausführlich gezeigt. In diesem Kapitel soll vorbereitend hierzu lediglich kurz die *formale* Beziehung zwischen Referenzrahmen und Interviewleitfaden erläutert werden.

In der Erprobungsphase des analysierten Inspektionsverfahrens wird im *Interviewleitfaden*, der den Inspektor/inn/en vorliegt, zwischen zwei Fragetypen unterschieden; diese Fragetypen werden in dieser Studie als Eröffnungs- und Nachfragen bezeichnet. Wichtig ist nun, dass sich diese beiden Fragetypen auf unterschiedliche Ebenen des Referenzrahmens zur Schulqualität beziehen (s. Kapitel 3.2.2): Die *Eröffnungsfragen* liegen auf der Ebene der Oberkriterien, die einen Qualitätsbereich inhaltlich spezifizieren, und sollen in wenig vorstrukturierter Form in einen thematischen Aspekt eines Qualitätsbereichs einführen. Sie sollen insofern eine eher freie Erzählung über die thematische schulische bzw. unterrichtliche Praxis in Gang setzen. Die *Nachfragen* sind dagegen den Unterkriterien zugeordnet, über die die Oberkriterien operationalisiert werden, und zielen somit auf die Ebene des Referenzrahmens, auf der die Schulen bewertet werden. Sie sollen im Anschluss an die Eröffnungsfragen gestellt werden und dabei helfen, die Aussagen der Lehrer/innen in Bezug auf die von den Inspektor/inn/en zu bewertenden Unterkriterien zu konkretisieren. Inhaltlich werden die Frage-Antwort-Sequenzen der untersuchten Schulinspektionsinterviews also anhand eines Leitfadens strukturiert, der die in Kapitel 3.2.2 skizzierte „Baumstruktur" der Orientierungsrahmen zur Schulqualität abbildet (vgl. Abbildung 17).

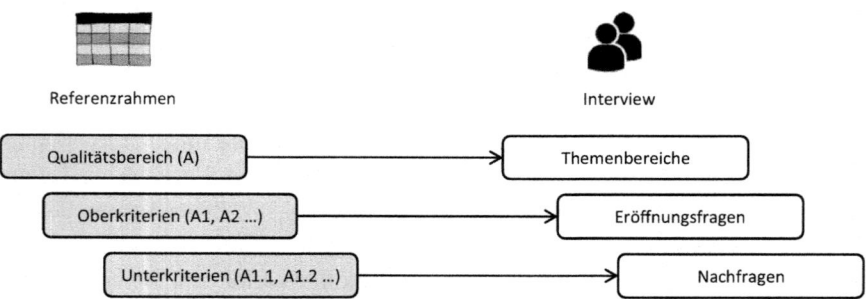

Abb. 17:   Das Verhältnis von Referenzrahmen und Leitfaden (eigene Darstellung)

Aus Sicht der qualitativen Sozialforschung ist allerdings anzumerken, dass auch die Eröffnungsfragen der Inspektionsleitfäden nur bedingt offen formuliert sind. Auch in ihnen werden häufig bereits Setzungen vorgenommen, die dem Modell guter Schule entsprechen, das im Referenzrahmen kodifiziert ist. Zum anderen hat die Inventarisierung der zehn mitgeschnittenen Interviews ergeben, dass die Eröffnungsfragen von den Inspektor/inn/en häufig zugunsten der thematisch bereits recht eng geführten Nachfragen übersprungen werden. Dementsprechend bewegt sich ein Großteil der von den Inspektor/inn/en gestellten Fragen inhaltlich auf der Ebene der Unterkriterien des Qualitätsrahmens. Dies verweist einerseits auf die Notwendigkeit einer (zeit-)effizienten Interviewführung. Andererseits kann dieses Überspringen der Eröffnungsfragen auch bereits als Hinweis darauf interpretiert werden, dass die Lehrer/innen aus Sicht der Inspektor/inn/en einer engeren inhaltlichen Führung bedürfen, um Antworten zu generieren, die mit den Relevanzsetzungen der Schulinspektion kompatibel sind (s. Kapitel 5.2.3).

5.1.4 Zwischenfazit I: Schulinspektionsinterviews als geführte Gespräche

Die Erläuterungen zur Makrostruktur der untersuchten Inspektionsinterviews haben deutlich gemacht, dass die Interviewinteraktion in der Praxis formal und inhaltlich stark vorstrukturiert ist. Diese Vorstrukturierung kommt einerseits in der z.T. sehr bürokratischen, wenn nicht sogar technokratischen Logik der Interviewführung zum Ausdruck. Andererseits sind die Interviews durch eine starke inhaltliche Führung der Lehrerantworten gekennzeichnet, deren Grundlage der Referenzrahmen zur Schulqualität darstellt; an dessen Struktur sind die Interviewleitfäden der Inspektor/inn/en ausgerichtet. Bereits diese enge Kopplung von Referenzrahmen und Interviewleitfaden macht deutlich, dass in den Inspektionsinterviews in spezifischer Weise über die schulische bzw. unterrichtliche Praxis gesprochen werden soll und muss.

Die strukturelle Beschreibung der Inspektionsinterviews macht darüber hinaus deutlich, dass sich neben den hier im Fokus stehenden pädagogisch-vermittelnden Praktiken auch andere Formen der Handlungskoordination in den untersuchten Interviews finden, und zwar insbesondere bürokratische, aber auch prüfende. Das Verhältnis dieser verschiedenen Klassen von Praktiken zueinander wird in den nachfolgenden Rekonstruktionskapiteln an den entsprechenden Stellen thematisiert. An dieser Stelle soll jedoch bereits festgehalten werden, dass die Tatsache, dass sich in den untersuchten Interviews *unterschiedliche Typen von Praktiken* rekonstruieren lassen, nicht unbedingt auf den hybriden Charakter der Interaktion (vgl. Dinkelaker 2008) verweist, z.B. im Sinne einer Vermischung von Funktionen („Entwicklung vs. Kontrolle"). Vielmehr dienen diese Praktiken in ihrer Gesamtheit der (kommunikativen) Konstitution der inspizierten Schule als rational organisierter Handlungseinheit (s. Kapitel 4.2.2). So greifen in Fall 2 vermittelnde, bürokratische und prüfende Praktiken funktional ineinander und ermöglichen so erst die Etablierung einer unterrichtlichen Interaktion. Darüber hinaus ist für die Rekonstruktion der etablierten Interaktionsordnung von entscheidender Bedeutung, worauf sich insbesondere die beobachtbaren prüfenden Praktiken der Inspektor/inn/en beziehen: Sie dienen in den untersuchten Interviewinteraktionen nicht vorrangig der empirischen *Überprüfung* einer schulischen Praxis, sondern der *Vermittlung* und *Einübung* einer spezifischen Form ihrer Darstellung. Auch wenn sich in den Inspektionsinterviews prüfende Praktiken rekonstruieren lassen, bedeutet das also nicht automatisch, dass sich in ihnen ein vorrangig disziplinierender Machttypus im Sinne Foucaults manifestiert (s. Kapitel 2.3), zumindest nicht dann, wenn man diesen Machttypus gleichzeitig an die kontrollierende empirische Erfassung schulischer Wirklichkeit knüpft. Die rekonstruierten prüfenden Praktiken stehen weniger in einem Zusammenhang mit der panoptischen Anpassung der schulischen Praxis an eine präskriptive Norm, sondern flankieren vielmehr Versuche der „regierenden" Etablierung einer spezifischen Form der Selbstführung der befragten Lehrer/innen.

Schließlich wurde deutlich, dass die Inspektionsinterviews in eine Eröffnungssequenz, einen Hauptteil, in dem die eigentliche Befragung stattfindet, und in eine standardisierte Abschlusssequenz gegliedert sind. Auch wenn in der Regel empfohlen wird, bei der Analyse von Gesprächen mit sogenannten „Initialpassagen" (vgl. Deppermann 2008, S. 37) wie z.B. den beschriebenen Intervieweröffnungen zu beginnen, konzentrieren sich die in den folgenden Rekonstruktionskapiteln dargestellten Fälle auf die für den Hauptteil der Interviews typischen Frage-Antwort-Sequenzen. Dies hat zwei Gründe: Da die Aufnahmen der Interviews von den Inspektor/inn/en selbst durchgeführt wurden, wurden sowohl die Intervieweröffnungen als auch die Schlussphasen der Interviews nicht immer (komplett) erfasst, was eine systematische Analyse dieser Gesprächspha-

sen erschwert hat. Da diese Studie jedoch an der Frage nach der spezifischen
(Re-)Organisation von Wissen im Kontext der Schulinspektion ansetzt, ist die
Konzentration der Analyse auf die eigentliche inhaltliche Befragung der Leh-
rer/innen allerdings auch eher unproblematisch. Darüber hinaus hat sich gezeigt,
dass die anhand der Frage-Antwort-Sequenzen rekonstruierte pädagogische Ordnung der Interaktion sich auch in den anderen Gesprächsphasen reproduziert; so
wird anhand des Falls 2 gezeigt, dass die Abschlussfrage nach den Stärken der
Schule zu einer pädagogischen Überprüfung der zuvor „unterrichtlich" erarbeite-
ten Darstellungsweise der schulischen Praxis mutiert. Die formale Gliederung
der Inspektionsinterviews in verschiedene Phasen entspricht also nicht unbedingt
einer funktionalen Ausdifferenzierung.

Bei der *Auswahl* der in den nachfolgenden Kapiteln ausführlich dargestellten
vier Fälle stand im Vordergrund, dass über sie die Bandbreite des empirischen
Materials möglichst gut abgebildet werden kann. Sie stammen aus vier unterschiedlichen Interviews, die von vier verschiedenen Inspektor/inn/en an drei
Schulen geführt wurden. Auch die Themen, über die gesprochen wird, variieren
(Unterricht vs. Qualitätsmanagement), ebenso die Interviewdynamik (kooperie-
rend vs. konfrontativ). Gleichzeitig lässt sich über die vier Fälle das Spektrum
pädagogischer Praktiken, die sich in den untersuchten Interviews finden, gut darstellen.

5.2 Die Herstellung von Passung im Sprechen über Schule als zentrales Bezugsproblem der Interaktion (Fall 1)

Die Darstellung des ersten Falls[68] übernimmt für die Argumentation dieser Studie drei Funktionen. Zum einen dient sie dazu, die konstitutiven Elemente der
untersuchten Interviewinteraktion, die z.T. bereits im vorangegangenen Kapitel
skizziert wurden, exemplarisch am empirischen Material herauszuarbeiten. Zum
anderen wird am Beispiel des Falls 1 gezeigt, worin das zentrale Bezugsproblem
der Interaktion besteht, nämlich in der Herstellung von Passung im Sprechen
über Schule. Schließlich lässt sich anhand dieses ersten Falls auch bereits zeigen,

---

[68] Als Fall wird hier im Anschluss an das konversationsanalytische Fallverständnis eine Sequenz
aus dem zugrundeliegenden Material verstanden, die eine thematische bzw. handlungslogische
Einheit bildet (vgl. Deppermann 2008, S. 36). In dieser Studie bestehen die Fälle dementsprechend aus einzelnen Frage-Antwort-Sequenzen.

dass dieses interaktive Bezugsproblem von Seiten der Schulinspektion pädagogisch bearbeitet wird: Zum einen werden die befragten Lehrerinnen durch die vorgegebene Leitfadenfrage pädagogisch adressiert, zum anderen findet eine „mäeutische" Nachbearbeitung der Lehrerantwort durch die Inspektorin statt. Die Argumentation dieser Studie kann also an diesem ersten Fall vollständig entwickelt werden. Dazu wird eine Frage-Antwort-Sequenz aus dem Interview C/L1 rekonstruiert. Dieses Interview stammt aus einer Verbundschule, d.h. aus einer Schule, die mehrere Schultypen unter einem Dach vereint. Speziell im Interview C/L1 wird eine Gruppe von Grundschullehrerinnen befragt. Das Interview wird von der Inspektorin Iw1 geführt; eine zweite Inspektorin (Iw2) protokolliert das Gespräch. Das Interview verläuft insgesamt eher ruhig, die Lehrerinnen zeigen sich „kooperativ"; explizite Kritik am Verfahren allgemein oder dem situativen Vorgehen der Inspektorinnen, wie sie in anderen Interviews durchaus vorkommt, wird nicht geäußert. Inhaltlich geht es in der im Fokus stehenden Sequenz um die aktive Mitgestaltung von Unterricht durch die Schüler/innen.

Im Folgenden wird zunächst herausgearbeitet, dass in der analysierten Sequenz unterschiedliche Sprecherpositionen konstituiert werden, die sich entweder auf das Konzept von Schule als pädagogischer Handlungseinheit oder aber auf das Konzept der Lehrerautonomie beziehen (5.2.1). Danach wird rekonstruiert, wie Themen durch die Inspektorin in das Gespräch eingeführt werden (5.2.2). Dabei wird insbesondere noch einmal der bereits in Kapitel 5.1.3 thematisierte enge Bezug zwischen Gesprächsführung und Orientierungsrahmen zur Schulqualität am Material aufgezeigt. Anhand der spezifischen Ausgestaltung der Interviewfrage wird anschließend gezeigt, dass die untersuchte Interaktion durch (pädagogische) Normalisierungspraktiken strukturiert wird (5.2.3): Es geht in der analysierten Sequenz nicht darum, empirisch zu überprüfen, ob die Unterrichtspraxis der befragten Lehrerinnen mit den normativen Vorgaben der Schulinspektion übereinstimmt, sondern es wird versucht, das unterrichtliche Wissen der Lehrerinnen mithilfe pädagogischer Praktiken entlang der normativen Vorgaben der Schulinspektion zu (re-)organisieren. Im weiteren Verlauf der Sequenz wird die Interviewsituation allerdings zunächst sowohl von der interviewenden Inspektorin als auch von den befragten Lehrerinnen als Überprüfung der Einhaltung von Standards inszeniert (5.2.4). Gegen Ende der Sequenz zeigt sich jedoch, dass das eigentliche Bezugsproblem der Interaktion in der nachträglichen Herstellung einer Passung im Sprechen über Schule besteht (5.2.5). Dazu bedient sich die Inspektorin mäeutischer Praktiken, durch die das implizite Wissen der Lehrerinnen in der sozial erwünschten Weise „hervorgebracht" wird. Das Kapitel endet mit einem Zwischenfazit, das zu den pädagogischen Figuren überleitet, die mithilfe der folgenden drei Fallrekonstruktionen herausgearbeitet werden (5.2.6).

5.2.1 „Handlungseinheit Schule" und „Lehrerautonomie" als Sprecherpositionen

Im Vordergrund der Analyse der Sequenz „Schüleraktivierung" des Interviews C/L1 stand zunächst die Rekonstruktion der Einführung von Gesprächsthemen durch die Inspektorin. Die Analyse fokussierte dementsprechend auf den Übergang von einem Themenbereich zum nächsten. Es hat sich jedoch gezeigt, dass sich an diesem Übergang auch typische Sprecherpositionen nachzeichnen lassen, die durch die Fragen der Inspektor/inn/en und die Antworten der Lehrer/innen in den Interviews regelmäßig etabliert werden.

Die Sequenz setzt gegen Ende eines Themenkomplexes ein, in dem es um Kompetenzen von Schüler/inne/n geht. Die Inspektorin hat zunächst danach gefragt, wie die Lehrerinnen methodische Kompetenzen im Unterricht fördern und bezieht sich dabei auf ein von den Lehrerinnen bereits erwähntes Methodentraining. Im Verlauf der Beantwortung dieser Frage durch die Lehrerinnen stellt die Inspektorin dann die folgenden Nachfragen:

Iw1:   wie sehen Sie die VerBINDlichkeit (.) dieser (1) dieses Konzepts?
         ((...))[69]
Iw1:   bei der Weiterentwicklung, machen Sie das unter SICH oder sind da
         auch andere (.) mit (.) EINbezogen?[70]

---

[69]   Es wurde versucht, die Rekonstruktionskapitel möglichst leserfreundlich zu gestalten; dementsprechend fokussiert die Darstellung auf die wesentlichen Aspekte der Interpretation und enthält gelegentlich Auslassungen.

[70]   Die Regeln der Transkription werden im Anhang beschrieben. An dieser Stelle daher nur einige erläuternde Anmerkungen: Die Zeichensetzung folgt der Intonation und nicht der Grammatik; es wurde daher auf die Großschreibung an „Satzanfängen" verzichtet. Die Sprechersiglen wurden nach den folgenden Prinzipien vergeben: *Im* bzw. *Iw* stehen für einen Inspektor bzw. eine Inspektorin, *Lm* bzw. *Lw* dementsprechend für eine männliche bzw. weibliche Lehrperson. Äußern sich mehrere Personen gleichzeitig – insbesondere non-verbal, z.B. durch Lachen – wird dies

Die erste Nachfrage greift inhaltlich die „neue" Adressierung schulischer Akteure auf, wie sie in den Orientierungsrahmen zur Schulqualität kodifiziert ist (s. Kapitel 3.2.2): Die Frage nach der *Verbindlichkeit* des Methodentrainings ist eine Frage nach dem Grad der organisationalen Kohärenz der pädagogischen Handlungseinheit Schule. Mit der zweiten Nachfrage führt die Inspektorin eine Unterscheidung ein; sie möchte wissen, ob die Lehrerinnen die Weiterentwicklung des Methodentrainings „unter sich" ausmachen oder ob „da auch andere mit einbezogen [sind]". Da hier eindeutig zwei Antwortalternativen angeboten werden, der Sprechakt also einer Entweder-Oder-Logik folgt, kann es sich bei der aufgemachten Unterscheidung nicht um die Differenz *allein/gemeinschaftlich* handeln; sowohl bei der ersten Alternative als auch bei der zweiten wird nämlich ein kollektives Geschehen thematisiert. Der Sprechakt muss insofern auf die Differenz *informell/formal* bzw. *kollegial/schulisch* verweisen. Die Inspektorin führt hier also eine Unterscheidung zwischen einer eher informell-kollegialen Praxis und einer Praxis der schulischen bzw. in diesem Fall sogar schulartübergreifenden Kooperation ein und markiert somit implizit zwei einander gegenüberstehende Sprecherpositionen: *Je nachdem, welche Option die Lehrerinnen wählen, bedienen sie entweder das „neue" Konzept von Schule als pädagogischer Handlungseinheit oder das traditionelle Professionsverständnis der Lehrerautonomie.*

An die zweite Nachfrage schließt sich eine längere Antwortsequenz an, in der unterschiedliche Lehrerinnen zu Wort kommen. Eine Lehrerin (Lw1) berichtet, dass es Fortbildungen zum Thema „methodische Kompetenzen" an der Schule gegeben habe, eine andere (Lw4), dass ein pädagogischer Tag zu diesem Thema geplant sei. Es werden also zunächst zwei Beispiele für eine formal-überindividuelle Praxis der Weiterentwicklung der Förderung methodischer Kompetenzen bei Schüler/inne/n benannt und die Frage somit in sozial erwünschter Weise beantwortet. Damit ist die Antwort jedoch nicht beendet, sondern das bisher Gesagte wird von Lw2 und Lw1 folgendermaßen ergänzt:

durch die Dopplung des Akteurgruppenkürzels angezeigt (z.B. *LL*). Die Lehrer/innen wurden aus pragmatischen Gründen gemäß der Reihenfolge ihres Auftretens in der aktuellen Sequenz durchnummeriert. Gleiche Nummerierungen in unterschiedlichen Sequenzen stehen daher für *unterschiedliche* Lehrer/innen. Die Siglen der Inspektor/inn/en sind dagegen personengebunden, um verdeutlichen zu können, dass die rekonstruierten Gesprächspraktiken nicht lediglich auf individuelle Faktoren zurückzuführen sind. Konnte eine Äußerung nicht eindeutig zugeordnet werden, wird die Nummer in der Sigle durch ein Fragezeichen ersetzt (z.B. *Lw?*). Dies kommt aufgrund der Gruppengröße und der sich daraus ergebenden komplexen Gesprächsdynamik z.T. häufiger vor, insbesondere bei Einwürfen.

Lw2:   *und dann is der Austausch auch (.) ZWISCHEN den Parallelkolleginnen ist (.) auch meist äh ((atmet pfeifend aus)) ganz gu- also bei uns jedenfalls ganz GUT so dass man sich dann auch noch über (.) einzelne Methoden äh [Iw1: h=hm] dann (.) im DETAIL [Iw1: h=hm] auch [Iw1: h=hm] gegenseitig [Iw1: h=hm h=hm h=hm] informiert oder auch (.) ja (.) gegenseitig ABspricht.*

Iw1:   *h=hm.*

Lw1:   *ja (und auch) bespricht was (.) is GUT gelaufen [Iw1: h=hm.] oder so während dem Unterricht [Lw2: h=hm] =also ich denk das ist [Lw2: ja] GANZ wichtig dass man paraLLEL (.) [Lw2: Parallelgruppen] die Gespräche hat (.) und dass man DA dann des äh ja bespricht was lief jetzt GUT in der Woche oder was EIGNET sich [Iw1: ja] als METHODENtraining (1) ergibt sich ja mal im UNterricht [Iw1: ja] dass man sagt Mensch ((schlägt auf den Tisch)) wie kann ich jetzt das trainieren [Iw1: h=hm] so*

Lw2 berichtet hier, dass sich die „Parallelkolleginnen", also die Lehrerinnen, die Parallelklassen einer Klassenstufe unterrichten, in Bezug auf einzelne Methoden austauschen, gegenseitig informieren und absprechen. Lw1 bestätigt die von Lw2 beschriebene Praxis und ergänzt sie um ein evaluatives Element: Die Kolleginnen tauschten sich auch dahingehend aus, was gut gelaufen sei, welche Methoden sich eigneten und welche Methoden man zusätzlich brauche („Mensch […] wie kann ich jetzt das trainieren"). Durch dieses evaluative Element bindet sie die schulische Praxis konkreter als Lw2 an die Frage der Inspektorin nach deren Weiterentwicklung zurück. Gemeinsam ist den beiden Äußerungen jedoch, dass sie sich nun auf eine eher informelle Praxis beziehen. Die Weiterentwicklung des Methodentrainings erscheint dabei einmal als Nebenprodukt des normalen kollegialen Austauschs („ergibt sich ja mal im UNterricht",), der darüber hinaus von den persönlichen Beziehungen der Kolleginnen abhängt; darauf verweist die Formulierung von Lw2, der Austausch sei „bei uns jedenfalls ganz GUT". Bei Lw1 mutiert die beschriebene Praxis dann zu einem eher abstrakten allgemeinen Handlungsideal, indem sie postuliert, dass ein kollegialer Austausch prinzipiell wünschenswert sei („ich denk das ist […] GANZ wichtig"). Die Weiterentwicklung des Methodentrainings wird von den beiden Lehrerinnen hier insofern nicht als geplanter (gesamt-)schulischer Prozess dargestellt, sondern erscheint eher als Zufallsprodukt des Unterrichtsalltags, vielleicht sogar lediglich als eine Idealvorstellung.

Damit wäre ein erstes konstitutives Element der untersuchten Interviewinteraktion benannt, nämlich die Etablierung unterschiedlicher, aber typischer Sprecherpositionen, die an jeweils spezifische Vorstellungen von „guter" Schule gekoppelt sind: Während die Fragen der Inspektor/inn/en in der Regel auf das Konzept von Schule als pädagogischer Handlungseinheit verweisen, sind die Lehrerantworten häufig durch ein Professionsverständnis strukturiert, das am Konzept der Lehrerautonomie bzw. am Prinzip der pädagogischen Freiheit orientiert ist. Die bisherige Analyse macht außerdem deutlich, dass nicht davon ausgegangen werden kann, dass die befragten Lehrerinnen diesbezüglich eine konsistente Antwort formulieren, sondern dass sich innerhalb der Antworten logische Brüche ergeben können, die dadurch entstehen, dass durch unterschiedliche Vorstellungen von „guter Schule" strukturierte Sprecherpositionen eingenommen werden. Diese typischen Sprecherpositionen lassen sich auch anhand der anderen drei Fälle rekonstruieren, die in den folgenden Kapiteln dargestellt werden. In ihrer Synchronisierung besteht eine der wesentlichen Herausforderungen der untersuchten Interviewinteraktion. Die Analyse folgt nun dem weiteren Gesprächsverlauf und fokussiert im nächsten Abschnitt auf die Frage, wie Themen durch die Inspektor/inn/en in das Gespräch eingeführt werden.

5.2.2   Die setzende Einführung von Themen

Schon während der im vorangegangenen Abschnitt protokollierten Antworten von Lw2 und Lw1 äußert die Inspektorin verstärkt Hörer- bzw. Rezeptionssignale, die sie zum Teil durch Wiederholungen mit einer deutlichen Emphase belegt („h=hm h=hm h=hm"). Dies weist darauf hin, dass für sie die Frage nach der Förderung methodischer Kompetenzen ausreichend beantwortet ist und sie die Sprecherrolle wieder übernehmen möchte.[71] Dies geschieht dann auch. Die Sequenz setzt sich folgendermaßen fort:

---

[71]   Nach Kallmeyer (1978) signalisieren vielfach hervorgehobene Rezeptionssignale „ich habe schon verstanden/du brauchst nicht weiterzusprechen/ich bin redebereit" (S. 211).

(1)

Iw1: *(gut) ((atmet ein)) (2) dann käm ich zum weiteren BEREICH, was Lehr- und Lernprozesse an äh geht*

Die Inspektorin nutzt die Pause, die nach der letzten Äußerung von Lw1 entsteht, und sichert sich die Sprecherrolle mit dem Gliederungssignal „gut", das das vorangegangene Thema beschließt. Nach einer weiteren Pause erklärt sie, „dann" zu einem „weiteren BEREICH" kommen zu wollen. Dem Analyseschritt der Kontextanalyse folgend (vgl. Deppermann 2008, S. 62–67) geht es nun darum zu rekonstruieren, wie sich die Inspektorin auf die vorangegangene Interaktion bezieht und welchen Kontext sie mit dem von ihr neu eingeführten Fokus aufruft, d.h., wie sie das neue Thema „lokalisiert".[72]

Die Konversationsanalyse geht davon aus, dass in Gesprächen generell das *Prinzip der lokalen Kohärenz* (vgl. Sacks 1987) gilt, was bedeutet, dass „[d]ie unmittelbar vorangehende Äußerung den Bezugrahmen für die gegenwärtige Äußerung [bildet], sofern nicht ausdrücklich angezeigt wird, dass eine andere Äußerung den relevanten Kontext darstellt" (Deppermann 2008, S. 64). Vor diesem Hintergrund vollzieht die Inspektorin hier einen relativ radikalen Fokuswechsel (vgl. Kallmeyer 1978), da sie nicht noch einmal inhaltlich auf die Äußerungen der Lehrerinnen eingeht. Im konjunktivischen Gebrauch des Wortes „kommen" („käm") deutet sich zwar eine Höflichkeitsgeste an („wenn es Ihnen recht ist"), die den inhaltlichen Bruch glätten soll, diese bleibt jedoch unausgesprochen. In dem hier vorliegenden Fall tritt insofern genau das ein, was im zweiten Teil des obigen Zitats von Deppermann angedeutet wird: Die Inspektorin knüpft nicht an die unmittelbar vorangegangenen Äußerungen der Lehrerinnen an, sondern ruft für ihre Äußerungen einen anderen Kontext auf, durch den sie das Prinzip der lokalen Kohärenz aufhebt. Ihre Bezugnahme auf einen „weiteren BEREICH" verweist dabei auf ein der Interaktion zugrundeliegendes *Schema*, das das Gespräch *extern strukturiert.* Im Anschluss an die strukturelle Beschreibung der Schulinspektionsinterviews in Kapitel 5.1 lässt sich diese externe Struktur auch leicht konkretisieren, nämlich als Interviewleitfaden, der

---

[72] „Mit dem Begriff ‚Lokalisierung' soll die Tatsache bezeichnet werden, dass die Initianten die von ihnen einzuführenden Foki jeweils in einen bestimmten Zusammenhang stellen. Sie manifestieren Anknüpfungspunkte oder Bezugsrahmen, wenn auch zum Teil relativ formal" (Kallmeyer 1978, S. 223).

wiederum durch den Orientierungsrahmen zur Schulqualität strukturiert wird. Die von der Inspektorin gewählte Formulierung suggeriert dabei, dass es sich bei dem von ihr vorgenommenen Fokuswechsel um eine Verschiebung innerhalb des Themas „Lehr- und Lernprozesse" handelt; Abbildung 18 verdeutlicht jedoch, dass sie de facto zwischen zwei Oberkriterien innerhalb des Qualitätsbereichs „Unterricht" wechselt, der in der Pilotierungsphase des untersuchten Inspektionsverfahrens u.a. die Aspekte „(über-)fachliche Leistungen" und „Gestaltung von Lehr-Lern-Prozessen" umfasste. Konkret soll es im Interview jetzt also nicht mehr um Kompetenzen von Schüler/inne/n, sondern um die Unterrichtsgestaltung der Lehrerinnen gehen.[73]

Referenzrahmen		Interview
Qualitätsbereich	Oberkriterien	Themenwechsel
Unterricht	(über-) fachliche Leistungen	*bei der Weiterentwicklung [des Methodenkonzepts, M.L.], machen Sie das unter sich oder sind da auch andere mit einbezogen*
	Gestaltung von Lehr-Lern-Prozessen	*dann käm ich zum weiteren BEREICH, was Lehr und Lernprozesse an äh geht*

Abb. 18:   Themenwechsel (eigene Darstellung)

Den eigentlichen Bezugspunkt der Inspektorin stellen somit nicht die gemeinsame Interaktion oder das bisherige Thema, sondern der Leitfaden und damit der Referenzrahmen zur Schulqualität dar. Damit reproduziert sich im empirischen Material die bereits in der strukturellen Beschreibung der Interviews postulierte enge Kopplung zwischen Referenzrahmen und Gesprächsführung: Die Frage der Inspektorin erhält ihre Legitimation nicht aus dem Gesprächszusammenhang heraus, sondern allein über ihren Bezug zur Struktur des Referenzrahmens. Die Art und Weise, in der die Inspektorin hier ein neues Thema einführt, kann im Anschluss an konversationsanalytische Konzepte insofern als eine spezielle

---

[73] Die Unschärfe dieses Themenwechsels kann ebenfalls als Hinweis auf die externe Strukturierung des Gesprächs gewertet werden; gerade die „falsche" Einordnung des neuen Themas in die Struktur des Qualitätsrahmens würde dann für die prinzipielle Orientierung der Inspektorin am Qualitätsrahmen sprechen. Darüber hinaus könnte interpretiert werden, dass durch die Unschärfe des Themenwechsels „latent" der Eindruck eines (erneuten) Themenwechsels vermieden bzw. die Tatsache des Themenwechsels abgemildert wird, z.B. um nicht zu viel Emphase auf das womöglich heikle Thema der Unterrichtsgestaltung zu legen.

Form der *Selbstkohärenz* (vgl. Deppermann 2008, S. 65) beschrieben werden. Diese Form der Aufhebung des Prinzips der lokalen Kohärenz ist eigentlich dadurch gekennzeichnet, dass die sprechende Person an ihre letzte eigene Äußerung statt an die ihres Vorredners oder ihrer Vorrednerin anknüpft. In diesem Fall bezieht sich die Inspektorin jedoch nicht unmittelbar auf sich selbst, sondern auf den Leitfaden, über den sie die Interviewinteraktion strukturiert. Die Einführung des neuen Themas vollzieht sich hier also über die Aufhebung des Prinzips der lokalen Kohärenz durch Leitfadenkohärenz; man könnte auch sagen: *Sie erfolgt in Form einer Setzung.*

In der sich hier zeigenden Orientierung an der Exekution eines vorgegebenen Schemas kommt zum einen der ebenfalls bereits in Kapitel 5.1 beschriebene *bürokratische Charakter* der Interviewinteraktion zum Ausdruck: Es geht hier offensichtlich darum, eine Reihe von Themen „abzufragen" und „abzuhaken". Sprachlich drückt sich das in dem von der Inspektorin verwendeten Fokuswechseloperator „dann" aus (vgl. Kallmeyer 1978), der eine Reihung von Themen anzeigt.[74] Ebenso wie selbstkohärente Anschlüsse auch verweist die rekonstruierte Leitfadenkohärenz zum anderen auf „rollengebundene Asymmetrien" (Deppermann 2008, S. 65). Das in vielen offiziellen Darstellungen deutscher Inspektionssysteme vertretene Ideal eines kollegial-egalitären Peer Reviews stößt hier somit praktisch an seine Grenzen: Unabhängig davon, ob die Inspektorin und die Lehrerinnen programmatisch als „Peers" konzipiert werden, ist die Interviewpraxis durch *Asymmetrien* gekennzeichnet, die insbesondere aus der ungleich verteilten Möglichkeit entstehen, das Gespräch inhaltlich zu strukturieren und dessen Verlauf zu überblicken. Der Referenzrahmen übernimmt dabei tendenziell die Funktion einer *hidden agenda* (vgl. Drew und Heritage 1992b, S. 50).

Diese einseitige thematische Strukturierung der Interviewsituation mag aufgrund des Kontextes der Interaktion nicht weiter überraschen. Die Spezifik der hier verwendeten evaluativen Fragetechnik, man könnte auch sagen: deren „Originalität", ist damit jedoch noch nicht erschöpfend rekonstruiert. Diese geht, wie anhand des nächsten Sequenzabschnittes gezeigt wird, über ein einseitiges, „bürokratisches" Setzen von Themen hinaus. Die setzende Einführung von Themen ist vielmehr eine Voraussetzung für die Normalisierung schulischer Praxis im Kontext der Schulinspektion.

---

[74] Hier zeigt sich insofern auf Ebene der Steuerungs*praxis*, dass sich eine „neue" Steuerung des Schulsystems und bürokratische Vorgehensweisen nicht ausschließen (s. Kapitel 3.1.4).

5.2.3   Die (pädagogische) Normalisierung des Sprechens über Schule
        im Kontext der Schulinspektionsinterviews

Der Themenwechsel, der sich im vorangegangenen Abschnitt bereits angekündigt hat, wird im weiteren Verlauf der Sequenz endgültig vollzogen, indem die Inspektorin eine konkrete Frage zu einem neuen Thema stellt:

> *wie können Schülerinnen und Schüler im ak- (.) akTIV Unterricht mit-*
> *gestalten?*

Dass Iw1 hier ohne Pause fortfährt, unterstreicht noch einmal ihren „natürlichen" Strukturierungsanspruch: Die im vorhergehenden Sequenzabschnitt herausgearbeitete Höflichkeitsgeste („käm" im Sinne von „wenn es Ihnen recht ist") verbleibt auf der rhetorischen Ebene, da die Inspektorin den Themenwechsel praktisch vollzieht, ohne die Zustimmung der Lehrerinnen abzuwarten. Deren Einverständnis zur Strukturierung des Gesprächs durch Iw1 wird also stillschweigend vorausgesetzt.

Inhaltlich möchte Iw1 von den Lehrerinnen wissen, wie die Schüler/innen den Unterricht aktiv mitgestalten können. Wie im Kapitelabschnitt zuvor ist auch hier die zentrale Frage der Analyse, welchen Kontext die Inspektorin mit ihrer Äußerung aufruft. Dieser lässt sich zunächst wiederum formal bestimmen: Es handelt sich um eine Frage, die die Inspektorin fast wörtlich dem Leitfaden entnimmt. Hierauf deutet auch die Formulierungshemmung hin, mit der sie zu kämpfen hat. In der Frage setzt Iw1 zunächst mit „im" an, korrigiert sich dann aber selbst und wechselt zum Ausdruck „aktiv", wobei sie das Wort zweimal ansetzt. Diese Konstruktionsabbrüche deuten auf eine momentane Orientierungslosigkeit der Inspektorin hin („Wo bin ich gerade?"),[75] die wiederum auf die externe Strukturierung der Interviewsituation verweist. Die Inspektorin bezieht sich hier wohl zunächst irrtümlich auf die Formulierung „im Unterricht", die im Leitfaden mehrfach im Zusammenhang mit dem zuvor behandelten Thema der überfachlichen Kompetenzen von Schüler/inne/n auftaucht. Diese sollen dem Orientierungsrahmen zur Schulqualität zufolge stets „im Unterricht" vertieft werden.

---

[75]   „Konstruktionsabbrüche geschehen (wie Wiederholungen) oft dann, wenn ein Sprecher verwirrt, abgelenkt oder erregt ist [...]. Eine syntaktische Fehlplanung kann psychologisch auch dadurch erklärt werden, dass wichtige Teile ‚nach vorne drängen', also früher gesagt werden, als es ihre syntaktische Ordnung erlaubt" (Schwitalla 2006, S. 122).

Die Handhabung des Leitfadens folgt dabei dem Muster, das bereits in Kapitel 5.1 skizziert wurde: Die Inspektorin *überspringt die Eröffnungsfrage*, mit der zunächst die Gestaltung der unterrichtlichen Lehr-Lern-Prozesse in allgemeiner Form thematisiert werden soll, und beginnt stattdessen gleich mit einer Nachfrage, die auf der Ebene der Unterkriterien des Referenzrahmens zur Schulqualität angesiedelt ist (s. Abbildung 19).

Referenzrahmen		Leitfaden	Frageimpuls Interview C/L1
Qualitätsbereich „Unterricht" (X)	Oberkriterium (X.1): Gestaltung von Lehr-Lern-Prozessen	Einleitung Themenbereich	*dann käm ich zum weiteren BEREICH, was Lehr und Lernprozesse an äh geht*
		Eröffnungsfrage	
	Unterkriterium (X.1.1): Aktive Mitgestaltung des Unterrichts durch Schüler/innen	Nachfrage	*wie können Schülerinnen und Schüler im ak- (.) akTIV Unterricht mitgestalten?*

Abb. 19: Das Überspringen der Eröffnungsfrage (eigene Darstellung)

Mit dieser formalen Explikation des Fragekontextes ist die Kontextanalyse des Sprechakts jedoch noch nicht abgeschlossen. Im Folgenden geht es nun darum, die expliziten und impliziten Kontexte, die mit der Interviewfrage aufgerufen werden, „from within" zu rekonstruieren (vgl. Bergmann 1994, S. 8). Dazu wird nun näher auf die inhaltlichen und grammatikalischen Besonderheiten der Frage sowie auf die durch sie erzeugten Folgeerwartungen eingegangen.

Durch das Überspringen der Eröffnungsfrage wird eine inhaltliche Engführung des Themas vorgenommen und das Gespräch so auf eine spezifische Form der Unterrichtsgestaltung *fokussiert*: Die Frage verweist relativ eindeutig auf eine *normative* Vorstellung in Bezug auf die Gestaltung von Unterricht; dieser soll offensichtlich die aktive Mitgestaltung durch die Schüler/innen ermöglichen. Dies wird auch noch einmal deutlich, wenn man die Frage grammatikalisch betrachtet: Es handelt sich bei ihr um eine sogenannte *Ergänzungsfrage*. Diese werden dann gestellt, „wenn nur Teile eines Sachverhalts bekannt sind und Fehlendes ergänzt werden soll: Man fragt nach dem, was unbekannt oder unbestimmt ist" (Flämig 1991, S. 214). Als Antwort erwarten sie dementsprechend die Ergänzung der Sachverhaltsbeschreibung: „Der Gefragte soll die unbekannte oder unbestimmte Teilvorstellung nennen" (ebd., S. 215). Ergänzungsfragen werden dabei durch Fragewörter eingeleitet, die nach einem bestimmten Typ von Information fragen. Die Inspektorin verwendet in diesem Fall das Fragewort „wie", mit dem nach der Art und Weise eines Sachverhalts oder Vorgangs gefragt wird. Durch diese Einleitung der Frage wird die Form der thematischen Unterrichtsgestaltung, d.h. die Art und Weise, in der sich diese vollzieht, festgelegt. Fraglich ist hier dementsprechend nicht, *welche* Unterrichtsformen es gibt oder *ob* Unterricht durch die aktive Mitgestaltung von Schüler/inne/n gekennzeichnet ist oder sein sollte, sondern lediglich die *Umsetzung* eines schüleraktivierenden Unterrichts. Diese inhaltliche Vorstrukturierung der Antwort wird durch die im vorangegangenen Abschnitt beschriebene setzende Einführung des Themas zusätzlich begünstigt: Gesetzt wird hier nicht nur ein Thema, sondern auch die Art und Weise, in der der thematische Sachverhalt thematisiert werden soll. Im Anschluss an Przyborski (2004) könnte man daher auch von einer *Frage mit propositionalem Gehalt* sprechen, d.h. von einer Themeninitiierung, die die (richtige) Bearbeitungsweise des Themas bereits vorgibt (vgl. S. 67–68; s. auch Kapitel 4.2.3).

Um die Funktion der Frage für den praktischen Vollzug der Interaktion zu rekonstruieren, erscheint es an dieser Stelle zunächst außerdem sinnvoll zu klären, welche *Folgeerwartungen* (vgl. Deppermann 2008, S. 68–70) mit ihr erzeugt werden, d.h., welche Reaktion sie auf Seiten der Lehrerinnen impliziert.[76] Auch dies lässt sich relativ leicht rekonstruieren: Die Frage legt nahe, dass die adressierten Lehrerinnen *Beispiele* für eine Schüleraktivierung im Unterricht aufzählen. Damit lässt sich nun jedoch auch rekonstruieren, um welchen Typ von Sprachhandlung es sich bei der Frage genau handelt: Der Inspektorin muss hier ein *Antwortkonzept* vorliegen, d.h., sie muss eine Vorstellung davon haben, welche Antworten „richtig" und welche „falsch" sind. Ansonsten macht eine Aufzählung von Beispielen durch die Lehrerinnen an dieser Stelle wenig Sinn. Genau dieses Vorhandensein eines vorgängigen Wissens um die richtige Antwort, d.h., das Fragen ohne tatsächlichen Informationsbedarf, hat Searle (1983) jedoch zum wesentlichen Unterscheidungskriterium von „echten" Fragen und Prüfungsfragen bestimmt: „Es gibt zwei Arten von Fragen, nämlich (a) wirkliche

---

[76]   „Sie [die Folgeerwartungen; M.L.], eröffnen qualifizierte Leerstellen (‚slots'), die durch einen Beitrag gefüllt werden können (‚filler'), der den Anforderungen genügt, die durch den vorangegangenen Beitrag festgelegt wurden" (Deppermann 2008, S. 68).

Fragen und (b) Prüfungsfragen. Bei wirklichen Fragen geht es S um die Antwort, bei Prüfungsfragen will S wissen, ob H die Antwort weiß" (S. 103). Es handelt sich bei der hier analysierten Interviewfrage also um eine *Prüfungsfrage*, bei der es weniger um die empirische Generierung von Evidenzen geht, sondern um die Prüfung des Vorhandenseins eines bestimmten Wissens bei den Lehrerinnen. Entscheidend für den zu rekonstruierenden Modus der Handlungskoordination ist jedoch, worauf sich die Prüfung in der analysierten Sequenz bezieht, was genau also der *Gegenstand der Prüfung* ist.

Berücksichtigt man den empirischen Kontext der Interaktion, also dass die Interviews dazu dienen, die schulische und unterrichtliche Praxis zu bewerten, dann ist eigentlich davon auszugehen, dass die Lehrerinnen die implizit geforderten Beispiele aus ihrer Unterrichtspraxis ableiten sollen, also solche Beispiele aufzählen sollen, durch die sie belegen können, dass sich ihre Unterrichtspraxis an der vorgegebenen Norm orientiert. Vor diesem Hintergrund ist nun jedoch interessant, dass die Interviewfrage, nimmt man sie wörtlich, keinerlei Bezug zu einer konkreten unterrichtlichen Praxis herstellt, z.B. indem die Lehrerinnen persönlich adressiert werden („Wie können Schülerinnen und Schüler *bei Ihnen* aktiv Unterricht mitgestalten?"). Die Frage bewegt sich vielmehr auf einer theoretischen Ebene; sie könnte beispielsweise in einem Seminarkontext gestellt werden, in dem es darum geht, mit Studierenden unterschiedliche Formen der Unterrichtsgestaltung zu erarbeiten. Sie würde dann darauf abzielen, das Vorwissen der Studierenden zu explizieren. Die Analyse ist nun also auf der Ebene der impliziten Kontexte der Frage angekommen (vgl. Deppermann 2008, S. 65–66): Thematisiert wird hier ein Unterrichts*konzept*, nicht eine konkrete unterrichtliche Praxis.[77] Gleichzeitig wird mit der Frage eine *Didaktisierung* des aktuellen The-

---

[77] Eine solche theoretische Erörterung der normativen Vorgaben der Schulinspektion wird vom Inspektor Im1 im Interview B/L2 sogar explizit angeregt (00:27:21-00:28:09):

    Im1: *gut dann (.) verlassen wir diesen Bereich Lehr und Lernprozesse und der nächste Bereich (.) wäre das Qualitätsmanagement das ist ja dieser verPFLICHTENDE Teil (.) bei der (.) [interne Bezeichnung Schulinspektion] (.) da heißt's in Kriterium EINS geht's um die (.) SELBSTevaluation wie Schulen SELBSTevaluation durchführen (1) und da ist die erste Frage wenn Sie Selbstevaluationen MACHEN ich glaub Sie ham noch keine gemacht, gäh?*

    Lm?: *nee*

    Im1: *nee (2) dann hieße die Frage welche Grundsätze ((Lachen LL,) sind ((lautes Lachen LL)) für SIE bei der Durchführung von Selbstevaluationen WICHTIG, welche GRUNDsätze [(unverständlich)*

    Lw?: *[ham wir noch nicht gemacht*

mas vorgenommen, wie sie für schulische bzw. verschulte Kontexte typisch ist: Die wörtliche Interpretation der Frage legt nahe, dass die adressierten Lehrerinnen sich das thematische Unterrichtskonzept durch die Sammlung von Beispielen *sukzessive* erarbeiten sollen (vgl. Hausendorf 2008). Die Interviewfrage wird also implizit durch genau jene Früher-Später-Zeitdifferenz strukturiert, die Prange zufolge typisch für die pädagogische Artikulation bzw. die Inszenierung des pädagogischen Zeigens ist (vgl. Prange 2012, S. 119; Hausendorf 2008; s. Kapitel 4.3.2).

Vor diesem Hintergrund kann hier von einer *pädagogischen Adressierung* der Befragten gesprochen werden, d.h. von einer Adressierung, durch die die Lehrerinnen als Subjekte konstituiert werden, denen etwas zunächst so *gezeigt* werden muss, dass sie es anschließend selbst *wiederzeigen* können. Dass sich dies anhand der den Inspektor/inn/en vorgegebenen Leitfadenfrage zeigen lässt, lässt den Schluss zu, dass die Pädagogisierung von Steuerung nicht nur ein Phänomen ist, das situativ-lokal etabliert wird, sondern das auch im Instrument selbst angelegt ist (s. Kapitel 3.2.3). *Implizit zielt der Sprechakt der Inspektorin also nicht auf die Überprüfung einer unterrichtlichen Praxis im Sinne einer empirisch-panoptischen Kontrolle der Einhaltung von Standards, sondern auf die gemeinsame Erarbeitung von Wissen bezüglich eines spezifischen Unterrichtsmodells in unterrichtlicher Form.* Dies zeigt, dass bei der Klassifikation von interaktiven Praktiken differenziert vorgegangen werden muss: Die Prüfungsfrage der Inspektorin nimmt in diesem Fall den Charakter einer sogenannten „Lehrerfrage" an, d.h. einer Frage, über die typischerweise Lehrer/innen die unterrichtliche Interaktion didaktisch (vor-)strukturieren (vgl. Hausendorf 2008). Der Prüfungscharakter der Frage stellt in diesem Fall also ein *didaktisches Stilmittel* dar, das der zeigend-anleitenden Einführung des neuen Themas dient und nicht der Überprüfung einer konkreten unterrichtlichen Praxis.

Betrachtet man die rekonstruierten Eigenschaften der Leitfadenfrage – ihren propositionalen Gehalt, ihren Prüfungscharakter, ihren theoretischen Prüfungsgegenstand und die durch sie etablierte Prüfungsform einer unterrichtlichen Wissenskontrolle – im Zusammenhang, dann lässt sich die Äußerung der Inspektorin nun folgendermaßen spezifizieren: Der Sprechakt richtet sich nicht auf die Kon-

---

((LL reden durcheinander, lachen))
Im1: *aber Sie können vielleicht trotzdem [Lw?: was WÄRE] überlegen was wäre wichtig wenn wir jetzt Sebstevaluation machen worauf müssten wir achten.*

trolle der Praxis der befragten Lehrerinnen, sondern auf die *Klärung von Grundlagen*, d.h., auf die Klärung der Frage, worüber eigentlich gesprochen wird und wie darüber gesprochen werden kann. Er zielt insofern auch nicht auf die Generierung, sondern auf die *normalisierende Re-Organisation von Wissen mithilfe pädagogischer Praktiken*: Dadurch, dass es sich bei der Interviewfrage um eine Frage mit propositionalem Gehalt handelt, wird zunächst die normative Vorgabe der Schulinspektion bezüglich der Unterrichtsgestaltung als gemeinsam geteilt unterstellt und so eine Normalerwartung in Bezug auf die Gestaltung von Unterricht erzeugt. Die durch den Sprechakt transportierte Prüfungslogik macht darüber hinaus eine normkonforme Antwort auf Seiten der Lehrerinnen sehr wahrscheinlich. Die in der Frage transportierte Norm wird durch diese beiden kommunikativen Praktiken quasi „immunisiert", d.h., sie ist in der etablierten Interaktionslogik im Grunde nur mit erhöhten sozialen Folgekosten hinterfragbar. Die Frage legt den Lehrerinnen so ein performatives Bekenntnis zur Norm als dem Normalen nahe und erschwert, dass sie als etwas, das diskursiv verhandelbar ist, betrachtet werden kann (vgl. Dietrich und Lambrecht 2012, S. 68).[78] Allerdings zielt die mit der Frage etablierte Prüfungslogik nicht auf den Abgleich der Unterrichtspraxis der Lehrerinnen mit den normativen Vorgaben der Schulinspektion, sondern auf die *gemeinsame Erarbeitung von Normalitätsgrenzen* und somit auf die Klärung der Frage, welche Unterrichtspraxis im Bereich des Normalen liegt und welche nicht. Dass hier von „Prüfungsfragen" gesprochen wird, bedeutet insofern nicht, dass davon ausgegangen wird, dass hier automatisch eine vorrangig disziplinierende Form der Handlungskoordination im Sinne Foucaults vorliegt (s. Kapitel 2.3). Der Prüfungsbegriff, den Foucault (1989) im Kontext seiner Überlegungen zur Disziplinarmacht entwickelt hat, bezieht sich in erster Linie auf die Überprüfung der Einhaltung von Normen, d.h. einen *empirischen* Abgleich von Soll und Ist: „Die Prüfung kombiniert die Techniken der überwachenden Hierarchie mit denjenigen der normierenden Sanktion" (S. 238). Prüfungsverfahren basieren bei Foucault dementsprechend auf panoptischen „Verfahren der Beobachtung, der Kontrolle und der Normie-

---

[78] Alternativ könnten die Lehrerinnen die Frage lediglich als Ganzes, d.h., als (so) nicht beantwortbar zurückweisen. Dies würde einen Ausstieg aus der Kommunikationssituation bedeuten, was angesichts des evaluativen Kontextes der Interaktion wiederum als eher riskante Strategie erscheint. Die Interviewfrage strukturiert insofern die Anschlussmöglichkeiten der Lehrer/innen in einer Art und Weise vor, die typisch für regierende Formen der Machtausübung ist: Sie werden mit unterschiedlich hohen sozialen Folgekosten verbunden (s. Kapitel 2.4).

rung, die in der Prüfung zusammengeführt und intensiviert werden" (Rieger-Ladich 2004, S. 208). Die rekonstruierte pädagogische Re-Organisation von Wissen, die in der Leitfadenfrage angelegt ist, verweist dagegen auf eine *regierende
Form der Selbst-Disziplinierung*, also auf eine Form der Handlungskoordination,
die der in den späteren Schriften Foucaults (2004) beschriebenen *Führung der
Führungen* entspricht: Sie ist darauf gerichtet, *eine gemeinsam geteilte Vorstellung schulischer Normalität zu erzeugen.*[79] Dies wird auch im weiteren Verlauf
der Sequenz noch einmal deutlich werden, nämlich dann, wenn die Inspektorin
die Praxis des Beispielgebens umdreht (s. Kapitel 4.2.5).

Damit wäre nun die Fragepraxis der Inspektorin als Teil der (pädagogischen)
Normalisierung des Sprechens über Schule beschrieben, die auf die regierende
Führung der Selbstführung der Lehrerinnen zielt. Diese Deutung der Interaktion
basiert im Wesentlichen auf dem Umstand, dass sich die durch die Frage etablierte Prüfungssituation nicht auf die Praxis der Lehrerinnen, sondern auf die pädagogische Re-Organisation ihres Wissens entlang der normativen Vorgaben der
Schulinspektion bezieht. Allerdings „kippt" die Interaktion im weiteren Verlauf
der Sequenz in erwartbarer Weise: Im nächsten Abschnitt wird gezeigt, dass die
Interviewinteraktion zunächst von den Beteiligten als klassische Prüfungssituation *inszeniert* wird, d.h., als Teil der (empirischen) Überprüfung der Einhaltung
von unterrichtlichen Standards.

5.2.4   *Das Interview als Inszenierung der Überprüfung unterrichtlicher Praxis*

Nachdem Iw1 die eigentliche Frage nach der aktiven Mitgestaltung des Unterrichts durch die Schüler/innen gestellt hat, macht sie eine Pause und signalisiert
damit, dass die Lehrerinnen nun mit der Antwort beginnen können.[80] Stattdessen
entsteht jedoch eine Redezugvakanz (vgl. Meise 1996, S. 82), d.h., der erwartba-
re Redezug – die Antwort – bleibt aus.

---

[79]   Für eine solche Deutung spricht auch die Form der Normalisierung des Sprechens über Schule,
die mit dem Sprechakt der Inspektorin etabliert wird: Die durch die Frage generierte Folgeerwartung des Aufzählens von Beispielen für einen schüleraktivierenden Unterricht verweist auf Strategien, die dem Bereich des „regierenden" flexiblen Normalismus und nicht dem des „disziplinierenden" Protonormalismus zuzuordnen sind (vgl. Link 2008, 2009).

[80]   Zu den konditionellen Relevanzen von Frage-Antwort-Paarsequenzen gehört, „dass der Sprecher
am ersten möglichen Punkt, an dem seine Frage als abgeschlossen gelten kann, seine Äußerung
beenden soll, damit der Rezipient seinerseits beginnen kann, den von ihm geforderten typenge-
rechten zweiten Paarsequenzteil [...] zu formulieren" (Bergmann 1981a, S. 129).

(2)

Als erste interaktive Konsequenz (vgl. Deppermann 2008, S. 70–75) der Interviewfrage kann somit eine Störung des Frage-Antwort-Musters festgehalten werden: Auf A folgt nicht B. Nach zwei Sekunden beginnt die Inspektorin die entstandene Pause dementsprechend zu reparieren:[81]

<<leiser, schwebend> (was wären) da Beispiele>

Die Inspektorin greift hier zu einer typischen *accounting practice* (s. Kapitel 4.3.2), d.h., sie zeigt mithilfe eines Accounts an, wie ihre vorangegangene Äußerung zu verstehen ist. Konkret erläutert sie den in der Frage enthaltenen „Arbeitsauftrag", indem sie deren Folgeerwartung expliziert: Sie regt die Aufzählung von Beispielen für einen schüleraktivierenden Unterricht an. Anhand dieser Re-Reaktion wird somit zunächst einmal erkennbar, wie Iw1 die Redezugvakanz auf Seiten der Lehrerinnen interpretiert, nämlich als Unsicherheit bezüglich des richtigen Antwort*formats*. Hierfür bietet Iw1 mit ihrem Account eine Hilfestellung an. Die über die Frage transportierte Norm wird dagegen nicht als erläuterungsbedürftig markiert. Die Inspektorin scheint hier also davon auszugehen, dass die Frage von den Lehrerinnen prinzipiell beantwortbar ist.

Durch den Account der Inspektorin lässt sich außerdem die Interpretation des vorangegangenen Sequenzabschnitts in zweifacher Weise validieren. Zum einen bestätigt sich, dass die Frage das Aufzählen von Beispielen impliziert. Zum anderen reproduziert sich in der sprachlichen Gestaltung des Accounts die theoretisierende Stoßrichtung der Interviewfrage: Er ist im Konjunktiv II formuliert. Dieser Sprachmodus, auch „Irrealis" genannt, dient in der gesprochenen Sprache häufig als Höflichkeitsform; er kann „Sprechakte abschwächen, vor allem Aufforderungen [...] und Vorschläge" (Schwitalla 2006, S. 140). In dieser Variante ist er bereits in einem der vorangegangenen Sequenzabschnitte von der Inspektorin verwendet worden („käm"). An dieser Stelle drückt sich in ihm jedoch noch ein anderer Sachverhalt aus, der seiner ursprünglichen grammatikalischen Bedeutung entspricht: Er wird auch verwendet „um die Faktizität einer Äußerung zu relativieren" (Granzow-Emden 2013, S. 167). Wie die Leitfadenfrage selbst verbleibt also auch der Account der Inspektorin auf der Ebene des Theoretischen

---

[81] Ab einer bestimmten Dauer werden Pausen oder Schweigen in der Kommunikation von den Gesprächsteilnehmer/inne/n als „reparaturbedürftig" empfunden; in der Regel wird Schweigen, das eine Sekunde überschreitet, als problematisch angesehen (vgl. Jefferson 1989).

(„was wäre wenn"): Es geht hier nach wie vor um die Erarbeitung eines spezifischen Wissens, nicht um die Überprüfung einer konkreten Praxis. Dies ändert
sich jedoch im weiteren Verlauf der Äußerung. Nach einer kurzen Pause fährt
die Inspektorin nämlich folgendermaßen fort:

(.) wenn's der Fall ist

Dieser Zusatz fügt sich nun nicht mehr in die bisher rekonstruierte Logik des
Frageimpulses ein. Die Formulierung „wenn's der Fall ist" rekurriert auf eine
reale Situation, auf die der thematische Sachverhalt faktisch zutreffen kann oder
eben nicht. Der Sprechakt bezieht sich insofern auf eine konkrete unterrichtliche
Praxis. Damit stellt die Inspektorin nun jedoch genau genommen eine andere
Frage: Es geht nicht mehr darum, *was* ein schüleraktivierender Unterricht ist,
sondern *ob* die Lehrerinnen schüleraktivierend arbeiten. Theoretisch eröffnet
Iw1 für die Lehrerinnen mit diesem Accountzusatz die Möglichkeit, die ursprüngliche Frage in sozialverträglicher Weise zurückzuweisen, indem sie selbst
formuliert, dass der in der Frage gefasste Sachverhalt möglicherweise nicht zu-
trifft. Gleichzeitig verschiebt die Inspektorin jedoch mit ihrer Reformulierung
der Frage den Gegenstand der Prüfung: *Die „regierende" Wissensabfrage wird
nun tendenziell doch zu einer „disziplinierenden" Überprüfung der Einhaltung
von Standards.*

Damit wird deutlich, dass die Logik des Instruments, wie sie in der Leitfadenfrage aufscheint, und die situativ durch die Inspektor/inn/en etablierte Interaktionslogik auseinanderfallen können: Während der Leitfadenfrage die Logik
einer „regierenden" Erarbeitung von Normalitätsgrenzen zugrunde liegt, etabliert
Iw1 mit ihrem Accountzusatz eine stärker „disziplinierende" Interaktionslogik.
Die Interviewinteraktion ist insofern durch eine situative *Vermischung von regierenden und disziplinierenden Formen der Handlungskoordination* gekennzeichnet, die in diesem Fall auf eine *Vermischung von Theorie und Praxis*, d.h.,
von theoretischen Bezugnahmen auf Unterrichtskonzepte einerseits und der Thematisierung einer konkreten unterrichtlicher Praxis andererseits zurückzuführen
ist.

An dieser Stelle steht nun also zunächst einmal die „disziplinierende" Frage
im Raum, ob die Unterrichtspraxis der Lehrerinnen den normativen Vorgaben
der Schulinspektion entspricht. Wenn die Lehrerinnen den Eindruck vermeiden
wollen, dass dem nicht so ist, müssten sie spätestens jetzt in der präferierten

Weise (vgl. Deppermann 2008, S. 68) auf die Frage reagieren und anfangen, Beispiele für einen schüleraktivierenden Unterricht aufzuzählen.

(4)

Stattdessen entsteht jedoch eine weitere Pause, die mit vier Sekunden sogar doppelt so lang ist wie die, die auf die ursprüngliche Frage der Inspektorin folgte. Deren Reparaturversuch hat insofern nicht unmittelbar zur Beendigung des Schweigens der Lehrerinnen geführt. In der nun vorliegenden doppelten Redezugvakanz kommt somit eine deutliche Antwortunsicherheit auf Seiten der Lehrerinnen zum Ausdruck, die aber sicher nicht mehr auf eine Unklarheit bezüglich des richtigen Antwortformats – Beispiele aufzählen – rückführbar ist. Sie muss vielmehr inhaltliche Ursachen haben. Bemerkenswert ist außerdem, dass die Lehrerinnen den Grund für ihre kommunikative Blockade nicht thematisieren, sondern schweigen. Dies kann als interaktive Konsequenz der im vorangegangenen Abschnitt rekonstruierten normalisierenden Logik des Frageimpulses gedeutet werden, durch die ein (metakommunikativer) Ausstieg aus der Kommunikationssituation – konkret: ein Hinterfragen der Interviewfrage – erschwert wird. Mehr noch verweist das Schweigen der Lehrerinnen jedoch auf ihre eigene Situationsdefinition. Das Interview muss hier von ihnen selbst *als Prüfungssituation gedeutet* werden: Statt eine „falsche" Antwort zu geben, antworten sie lieber gar nicht. Somit verweist das Schweigen in erster Linie auf die *dilemmatische Situation*, in der sich die Lehrerinnen befinden: Obwohl sie offensichtlich nicht ad hoc antworten können, müssen sie eine passende Antwort generieren. Dazu benötigen sie Zeit. Allerdings gelingt es den Lehrerinnen nach dieser zweiten Redezugvakanz dann doch, gemeinschaftlich eine Antwort zu produzieren.

> **Lw?:** *also*
> **Lw5:** *=ich würd sagen in unseren PROJEKTzonen auf jeden Fall. [Iw1: h=hm] vor Weih- äh vor Weihnachten [Iw1: h=hm] in (.) der (.) <<schneller> Weihnachtsprojektwoche> ((...))[82] und auch in den (.) Kopf äh <<schneller> FIT von Kopf bis Fuß> auf jeden FALL*

---

[82] Um eine möglichst stringente Darstellung der Analyse zu ermöglichen, wurden an dieser Stelle des Transkripts die folgenden, parallel zur Äußerung von Lw3 verlaufenden Äußerungen der beiden anwesenden Inspektorinnen ausgelassen: *[Iw2: haben Sie ZONEN gesagt?] [Iw1: jaja].* Der Vollständigkeit halber sei dazu angemerkt: In der Nachfrage der protokollierenden Inspektorin Iw2 reproduzieren sich sowohl die bürokratische Logik der Situation, da auf eine korrekte Er-

Lw6: *ich denke in den Projektwochen sowieso [**Lw?**: ja] =im SPORT so-*
          *wieso, da kann man ganz VIEL machen [**Iw1**: h=hm] (.) klar. also (.)*
          *das geht schon los mit Geräteaufbau selber Stationen erfinden. [**Iw1**:*
          *h=hm] <<schneller> also da gibt's viele [**Iw1**: h=hm] Dinge>.*
Lw?: *ja[beim*
Lw1:   *[ja gut im Wochenplan [**Lw?**: (im) Wochenplan] [**Lw?**: ja] nämlich*
          die WAHLaufgaben
Lw?: *ja ja*
Iw1: *h=hm*
Lw2: *und beim VORbereiten eines (.) Referats zum Beispiel [**Iw1**: h=hm]*
          da (.) wenn wir Gruppen (.) aufgaben geben da (.) sind sie auch (.)
          *[**Lw?**: ja (.) also (.) ja] aktiv beteiligt [**Iw1**: j=hm.] auch <<schnel-*
          *ler> NACHMITTAGS> [**Iw1**: h=hm] äh um (.) ein bestimmtes Thema*
          *zu bearbeiten. [**Iw1**: h=hm] also da fällt mir's spontan ein.*
Lw5: *oder Präsentationen [**Lw?**: genau] Buchpräsentation [**Iw1**: h=hm]*
          *[**Lw?**: (Präsentationen ja)] zum Beispiel [**Lw?**: genau] so was in der*
          Art

Das Schweigen wird schließlich beendet, indem sich eine Lehrerin mit einem
„also" zu Wort meldet und dadurch zunächst einmal ihre prinzipielle Antwortbereitschaft[83] signalisiert. Sie führt die Antwort jedoch nicht aus, sondern wird
durch einen schnellen Anschluss von Lw5 „überholt". Diese beginnt dann, wie
von der Inspektorin angeregt, Beispiele aufzuzählen, d.h., einzelne Ereignisse
und Praktiken aus dem Schulalltag in Bezug zu dem von der Inspektorin aufge-
worfenen Sachverhalt zu setzen. Sie nennt die schulischen Projektzonen, speziell
die Weihnachtsprojektwoche, sowie das Programm „FIT von Kopf bis Fuß".
Lw6 führt die Antwort von Lw5 fort. Sie greift zunächst das Beispiel der Pro-
jektwoche auf und fügt dann hinzu, dass im Rahmen des Sportunterrichts viele
Möglichkeiten bestünden, Schüler/innen zu beteiligen. Lw1 nennt zusätzlich den
Wochenplan, der Wahlaufgaben für die Schüler/innen beinhalte, Lw2 zählt Refe-
rate und Gruppenaufgaben auf, und Lw5 fügt abschließend noch einmal (Buch-)

---

        fassung des Gesagten insistiert wird, als auch deren Prüfungscharakter, indem signalisiert wird,
        dass jedes Wort „auf die Goldwaage gelegt" wird, d.h., Nuancen relevant sind.
[83]   „Es gibt zum einen Ausdrücke des Akzeptierens bzw. Übernehmens von konditionellen Rele-
        vanzen. Dazu gehören unter anderem *ja, doch, also, ich meine* usw." (Kallmeyer 1978, S. 227;
        Hervorhebungen im Original).

Präsentationen hinzu. Die gewählten Beispiele machen dabei deutlich, auf was die Lehrerinnen die Prüfung beziehen, nämlich auf ihre Unterrichts*praxis*. *Sie begreifen die Frage der Inspektorin also als Teil der Überprüfung der Einhaltung von (Unterrichts-)Standards.*

Bemerkenswert ist, dass diese kollektive, d.h., arbeitsteilig produzierte Antwort der Lehrerinnen („joint production"; vgl. Gülich und Mondada 2008, S. 45–46) nach ihrem äußerst zögerlichen Beginn schnell an Dynamik gewinnt. Nachdem eine erste Antwort durch Lw5 produziert wurde, schließen die weiteren Äußerungen ohne größere Pausen relativ glatt an oder überlappen sich sogar. So stellen insbesondere die letzten beiden Redebeiträge durch die Äußerungsanfänge „und" bzw. „oder" einen deutlichen Bezug zu den vorangegangenen her. Die verschiedenen Äußerungen werden dadurch zu einer gemeinsamen Antwort verknüpft. Diesem Eindruck der Selbstläufigkeit der Antwort(en) stehen jedoch mehrere sprachliche Auffälligkeiten entgegen, die im Folgenden kurz skizziert werden:

– Die Selbstläufigkeit der kollektiven Antwort der Lehrerinnen ergibt sich – wie zuvor beschrieben – erst nach zwei längeren Redezugvakanzen.
– Die Übernahme des Rederechts durch Lw5 geschieht auf kompetitive Weise (vgl. Deppermann 2008, S. 61), indem sie die erste Sprecherin gar nicht erst zum Zug kommen lässt. Ihr Redebeitrag ist dann jedoch durch Formulierungshemmungen wie z.B. Wortabbrüche („Weih-") und Verzögerungslaute („äh") gekennzeichnet. Sowohl die Äußerung von Lw5 als auch von Lw6 und Lw2 lassen außerdem sprachrhythmisch einen Wechsel aus redezuginternen Hesitationspausen und schnelleren Passagen erkennen, was darauf hindeutet, dass die Lehrerinnen „Formulierungspausen" (Meise 1996, S. 51) einlegen müssen, d.h., in ihren Äußerungen planungsbedingt zögern. Die Antworten können entsprechend nicht so flüssig formuliert werden, wie es zunächst erscheint.
– Die Beispiele, die aufgezählt werden, bleiben eher unspezifisch, v.a. im Fall der ersten Antwort von Lw5. Diese zählt zwar eine Reihe von Gelegenheiten für eine aktive Mitgestaltung der Schüler/innen auf; was diese jedoch genau tun, bleibt unklar. Lw6 benennt dann zwar Aktivitäten der Schüler/innen wie den Aufbau von Geräten und das Erfinden von Stationen; diese Konkretisierungen werden aber auch bei ihr durch vage und

allgemeine Formulierungen gerahmt, die offen lassen, ob eine aktive Mitgestaltung des Sportunterrichts durch Schüler/innen tatsächlich erfolgt
oder lediglich möglich wäre („da kann man ganz VIEL machen", „also da
gibt's viele Dinge"). Dieses unspezifische Sprechen drückt sich auch in
grammatikalischen Vagheitsausdrücken aus, z.b. in der Formulierung
„=ich würd' sagen" bei Lw5, mit der sie ihren ersten Redebeitrag einleitet.
Auch in den Antworten der Lehrerinnen vermischen sich insofern Theorie
und Praxis.

– Darüber hinaus gibt es zumindest Anhaltspunkte dafür, dass nicht allen
   Lehrerinnen klar ist, worüber tatsächlich gesprochen werden soll. Darauf
   deutet zum einen die Nennung des Programms „FIT von Kopf bis Fuß"
   hin. Bei diesem Beispiel bleibt unklar, ob Lw5 unter „aktiver Mitgestaltung" tatsächlich die partizipative Beteiligung von Schüler/inne/n versteht
   oder vielleicht doch eher deren körperliche Aktivierung. Ihre Antworten
   beziehen sich außerdem nicht auf den Unterricht, sondern auf schulische
   Arbeitsformen, die klassischerweise vom „normalen" Unterricht unterschieden werden. Auffällig ist außerdem die Art und Weise, in der Lw5
   ihre zweite Äußerung beendet, nämlich durch die Floskel „so was in der
   Art". Diese kann als verkappte Rückfrage an die Inspektorin gelesen werden, ob die Antworten das von ihr Erwartete treffen.

Diese Übersicht macht deutlich, dass die Antworten der Lehrerinnen, obwohl
diese sich – einmal in Gang gekommen – fast zu überschlagen scheinen, durch
Formulierungsunsicherheiten einerseits und inhaltliche Vagheit andererseits gekennzeichnet sind. Die sich in diesem Sequenzabschnitt zeigende erhöhte Ant-
wortdynamik relativiert insofern nicht die anhand der beiden Redezugvakanzen
rekonstruierte Antwortunsicherheit der Lehrerinnen. Die Dynamik der kollektiven Antwort scheint sich in erster Linie daraus zu ergeben, dass es Lw5
schließlich doch gelingt, eine *Antwortidee* zu produzieren, an die die anderen
Lehrerinnen anschließen können. Sie resultiert also nicht aus einem plötzlichen
Antworten-Können, sondern aus einem unbedingten Antworten-Wollen, das insbesondere auch in der kompetitiven Übernahme des Rederechts durch Lw5 zum
Ausdruck kommt. Gleichzeitig wird deutlich, *dass die Äußerungen der Lehrerinnen primär dem Eindruck entgegen arbeiten, ihre Unterrichtspraxis entspre-
che nicht der in der Frage formulierten Normalerwartung.* Für eine solche Deu-

tung spricht, dass die Lehrerinnen mit ihren Redebeiträgen sowohl versuchen, den Eindruck der Nicht-Erfüllung der thematischen Norm zu widerlegen, als auch, die durch die Frage postulierte unterrichtliche Normalform als für sie tatsächlich normal zu kennzeichnen. So spiegelt Lw5 mit der zweimal verwendeten Formulierung „auf jeden FALL" die Formulierung der Inspektorin „wenn's der Fall ist" und wendet diese positiv. Lw6 verwendet in ihrem Antwortbeitrag einmal den Ausdruck „sowieso" und einmal den Ausdruck „klar". Beide Ausdrücke suggerieren eine Selbstverständlichkeit der thematischen unterrichtlichen Normalform. Gleichzeitig wird dadurch jedoch signalisiert, dass das Thema nicht weiter vertieft werden muss.[84] Der Verweis auf die „Normalität" der als gemeinsam geteilt unterstellten Normalerwartung kann hier insofern auch der Vermeidung der tatsächlichen Konkretisierung der Unterrichtspraxis dienen.

Damit ist an dieser Stelle Folgendes festzuhalten: Die Lehrerinnen haben die Frage der Inspektorin als Prüfungsfrage antizipiert und sind daher in erster Linie daran orientiert, *richtig zu antworten*, also Beispiele zu finden, die dem vermuteten Antwortkonzept der Inspektorin entsprechen.[85] Sie beziehen die Prüfung dabei auf ihre Unterrichts*praxis* und verstehen die Interviewfrage somit als Teil der (empirischen) Überprüfung der Einhaltung von unterrichtlichen Standards. Gleichzeitig deuten die doppelte Redezugvakanz und die herausgearbeiteten sprachlichen Besonderheiten der kollektiven Antwort darauf hin, dass auf Seiten der Lehrerinnen eine inhaltliche Unsicherheit bezüglich der „richtigen" Antwort besteht. Dies zeigt sich u.a. darin, dass sich in ihren Antworten in Bezug auf das thematische Unterrichtsmodell Theorie und Praxis vermischen. Damit reproduziert sich in der kollektiven Antwort der Lehrerinnen jedoch exakt die Logik der ursprünglichen Leitfadenfrage: Die Äußerungen der Lehrerinnen dienen weniger der Darstellung einer konkreten Unterrichtspraxis als vielmehr dem *Ausloten der Normalitätsgrenzen der Schulinspektion*. Sie bearbeiten mit ihrer Antwort also de facto die Frage, *was* ein schüleraktivierender Unterricht ist bzw. *welche* Un-

---

[84] „Ausdrücke wie das ist sicher, klar, natürlich usw. manifestieren Selbstverständlichkeit bzw. die Unterstellung der Geteiltheit. Sie signalisieren, dass der Sprecher die in Frage stehenden Sachverhalte als nicht strittig und daher nicht weiter zu behandeln definiert. Derartige Manifestationen bewirken Rückstufungen" (Kallmeyer 1978, S. 215).

[85] Von daher kann m.E. auch nicht prinzipiell davon ausgegangen werden, dass präferierte Folgen „nahtlos" anschließen, dispräferierte dagegen durch Formulierungshemmungen gekennzeichnet sind (vgl. Gülich & Mondada 2008, S. 52–53). In diesem Fall drückt sich gerade in den Antwortverzögerungen und sprachlichen Verwerfungen der Antworten der Lehrerinnen der Versuch aus, die antizipierte präferierte Folge zu produzieren.

terrichtspraxen noch im Toleranzbereich der Schulinspektion liegen und welche
nicht, und beteiligen sich somit an eben jener Erarbeitung eines gemeinsam geteilten Wissens um unterrichtliche Normalität, die in der ursprünglichen Leitfadenfrage implizit angelegt gewesen ist.

Vor diesem Hintergrund könnte nun darüber spekuliert werden, ob die Orientierung der Lehrerinnen an der Generierung einer sozial erwünschten Antwort
darauf hindeutet, dass ihre Unterrichtspraxis der Praxis einer partizipativen Beteiligung der Schüler/innen im Unterricht gerade *nicht* entspricht. Ihre zögerliche
Reaktion könnte dann als Indiz dafür gewertet werden, dass die als gemeinsam
geteilt unterstellte unterrichtliche Normalform eben nicht „der Fall ist". Die rekonstruierten Antwortunsicherheiten würden dann auf eine *Deckerzählung* hindeuten. Im weiteren Verlauf der Sequenz wird jedoch deutlich werden, dass eine
solche Deutung zu kurz greift. Die Art und Weise, wie die Inspektorin im weiteren Verlauf der Sequenz auf die Antwort der Lehrerinnen reagiert, deutet vielmehr darauf hin, dass sie prinzipiell davon ausgeht, dass die Unterrichtspraxis
der Lehrerinnen der sozial erwünschten Form entspricht. Es handelt sich hier insofern nicht um eine echte, sondern um eine *inszenierte Prüfung.* Die „disziplinierende" Verschärfung des Frageimpulses, die im Accountzusatz „wenn's der
Fall ist" zum Ausdruck kommt, richtet sich dementsprechend weniger auf die
Aufdeckung eines unterrichtlichen Defizits als vielmehr auf die prinzipielle
Antwortbereitschaft der Lehrerinnen: Die Inspektorin *muss* eine (passende)
Antwort generieren.

5.2.5   *Die nachträgliche Herstellung von Passung im Sprechen über Schule*

Mit der zweiten Äußerung von Lw5, die „Buchpräsentationen" als Beispiel für
einen schüleraktivierenden Unterricht genannt hat, ist die Beantwortung der Frage der Inspektorin zunächst abgeschlossen. Im weiteren Verlauf der Sequenz reproduziert sich nun jedoch die bereits bekannte Interaktionsdynamik, allerdings
mit umgekehrten Vorzeichen: Die Antwort der Lehrerinnen produziert eine Redezugvakanz auf Seiten der Inspektorin.

       (6)

Die im Anschluss an die Antwort der Lehrerinnen entstehende Pause ist mit
sechs Sekunden ausgesprochen lang. Aufgrund der asymmetrischen Interaktions-

situation ist es in diesem Fall jedoch unwahrscheinlich, dass diese Redezugvakanz auf eine inhaltliche Unsicherheit der Inspektorin zurückzuführen ist. Die
ausgehaltene Pause deutet vielmehr darauf hin, dass sie die Situation grundsätzlich anders deutet als die Lehrerinnen: Während für diese die Antwort abgeschlossen ist, ist sie das für Iw1 nicht. Das Aushalten der Pause kann insofern als
non-verbale Aufforderung an die Lehrerinnen gedeutet werden, mit ihren Ausführungen fortzufahren. Es verdichten sich nun also die Anzeichen dafür, dass
die Inspektorin tatsächlich über ein Antwortkonzept verfügt, das von den Lehrerinnen bisher allerdings nicht adäquat bedient wurde. Darüber hinaus deutet die
lange Aufrechterhaltung der Pause darauf hin, dass Iw1 davon ausgeht, dass die
Lehrerinnen prinzipiell in der Lage sind, die erwünschte Antwort zu liefern. Da
dies jedoch (wider Erwarten) nicht geschieht, beendet Iw1 die Pause nach sechs
Sekunden selbst. Interessant ist nun, in welcher Form sie das tut:

Iw1:   aktuelle Dinge die Sie einbeziehen oder Sachen die Kinder mitbringen

Formal betrachtet stellt die Inspektorin hier eine *Nachfrage*; sie möchte wissen,
ob die Lehrerinnen „aktuelle Dinge" oder „Sachen", die die Schüler/innen mitbringen, in ihren Unterricht einbeziehen. Damit ist nun endgültig geklärt, dass
die Inspektorin eine Vorstellung von der richtigen Antwort hat, und zwar eine
relativ konkrete. Die Nachfrage kann – wie das Überspringen der Eröffnungsfrage auch – als Versuch der *Effizienzsteigerung* der bisherigen Interaktion interpretiert werden: Es wird nun keine mehr oder weniger offene Frage mehr gestellt,
sondern es werden direkt die „richtigen" Indikatoren abgefragt.

Vor dem Hintergrund der bisherigen Rekonstruktion ist nun jedoch insbesondere bedeutsam, was genau die Inspektorin mit ihrer Nachfrage tut: Sie kehrt die
bisherige Praxis des Beispielgebens um; während zuvor die Lehrerinnen aufgefordert waren, Beispiele für die aktive Mitgestaltung von Unterricht durch die
Schüler/innen zu nennen, generiert die Inspektorin nun ihrerseits zwei Beispiele
für die erwünschte Unterrichtspraxis. Damit verweist die Nachfrage der Inspektorin wiederum auf die Normalisierungsfunktion der Interviewinteraktion. Die
Praxis des wechselseitigen Beispielgebens dient nicht der empirischen Überprüfung der Einhaltung von Standards, sondern zunächst einmal der *„Normal-
Machung" einer Norm*: Durch sie wird genau jene „Ein-Stellung [...] einer
Normalitätszone auf einem homogenen Kontinuum" (Link 2009, S. 54) vorgenommen, durch die Link zufolge eine „regierende" Normalisierung prozessiert

wird. Gleichzeitig bekommt die Äußerung der Inspektorin durch die Umkehrung der Beispielgebung den Charakter einer *Hilfestellung*, und zwar einer, die sich nicht mehr nur auf die Erläuterung der Frage, sondern auf den Inhalt der Antwort bezieht. Denn indem Iw1 die „richtigen" Antworten vorformuliert, vereindeutigt sie automatisch die erwünschte Antwortrichtung und vereinfacht so das Antworten für die Lehrerinnen. Dass die Äußerung der Inspektorin als eine solche Hilfestellung für die Lehrerinnen fungiert, zeigt sich dann auch im weiteren Verlauf der Sequenz.

Lw5:   *immer [Lw?: ja] [ja*
Lw?:   *[(unverständlich)*
Lw4:   *grundsätzlich*
Iw1:   *h=hm*

Zunächst ist festzuhalten, dass die letzte Äußerung der Inspektorin es den Lehrerinnen zum ersten Mal ermöglicht, eine Antwort nahtlos anzuschließen. Mehrere Lehrerinnen bestätigen ohne zu zögern, dass die von Iw1 genannten Praxen fester Bestandteil ihrer eigenen Unterrichtspraxis sind. Dass die Lehrerinnen dabei mit „immer" bzw. „grundsätzlich" reagieren und nicht mit einem einfachen „ja" an die Nachfrage anschließen, bestätigt dabei noch einmal das implizite Thema der Interaktion: Es geht in dieser Sequenz um die kommunikative Etablierung einer spezifischen unterrichtlichen Normalität, nicht um die Überprüfung einer konkreten unterrichtlichen Praxis.

Damit wäre die Nachfrage der Inspektorin, ob die Lehrerinnen aktuelle Themen oder Dinge, die die Schüler/innen mitbringen, in ihren Unterricht einbeziehen, formal betrachtet eigentlich beantwortet, und zwar in sozial erwünschter Weise. Nach einer kurzen Pause von einer Sekunde setzen die Lehrerinnen ihre Antwort jedoch aus eigenem Antrieb fort.

    (1)
Lw1:   *es ist (.) [normal*
Lw5:   *[eigentlich für jedes Thema. [eben, es ist normal*
Lw6:   *[<<laut lachend> da denkt man*
    gar nicht mehr drüber nach>
    ((ausgelassenes Lachen LL, Iw1))

Lw1 und Lw5 greifen hier zunächst das die ganze Sequenz durchziehende Normalitätsthema noch einmal auf, indem sie explizit formulieren, dass die von der Inspektorin thematisierten Praxen für sie „normal" seien. Dabei fällt ihnen Lw6 laut lachend mit der Äußerung „da denkt man gar nicht mehr drüber nach" ins Wort. Mit diesem Redebeitrag wechselt nun das Thema der Interaktion: Lw6 reagiert hier nicht mehr unmittelbar auf die Nachfrage der Inspektorin, sondern bearbeitet stattdessen die bisherige Antwortunsicherheit der Lehrerinnen. Setzt man den Redebeitrag zu den vorangegangenen in Bezug, dann formuliert Lw6 hier, dass die von der Inspektorin angeführten Praxen einer aktiven Mitgestaltung des Unterrichts durch Schüler/innen für sie *so* normal sind, dass sie über sie gar nicht mehr nachdenkt und insofern auch nicht auf die Idee kommt, sie zu thematisieren. Sie sind Teil der unterrichtlichen Routine, die man normalerweise nicht zu kommunizieren braucht, ja: derer man sich selbst gar nicht mehr bewusst ist. Das die Äußerung begleitende Lachen verweist insofern auf eine zentrale *Erkenntnis* von Lw6: *Die anfängliche Antwortunsicherheit der Lehrerinnen war unbegründet.* Das bedeutet nicht, dass es sich bei der ersten Antwort der Lehrerinnen nicht doch um eine der antizipierten Prüfungssituation geschuldete Deckerzählung gehandelt hat. Allerdings wäre damit von den Lehrerinnen das falsche Problem bearbeitet worden, da eine solche Deckerzählung im Nachhinein betrachtet gar nicht nötig gewesen wäre. Nicht nur bei Lw6, sondern auch bei den anderen Lehrerinnen löst die Nachfrage der Inspektorin dementsprechend eine geradezu kathartische Reaktion aus, die sich gegen Ende dieses Sequenzabschnitts in einem ausgelassenen, gemeinsamen Lachen aller Beteiligten Bahn bricht.

Für diese Erkenntnis war jedoch offensichtlich erst die Umkehrung der Praxis des Beispielgebens durch die Inspektorin nötig. *Als eigentliches Bezugsproblem der Interaktion erscheint hier somit nicht das Auseinanderfallen von normativen Vorgaben und Unterrichtspraxis, also von Ist und Soll, sondern die Herstellung von Passung im Sprechen über Schule.* Offensichtlich war es den Lehrerinnen ad hoc nicht möglich, ihre Unterrichtspraxis eindeutig zur Interviewfrage bzw. zu der in ihr kodifizierten Norm in Beziehung zu setzen. Die Passung im Sprechen über Schule muss in diesem Fall daher *nachträglich* hergestellt werden; dies geschieht durch die Nachfrage der Inspektorin. Damit bekommt die in ihrer Nachfrage zum Ausdruck kommende Hilfestellung nun jedoch wiederum pädagogischen Charakter: Offensichtlich geht es in der analysierten Sequenz v.a. darum, eine implizite Unterrichtspraxis kommunikativ verfügbar zu machen. Vor diesem Hintergrund kann die Nachsteuerung der Inspektorin als *mäeutische Praxis* beschrieben werden (vgl. Mugerauer 1992). Die auch als sokratische Methode bzw. „geistige Hebammenkunst" (Böhm 1994, S. 637) bezeichnete Mäeutik zielt nämlich genau auf jene fragende, „interaktive Hervorbringung eines impliziten Wissens beim Lernenden" (Koring 1992, S. 188), die die Interaktion im zweiten Teil der analysierten Sequenz kennzeichnet. Diese Deutung lässt sich auch noch einmal anhand der letzten beiden hier dokumentierten Redebeiträge der Inspektorin validieren.

> *Iw1*:	*((spricht ins Lachen hinein)) (es sind wirklich) manchmal so leichte Beispiele*
> *Lw6*:	*<<lachend> ja>*
> *Iw1*:	*ja weil für SIE ist das selbstverständlich*

Iw1 wirft schließlich in das Lachen hinein ein, dass es „(wirklich) manchmal so leichte Beispiele" seien. Nachdem Lw6 diesen Redebeitrag – immer noch lachend – mit einem „ja" bestätigt hat, fügt sie außerdem hinzu: „ja weil für SIE ist das selbstverständlich". Bei beiden Redebeiträgen der Inspektorin handelt es sich um *formulations* (vgl. Deppermann 2008, S. 71), d.h., Iw1 wechselt hier auf eine metakommunikative Ebene und kommentiert die vorausgegangene Interaktion. Mit der ersten Äußerungseinheit bearbeitet sie wie zuvor Lw2 die anfängliche Antwortunsicherheit der Lehrerinnen, und zwar indem sie diese nun ihrerseits als unbegründet rahmt. Die *Versicherung*, „dass es (wirklich) manchmal so leichte Beispiele [sind]", verweist darauf, dass es sich die Lehrerinnen aus Sicht der Inspektorin unnötig schwer gemacht haben: Die Antwort hätte für sie eigentlich leicht sein müssen. Damit rahmt Iw1 ihre Nachfrage nun implizit selbst als Hilfestellung und bestätigt so auch die These, dass sie von Anfang an davon ausgegangen ist, dass die Lehrerinnen prinzipiell die „richtigen" Beispiele nennen können, dass ihre Unterrichtspraxis also der Norm entspricht.[86] Gleichzeitig macht der Redebeitrag klar, dass es sich bei der analysierten Sequenz um eine *inszenierte Prüfung* gehandelt hat, die darüber hinaus beinahe „schiefgegangen"

---

[86] Im weiteren Verlauf des Interviews nennen die Lehrerinnen außerdem unaufgefordert weitere Beispiele für die aktive Mitgestaltung des Unterrichts durch Schüler/innen, was ebenfalls für eine zumindest „gefühlte" Übereinstimmung von Norm und Unterrichtspraxis auf Seiten der Lehrerinnen spricht.

wäre: Die eigentlich leichte Antwort hat sich als „schwere Geburt" entpuppt, die der Unterstützung von außen bedurfte. Die anfängliche Antwortunsicherheit der Lehrerinnen hat dementsprechend nicht nur die Befragten, sondern auch die Inspektorin in die Bredouille gebracht: Um das (positive) Bild, das sie sich von der Unterrichtspraxis der Lehrerinnen bereits gemacht hat, aufrechterhalten zu können, muss sie die Antwort der Lehrerinnen „nachsteuern".

Mit der zweiten Äußerungseinheit reagiert die Inspektorin dagegen auf den Einwurf von Lw6 („ja"). Der Einwurf der Lehrerin wiederum kann sich eigentlich nur auf die von Iw1 postulierte Leichtigkeit der Beispiele beziehen, die sie mit einem Lachen kommentiert. Dieser Umstand legt die Deutung nahe, dass die Inspektorin mit ihrem zweiten Redebeitrag nicht mehr die Antwortunsicherheit der Lehrerinnen bearbeitet, sondern *ihre Frage rechtfertigt*, d.h., die Überprüfung eines Sachverhalts legitimiert, der für die anwesenden Lehrerinnen zumindest im Nachhinein so selbstverständlich ist, dass sie ihn nicht einmal mehr explizieren können. Damit ist hier erneut implizit thematisch, dass es sich bei der vorangegangenen Interaktion um eine inszenierte Prüfung gehandelt hat. Diese Inszenierung wird von Iw1 nun damit gerechtfertigt, dass die befragte Gruppe eine Ausnahme darstellt: In der spezifischen Betonung des „für SIE" kommt zum Ausdruck, dass die Lehrerinnen anderen Befragten etwas voraushaben. In dieser Logik ist dann nicht die Frage sinnlos, sondern die Interviewsituation speziell.

Die eigentliche Herausforderung der Lehrerinnen besteht in dieser Sequenz also darin, ihre unterrichtliche Praxis als Ausdruck einer aktiven Mitgestaltung von Unterricht durch Schüler/innen zu beschreiben. Die Schulinspektion erfordert von den Lehrerinnen insofern sowohl die *Explikation* einer impliziten sozialen Praxis als auch deren „korrekte" *Klassifikation*, also eine Darstellung dieser Praxis, die den Kategorien und Regeln der Schulinspektion entspricht. Eine solche Darstellungsweise kann jedoch, wie der soeben analysierte Fall 1 gezeigt hat, nicht immer selbstläufig generiert werden. An diesem Punkt setzt die mäeutische Hilfestellung der Inspektorin an. Die durch der Frageimpuls evozierte Prüfungsdynamik ist in diesem Fall für die adäquate Einschätzung der unterrichtlichen Praxis der Lehrerinnen also zwar unnötig bzw. sogar kontraproduktiv gewesen, hat sich in Bezug auf die Normalisierungsfunktion der Schulinspektion jedoch als durchaus funktional erwiesen: Sie trägt zur Synchronisierung der unterrichtlichen Selbstbeschreibungen der Lehrerinnen und der Fremdbeschreibung unterrichtlicher Praxis durch die Schulinspektion bei.

5.2.6   Zwischenfazit II: Das Schulinspektionsinterview als mäeutische Praxis

Anhand des ersten Falls wurde gezeigt, dass die untersuchte Interviewinteraktion in erster Linie durch „regierende" Normalisierungspraktiken gekennzeichnet ist, d.h. durch Praktiken, die auf die Synchronisierung der unterrichtlichen Selbstbeschreibungen der Lehrerinnen mit den Fremdbeschreibungen unterrichtlicher Praxis durch die Schulinspektion gerichtet sind. Dies stellt die Voraussetzung für eine politisch-administrative Führung der schulischen Selbstführung dar. Die durch den Frageimpuls evozierte und von den Lehrerinnen antizipierte Prüfungslogik zielt vor diesem Hintergrund nicht auf die empirische Kontrolle der Einhaltung von Standards, sondern auf die Erzeugung einer gemeinsam geteilten Vorstellung schulischer Normalität. Dies geschieht außerdem durch die setzende Einführung von Themen, die Etablierung von Normalerwartungen in Bezug auf die unterrichtliche Praxis und eine gemeinsame Erarbeitung von Normalitätsgrenzen mithilfe pädagogischer Praktiken, vor allem schulischer und mäeutischer Fragetechniken. Der insbesondere in ihrem Accountzusatz „wenn's der Fall ist" zum Ausdruck gekommene Disziplinierungsversuch der Inspektorin basiert vor diesem Hintergrund nicht auf der empirischen Überprüfung einer unterrichtlichen Praxis, sondern gewährleistet situativ die Antwortbereitschaft der Lehrerinnen. Das zentrale Bezugsproblem der Interaktion besteht insofern nicht darin, die Übereinstimmung oder das Auseinanderfallen von schulischem Ist und normativem Soll festzustellen, sondern darin, eine Passung im Sprechen über Schule herzustellen sowie die dazu notwendige Explikation des impliziten Wissens der Lehrerinnen hervorzubringen. Dies wird im Fall 1 besonders deutlich, da die Lehrerinnen die sozial erwünschte Antwort zunächst erwartungswidrig verfehlen. Dadurch wird eine helfende Nachbearbeitung der Antwort durch die Inspektorin nötig, die den „ur-pädagogischen" Charakter einer mäeutischen Geburtshilfe annimmt: Durch sie wird die Explikation des impliziten unterrichtlichen Wissens der Lehrerinnen nach den Regeln der Schulinspektion vorangetrieben.

Damit sind anhand dieses ersten Falls die zentralen Elemente der untersuchten Interviewinteraktion exemplarisch rekonstruiert worden. In den folgenden

Kapiteln werden nun anhand weiterer Fälle drei pädagogische Figuren ausdifferenziert, mit deren Hilfe das rekonstruierte Bezugsproblem der Interaktion – die
Herstellung einer Passung im Sprechen über Schule – von den Inspektor/inn/en
situativ bearbeitet wird. Da die Analyse nun auf den Aspekt der Pädagogisierung
fokussiert werden kann, kann dort auch detaillierter auf die eingesetzten pädagogischen Praktiken eingegangen werden, als das in diesem Kapitel möglich war.
Außerdem hat sich die Nachsteuerung der Inspektorin im Fall 1 auf die Normalisierung des Sprechens über Unterricht bezogen. In den folgenden Fällen richten
sich die (Nach-)Steuerungsversuche der Inspektor/inn/en dagegen auf die Synchronisierung der im ersten Abschnitt dieses Kapitels thematisierten Sprecherpositionen, d.h., durch sie wird den befragen Lehrer/inne/n angezeigt, was es bedeutet, als Vertreter/innen der rational organisierten Handlungseinheit Schule zu
sprechen.

5.3 Pädagogische Figur I: Die Schulinspektion als fragend-entwickelnder Unterricht (Fall 2)

Anhand des zweiten in dieser Studie dargestellten Falls[87] lässt sich insbesondere
die Didaktisierung von Themen der Schulinspektion im Kontext der Inspektionsinterviews aufzeigen. Damit steht in diesem Kapitel eine pädagogische Figur im
Fokus, die sich auch schon in Fall 1 angedeutet hat, nämlich die Artikulation des
pädagogischen Zeigens auf der Ebene der Früher-Später-Zeitdifferenz (Prange
2012, S. 119), oder anders ausgedrückt: die methodisch-didaktische (Vor-)Struk-
turierung von Aneignungsprozessen (s. Kapitel 4.3.2 und 4.3.3). Die Interviewinteraktion nimmt im vorliegenden Fall dabei die Form eines fragend-entwickelnden Unterrichts an, d.h., sie ist nicht nur durch eine didaktisierende
Einführung in den thematischen Sachverhalt, sondern durch die Etablierung
einer Interaktionsdynamik gekennzeichnet, die der von Mehan (1979) beschriebenen unterrichtlichen Interaktionsstruktur (*initiation – reply – evaluation*) entspricht. Voraussetzung hierfür ist die *Konstitution einer pädagogischen Absicht
auf Ebene der sozialen Praxis* (s. Kapitel 4.3.1). Dies geschieht über die praktische Konstruktion eines „dritten Faktors" (vgl. Sünkel 2013, S. 41–45), also ei-

---

[87] Der Fall 2 wurde bereits in einem Beitrag der Autorin für den Tagungsband „Empirie des Pädagogischen und Empirie der Erziehungswissenschaft – Beobachtungen erziehungswissenschaftlicher Forschung" thematisiert (vgl. Lambrecht 2016a).

nes Gegenstands der didaktischen Vermittlung, im Frageimpuls. Entscheidend
für die Argumentation dieser Studie ist außerdem, worauf sich die Vermittlungs-
bemühungen des Inspektors beziehen: Im Fall 2 handelt es sich dabei um ebenjene Vorstellung von der Schule als rational organisierter Handlungseinheit, die
im Zentrum des aktuellen schulsystembezogenen Steuerungsmodells steht. Damit lässt sich anhand des Falls 2 zeigen, dass versucht wird, den befragten Leh-
rer/inne/n in den Inspektionsinterviews eine Haltung zu vermitteln, die sie als
Vertreter/innen der pädagogischen Handlungseinheit Schule ausweist.

Der Fall 2 stammt aus dem Interview B/L2. Es wurde im Rahmen der Inspektion einer Grund- und Hauptschule geführt; befragt wird eine Gruppe von Haupt-
schullehrer/inne/n. Das Gespräch wird vom Inspektor Im1 geleitet; der Inspektor
Im2 ist für das Protokoll zuständig. Auch wenn die vom Inspektor thematisierten
Sachverhalte von den Lehrer/inne/n gelegentlich problematisiert werden (so z.B.
die zum Zeitpunkt der Durchführung der Interviews relativ neu eingeführten
zentralen Lernstandserhebungen), kann die Gesprächsdynamik als eher kooperativ bezeichnet werden. Allerdings wird deutlich, dass die befragten Lehrer/innen
die Idee von der Schule als rational organisierter Handlungseinheit (noch) nicht
verinnerlicht haben, auch wenn die Praxis in Schule B in weiten Teilen den normativen Vorgaben der Schulinspektion zu entsprechen scheint. Die Antworten
der Lehrer/innen bewegen sich dementsprechend überwiegend auf der Ebene der
Darstellung individueller Praxen und Erfahrungen. An dieser Schnittstelle zwischen individueller Darstellungspraxis der befragten Lehrer/innen und der im
Kontext der Schulinspektion erforderlichen Beschreibung der Schule als Handlungseinheit setzen die nachfolgend rekonstruierten pädagogischen Praktiken des
Inspektors an. Inhaltlich geht es in der ausgewählten Sequenz um die schulischen
Arbeitsgemeinschaften, im weiteren Verlauf dann um eine abschließende Zusammenfassung der Besonderheiten der Schule („Highlight-Frage", s. Kapitel
5.1.2).

In den folgenden Kapiteln wird zunächst gezeigt, dass der Inspektor Im1 mit
seinem Frageimpuls eine zeigende Einführung in das Thema „Schul-AGs" vornimmt, d.h., er zeigt den Lehrer/inne/n an, wie sie über dieses Thema sprechen
sollen. Dadurch wird die Idee von der Schule als Handlungseinheit implizit als
pädagogischer Gegenstand konstruiert, d.h. als didaktisch zu vermittelndes Thema (5.3.1). Im weiteren Verlauf der Sequenz kommt es dann zu einer wechselseitigen Etablierung von Schüler- und Lehrerpositionen und somit zur Aufführ-

rung einer unterrichtlichen Form der Interaktion, durch die die Gesprächsbeteiligten zu klären versuchen, worüber wie gesprochen werden soll (5.3.2). Im letzten Teil der Rekonstruktion springt die Analyse dann an das Ende des Interviews. Anhand der abschließenden Frage des Inspektors und deren Beantwortung durch die Lehrer/innen kann gezeigt werden, dass das „Lernziel" in diesem Fall verfehlt wird: Eine abschließende Bewertung der Schule als pädagogische Handlungseinheit durch die Lehrer/innen misslingt (5.3.3). Im Zwischenfazit werden die Ergebnisse der Rekonstruktion noch einmal zusammengefasst (5.3.4).

5.3.1 Die Handlungseinheit Schule als Gegenstand der pädagogischen Vermittlung

Die Sequenz „AGs", die im Folgenden rekonstruiert wird, stellt den Abschluss des Interviews B/L2 dar. Einbezogen werden die letzte Frage des Inspektors zu den Kriterien des Qualitätsrahmens sowie die abschließende „Highlight-Frage", die den Lehrer/inne/n die Gelegenheit bieten soll, in offener Form die Besonderheiten ihrer Schule darzustellen (s. Kapitel 5.1.2). Das Oberthema dieses letzten Interviewteils ist das Schulleben außerhalb des Unterrichts. Unmittelbar vor der hier interessierenden Sequenz ging es um den Einbezug von Schüler/inne/n in schulische Prozesse. Im Anschluss hieran leitet der Inspektor zum Thema der schulischen Zusatzangebote über:

Im1:   *und dann ham Sie ja ne ganze Reihe von AGs haben wir schon gehört*

Im1 vollzieht mit dieser Äußerung ähnlich wie die Inspektorin in Fall 1 einen relativ unvermittelten Themenwechsel; im Folgenden soll es nicht mehr um den Einbezug von Schüler/inne/n, sondern um die schulischen Arbeitsgemeinschaften – die AGs – gehen. Allerdings stellt der Inspektor in diesem Fall nicht – wie Iw1 – einfach die nächste Leitfadenfrage, sondern nimmt eine *Einführung* in das Thema vor, die über die Benennung des neuen Themenbereichs hinausgeht. Konkret weist Im1 darauf hin, dass an der Schule B „ne ganze Reihe von AGs" existiert und dass dies auch allen Anwesenden bekannt ist („ja"). Zu vermuten ist, dass die AGs bereits an einer früheren Stelle des Interviews thematisiert wurden („haben wir schon gehört"). Im1 schließt in diesem Fall also nicht einfach selbstkohärent an den Leitfaden an, sondern nutzt für seine Themenüberleitung eine vorausgegangene Äußerung der Befragten.[88]

Darüber hinaus ist an der Äußerung des Inspektors bemerkenswert, dass durch sie das neue Thema *als bereits eingeführt eingeführt wird*, und zwar über einen Aspekt, der *nicht* mehr klärungsbedürftig ist. Außerdem wird mit der Äußerung signalisiert, dass die AGs bisher in einer spezifischen Weise thematisiert wurden, nämlich in Form einer Aufzählung bzw. Aneinanderreihung („ne ganze Reihe"). Fasst man diese beiden Eigenarten der Äußerungseinheit zusammen, dann signalisiert der Inspektor hier, dass im Folgenden *nicht* mehr darüber gesprochen werden muss, *dass* es an der Schule B (viele) verschiedene AGs gibt; die Äußerungseinheit impliziert insofern, *dass über das Thema AGs anders gesprochen werden soll als bisher.*[89] Bereits an dieser Stelle deutet sich also eine Didaktisierung des Frageimpulses entlang der pädagogischen Früher-Später-Zeitdifferenz an (vgl. Prange 2012, S. 119).

Nach einer Pause von zwei Sekunden, die darauf hindeutet, dass die kontextsensitive Formulierung des Frageimpulses für den Inspektor eher aufwändig ist, fährt Im1 folgendermaßen fort:

(2) wenn Sie die (.) zusammenstellen

Mit der nächsten Äußerungseinheit bezieht sich Im1 auf eine (vermeintlich) bestehende schulische Praxis, die Auswahl von AGs. Damit rahmt er zunächst einmal das Thema der schulischen Arbeitsgemeinschaften in spezifischer Weise, nämlich als Teil einer *planerischen* schulischen Praxis, durch die das schulische AG-Angebot in bewusster Weise und unter einem bestimmten Gesichtspunkt ausgewählt und zusammengestellt wird. Er unterstellt den Lehrer/inne/n mit seiner Äußerung also eine spezifische schulische Normalität, in der sich bereits das Ideal von der Schule als rational organisierter Handlungseinheit andeutet. Bemerkenswert ist jedoch, *dass* der Inspektor den Lehrer/inne/n ihre eigene Praxis

---

[88] An dieser Stelle lässt sich nicht vollständig klären, ob sich Im1 mit seiner Äußerung auf eine Thematisierung des AGs an einer früheren Stelle des Interviews bezieht oder ob er mit seiner Äußerung zu verstehen geben will, dass die Existenz von AGs dem Inspektionsteam allgemein bekannt ist. Die Frage ist also, worauf sich das vom Inspektor verwendete Personalpronomen „wir" bezieht. Allerdings wurden die AGs tatsächlich bereits während des Interviews von den Lehrer/inne/n thematisiert, so dass die erste Interpretation naheliegender erscheint.

[89] Dazu passt auch, dass die Formulierung „ne ganze Reihe" tendenziell abschätzig konnotiert ist, die übliche Thematisierungsweise der schulischen Arbeitsgemeinschaften mit dem Sprechakt des Inspektors also disqualifiziert wird.

an dieser Stelle überhaupt *vor Augen führt.* Offensichtlich bedarf die erwünschte *andere* Darstellung des Themas „schulische Arbeitsgemeinschaften" einer *Veranschaulichung* dessen, was nun folgen soll. Im Anschluss an Prange kann hier davon gesprochen werden, dass sich in der aktuellen Äußerungseinheit eine *repräsentative Zeigegeste* andeutet, d.h., die zeigende Darstellung von etwas, das nicht unmittelbar greifbar ist:

> „[...] anders als das ostensive Zeigen, das leibnah, gegenwärtig und unmittelbar sich auf das Lernen bezieht, zielt das repräsentative Zeigen darauf, dem Lerner den etwas unmittelbar nicht Gegebenes vor Augen zu führen. [...] Das Zeichen steht für die Sache, das Bild fungiert als Repräsentant von Sachverhalten, und das pädagogische Handeln vertraut darauf, dass die Darstellung eine Vorstellung auslöst, und zwar ohne dass dieser Sachverhalt wirklich da ist. Diese Vergegenwärtigung eines Abwesenden, etwas für etwas anderes: das ist der genaue Sinn des lateinischen Wortes *repaesentatio*" (Prange und Strobel-Eisele 2006, S. 61; Hervorhebung im Original).

Damit liegt hier nun bereits die zweite *Didaktisierung* des thematischen Sachverhalts vor. Gleichzeitig deutet sich in diesen Didaktisierungen des thematischen Sachverhalts an, dass der Inspektor nicht davon ausgeht, dass die Lehrer/innen die erforderliche neue Darstellung der schulischen AGs bereits leisten können; die von ihm vorgenommene didaktisierende Einführung in das neue Thema wäre ansonsten nämlich überflüssig. Der Frageimpuls des Inspektors ist also nicht nur durch die für pädagogische Praktiken typische didaktische Früher-Später-Zeitdifferenz strukturiert, sondern auch durch die zweite für das Pädagogische konstitutive Differenz gekennzeichnet, die Differenz von „schon jetzt" und „noch nicht" (vgl. Prange 2012, S. 120): Sie rekurriert sowohl auf das, was Im1 bei den adressierten Lehrer/inne/n als bereits vorhanden voraussetzt (eine spezifische Praxis der Zusammenstellung von AGs), als auch auf das, was er als noch nicht vorhanden antizipiert (eine neue Darstellung der AGs), und verweist damit auf den spezifisch pädagogischen Modus des *als ob.* Dieser Modus und die durch in produzierten interaktiven Konsequenzen werden im Zentrum des dritten Falls stehen. Die Analyse dieses zweiten Falls konzentriert sich dagegen nun auf die auf der Früher-Später-Zeitdifferenz basierenden didaktisch-vorstrukturierenden Elemente der Interaktion. Diese didaktische Struktur des Frageimpulses entfaltet sich vollends im nächsten Sequenzabschnitt, der die eigentliche Frage beinhaltet:

> *gibt's da so was wie en Zusammenhang zum SCHULcurriculum oder*
> *zum SchulKONZEPT?*

Gefragt wird in dieser Sequenz danach, ob die zuvor veranschaulichte schulische Praxis der Zusammenstellung von AGs mit dem Schulcurriculum bzw. dem Schulkonzept zusammenhängt. Wenn man diese Äußerungseinheit isoliert betrachten würde, dann könnte sie als „echte" Informationsfrage im Sinne Searles (1983) interpretiert werden. Dies würde jedoch einem sequenzanalytischen Vorgehen widersprechen (vgl. Lambrecht 2016a, S. 93). Vor dem Hintergrund der zuvor analysierten Sequenzabschnitte stellt der Impuls des Inspektors nicht mehr lediglich eine Informationsfrage bezüglich der thematischen schulischen Praxis dar („*Wie* stellen Sie die AGs zusammen?"), sondern durch sie wird nun vielmehr *thematisiert, wie das Thema „schulische Arbeitsgemeinschaften" thematisiert werden soll*: Durch die Betonung der Wortteile „SCHUL" und „KON-ZEPT" wird sowohl prosodisch als auch inhaltlich *die Schule als pädagogische Handlungseinheit in den Fokus der Aufmerksamkeit der Befragten gerückt*.

Die gesamte bisherige Äußerung des Inspektors fordert die Lehrer/innen also dazu auf, die AGs nicht (mehr) in Form einer Aneinanderreihung von Einzelveranstaltungen, sondern in Relation zu bzw. als Teil eines schulischen Gesamtkonzeptes zu beschreiben. Auf der Ebene der sozialen Praktiken drückt sich dies in einer doppelten Rahmung des neuen Themas aus, die bei einer „reinen" Informationsfrage nicht notwendig wäre, nämlich in der Thematisierung sowohl der unerwünschten als auch der erwünschten Thematisierungsweise des Themas „schulische Arbeitsgemeinschaften". Im Frageimpuls des Inspektors protokolliert sich insofern eine Logik des „nicht so – sondern so", die auf eben solchen *Praktiken der Lenkung der Aufmerksamkeit* basiert, die Ricken (2009, S. 118; s. Kapitel 4.3.3) zur empirischen Konkretisierung des von Prange beschriebenen pädagogischen Zeigens vorgeschlagen hat.

Damit liegt hier wiederum ein Fall vor, über den empirisch gezeigt werden kann, *dass die Interviews der Schulinspektion nicht in erster Linie durch die Generierung von Evidenzen, sondern durch eine pädagogische Re-Organisation von Wissen auf Seiten der Lehrer/innen strukturiert werden*: Der Inspektor legt den befragten Lehrer/innen in diesem Fall *vorab* eine bestimmte Bezugnahme auf den Gesprächsgegenstand nahe, und zwar eine, in der die Zusammenstellung des AG-Angebots Ausdruck für die kollektiv-rationale Organisation der Schule B ist. Dies geschieht praktisch durch die Thematisierung sowohl der erwünschten als auch der unerwünschten Thematisierungsweise des thematischen Sachverhalts, durch die die rational organisierte Handlungseinheit Schule als Gegenstand der didaktischen Vermittlung und damit als pädagogischer Gegenstand konstruiert wird. *In den rekonstruierten kommunikativen Praktiken protokolliert sich insofern auf Ebene der sozialen Praxis eine „pädagogische Intention", d.h. eine „Veränderungsabsicht" (vgl. Helsper 2010, S. 18), die ganz im Sinne Brezinkas (1978) auf die Beeinflussung der psychischen Dispositionen der befragten Lehrer/innen abzielt.* Dies zeigt sich auch noch einmal im nächsten Sequenzabschnitt.

<<sehr leise> is da irgendwas> (2) das daHINTERsteht?

Der Frageimpuls endet mit einer weiteren Frage, in der noch einmal pointiert zum Ausdruck kommt, worum es dem Inspektor geht, nämlich um das, was „daHINTER" steht, also um die *Intention, die die einzelnen AGs verbindet*. Spätestens an dieser Stelle wird somit deutlich, was die sozial erwünschte Antwort auf die Frage ist, nämlich dass das schulische AG-Angebot mehr verbindet als der Zufall. Die Verwendung des Indefinitpronomens „irgendwas" macht eine Distanzierung von dieser in der Frage aufscheinenden Norm dabei nahezu unmöglich: Dass hinter den AGs „gar nichts" steht, diese also in keiner Weise durch eine pädagogische Absicht verbunden sind, ist in einem evaluativen Kontext kaum als legitime Antwort formulierbar.[90]

Die spezifische prosodische Gestaltung der Äußerungseinheit lässt darüber hinaus jedoch weitere Rückschlüsse auf die Funktion des Sprechakts zu: Während die Betonung des Indefinitpronomens „irgendwas" als Kontextualisierungshinweis (vgl. Deppermann 2008, S. 66) dafür hätte gelesen werden können, dass es sich hierbei um eine eher kritische Nachfrage handelt („Sie müssen sich dabei doch etwas gedacht haben!"), weist die tatsächliche Betonung („daHINTER") in eine andere Richtung. Die zweite Frage übernimmt hier die Funktion eines erläuternden Accounts (vgl. ebd., S. 71), durch den der Kern der erwünschten Thematisierungsweise des thematischen Sachverhalts noch einmal betont wird. Vor dem Hintergrund der bisherigen Analyse erhält sie also die Funktion einer *didaktischen Einhilfe*. Darauf verweist auch die Tatsache, dass sich der Account nahtlos an die erste Frage anschließt, diese also *per se* als erläuterungsbedürftig mar-

---

[90] Auch hier werden die Antwortmöglichkeiten der Lehrer/innen also wiederum – wie in Fall 1 – nicht prinzipiell eingeschränkt, sondern mit unterschiedlich hohen sozialen Folgekosten verbunden.

kiert wird.[91] Ähnlich wie in Fall 1 ist der Frageimpuls des Inspektors somit auf die *Ermöglichung der Thematisierung eines impliziten Wissens der Lehrer/innen* ausgerichtet, wird also von einer *mäeutischen Logik* strukturiert.

Es geht hier insofern nicht in erster Linie um die evidenzbasierte Überprüfung der Praxis der Schule B, sondern um die *gemeinsame Erarbeitung des thematischen Sachverhalts.* Diese Deutung wird zusätzlich dadurch unterstützt, dass die vom Inspektor gestellte Frage im Leitfaden so nicht vorkommt. Zwar ist an dieser Stelle auch offiziell die Thematisierung der schulischen Arbeitsgemeinschaften vorgesehen, allerdings mit einem anderen inhaltlichen Fokus. Der Inspektor formuliert hier insofern eine *Transferaufgabe, über die es den Lehrer/inne/n ermöglicht werden soll,* die AGs zu dem bereits zu Beginn des Interviews thematisierten Schulkonzept in Beziehung zu setzen. In dieser Transferaufgabe ist dabei auch eine Prüfungslogik angelegt; sie ermöglicht nicht nur die Explikation eines impliziten Wissens durch die Lehrer/innen, sondern auch die Überprüfung, ob sie den erwünschten Transfer leisten können. Auch hier ist jedoch wiederum entscheidend, worauf sich die Prüfung des Inspektors bezieht: nämlich nicht auf die schulische Praxis selbst, sondern auf die diesbezügliche *Darstellungskompetenz* der Lehrer/innen. *Es handelt sich hier also nicht um eine empirische Überprüfung schulischer Praxis, sondern um eine pädagogische Prüfung, die auf die Aneignung einer bestimmten Haltung zum thematischen Sachverhalt zielt.* Dies bedeutet auch, dass der Inspektor prinzipiell davon ausgehen muss, *dass* die AGs der Schule B etwas verbindet bzw. diese Verbindung prinzipiell herstellbar ist. Ansonsten wäre eine Didaktisierung des thematischen Sachverhalts, die auf die Explikation eines impliziten Wissens der Lehrer/innen zielt, sinnlos. Die interaktiven Konsequenzen dieser Themeneinführung werden im folgenden Kapitel rekonstruiert.

5.3.2 Die wechselseitige Etablierung von Schüler- und Lehrerpositionen

Die didaktisierende Einführung in den thematischen Sachverhalt, wie sie im zuvor rekonstruierten Frageimpuls des Inspektors zum Ausdruck kommt, hat erhebliche Auswirkungen auf den weiteren Gesprächsverlauf. Hier entwickelt sich

---

[91] Diese Interpretation würde auch zum im vorangegangenen Abschnitt rekonstruierten Transfercharakter der Frage passen.

nun eine Gesprächsorganisation, die deutliche Strukturhomologien zu Unterrichtsgesprächen aufweist. Das bedeutet, dass sich die Gesprächsbeteiligten mithilfe spezifischer Gesprächspraktiken wechselseitig als Schüler/innen – im Fall der Lehrer/innen – und als Lehrer – im Fall des Inspektors – positionieren. Zunächst folgt auf den Frageimpuls jedoch eine Pause, die mit sechs Sekunden verhältnismäßig lang ausfällt.

(6)

Wie im Fall 1 produziert also auch dieser Frageimpuls eine Redezugvakanz auf Seiten der adressierten Lehrer/innen, die darauf hindeutet, dass es den Befragten schwer fällt, *ad hoc* eine Antwort zu formulieren. Dies stützt die Interpretation, dass das Thema der schulischen Arbeitsgemeinschaften durch den Inspektor zuvor in einer Art und Weise eingeführt wurde, die den Lehrer/inne/n fremd ist. Schließlich meldet sich aber doch ein Lehrer zu Wort.

> **Lm1:** *also (.) Sie meinen so im Sinne <<gedehnt> Lernbegriff> (oder) im Unterricht wird für die Fächer gelernt und in den AGs (.) für (.) die PerSÖNlichkeit oder beides überschneidet sich weil eigentlich alles ein Ganzes is oder*

Lm1 formuliert hier probeweise verschiedene *Antwortmöglichkeiten*. Zunächst bietet er eine Antwort an, in der die schulischen AGs durch eine bestimmte Lerntheorie verbunden sind. Diese Antwort wird anschließend durch eine Reihe von Oder-Konstruktionen ausdifferenziert bzw. ergänzt, wobei das erste „oder" unsicher in der Transkription ist. Dies lässt zwei Lesarten zu: Entweder wird hier eine Reihe von Antwortalternativen aufgezählt (verbindender Lernbegriff *oder* funktionale Differenzierung zwischen Unterricht und AGs *oder* ganzheitlicher Zusammenhang zwischen Unterricht und AGs). Oder – und das ist wahrscheinlicher – es werden zwei unterschiedliche, genauer gesagt sich ausschließende[92] Lernbegriffe als mögliche Antwort darauf angeboten, was hinter dem AG-Angebot steht. Allerdings würde das letzte „oder", das quasi in der Luft hängen bleibt, auch in diesem zweiten Fall signalisieren, dass die Antwort theoretisch auch eine ganz andere sein könnte als die bisher angebotenen.

---

[92]   Die AGs können nur entweder in Abgrenzung oder in Zusammenhang mit dem regulären Unterricht konzipiert werden.

Als erstes ist dementsprechend festzuhalten, dass die Äußerung des Lehrers Lm1 als Antwort auf die Frage gelesen werden muss, *was* für eine Idee hinter den Arbeitsgemeinschaften steht. Lm1 formuliert die Frage des Inspektors also implizit um: Es geht nicht mehr darum, *ob* die AGs durch eine (pädagogische) Intention verbunden sind, sondern über *welche*. Lm1 hat insofern den normativen Gehalt der Frage antizipiert, d.h., dass die AGs durch eine Intention verbunden sein *sollen*. Gleichzeitig trifft er mit dieser Verschiebung exakt den zuvor rekonstruierten impliziten Gehalt des Frageimpulses: Dieser zielte eben nicht auf die Überprüfung der Einhaltung von Standards durch die Schule B („ob"), sondern auf die gemeinsame Erarbeitung der passenden Antwort („welche").

Darüber hinaus stellt die Äußerung des Lehrers genau genommen keine Antwort auf die Frage des Inspektors dar, sondern eine Rückfrage im Gewand eines *Deutungsangebots* („also (.) Sie meinen"). Dieses Deutungsangebot ist darauf ausgerichtet zu eruieren, worauf die Frage des Inspektors abzielt. In der Reaktion des Lehrers deutet sich insofern eine Suchbewegung an, die auch bereits in der zögerlichen Aussprache des Begriffs „Lernbegriff" prosodisch zum Ausdruck kommt: Für den Lehrer ist hier fraglich, ob die Antworten, die er anbieten kann, tatsächlich den Erwartungen des Inspektors entsprechen. Es handelt sich bei der Äußerung des Lehrers Lm1 also um einen *Testballon*, d.h., um eine *implizite Rückfrage nach der erwünschten Antwort*.

Die Art und Weise, in der der Lehrer Lm1 auf die Frage von Im1 reagiert, lässt dabei den Rückschluss zu, dass er prinzipiell davon ausgeht, dass der Inspektor eine Vorstellung von der richtigen Antwort hat. Dass er darüber hinaus keine explizite Rückfrage formuliert (z.B. „Könnten Sie Ihre Frage noch einmal präzisieren?"), sondern *eine Antwort simuliert*, könnte zunächst als Hinweis darauf gelesen werden, dass die Lehrer/innen auch in Fall 2 die Interviewsituation als Prüfungssituation antizipieren. Allerdings wäre ein solcher Testballon, wie Lm1 ihn mit seiner Äußerung gestartet hat, in einer „echten" Prüfungssituation kein ganz unproblematischer Sprechakt, würde sich in ihm doch protokollieren, dass der Prüfling gerade nicht genau weiß, worum es geht. Die Reaktion des Lehrers verweist insofern zwar darauf, dass es sich bei der Frage des Inspektors um eine „unechte" Frage handelt; durch diese wird aber wiederum nicht unbedingt eine „echte" Prüfungssituation etabliert, d.h., eine Situation, in der es tatsächlich um die empirische Überprüfung einer schulischen Praxis geht. Stattdessen verweist die Reaktion des Lehrers auf eine spezifische pädagogische Interaktionsstruktur, und zwar eine *unterrichtliche*: Durch das Anbieten unterschiedlicher Antwortmöglichkeiten signalisiert Lm1 einerseits seine prinzipielle Antwort- und Kooperationsbereitschaft. Gleichzeitig fordert er den Inspektor damit zu einer *Präzisierung seiner Antworterwartung* auf und markiert den Frageimpuls des Inspektors dadurch als „Lehrerfrage". Diese sind, das wurde im Kontext der Rekonstruktion des Falls 1 bereits erörtert, wie Prüfungsfragen dadurch gekennzeichnet, dass „der Fragende die Antwort weiß und der Antwortende seinerseits weiß, dass der Fragende die Antwort weiß" (Hausendorf 2008, S. 947). Zusätzlich sind Lehrerfragen auf Schülerseite jedoch mit einer „Erwartung an auswertbarer Rückmeldung" (ebd., S. 949) verbunden, d.h., es muss erkennbar sein, welche Antworten erwünscht sind und welche nicht. Nur so ist eine *gemeinsame Erarbeitung des thematischen Sachverhalts* im Unterrichtsgespräch möglich. Mit seiner Antwort fordert der Lehrer vom Inspektor nun genau eine solche Präzisierung seiner Antworterwartung ein. *Es geht hier also weder um eine (subjektive) Darstellung oder Erläuterung schulischer Praxis noch um das Bestehen einer (evaluativen) Prüfungssituation, sondern um die Herstellung der Voraussetzungen für die Produktion einer passenden Antwort, die den Vorstellungen des Inspektors möglichst exakt entspricht.* Damit wird hier praktisch statt eines evaluativen ein unterrichtlicher Kontext etabliert: Lm1 übernimmt mit seinem Sprechakt die Schülerposition und weist umgekehrt dem Inspektor die Rolle des Lehrers zu.

Abschließend für die Rekonstruktion dieses Sequenzabschnittes soll die Äußerung des Lehrers Lm1 nun noch einmal inhaltlich betrachtet werden, bzw. genauer: es wird herausgearbeitet, in welchem Verhältnis ihr propositionaler Gehalt (vgl. Przyborski 2004, S. 62–65; s. Kapitel 4.2.3) zu dem des Frageimpulses steht. Dadurch wird es möglich aufzuzeigen, wie sich Im1 und Lm1 zum implizit thematischen Konzept der rational organisierten Handlungseinheit Schule positionieren. Der Frageimpuls war darauf ausgerichtet, den adressierten Lehrer/inne/n eine Antwort zu ermöglichen, in der das schulische AG-Angebot als Ausdruck eines übergreifenden Schulkonzepts erscheint. Dies hätte den Befragten gleichzeitig die Möglichkeit eröffnet, sich als Mitglieder der rational organisierten Handlungseinheit Schule darzustellen. Die AGs als Teil eines solchen schulischen Gesamtkonzepts zu beschreiben, gehört jedoch offensichtlich nicht zum Standardrepertoire von Lm1. Er hat zwar antizipiert, dass die AGs etwas verbinden soll, aber nicht, dass dieses verbindende Element dem Schulkonzept entnommen werden soll; er nimmt zumindest mit seiner Reaktion keinen Bezug auf dieses schulische Gesamtkonzept. Lm1 *verkennt insofern den Transfercharakter des Frageimpulses*, d.h., dass er zwei bereits thematisierte Sachverhalte in neuer Form zusammenführen soll. Man könnte auch sagen, dass Lm1 *die Aufgabenstellung nicht verstanden hat*: Während Im1 darauf hinarbeitet, dass die Lehrer/innen das AG-Angebot als Teil des schulischen Gesamtkonzepts beschreiben, versucht Lm1 aus der Fülle der schulischen Arbeitsgemeinschaften situativ und *ad hoc* – quasi induktiv – auf das sie verbindende Element zu schließen. *Frage und Antwort bewegen sich also nicht auf derselben logischen Ebene*: Lm1 bleibt der „alten" Darstellungsweise des AG-Angebots verhaftet. Dies zeigt sich auch an der Re-Reaktion des Inspektors.

Im1: <<gedehnt> ja=a>

Der Inspektor nimmt in dem sich anschließenden Sequenzabschnitt eine *Evaluation* der Antwort des Lehrers vor. Auf der dritten Position, dem neuralgischen Punkt jeder gesprächsanalytischen Sequenzanalyse (vgl. Deppermann 2008, S. 73), etabliert Im1 somit endgültig ein unterrichtliches Setting, das bereits mit der Konstruktion eines pädagogischen Gegenstandes auf der ersten Position (Frageimpuls) und der Einforderung unterrichtlicher Interaktionsprinzipien auf der zweiten Position (Reaktion Lm1) vorbereitet wurde: Der Inspektor löst nun die implizite Forderung von Lm1 nach einer Präzisierung seiner Antworterwartung ein, d.h., er vervollständigt die insbesondere von Mehan (1979) beschriebene dreischrittige Organisation unterrichtlicher Interaktion (*initiation – reply – evaluation*), indem er anzeigt, inwiefern die Antwort des Lehrers Lm1 seiner Antworterwartung entspricht (s. Abbildung 20).

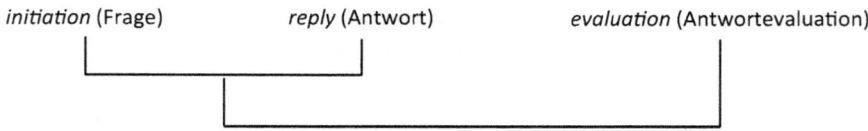

initiation (Frage)   *reply* (Antwort)   *evaluation* (Antwortevaluation)

Abb. 20:   Die Struktur unterrichtlicher Interaktion nach H. Mehan (1979)

Damit übernimmt der Inspektor jetzt aktiv die Lehrerposition, die ihm Lm1 zuvor zugewiesen hat. In der zweisilbigen Lautierung der Partikel „ja" deutet sich dabei eine ambivalente Validierung der Antwort von Lm1 an, die in sich ebenfalls bereits pädagogisch strukturiert ist: Sie anerkennt und würdigt die Antwort des Lehrers einerseits als kooperativen Beitrag, markiert sie andererseits jedoch als inhaltlich (noch) nicht ausreichend. Mit seiner Antwortevaluation zeigt der Inspektors insofern die bereits rekonstruierte mangelnde Passung zwischen Frage und Antwort noch einmal an.

Dass es bei der hier etablierten Interaktionsordnung nicht um die empirische Überprüfung eines Sachverhalts, sondern um die Bewältigung einer pädagogischen Transferaufgabe mithilfe unterrichtlicher Praktiken geht, bestätigt sich dann auch noch einmal im weiteren Verlauf der aktuellen Äußerung des Inspektors. Nachdem er die Antwort des Lehrers Lm1 als allenfalls teilweise zutreffend evaluiert hat, liefert der Inspektor eine weitere didaktische Einhilfe.

> *ich denke SIE als Schule sehen doch Sie haben doch eher so en GANZHEITLICHEN Aspekt.*

Mit der Äußerungseinheit „Sie haben doch eher so en GANZHEITLICHEN Aspekt", die *eine* der Antwortalternativen von Lm1 aufgreift („weil eigentlich alles ein Ganzes is"), führt der Inspektor den Lehrer/inne/n noch einmal zeigend die Version ihrer eigenen Praxis vor Augen, die zu seiner Frage passt. Auffällig ist außerdem die ungewöhnliche *Adressierung der Lehrer/innen als Schule* („SIE als Schule"), durch die der „Lehrkörper" mit der Organisation Schule sprachlich verschmolzen und so die erwünschte Antworthaltung noch einmal betont wird: Die Lehrer/innen sollen hier als Vertreter/innen der rational organisierten Handlungseinheit Schule sprechen. Darüber hinaus offenbart die Äußerungseinheit, dass der Inspektor bereits ein vollständiges Antwortkonzept im Kopf hat („ich denke"). Und nicht nur das: Es bestätigt sich an dieser Stelle, dass er davon ausgehen muss, dass die Praxis der Schule B prinzipiell den normativen Vorgaben der Schulinspektion entspricht. Offensichtlich hat er die schulischen Arbeitsgemeinschaften für sich bereits als Element eines für die Schule B typischen ganzheitlichen Schulkonzepts konzipiert und damit auch bereits eine Verbindung zwischen AG-Angebot und schulischem Gesamtkonzept hergestellt. Insofern scheint die Schule B eigentlich alles richtig zu machen: Sie hat ein Schulkonzept, nämlich ein ganzheitliches, in das sich die schulischen Arbeitsgemeinschaften relativ problemlos einpassen lassen müssten. Genau dies gelingt den Lehrer/inne/n jedoch nicht, ja, es scheint ihnen nicht einmal bewusst zu sein, dass die Herstellung einer Verbindung zwischen Schulkonzept und AG-Angebot relativ einfach zu bewerkstelligen wäre. *Was hier misslingt, ist insofern nicht die schulische Praxis selbst, sondern deren situative Darstellung nach den Regeln der Schulinspektion.* Um diese Kluft zu überbrücken, greift der Inspektor abermals zu einer didaktischen Einhilfe, die der mäeutischen Entwicklung des impliziten Wissens der befragten Lehrer/innen bezüglich des thematischen Sachverhalts dient.

Mit dieser erneuten didaktischen Einhilfe geht nun eine deutliche Engführung der Kommunikation einher, über die die richtige Antwort im weiteren Verlauf der Sequenz sukzessive erarbeitet wird. Betrachtet man die aktuelle Äußerungseinheit des Inspektors noch einmal in Bezug auf die durch sie erzeugten Folgeerwartungen, dann wird deutlich, dass es sich hierbei um eine Tatsachenbehauptung handelt, die auf nichts anderes als Zustimmung abzielt („Sie haben *doch*"). Diese erfolgt auch prompt.

Lm1: *ja (2)*

Damit wäre zwischen Im1 und Lm1 zunächst einmal Einigkeit darüber erzielt worden, *dass* die Schule B sich durch ein ganzheitliches Gesamtkonzept auszeichnet. Die bisherige kommunikative Nachsteuerung der Lehrerantwort durch den Inspektor reicht jedoch immer noch nicht aus, um die erwünschte Antwort selbstläufig zu generieren, d.h., *das Wiederzeigen des Gezeigten stellt sich nicht ein.* Stattdessen entsteht nach der Bestätigung des Lehrers eine Pause von zwei Sekunden, die wiederum durch den Inspektor beendet werden muss.

Im1: *eben.*

Mit der Verwendung der Partikel „eben" nimmt Im1 nun eine maximal verstärkte Bestätigung der Reaktion des Lehrers Lm1 vor, die auf das Vorliegen eines offensichtlichen Zusammenhangs verweist: Im1 signalisiert hier relativ deutlich, dass die Antwort auf seine Frage mittlerweile eigentlich auf der Hand liegen müsste; die Lehrer/innen müssen sie nur noch aussprechen. Gleichzeitig wird durch diese Reaktion nun explizit, dass seine Frage nicht der Generierung von Informationen, sondern der Generierung einer bestimmten Antwort dient: *In der Partikel „eben" offenbart sich die die Interaktion strukturierende „Erziehungsabsicht" des Inspektors.* Dadurch kippt die Interaktion nun fast schon ins Absurde. Umso bemerkenswerter ist, dass der Inspektor seine Frage dennoch aufrechterhält.

(.) wie (.) wie stehen diese AGs zu diesem (.) GANZheitlichen Konzept.

(2) stehen die <<schneller> GEHÖREN die dazu> oder ist das

Mit dieser letzten didaktischen Einhilfe „winkt" der Inspektor nun wirklich mit dem sprichwörtlichen Zaunpfahl. Er ergänzt sein einleitendes „eben" mit einer vereindeutigenden Reformulierung der Ursprungsfrage, d.h., er fragt jetzt relativ unverblümt danach, ob die schulischen Arbeitsgemeinschaften zum ganzheitlichen Schulkonzept gehören oder nicht. Die Pausen, die Wortwiederholungen, die Formulierungsdynamik und die Konstruktionsabbrüche, durch die diese Äußerungseinheit gekennzeichnet ist, deuten dabei darauf hin, dass der Inspektor auch sprachlich allmählich an Grenzen stößt: Noch deutlicher auf das zeigen, was gemeint ist, kann er offensichtlich nicht. Die Interpretation der interaktiven Konsequenzen, die der Frageimpuls des Inspektors ausgelöst hat, wird nun noch einmal theoretisch rekapituliert.

Fasst man die Rekonstruktion der ersten drei Positionen dieser Interaktionssequenz (Frageimpuls, Reaktion, Re-Reaktion) noch einmal zusammen, dann wird deutlich, dass diese durch ein spezifisches *recipient design* gekennzeichnet sind, also durch einen wechselseitigen Zuschnitt von Äußerungen auf die antizipierten Handlungsmöglichkeiten des jeweiligen Gegenübers. Dadurch werden situativ unterrichtliche Rollen und Interaktionsformen etabliert:

> „Eine zentrale Konstituente interaktiver Positionierung ist das recipient design, der AdressatInnenzuschnitt von Äußerungen: Indem Sprechende Turns auf Vorannahmen, Wissen, Erwartungen und Einstellungen zuschneiden, die sie bei dem Adressaten bzw. der Adressatin aufgrund gemeinsamer Interaktionserfahrungen oder der Zugehörigkeit zu bestimmten sozialen Kategorien vermuten, positionieren sie diese/n als Person mit bestimmte Eigenschaften, Einstellungen und Kompetenzen" (Deppermann 2013, S. 46).

So, wie der Frageimpuls die Lehrer/innen als pädagogische Zöglinge konstituiert, denen etwas zunächst so gezeigt werden muss, dass sie es anschließend selbst wiederzeigen können, positioniert die Reaktion des Lehrers Lm1 den Inspektor als denjenigen, dem die Aufgabe zufällt, die Lehrer/innen in ihren Antworten anzuleiten und so zu dem erwünschten Ergebnis zu führen. Diese Position wird vom Inspektor wiederum angenommen und die etablierte unterrichtliche Ordnung so reproduziert.

Es liegt hier also eine unterrichtliche Steigerung der in Fall 1 rekonstruierten mäeutischen Fragepraxis vor. Die Interaktion zwischen Im1 und Lm1 folgt einer Logik, die typisch für den sogenannten fragend-entwickelnden Unterricht ist.

Dies kommt besonders deutlich zum Ausdruck, wenn man sich die Definition dieser Unterrichtsform von Becker-Mrotzek und Vogt (2001) vergegenwärtigt, die diese im Anschluss an Aebli formulieren:

> „Für ihn [Aebli, M.L.] trägt jedes Problem den Kern seiner Lösung bereits in sich; es muss lediglich entfaltet, eben *ent-wickelt* werden. Indem ein Problem in seine Teile zerlegt und anschließend bearbeitet wird, wird es seiner Lösung zugeführt [...]. Hierbei kommen unterschiedliche kognitive Prozesse wie Schließen, Folgern, Verknüpfen etc. zum Einsatz. Die Aufgabe des Lehrers besteht nun darin, die Schüler durch geschickte Arrangements und vor allem Fragen dazu zu bringen, das Problem zu sehen und zu lösen" (S. 78; Hervorhebung im Original).

Alle hier aufgezählten Elemente deuten sich auch in der bisher rekonstruierten Interaktion zwischen dem Inspektor und dem Lehrer Lm1 an: die „problemorientierte" Einführung in den neuen Gesprächsgegenstand, die Orientierung an der Ermöglichung einer Verknüpfung unterschiedlicher bereits thematisierter Sachverhalte („Transfer"), die Zergliederung des thematischen Sachverhalts in nacheinander zu bearbeitende Teilschritte, die wiederholte Re-Formulierung der ursprünglichen Frage. Diese Elemente sind dabei eingebunden in eine Interaktionsstruktur, die dem von Mehan (1979) beschriebenen schematischen Ablauf unterrichtlicher Interaktion folgt.

Darüber hinaus trifft auf die rekonstruierte Sequenz auch das zu, was Hausendorf als typisch für unterrichtliche Interaktionsformen beschrieben hat: dass die Schüler/innen sich den thematischen Sachverhalt „unter der Bedingung der Anleitung und der Führung" (Hausendorf 2008, S. 945) selbstständig erarbeiten. Konstitutiv für eine pädagogische Ordnungsbildung ist, dass die Adressierten das, was ihnen gezeigt wird, *wiederzeigen*, und das bedeutet auch, dass ihnen die Antwort nicht verraten wird, selbst wenn diese auf der Hand liegt (s. Kapitel 4.3.3). Diese „Autonomieorientierung" des Pädagogischen (vgl. Lambrecht 2016a, S. 96) zeigt sich in dem vorliegenden Fall darin, *dass die Lehrer/innen die richtige Antwort selber sagen müssen,* auch wenn die interaktiven Praktiken, die der Inspektor generiert, um die Lehrer/innen dazu zu bringen, die richtige Antwort auszusprechen, der Interaktion zunehmend absurde Züge verleihen. Diese Tendenz zum Absurden ist ein strukturelles Problem des Pädagogischen, das auf die *inszenatorische Logik des pädagogischen Zeigens* zurückzuführen ist (s. Kapitel 5.6). Sie wird in diesem Fall zusätzlich dadurch gesteigert, dass die analysierten Inspektionsinterviews offiziell der evaluativen Evidenzgenerierung dienen, sich eine didaktische Einhilfe durch die Inspektor/inn/en also eigentlich verbietet.

Um dieses „Wiederzeigen" und die Probleme, die mit ihm in dem hier analysierten Fall einhergehen, geht es auch im folgenden Kapitel. Gezeigt wird, dass die erwünschte Darstellung der schulischen Praxis, auf deren Erzeugung die rekonstruierten pädagogischen Praktiken des Inspektors gerichtet sind und durch die sich die Lehrer/innen als Vertreter/innen der rational organisierten Handlungseinheit Schule ausweisen könnten, trotz aller Bemühungen nicht recht gelingen will.

5.3.3 Das Verfehlen des Lernziels

Trotz der bereits relativ weit fortgeschrittenen Rekonstruktion der Logik der Interviewinteraktion darf nicht vergessen werden, dass die eigentliche Beantwortung der Frage des Inspektors noch aussteht, nämlich in welchem Verhältnis das schulische AG-Angebot zum ganzheitlichen Schulkonzept steht. Die bisherige Interaktion hat vorrangig dazu gedient zu klären, *wie* über die schulischen AGs gesprochen werden soll. Nach der letzten Reformulierung der ursprünglichen Frage durch Im1 setzen die Lehrer/innen nun jedoch zu einer Antwort an. Die ersten Redebeiträge dieser Antwortsequenz sind nachfolgend dargestellt.

Lm1:   *<<leise> als- [JA>*

Lm2:   *[es gehört dazu. [LL: ja ja klar] also ich wurde ge-*
FRAGT als ich hier angefangen habe [Lw?: das gehört dazu] äh
„was können Sie noch?" oder „können Sie eine AG leiten" [LL:
h=hm h=hm] oder irgendWAS äh äh [Im1: h=hm] und äh jeder hat
<<schneller> bringt seine Talente mit> und äh und insofern (hat?)
ich glaube jeder Lehrer (.) an unserer Schule soweit ich weiß hat ir-
gendeine [Lw?: ja] AG oder leitet eine AG oder   [VIELE Lehrer VIE-
LE nicht jeder aber VIELE

Lm3:   *[aber jeder Lehrer*
nicht [Lm1: nee] (so viele AGs haben wir gar nicht)

Lw1:   *[hat hat aber schon mal hat schon mal geleitete ja*

Lm2:   *[war schon mal mehr ja oder hat schon mal geleitet ja*

Lw1:   *hat schon mal ja*

Lm2:   *ja äh (.) ja*

Lm4: *ich denk unser Grundsatz Lernen mit Kopf, Herz und Hand kommt*
*dadurch ziemlich gut raus [**Im1**: ja] weil in ner AG MUSS man ja*
*auch nicht (.) dauernd (.) nur mit dem KOPF lernen [**Im1**: h=hm*
*h=hm] da darf man einfach auch mit Herz und Hand dabei sein [**Im1**:*
h=hm]

Die Analyse wird nun großflächiger fortgesetzt. Als erstes setzt wiederum Lm1
an. Sein leise und wie zu sich selbst gesprochener Beitrag beantwortet die Frage
des Inspektors zwar in der erwünschten Weise, indem er bestätigt, dass die schulischen Arbeitsgemeinschaften Teil des ganzheitlichen Schulkonzepts sind. Dass
die Beantwortung der Frage dabei den Charakter einer Bestätigung annehmen
kann, verweist noch einmal darauf, dass die Frage eigentlich bereits beatwortet
wurde, und zwar vom Inspektor selbst. Insgesamt zeichnet sich der Redebeitrag
jedoch durch einen eher ungehaltenen Duktus aus, der insbesondere in der emphatischen Betonung des „JA" zum Ausdruck kommt. Die Absurdität der Interaktion, an deren Produktion er allerdings maßgeblich beteiligt war, scheint insofern auch dem Lehrer Lm1 nicht verborgen geblieben zu sein.

Die sozial konforme Beantwortung der Frage übernimmt dann Lm2. Mit der
Formulierung „es gehört dazu" expliziert er die erwünschte Antwort überlappend
mit Lm1 „im ganzen Satz". Allerdings verfehlt die sich an diese Äußerungseinheit anschließende Erläuterung dann die Stoßrichtung der Frage, d.h., sie trifft
deren propositionalen Gehalt, ihre „Orientierung" nicht (vgl. Przyborski 2004,
S. 62–65; s. Kapitel 4.2.3). Statt zu erläutern, inwiefern sich das ganzheitliche
Schulkonzept im AG-Angebot widerspiegelt, legt Lm2 dar, dass an der Schule B
der Anspruch besteht, dass jeder Lehrer eine AG leitet. Damit kann er allenfalls
wiederum belegen, *dass* das Anbieten einer AG an der Schule B als wichtig erachtet wird, nicht jedoch, *warum* dies so ist. Die im Frageimpuls angelegte
Transferleistung – die Herstellung einer Verbindung zwischen AG-Angebot und
Schulkonzept – wird also streng genommen nicht erbracht, und das bedeutet
auch, *dass die Einnahme einer Sprecherposition, die Lm2 als Vertreter der rati-*
onal organisierten Handlungseinheit Schule ausweisen würde, letzten Endes
misslingt. Schlimmer noch: Die Antwort geht hinter die bereits vom Inspektor im
Frageimpuls postulierte schulische Normal-Praxis einer rationalen, d.h., plan-
voll-konzeptionellen Zusammenstellung des AG-Angebots zurück. Lm2 berichtet stattdessen *im Modus der individuellen Erfahrung* („ich wurde gefragt als ich

hier angefangen habe") von der schulischen Praxis der Zusammenstellung des AG-Angebots, die dem Inspektor als Aufhänger für seinen Frageimpuls gedient hatte. Diese Praxis folgt nun gerade nicht – wie im Frageimpuls postuliert – den Regeln der rational organisierten Handlungseinheit Schule, sondern den *subjektiven Interessen der einzelnen Lehrpersonen* („was können Sie noch?", „jeder hat bringt seine Talente mit").

Die im Frageimpuls angelegte Transferleistung gelingt erst Lm4. Im Anschluss an den Redebeitrag von Lm2 entspinnt sich zunächst eine Diskussion darüber, *wie viele* Lehrer/innen genau an der Schule B eine AG leiten. Damit wird die Orientierung des Frageimpulses am Ideal der rational organisierten Handlungseinheit Schule abermals in zweifacher Weise gebrochen: Zum einen wird deutlich, dass sich die Bedeutung des schulischen AG-Angebots für die Lehrer/innen gerade nicht aus einem übergreifenden pädagogischen Konzept, sondern aus dem Faktum ergibt, dass es an der Schule B *viele* Arbeitsgemeinschaften gibt. *Die Bedeutung der AGs begründet sich für sie also nicht qualitativ, sondern quantitativ.* Zum anderen wird dann auch dieses quantitative Kriterium unterminiert, da die Diskussion deutlich macht, dass längst nicht (mehr) alle Lehrer/innen eine AG anbieten. Im Grunde reden sich die Lehrer/innen hier also „um Kopf und Kragen", und zwar ohne dass ihnen das bewusst zu sein scheint. Im Anschluss an diese Diskussion gelingt es dem Lehrer Lm4 dann aber doch noch, das schulische AG-Angebot zum Schulkonzept in Beziehung zu setzen: Er wirft ein, dass im AG-Angebot der (ganzheitliche) „Grundsatz" der Schule B – „Lernen mit Kopf, Herz und Hand" – „ziemlich gut" zum Ausdruck komme. Diese Äußerung wird dann vom Inspektor auch prompt mit einem „ja" validiert, was den Rückschluss zulässt, dass dies ebenjener Punkt ist, auf den er ursprünglich hinaus wollte. Dies bestätigt sich auch im weiteren Verlauf der Interaktion, in dem der Inspektor den Redebeitrag von Lm4 noch einmal explizit als (einzig) gültige Antwort absichert und auch für die anderen Lehrer/innen markiert:

Im1:   *insofern wäre das (1) [(die Arbeit) äh im Zusammenhang, ne?*

Lm4:   *[das macht des Ganze dann rund*

Auch in Bezug auf die Äußerung des Lehrers Lm4 ist jedoch auffällig, dass diese im Gewand einer *ad hoc* in der aktuellen Situation gewonnen Erkenntnis daher kommt („ich denk"). Die selbstverständlich-souveräne Ableitung des AG-Angebots aus dem ganzheitlichen Schulkonzept, die für den Inspektor so offensichtlich zu sein scheint, ist den hier befragten Lehrer/inne/n – einschließlich Lm4 – insofern nicht möglich. Dies reproduziert sich auch noch einmal im Zusammenhang mit der abschließenden Frage des Inspektors nach den Besonderheiten der Schule B.

Die Antwortsequenz, deren erste Beiträge soeben rekonstruiert wurden, setzt sich noch eine Weile fort. Es folgt ein längerer Beitrag von Lm1, in dem es um das pädagogische Konzept der AGs sowie um Schwierigkeiten bei dessen Umsetzung geht. Dabei erwähnt Lm1 ein wiederkehrendes schulisches Ereignis, das Schulfest, in dessen Rahmen sich die AGs präsentieren. Daraufhin fordert der Inspektor die Lehrer/innen dazu auf, noch einmal genauer auf dieses Schulfest einzugehen. Eine Lehrerin, Lw1, skizziert zunächst Ziel und Ablauf des Festes. Es schließen sich weitere Redebeiträge von Lm2, Lm1 und Lw2 an, die die Äußerung von Lw1 ergänzen. Inhaltlich kreisen die Beiträge überwiegend um die Idee, dass die Leistungen der Schüler/innen in den AGs bzw. im außerunterrichtlichen Bereich allgemein gleichberechtigt neben denen im Unterricht stehen (sollten) – allerdings wiederum ohne dies explizit auf das im Schulkonzept kodifizierte „ganzheitliche" pädagogische Konzept der Schule zu beziehen. Als Beispiel hierfür mag die letzte diesbezügliche Äußerung von Lm1 dienen:

> *((...))*
>
> **Lm1:** *ah JA und das is jetzt [schulspezifische Bezeichnung des Schulfestes] aber wenn [Lw2: ja] ich dann hör was was die Neuner bei dem Catering äh des abends hier bei den Veranstaltungen noch als Schülerfirma (.) anbringen und an Wertschätzung dann auch auch [Lw2: zurückbekommen ja] oder beim Integrationstag [Lw1: ja] an Wertschätzung von von nem RIESENpublikum [LL: h=hm] ähm erFAHREN von von [Im1: h=hm] außerhalb [Im1: h=hm], da [Lw1: ja] möcht ich sagen das is MINIMUM genauso wichtig als als Lebens [Lw2: ja ja] und Berufsvorbereitung [Im1: h=hm h=hm h=hm] wie das was [Lm?: (klar)] heut morgen in Englisch lief. [Lw?: h=hm]*

An diese Äußerung von Lm1 schließt Im1 nun eine weitere Frage an. Diese „*Highlight-Frage*", die den standardisierten Abschluss der Interviews darstellt, soll den Lehrer/inne/n eigentlich die Möglichkeit geben, die besonderen Leistungen ihrer Schule in offener Form darzustellen. Im Kontext der aktuellen Interaktion bekommt sie jedoch eine andere Funktion. Um dies zu verdeutlichen, wird im Folgenden noch einmal etwas ausführlicher auf die Art und Weise eingegangen, in der der Inspektor zu dieser Abschlussfrage überleitet.

> *Im1:   wir sind bereits bei der letzten Frage Sie beantworten grad glaub ich <<lachend> meine letzte Frage die (.) lautet nämlich> „was ist das Besondere dieser Schule" (.)*

Im1 macht die Lehrer/innen hier darauf aufmerksam, dass sie bereits einen Sachverhalt – das Besondere der Schule B – thematisieren, auf den er eigentlich erst noch zu sprechen kommen wollte, der offiziell also noch gar nicht „dran" ist. Es handelt sich bei diesem Sprechakt insofern um eine *formulation* (vgl. Deppermann 2008, S. 71), d.h. um einen Metakommentar, über den der Inspektor eine *Vorzeitigkeit der Interaktion* thematisiert. Auffällig an dieser Themeninitiierung ist, dass der Inspektor mit ihr steuernd in den Gesprächsverlauf eingreift, obwohl die Lehrer/innen ohnehin bereits tun, was sie tun sollen, nämlich über das Besondere der Schule B sprechen. Es wird hier also *nachträglich eine Praxis initiiert, die bereits läuft*. Fragt man nach der Funktion, die ein solcher Sprechakt an dieser Stelle für die Interaktion übernehmen könnte, dann sind theoretisch mehrere Interpretationen möglich: Zunächst einmal reproduzieren sich in der Äußerung sowohl der bereits anhand des Falls 1 rekonstruierte Strukturierungsanspruch der Inspektor/inn/en als auch die bürokratische Form der Interviewführung. Die Äußerungseinheit könnte insofern als ein (ungeschickter) Versuch der „ordnungsgemäßen" Beendigung des Gesprächs interpretiert werden. Auch hier ist es m.E. jedoch wichtig, das Sequenzialitätsprinzip zu beachten, d.h., diese letzte Interaktionseinheit nicht abgekoppelt von der zuvor etablierten pädagogischen Ordnung zu betrachten. Vor diesem Hintergrund ist für die Rekonstruktion bedeutsam, dass sich in der Ordnungsleistung des Inspektors ein Deutungsangebot der vorausgegangenen Redebeiträge der Lehrer/innen andeutet („Sie beantworten grad *glaub ich* meine letzte Frage"). Dies lässt eigentlich nur einen Schluss zu, der auch mit der bisherigen Rekonstruktion der Interaktionslogik korrespondiert: Es wurde bereits gezeigt, dass Im1 eine sehr genaue Vorstellung davon hat, was das Besondere der Schule ist bzw. was im Rahmen des Interviews als das Besondere der Schule dargestellt werden sollte. Diesen identifikatorischen Kern der Schule B hat er nun anscheinend in den vorausgegangenen Redebeiträgen der Lehrer/innen erkannt. Die von ihm vorgenommene Strukturierung des Gesprächs ist insofern nicht überflüssig, sondern dient wie die ursprüngliche Einführung des Themas der schulischen Arbeitsgemeinschaften über dessen unerwünschte Thematisierungsweise der *Lenkung der Aufmerksamkeit der Lehrer/innen auf die erwünschte Darstellungsweise ihrer Praxis.*

Entscheidend für die Interpretation des Sprechakts ist, an welcher Stelle des Gesprächs der Inspektor strukturierend eingreift. Dies lässt sich prüfen, indem man noch einmal den letzten Redebeitrag von Lm1 betrachtet: In diesem wird, wie weiter oben erläutert, *implizit* das ganzheitliche Konzept der Schule thematisiert. Der daran anschließende Sprechakt des Inspektors kann insofern als *erneuter Versuch der Ermöglichung der Explikation des übergreifenden pädagogischen Konzepts der Schule B nach den Regeln der Schulinspektion* interpretiert werden. Es kündigt sich hier also eine weitere Transferaufgabe für die Lehrer/innen an, die diesmal darin besteht, das Besondere der Schule B – d.h. deren ganzheitlichen Ansatz – am Beispiel des aktuell thematisierten Schulfestes aufzuzeigen. Dies kommt auch darin zum Ausdruck, dass die Frage nicht im eigentlichen Sinne gestellt, sondern lediglich *zitiert* wird: Es geht im Folgenden nicht darum, eine offene Antwort zum Thema „Besonderheiten der Schule B" zu formulieren, sondern *das Richtige als Besonderheit der Schule zu markieren.* Damit wird außerdem deutlich, dass die Highlight-Frage in diesem Fall keine funktional eigenständige Gesprächsphase einleitet, sondern durch die bereits etablierte Interaktionslogik funktional überformt wird. Dies lässt sich auch noch einmal am weiteren Verlauf dieses Frageimpulses verdeutlichen.

> *wir haben jetzt schon [Lm?: hm] sehr viel gehört (3) gibt's noch weitere <<lachend> Dinge> die (.) besonders (.) zu erwähnen sind =ist schwierig wenn man so viel hat [Lw?: ja] was*

Obwohl der Inspektor einleitend signalisiert hat, dass die Lehrer/innen das, was sie tun sollen, bereits tun, lässt er das Gespräch im Folgenden nicht einfach weiterlaufen, sondern nimmt einen *Neustart der Interaktion* vor, in dem sich dieselbe Logik reproduziert wie im ersten Fragimpuls, der den Zusammenhang von Schulkonzept und schulischem AG-Angebot thematisierte: Mit der Formulierung „wir haben jetzt schon sehr viel gehört" signalisiert Im1 eigentlich, dass bereits (mehr als) genug geredet wurde. Mit der sich anschließenden Äußerungseinheit

„gibt's noch weitere Dinge die (.) besonders (.) zu erwähnen sind" fordert er die Lehrer/innen dann jedoch dazu auf weiterzusprechen. Diese widersprüchliche Aufforderung verweist darauf, dass das Besondere der Schule B bislang wiederum nicht so thematisiert wird, wie es der Inspektor erwartet. Folglich disqualifiziert er mit der ersten Äußerungseinheit die Art und Weise, in der das Besondere der Schule aktuell thematisiert wird, und regt mit der zweiten dazu an, das Besondere der Schule anders zu thematisieren als bisher. *Im zweiten Frageimpuls reproduziert sich also die zeigende Logik des „ nicht so – sondern so" des ersten.* Darüber hinaus rahmt der Inspektor die von ihm gestellte Frage abschließend noch als „schwierig", was aufgrund des eigentlich offenen Charakters der Frage verwundert: Warum sollte es schwierig sein, eine Besonderheit der eigenen Schule zu benennen? Schwierig ist eine solche Frage nur dann, wenn die Antwort bereits feststeht, wenn es also darum geht, die richtige Antwort zu treffen, die sich darüber hinaus ja bereits als schwierig zu formulieren erwiesen hat. Außerdem bleibt diesmal eine (zusätzliche) didaktische Einhilfe durch den Inspektor aus. Die eigentlich als offener Abschluss gedachte Frage wird hier insofern zu einer *echten Prüfungsfrage*, zum Teil eines Tests, über den der Inspektor abschließend prüft, ob die Lehrer/innen die erwünschte Antwort (endlich) generieren können oder nicht. Allerdings bezieht sich diese Prüfung wiederum nicht auf die schulische Praxis selbst, sondern auf deren Darstellung durch die Lehrer/innen; es handelt sich bei ihr also um eine pädagogische Überprüfung des situativen Lernfortschritts der Lehrer/innen und nicht um eine evaluative Überprüfung der schulischen Praxis. Dass der Inspektor während der Formulierung dieser Abschlussfrage zweimal lachen muss, kann als Hinweis darauf gewertet werden, dass ihm die Absurdität der Interaktion latent präsent ist. Abschließend für die Rekonstruktion dieses zweiten Falls wird nun noch ein Blick auf die sich anschließende Reaktion der Lehrer/innen geworfen.

> *(1)*
> **Lml**: *((holt Luft)) aber MIT dem Blickwinkel wo wir grad drin waren hab ich den Eindruck dass wir <<gedehnt> GANZ HART in die Richtung laufen> wie es eben in Finnland proklaMIERT wird =keiner soll verloren gehen (1.0) oder äh, ja? keiner darf zurückbleiben.*
> *(1)*

Lw1:   *also für mich als (.) Lehrerin von diesen PRAKtischen Fächern*
        m- muss ich einfach sagen ich fand das (.) also ICH fand schon immer
        toll dass (.) dass diese MuSIK und Sport und diese AUFtritte dass das
        einfach SEHR gewertschätzt (.) wird [Im1, Lw?: h=hm h=hm], ja?
        also ich war (1.0) manche sagen ich bin bloß der Musiklehrer an der
        Schule und und ähm aber ich (.) hab das war (.) <<schneller> hier an
        der Schule schon immer WICHTIG> dass ich auch [Lw2: ja] Dinge
        hab oder [Lw2: ja] mit dem ich en guten Unterricht machen kann In-
        strumente kaufen kann (.) und dass dass auch wirklich was LÄUFT
        dass ich (.) AUFtreten kann mit meinen Schülern das is ähm (.)
        <<gedehnt> HIER schon sehr hochgeschrieben eigentlich ja>. [denke
        ich was in anderen Schulen vielleicht nicht so is keine Ahnung
Lw3:   *[ja*
        man is hier sehr sehr offen für NEUES auch
LL: *ja ja=a*
Lm1:   *((holt Luft))*
Lw3:   *hat natürlich auf der anderen Seite den Nachteil, dass man auch man-*
        che Sachen aus dem Blick (.) winkel verliert. [Lw?: h=hm] WEIL wir
        sehr offen für j- =ALLES Neue is. [Lw?: h=hm] für sehr viele neue
        Sachen.

Um es kurz zu machen: Auch mit dieser Antwortsequenz gelingt es den befragten Lehrer/innen nicht, ihre Praxis in der erwünschten Form darzustellen, d.h.,
am Beispiel des Schulfestes eine eindeutige Verbindung zwischen ganzheit-
lichem Schulkonzept und AG-Angebot herzustellen und dies als das Besondere
der Schule B zu markieren. Die erste Antwort von Lm1, mit der er eine Parallele
zwischen der Praxis der Schule B und finnischen Schulkonzepten zieht, ist zu
allgemein. Die Darstellung von Lw1 kann sich dagegen nicht – ähnlich wie im
Fall des Lehrers Lm2 – von der Ebene individuell-persönlicher Erfahrung lösen.
Lw3 schließlich verfehlt das Thema komplett: Sie bringt einen völlig neuen Aspekt ins Spiel, die Offenheit der Schule für Neues, und beginnt diese eigentlich
positiv konnotierte Eigenschaft anschließend auch noch zu kritisieren. *Das
„Lernziel" wird hier insofern von allen drei Lehrer/inne/n verfehlt.* Die anschließend vom Inspektor vorgenommene Evaluation dieser und weiterer Rede-

beiträge der Lehrer/innen, die hier nicht mehr dargestellt werden, fällt dementsprechend bescheiden aus:

> *((...))*
>
> **Im1:**   *<<gedehnt> tja=a>*

Im Anschluss hieran beendet Im1 das Interview und die Aufnahme des Gesprächs. Damit ist die Darstellung der Rekonstruktion des zweiten Falls abgeschlossen. Die zentralen Ergebnisse der Analyse werden in dem folgenden Zwischenfazit nun noch einmal zusammengefasst.

5.3.4   *Zwischenfazit III: „Sie als Schule" – Das Schulinspektionsinterview als pädagogischer Versuch der kommunikativen Konstitution der Schule als rational organisierter Handlungseinheit*

Die Funktion des zweiten Falls war es aufzuzeigen, dass es in den untersuchten Schulinspektionsinterviews insbesondere darum geht, die Schule als rational-organisierte Handlungseinheit kommunikativ zu konstituieren, d.h., mithilfe pädagogischer Praktiken eine Darstellung der schulischen Praxis zu erzeugen, die dem Modell „guter Schule" entspricht, das der Schulinspektion zugrunde liegt. Die erwünschte Form der Selbstdarstellung der befragten Lehrer/innen kommt dabei in ihrer expliziten Adressierung *als Schule* pointiert zum Ausdruck. Das Bemerkenswerte an diesem Fall ist, dass der interviewende Inspektor versucht, die notwendige Passung im Sprechen über Schule über eine Didaktisierung des thematischen Sachverhalts im Frageimpuls herzustellen, durch die die Lehrer/innen dazu in die Lage versetzt werden sollen, ihre Praxis in den für die Schulinspektion relevanten Kategorien zu beschreiben. Eine große Rolle spielen hierbei Praktiken der Lenkung der Aufmerksamkeit der befragten Lehrer/innen (vgl. Ricken 2009, S. 118), in der die von Prange (2012) beschriebene Früher-Später-Zeitdifferenz des Pädagogischen zum Ausdruck kommt. Konkret konstruiert der Inspektor über seinen Frageimpuls auf der Ebene der sozialen Praxis eine Art Transferaufgabe, die es den Lehrer/inne/n ermöglichen soll, anders über ihre Praxis zu sprechen als bisher. Diese Transferaufgabe wird anschließend mithilfe von Praktiken bearbeitet, wie sie für fragend-entwickelnde Unterrichtsformen typisch sind. Auch in diesem Fall muss hinsichtlich der beobachtbaren sozialen

Praktiken insofern sorgfältig differenziert werden: *Die in der Sequenz rekonstru-
ierbaren Prüfungselemente dienen nicht der evaluativen Überprüfung einer
schulischen Praxis, sondern der gemeinsamen – unterrichtlichen – Erarbeitung
der korrekten Darstellung dieser Praxis.* Der Fall 2 zeigt jedoch auch, dass eine
solche pädagogisch unterstützte Angleichung des Sprechens über Schule situativ
misslingen kann: Anders als in Fall 4, bei dem sich deutliche Lerneffekte bei den
befragten Lehrer/inne/n bezüglich der erwünschten Darstellungsweise ihrer Praxis nachzeichnen lassen, stellen sich diese Lerneffekte bei der hier fokussierten
Befragtengruppe nicht ein. Statt das schulische AG-Angebot aus dem übergreifenden pädagogischen Schulkonzept abzuleiten, erfolgt die Darstellung der schulischen Arbeitsgemeinschaften trotz aller pädagogischen Bemühungen des Inspektors überwiegend im Modus individuell-persönlicher Erfahrung: Die AGs
werden von den Lehrer/inne/n zwar als wichtig für die Schule wahrgenommen,
diese individuelle Erfahrung kann von ihnen in der Interviewsituation jedoch
nicht zu einem übergreifenden Schulprofil o.Ä. zusammengeführt werden. Das
der Schulinspektion zugrundeliegende Modell „guter Schule", das den Lehrer/in-
ne/n in den Inspektionsinterviews in der Regel als bereits „normal" unterstellt
wird, erweist sich so als überraschend voraussetzungsreich.

   Während die korrekte Darstellung der schulischen Praxis den Lehrer/inne/n
in Fall 2 nicht recht gelingen will, liegen die Dinge in Fall 3 anders. Hier können
die Befragten die Erwartungen des Inspektors zwar bedienen, sie wollen es aber
nicht unbedingt. Die etablierte interaktive Ordnung zwingt sie letzten Endes jedoch dazu, so zu tun „als ob".

5.4 Pädagogische Figur II: Im Modus des *als ob* (Fall 3)

Im Mittelpunkt der Darstellung des Falls 3 steht die Rekonstruktion des Frageimpulses des Inspektors Iw2 als Form der zeigenden Einführung eines Themas
im pädagogischen Modus des „als ob". Die Rekonstruktion fokussiert dementsprechend auf die von Prange beschriebene pädagogische Zeitdifferenz „schon
jetzt : noch nicht" (vgl. Prange 2012, S. 120). Das bedeutet, dass es im Rahmen
der Darstellung dieses dritten Falls insbesondere darum geht zu zeigen, dass der
Inspektor nicht davon ausgeht, dass die von ihm befragten Lehrer/innen bereits
über das Wissen bzw. die Haltung verfügen, die die Beantwortung der Leitfadenfrage erfordert. Gleichzeitig versucht er, den Lehrer/inne/n dieses Wissen bzw.

diese Haltung durch die spezifische Ausgestaltung des Frageimpulses zu vermitteln. In der Adressierung der Lehrer/innen durch den Inspektor reproduziert sich insofern das pädagogische Paradox, jemanden „zu etwas aufzufordern, was er noch nicht kann" (Benner 1987, S. 71). Sie ist somit durch eine Vorzeitigkeit gekennzeichnet, die auch bereits in Fall 2 thematisch war. Diese Vorzeitigkeit in der Adressierung ist typisch für pädagogische Formen des Zeigens und wird in der pädagogischen Praxis in der Regel durch Als-Ob-Konstruktionen (vgl. Helsper 2010, S. 20) bzw. mithilfe eines „vorlaufenden Rückgriffs" (vgl. Prange 2012, S. 118) zu bearbeiten versucht. Diese pädagogische Adressierung der befragten Lehrer/innen zeigt sich bezeichnenderweise an einer Stelle des Interviews, an der es um Fragen des schulischen Qualitätsmanagements geht. Auch hier richten sich die pädagogischen Praktiken des Inspektors somit auf die Vermittlung eines der zentralen Elemente der rational organisierten Handlungseinheit Schule.

Der dritte Fall stammt aus dem Interview A/L4. In diesem Interview werden Klassen- und Fachlehrer/innen der gymnasialen Oberstufe vom Inspektor Im2 befragt; die Inspektorin Iw1 protokolliert das Gespräch. Inhaltlich geht es in der analysierten Sequenz um die Transparenz des schulischen Leitbilds. Die Interaktion verläuft insgesamt deutlich konfrontativer als in den Interviews C/L1 und B/L2, aus denen die ersten beiden Fälle stammten. Dies drückt sich u.a. in der wiederholten Problematisierung von Interviewfragen und in der offensiven Verschiebung von Themen durch die befragten Lehrer/innen aus. Am Ende des Interviews kritisieren diese die Interviewführung des Inspektors sowie die inhaltliche Schwerpunktsetzung und führen ein eigenes Thema ein.

Neben der Rekonstruktion der pädagogischen Adressierung der Lehrer/innen im Modus des *als ob* (5.4.1) geht es in der Darstellung des dritten Falls auch darum aufzuzeigen, wie problematisch diese Form der Adressierung u.U. sein kann. Während die mäeutische Fragepraxis der Inspektorin Iw1 in Fall 1 bzw. die unterrichtliche Fragepraxis des Inspektors Im1 in Fall 2 als Hilfestellung angelegt sind, durch die den Lehrer/inne/n mal mehr, mal weniger erfolgreich ermöglicht werden soll, ihre Praxis norm- und regelkonform zu artikulieren, wird in diesem Fall die Frage des Inspektors und damit auch die mit ihr verbundene pädagogische Adressierung von den befragten Lehrer/inne/n zurückgewiesen. Der Inspektor ergreift daraufhin „erzieherische Maßnahmen", d.h., er setzt die Beantwortung der Frage im Rahmen des idealtypischen Antwortentwurfs durch, den er mit seinem Frageimpuls vorgegeben hat (5.4.2). Damit zeigt sich auch in Fall 3, dass die untersuchten Interviews nicht in erster Linie der Überprüfung einer schulischen bzw. unterrichtlichen Praxis dienen, sondern der kommunikativen Etablierung einer spezifischen schulischen Normalität und der Einübung eines damit korrespondierenden Sprechens über Schule. Dies kommt auch darin zum Ausdruck, dass im weiteren Verlauf der Sequenz die Bearbeitung eines „echten" schulischen Problems, das von den Lehrer/inne/n thematisiert wird, durch die Gesprächsführung des Inspektors verhindert wird (5.4.3). Insofern werden in dieser Sequenz die Lehrer/innen nicht nur pädagogisch als Subjekte adressiert, die sie (vermeintlich) noch nicht sind, sondern es wird mithilfe pädagogischer Praktiken eine schulische Realität inszeniert, die dem Ideal der Einzelschule als rational organisierter Handlungseinheit entspricht. Anhand des Falls 3 lässt sich somit zeigen, dass es in der analysierten Sequenz nicht um die Thematisierung einer authentischen schulischen Praxis, sondern um die Aufführung einer spezifischen schulischen Normalität geht; es geht also letzten Endes darum, „so zu tun als ob" (5.4.4). Eine Konsequenz dieser interaktiven Praxis ist, dass durch sie Widerstand bei den befragten Lehrer/inne/n erzeugt wird, der allerdings deutlich regressive Züge trägt.

5.4.1   Die Adressierung der Lehrer/innen im pädagogischen Modus des „als ob"

Die Sequenz „Leitbild", die im Folgenden analysiert wird, setzt ein, nachdem das Interview A/L4 etwa zehn Minuten gelaufen ist. Bisher ging es im Gespräch überwiegend um Fragen des schulischen Qualitätsmanagements, das in der Erprobungsphase des untersuchten Schulinspektionsverfahrens einen zentralen Stellenwert eingenommen hat. Auch in diesem Fall wird ein Frageimpuls des interviewenden Inspektors Im2 als Sequenzbeginn ausgewählt. Diesem Frageimpuls voraus geht die Thematisierung der schulischen Selbstevaluation, wobei der Schwerpunkt darauf lag, wie diese Selbstevaluationen durchgeführt werden. Unmittelbar vor dem Beginn der hier interessierenden Sequenz berichten zwei Lehrpersonen (Lm1, Lw1) allerdings davon, dass sie sich mehr Schulstunden für den Fremdsprachenunterricht wünschen. Es ist im Vorfeld der Sequenz also zu einer Themenverschiebung gekommen: Statt um die formale Gestaltung der schulischen Selbstevaluation geht es zunehmend um Fragen der Rhythmisierung des Schulalltags, die an der Schule A im Rahmen einer Selbstevaluation thematisiert wurde. Nach einer abschließenden Äußerung des Lehrers Lm1 zum schulischen Doppelstundenmodell schließt der Inspektor Im2 mit der folgenden Äußerung an.

Im2: *wenn Sie auf das ganze Qualitäts ( ) MANAGEMENT so spricht man natürlich in der Schule anschauen*

Im2 geht mit seiner Äußerung nicht mehr auf das von den Lehrer/inne/n zuvor kritisch diskutierte Doppelstundenmodell ein, sondern kommt auf das ursprünglich von ihm gesetzte Thema des schulischen Qualitätsmanagements zurück, und zwar – wie in den ersten beiden Fällen auch – ohne diesen Themenwechsel sprachlich zu vermitteln. Die von Im2 gewählte Formulierung „wenn Sie auf das ganze Qualitäts (.) MANAGEMENT […] anschauen" deutet darauf hin, dass die Lehrer/innen nun planmäßig ein Resümee in Bezug auf das Thema „Qualitätsmanagement" ziehen sollen. Interessant ist hierbei jedoch die eingeschobene Äußerungseinheit „so spricht man natürlich in der Schule".

Betrachtet man zunächst die kommunikative Funktion dieses Einschubs, dann wird deutlich, dass es sich bei ihm um einen Account handelt, d.h. um eine Äußerung, mit der die vorangegangene Äußerungseinheit des Sprechers erläutert oder auch gerechtfertigt wird (vgl. Deppermann 2008, S. 71). Das Thema „Qualitätsmanagement" wird hier somit als *erläuterungs- bzw. rechtfertigungsbedürftig* markiert. Gleichzeitig läuft der Inhalt der Äußerungseinheit dieser Erläuterungs- bzw. Rechtfertigungsbedürftigkeit jedoch entgegen: Inhaltlich wird hier nämlich postuliert, dass das Sprechen über Qualitätsmanagement für den schulischen Kontext *selbstverständlich* („natürlich"; vgl. Kallmeyer 1978, S. 215), also gerade *nicht* erläuterungs- bzw. rechtfertigungsbedürftig ist. Dies wird zusätzlich durch die Verwendung des Indefinitpronomens „man" verstärkt, über das das Reden über Qualitätsmanagement als etwas allgemein Übliches markiert wird.

In dieser Gegenläufigkeit von propositionalem Gehalt (Selbstverständlichkeit des schulischen Qualitätsmanagements) und kommunikativer Funktion der Äußerungseinheit (Erläuterungs- bzw. Rechtfertigungsbedürftigkeit des Sprechakts) manifestiert sich der implizite Kontext, der mit dieser Äußerung aufgerufen wird: Wie in Fall 1 ist hierfür wiederum die Art und Weise der Bezugnahme auf den thematischen Sachverhalt entscheidend: Der Sprechakt verweist nicht auf eine konkrete schulische Praxis an Schule A, sondern auf eine Idee von Schule,

die anscheinend „in aller Munde", gleichzeitig jedoch offensichtlich erläuterungsbedürftig ist. Es wird hier also eine *virtuelle schulische Realität* entworfen,
d.h., die Vorstellung einer Schule erzeugt, die sich über Qualitätsmanagementfragen Gedanken macht. Damit vermischen sich in diesem Fall nicht – wie in
Fall 1 – Theorie und Praxis, sondern zwei schulische Zustände, die auch im Frageimpuls des Falls 2 bereits angeklungen sind, nämlich „schon jetzt" und „noch
nicht". Die Äußerung ist somit durch eine *Vorzeitigkeit* gekennzeichnet, die
Prange zufolge typisch für pädagogische Adressierungen ist (vgl. Prange 2012,
S. 120): Der Inspektor tut hier so, *als ob* es für die Lehrer/innen normal sei, über
Qualitätsmanagementfragen zu sprechen, und signalisiert mit seinem Account
gleichzeitig, dass er weiß, dass dem (noch) nicht so ist.

Auffällig ist darüber hinaus, wie Im2 nach diesem Einschub an die erste Äußerungseinheit anschließt. Korrekt müsste es heißen „wenn Sie auf das ganze
Qualitäts (.) MANAGEMENT [...] *schauen*"; stattdessen sagt der Inspektor „*an*-
schauen". Auch diese spezifische sprachliche Ausgestaltung der Äußerung lässt
Rückschlüsse auf den impliziten Kontext zu, auf den die Äußerung verweist:
Den Lehrer/inne/n muss hier anscheinend etwas *anschaulich* vor Augen geführt
werden. Wie in Fall 2 deutet sich im Sprechakt des Inspektors Im2 also eine *repräsentative Zeigegeste* an, d.h., die zeigende Darstellung von etwas, das nicht
unmittelbar greifbar ist (vgl. Prange und Strobel-Eisele 2006, S. 61). Vor diesem
Hintergrund lässt sich die bisherige Rekonstruktion folgendermaßen zusammenfassen: *Mit seiner Äußerung zeigt der Inspektor auf eine spezifische Vorstellung
von Schule, die bei den Lehrer/inne/n noch nicht als vorhanden vorausgesetzt
werden kann, jedoch den Rahmen für die Beantwortung der noch zu stellenden
Frage darstellen soll.* Diese doppelte pädagogische Adressierung reproduziert
sich in der nächsten Äußerungseinheit des Frageimpulses.

mit LEITbildentwicklung was Sie gemacht haben

Auch diese Äußerungseinheit dient nach wie vor der Hinführung auf eine Frage.
Der Inspektor konkretisiert nun den zuvor etablierten Begriff des Qualitätsmanagements, und zwar mithilfe eines Beispiels aus der schulischen Praxis: Er
verweist auf den Prozess der Leitbildentwicklung, der an der Schule A offensichtlich bereits stattgefunden hat („was Sie gemacht haben"). Damit reproduzieren sich in dieser Äußerungseinheit jedoch sowohl die repräsentative Zeigegeste
des vorangegangenen Sequenzabschnitts als auch die Adressierung der Lehre-

r/innen im Modus des *als ob*: Zum einen wird über das Beispiel der Leitbildentwicklung noch einmal explizit auf das gezeigt, um was es in der Antwort gehen
soll. Zum anderen zeichnet sich die Äußerungseinheit dadurch aus, dass mit ihr
nachträglich erläutert wird, dass die von den schulischen Akteuren bereits voll-
zogene Praxis der Leitbildentwicklung zum Thema „Qualitätsmanagement" gehört. Die Art und Weise, in der Im2 auf den schulischen Leitbildprozess Bezug
nimmt, legt insofern nahe, dass in Schule A Qualitätsmanagement betrieben
wurde, ohne dass sich die Beteiligten dessen bewusst gewesen sind. Auch dieser
zweite Sequenzabschnitt des Frageimpulses wird also durch eine pädagogische
Vorzeitigkeitskonstruktion strukturiert: Der Inspektor knüpft an eine Erfahrung
der Lehrer/innen an, die diese *schon* gemacht haben, und rahmt diese Erfahrung
in einer Art und Weise, über die die Lehrer/innen (vermeintlich) *noch nicht* verfügen, die sie sich jedoch aneignen sollen. Dies entspricht nun genau dem pädagogischen Modus des *als ob*, der Helsper (2010) zufolge dadurch gekennzeichnet ist, dass er „an rudimentär vorhandenen Fähigkeiten Heranwachsender
ansetzt und auf dieser Grundlage sowohl stützend, stellvertretend deutend, als
auch zur Eigentätigkeit auffordernd eingreift" (S. 19–20).

Noch bevor die eigentliche Frage gestellt ist, lässt sich also festhalten, dass
der Inspektor nicht davon auszugehen scheint, dass diese Frage von den Lehre-
r/inne/n adäquat beantwortet werden kann. Diese *antizipierte Antwortunsicherheit* verweist dabei *nicht* darauf, dass die schulische Praxis und die normativen
Vorgaben, die die Schulinspektion in Bezug auf diese Praxis macht, auseinanderfallen, sondern darauf, dass der Inspektor daran zweifelt, dass die Lehrer/innen
dazu in der Lage sind, ihre Praxis norm- und regelkonform darzustellen. Er versucht daher *präventiv* eine Passung im Sprechen über Schule herzustellen. Diese
vermittelnde Funktion des Frageimpulses kommt auch im nächsten Sequenzabschnitt zum Ausdruck.

> *(.) finden Sie dass hier ein transpaRENTER Prozess war? (1) dass*
> *man das NACHvollziehen konnte =dass (.) Schüler Lehrer Eltern be-*
> *teiligt waren daran?*

Mit dieser Äußerungseinheit stellt Im2 nun die eigentliche Frage, nämlich ob der
Leitbildprozess transparent war. Genau genommen werden die Lehrer/innen hier
dazu aufgefordert, das schulische Qualitätsmanagement am Beispiel des Leitbildprozesses in Bezug auf dessen Transparenz zu bewerten. Es handelt sich

hierbei um eine Leitfadenfrage, die sich auf ein Unterkriterium des Referenzrahmens zur Schulqualität bezieht; dort wird die Qualität des schulischen Qualitätsmanagements u.a. über dessen Transparenz operationalisiert. Wie in Fall 1
wird hier also das Prinzip der lokalen Kohärenz durch einen selbstkohärenten
Anschluss, der die Fortsetzung des Interviews gemäß der Logik des Leitfadens
ermöglicht, aufgehoben. Strukturell ähnelt der Frageimpuls des Falls 3 jedoch
eher dem Frageimpuls des Falls 2. Während die Inspektorin im ersten Fall die
Frage nach der aktiven Mitgestaltung von Unterricht durch Schüler/innen mehr
oder weniger so gestellt hat, wie es im Leitfaden vorgesehen ist, und erst durch
eine nachträgliche Hilfestellung die Antwort der Lehrerinnen korrigiert, wird die
Frage in diesem Fall von Anfang an pädagogisch vorstrukturiert. Diese pädagogische Rahmung der Frage umfasst dabei wie in Fall 2 nicht lediglich die bereits
rekonstruierte vorzeitige Adressierung der Lehrer/innen, sondern auch eine *Didaktisierung* der Frage, wie der weitere Verlauf des aktuellen Sequenzabschnitts
zeigt: Nach einer kurzen Pause schließt Im2 an seine Frage einen zweiten Account an, mit dem er Indikatoren für ein transparentes Qualitätsmanagement benennt, nämlich die Nachvollziehbarkeit des Prozesses sowie die Beteiligung aller
relevanten schulischen Gruppen („Schüler Lehrer Eltern"). Die Normalitätsgrenzen, in denen sich die Antwort der Lehrer/innen bewegen soll, werden in diesem
Fall also nicht nachträglich – wie in Fall 1 –, sondern vorab durch den Inspektor
festgelegt. Anders als in Fall 2 besteht die Didaktisierung der Frage hier jedoch
nicht in der Konstruktion einer Transferaufgabe, sondern in der Konzeption eines *idealtypischen Antwortentwurfs*, der mit dem Modell guter Schule korrespondiert, das der Schulinspektion zugrunde liegt: Die Lehrer/innen werden durch
die Frage in erster Linie als Beobachter/innen bzw. Betroffene einer schulischen
Praxis adressiert, d.h., sie werden nicht dazu aufgefordert, ihre eigene Praxis
darzustellen und zu rechtfertigen, sondern den schulischen Leitbildprozess dahingehend zu bewerten („finden Sie"), ob dieser dem Standard der Transparenz
genügt hat und ob sie sich selbst ausreichend eingebunden gefühlt haben. Über
den Frageimpuls wird insofern zwar eine evaluative Logik aktualisiert; allerdings bekommen gleichzeitig die Lehrer/innen die Aufgabe der Bewertung einer
schulischen Praxis zugewiesen, die eigentlich in den Zuständigkeitsbereich der
Inspektor/inn/en fällt. Sie werden hier also nun selbst zu Evaluator/inn/en gemacht. Ihr Nachvollzug des idealtypischen Antwortentwurfs, der durch die Interviewfrage konstruiert wurde, dient insofern der *Einübung in eine evaluative*

Haltung; hierauf deutet jedenfalls die pädagogische Vorstrukturierung des Frageimpulses hin. Auch dieser Frageimpuls zielt somit nicht auf die empirische Überprüfung einer schulischen Praxis, da die Antwort auf die Frage von Im2 quasi mitgeliefert wird. Er ist stattdessen – wie die beiden zuvor rekonstruierten Frageimpulse auch – auf die pädagogische Re-Organisation des Wissens der Lehrer/innen entlang der normativen Vorgaben der Schulinspektion ausgerichtet.

Angesichts der starken Vorstrukturierung der Lehrerantwort durch den Frageimpuls müsste die Frage für die Lehrer/innen nun eigentlich leicht zu beantworten sein. Da die „richtige" Antwort bereits auf der Hand liegt, entfallen hier sowohl die Notwendigkeit der Generierung einer Antwort*idee*, die in Fall 1 das Hauptproblem der Lehrer/innen dargestellt hat, als auch die Notwendigkeit der Erbringung einer Transferleistung, die in Fall 2 für Irritationen gesorgt hat. Dennoch sorgt die Frage des Inspektors im Folgenden für Irritationen, und zwar gerade *weil* die Antwort so klar auf der Hand liegt.

5.4.2   Antworten als interaktiver Nachvollzug eines pädagogischen Entwurfs schulischer Normalität

Anders als angesichts der starken Vorstrukturierung der Lehrerantwort durch Im2 zu erwarten gewesen wäre, produziert die Frage des Inspektors ebenso wie die zuvor bereits rekonstruierten Frageimpulse zunächst eine Redezugvakanz auf Seiten der Lehrer/innen, die vier Sekunden andauert.

(4)

Allerdings fällt es in diesem Fall schwerer zu antizipieren, worin diese Redezugvakanz begründet sein könnte. Weder erscheint die im vorangegangenen Kapitel rekonstruierte Frage des Inspektors inhaltlich schwierig, noch hat der Frageimpuls eine auf die befragten Lehrer/innen gerichtete Prüfungslogik erzeugt, die eine Antwort blockieren könnte. Der Grund für die Pause erschließt sich dann jedoch aus der ersten verbalen Reaktion der Lehrer/innen.

Lm2: (na) es WAR ja ein großer Arbeitskreis

Der Lehrer Lm2 ergreift hier als erster das Wort. Inhaltlich weist er darauf hin, dass der „Arbeitskreis", der – so lässt sich vermuten – für die Leitbildentwicklung verantwortlich war, „groß" war. Damit beantwortet er die Frage nach der

Transparenz des schulischen Qualitätsmanagements indirekt in sozial erwünschter Weise, da in seiner Äußerung zum Ausdruck kommt, dass der Leitbildprozess das vom Inspektor benannte Kriterium des Einbezugs aller relevanten schulischen Gruppen qua Größe erfüllt hat. Gleichzeitig stellt die Antwort des Lehrers jedoch eine *Zurückweisung der Frage* dar. Dies kommt in der Verwendung der Partikel „(na) [...] ja" und der Betonung des Wortes „WAR" zum Ausdruck: Die Antwort auf die Frage wird damit als bereits bekannt und die Frage selbst somit als überflüssig markiert. Lm2 liefert also zwar „nebenbei" eine passende Antwort, die der sozial erwünschten entspricht, stellt aber gleichzeitig die Kommunikationssituation an sich infrage: Fraglich ist hier, warum der Inspektor nach einem Sachverhalt fragt, der allgemein bekannt ist. Der Äußerung des Lehrers liegt somit eine Logik zugrunde, nach der *nur echte Fragen legitim sind*, d.h. Fragen, die tatsächlich auf ein Informationsdefizit des Inspektors verweisen. Damit wird mit diesem Sprechakt gleichzeitig jedoch auch die asymmetrische Adressierung der Lehrer/innen zurückgewiesen, die im pädagogischen Duktus des Frageimpulses zum Ausdruck gekommen ist. Wie reagiert nun der Inspektor auf diese Antwort?

Im2: *ja ja (natürlich) [**LL**: ((unverständlich))]*

Die Re-Reaktion des Inspektors zeigt, dass er die Antwort des Lehrers Lm2 in eben jenem oben rekonstruierten Sinn verstanden hat, nämlich als Zurückweisung der Frage. In der Folge scheint Im2 daher einen Reparaturversuch zu starten. Dieser erscheint jedoch eher kontraproduktiv: Mit seiner emphatischen Reaktion auf die Äußerung von Lm2 („ja ja") bestätigt der Inspektor nicht nur den Fakt, dass es sich bei der Leitbildgruppe um einen großen Arbeitskreis gehandelt hat, sondern gibt auch zu, dass ihm dieser Sachverhalt bereits bekannt gewesen ist. Vor diesem Hintergrund liegt eine andere Interpretation des Sprechakts näher, nämlich dass es sich bei ihm nicht um einen Reparaturversuch, sondern um die Zurückweisung der im Sprechakt des Lehrers zum Ausdruck gekommenen Kritik an der Interviewfrage handelt. Dieser wird durch die Äußerung des Inspektors nämlich die Grundlage entzogen: Das, was der Lehrer für unmöglich hält, nämlich dass in den Inspektionsinterviews unechte Fragen gestellt werden, wird vom Inspektor nun als selbstverständlich markiert („(natürlich)"). Lm2 wird hier also signalisiert, dass er von falschen Voraussetzungen ausgeht, man könnte auch sagen: *dass er das Spiel nicht verstanden hat.* Die Regeln dieses Spiels werden von Im2 im weiteren Verlauf seiner Äußerung dann auf bemerkenswerte Weise expliziert.

wir fragen immer so dumm ((Lachen LL))

Obwohl er die erste Antwort des Lehrers Lm2 bereits als unzulässig markiert hat, beginnt der Inspektor im nächsten Sequenzabschnitt nun seine Frage zu rechtfertigen. Darauf verweist die Äußerungseinheit „wir fragen immer so dumm", in der sich eine Rechtfertigung ankündigt. Zunächst bestätigt sich mit diesem Account, dass Im2 die Erstreaktion des Lehrers Lm2 als Kritik aufgefasst hat: Er bezeichnet die Fragen der Inspektor/:nn/en nun ausdrücklich selbst als „dumm" und expliziert so den impliziten Vorwurf von Lm2. Gleichzeitig macht der Inspektor jedoch klar, dass es sich bei seiner Frage nur *scheinbar* um eine dumme Frage handelt. Durch das eingefügte „immer" markiert er die „dumme" Frage als *Teil einer absichtsvollen Interaktionsstrategie*; die kritisierte Fragepraxis hat also *Methode*. Diese Interaktionsstrategie wird von Im 1 im weiteren Verlauf seiner Äußerung dann folgendermaßen begründet:

<<lachend> weil wir das WISSEN wollen von Ihnen>

Diese Begründung für das Stellen von „dummen" Fragen ist nicht nur trivial, sondern scheint zunächst auch an der Kritik des Lehrers Lm2 vorbeizugehen; sie lautet „weil wir das WISSEN wollen von Ihnen". Insbesondere durch die Betonung des Verbs „WISSEN" wird hier scheinbar wieder auf eine Informationslücke verwiesen, die durch die Frage geschlossen werden soll; genau das Vorhandensein einer solchen Informationslücke wurde aber ja von Lm2 angezweifelt. Die eigentliche Bedeutung des Sprechakts des Inspektors kommt jedoch erst im Nachtrag (vgl. Schwitalla 2006, S. 115–116; Altmann 1981, S. 70–72) „von Ihnen" zum Ausdruck. Nachträge dienen in der Regel der Ergänzung oder Präzisierung von Äußerungen. Um dies zu verdeutlichen, ist eine linguistische Studie von Altmann (1981) hilfreich, in der der Autor herausgearbeitet hat, dass Nachträge häufig durch die Floskel „und zwar" eingeleitet werden bzw. ihnen diese Floskel ohne weiteres hinzugefügt werden könne. Die Äußerung des Inspektors ließe sich entsprechend folgendermaßen reformulieren: „Wir fragen immer so dumm, weil wir das wissen wollen, *und zwar* von Ihnen." Die Notwendigkeit des Schließens einer Informationslücke, auf die der Sprechakt des Inspektors zunächst sozialverträglich rekurriert, stellt also nur „die halbe Wahrheit" dar.

Durch den Nachtrag werden nun vielmehr die *Regeln des Spiels* expliziert: Mit seiner Re-Reaktion macht der Inspektor deutlich, dass es in der sich vollziehenden Interaktion gerade nicht um einen Austausch von Information auf Augenhöhe geht, sondern dass von den Lehrer/inne/n unabhängig davon, ob der thematische Sachverhalt den Inspektor/inn/en bereits bekannt ist oder nicht, eine Antwort erwartet wird. Der Inspektor macht hier also (versehentlich) explizit, dass es sich bei den Fragen der Inspektion nicht um echte, sondern um *unechte* Fragen handelt (vgl. Searle 1983, S. 103). In dieser Offenlegung der Strategie des absichtlichen Dummstellens der Inspektor/inn/en schlägt die Machtförmigkeit der Interviewinteraktion somit voll durch: Während im Frageimpuls noch die Einübung in eine evaluative Haltung im Vordergrund stand, rahmt der Inspektor nun das gesamte Interview als *verdeckte evaluative Prüfung*. Die Lehrer/innen werden also von Evaluator/inn/en wieder zu Evaluierten.

Auch wenn die Erläuterungen des Inspektors, insbesondere die Äußerungseinheit „wir fragen immer so dumm", für (gemeinsame) Lacher sorgen, ist die Logik der durch sie enthüllten Fragepraxis somit alles andere als lächerlich. Dass der Inspektor im Zuge der Rechtfertigung seiner Frage selbst lachen muss, macht deutlich, dass hier etwas expliziert wird, dass eigentlich nicht explizit thematisierbar ist, nämlich die verdeckte Prüfung der Lehrer/innen. Entscheidend ist dabei jedoch, dass diese Prüfungslogik *nachträglich* etabliert wird: Die Offenlegung des Prüfungscharakters der Situation durch den Inspektor stellt eine Reaktion auf das Ausbleiben der präferierten Antwort dar. Es handelt sich bei ihr also um eine Form der *pädagogischen Disziplinierung*, man könnte auch sagen: um eine erzieherische Maßnahme, die an der mangelnden Antwortbereitschaft der befragten Lehrer/innen ansetzt. Dass hier eine Prüfungslogik offenbart wird, bedeutet also *nicht*, dass das Interview der empirischen Überprüfung von Sachverhalten dient.[93] Die Disziplinierung soll die Lehrer/innen vielmehr dazu bringen, die durch den Frageimpuls etablierte Antwortlogik zu akzeptieren. Sie be-

---

[93]   Deutlicher kommt eine solche abgleichende Prüfungslogik in einer sehr ähnlichen Fragerechtfertigung der Inspektorin Iw1 zum Ausdruck: *„wir ham en TEIL dieser Dinge im Schulportfolio (dies) durchaus auch geLESEN [Lw?: ja] deswegen [Lw?: das kann man nicht lesen] stellen wir <<lauter> manchmal so Fragen die so sind als ob wir's nicht WÜSSTEN>, aber es geht auch um den Ab- Abgleich"* (C/L1, 00:07:45-00:07:55). Allerdings wird auch hier die Prüfungslogik der Situation zu einem Zeitpunkt offenbart, an dem die befragten Lehrer/innen signalisiert haben, dass die erfragten Informationen der Inspektorin eigentlich bekannt sein müssten. Auch hier dient die Offenlegung der Prüfungssituation also in erster Linie der pädagogischen Disziplinierung der Lehrer/innen.

steht insofern nicht in einem *Abgleich* der schulischen Praxis mit den Vorgaben der Schulinspektion, sondern in einer *Ermahnung*, d.h. in einer direktiven Form des pädagogischen Zeigens (vgl. Prange und Strobel-Eisele 2006, S. 72), durch die die Lehrer/innen dazu gebracht werden sollen, der Didaktik des Frageimpulses zu folgen und den thematischen Sachverhalt so nachzuvollziehen, wie es der Frageimpuls vorgesehen hat (s. Fall 4). Es verwundert daher auch kaum, dass der Inspektor seine Frage trotz der Irritation, die diese bei Lm2 ausgelöst hat, aufrechterhält.

>   *(2)*
> **Lm2:**   *[ja*
> **Im2:**   *[GROßER Arbeitskreis (.) war es, was sagen Sie*

Nach einer weiteren Pause von zwei Sekunden, die anzeigt, dass der Zumutungscharakter der Frage, der bereits in der Erstreaktion von Lm2 zum Ausdruck gekommen ist, nicht kleiner geworden ist, setzen sowohl Lm2 als auch Im2 zu einem Redebeitrag an, wobei sich Im2 mit seiner Äußerung durchsetzt. Er greift die Antwort von Lm2 inhaltlich auf („GROßER Arbeitskreis war es") und fordert ihn zu einer weiteren Explikation dieses Sachverhalts auf („was sagen Sie"). Damit wird nun auch die in den Inspektionsinterviews eigentlich geltende Regel der Selbstwahl (vgl. Deppermann 2008, S. 61–62) derjenigen Person, die antwortet, aufgehoben.[94] Der Lehrer wird hier also im doppelten Wortsinn noch einmal dazu *aufgerufen*, der im Frageimpuls angelegten Antwortanleitung zu folgen. An diese letzte Aufforderung des Inspektors, die als endgültiger Abschluss des Frageimpulses angesehen werden kann, schließt sich nun eine längere Antwort der adressierten Lehrer/innen an, die wie in Fall 1 auch kollektiv produziert wird.

> **Lm2:**   *na ja gut [ich war NICHT*
> **Lw1:**   *   [es waren alle beteiligt [Lm2: ja] Eltern Schüler [Lw?: ja]*
>   *Lehrer [Im2: h=hm] (1) in der Leitbildgruppe.*
> **Lw2:**   *und en offener Arbeitskreis*
> **LL:**   *h=hm*

---

[94]   Durch die Fragen der Inspektor/inn/en werden die Lehrer/innen zwar eindeutig adressiert; wer genau antworten soll, wird jedoch in der Regel nicht festgelegt.

Lw3:   stimmt
Lw?:   *[(unverständlich)*
Im2:   *[Offen heißt, Frau [Name Lw2][heißt*
Lm2:   *[<<sehr leise> Man konnte [dazu>*
Lw1:   *[da kann*
         man immer dazu stoßen
Lw2:   *man konnte dazu stoßen*
Im2:   *h=hm ah ja mhm*
Lm2:   *und auch wieder wegbleiben ((lacht leise))*
Lw2:   *und auch wieder [Im2: hm ja] wegbleiben ((Lw? lacht)) ja*
Lw4:   *ja und Zwischenergebnisse wurden ja regelmäßig (.) [Im2:*
         h=hm.][Lw2: ja ja ja] präsentiert auch
Im2:   *h=hm*
Lw1:   *also SEHR transparent eigentlich [Im2: h=hm] (insofern)*

Der Ablauf und die Besonderheiten dieser kollektiv produzierten Antwort werden im Folgenden zunächst wieder im Überblick dargestellt:

– Der vom Inspektor direkt adressierte Lehrer Lm2 setzt erwartungsgemäß
  zuerst zu einer Antwort an. Die konzessive Verwendung der Partikelkom-
  bination „na ja gut" lässt darauf schließen, dass er sich nun einerseits der
  durch den Inspektor etablierten Interaktionslogik beugt; die nachfolgende
  Beitragskonstruktionseinheit „ich war NICHT" deutet jedoch darauf hin,
  dass sein Sprechakt insgesamt darauf abzielt, die ihm zugewiesene Position als zentraler Ansprechpartner für die Beantwortung der Frage zurückzuweisen oder zumindest zu relativieren.
– Die eigentliche Beantwortung der Frage übernimmt stattdessen Lw1.
  Überlappend mit Lm2 liefert sie die sozial erwünschte Antwort, indem sie
  die im Frageimpuls vorgegebenen Formulierungen fast wörtlich übernimmt: Wie von Im2 vorformuliert, belegt sie die Transparenz des Leitbildprozesses anhand der umfassenden Beteiligung aller relevanten schulischen Akteursgruppen am Arbeitskreis („Eltern Schüler Lehrer").
– Eine andere Lehrerin, Lw2, ergänzt, dass der Arbeitskreis „offen" gewesen sei. Dies provoziert eine Nachfrage des Inspektors, der Lw2 dazu auf-
  fordert zu konkretisieren, was mit „offen" gemeint sei. Die Antwort auf

diese Nachfrage wird dann wiederum kollektiv produziert, wobei zunächst Lm2 und Lw1 antworten und erst an dritter Stelle die eigentlich adressierte Lehrerin Lw2. Fast wortgleich wird von diesen drei Lehrer/inne/n nacheinander erläutert, dass unter der Offenheit des Arbeitskreises zu verstehen sei, dass man „(immer) dazu stoßen" konnte. Lm2 setzt außerdem leise lachend hinzu, dass man auch wieder habe „wegbleiben" können. Auch dies wird von Lw2 wiederholt; daraufhin beginnt eine andere Lehrerin leise zu lachen.

– Nach einer weiteren Ergänzung von Lw4, die darauf hinweist, dass der Arbeitskreis regelmäßig Zwischenergebnisse präsentiert habe, wird die kollektive Antwort von Lw1 beendet, indem sie die Lehreräußerungen dahingehend zusammenfasst, dass der Arbeitskreis „SEHR transparent eigentlich" gewesen sei.

Die disziplinierende Re-Reaktion des Inspektors zeigt insofern Wirkung, als die Lehrer/innen sich im zweiten Anlauf in die von ihm etablierte Interaktionslogik einfügen, d.h., den im Frageimpuls skizzierten Antwortentwurf übernehmen und ausführen. Im Anschluss an Przyborski (2004, S. 69) kann davon gesprochen werden, dass die Lehrer/innen nun wie gewünscht *den propositionalen Gehalt der Frage elaborieren*, d.h., sowohl den thematischen Sachverhalt *inhaltlich* so bearbeiten, wie es der Inspektor vorgegeben hat, als auch so tun, *als ob* die (richtige) Antwort nicht bekannt sei. *Die Lehrer/innen reproduzieren also nun die bereits im Frageimpuls angelegte Inszenierung einer idealtypischen schulischen Normalität.* Ähnlich wie im ersten Fall wird von den Lehrer/inne/n dazu eine kollektive Antwort produziert, die nicht in erster Linie an einer authentischen Darstellung der schulischen Praxis, sondern an der Produktion der sozial erwünschten Antworten orientiert ist. Dies lässt sich beispielsweise an der ersten Äußerung von Lw1 festmachen. Die Lehrerin übernimmt das Rederecht von Lm2 in Form einer kompetitiven Überlappung (vgl. Deppermann 2008, S. 61) und ersetzt so die wiederum tendenziell problematisierende Äußerung von Lm2 („ich war NICHT") durch die richtige, d.h., sozial erwünschte Antwort. Dies bedeutet jedoch *nicht* automatisch, dass die Praxis an Schule A den Vorgaben der Schulinspektion nicht entspricht, dass hier also versucht wird, etwas zu „vertuschen". Dass hier von einer Inszenierung gesprochen wird, verweist zunächst

einmal lediglich darauf, dass die Lehrer/innen nicht ihren eigenen Relevanzsetzungen, sondern den Antwortvorgaben des Inspektors folgen.

Fragt man nun nach den interaktiven Konsequenzen, die durch den Frageimpuls des Inspektors generiert werden, dann muss insbesondere die Dynamik betrachtet werden, die sich zwischen Lm2, Lw1 und Lw2 entwickelt. Diese Dynamik ist im Wesentlichen dadurch geprägt, dass die vom Inspektor mit seiner
Nachfrage eigentlich adressierte Lehrerin Lw2 *wiederholt*, was Lm2 und Lw1
vorformulieren. Insbesondere durch das sehr leise gesprochene „man konnte dazu" von Lm2 erhält diese Form der Diskursorganisation den Charakter eines
Vorsagens im Unterricht. Eine fast perfide Wendung nimmt diese interaktive
Dynamik, als Lm2 mit seiner Äußerung, man habe von der Leitbildgruppe auch
wieder wegbleiben können, beginnt, die kollektiv produzierte Antwort zu *persi-
flieren*, und auch dies von Lw2 wiederholt wird. Der Sprechakt von Lm2, der als
Spitze gegen den Inspektor und die durch ihn etablierte Interaktionsdynamik interpretiert werden kann, wird so zu einem *Vorsagen des Falschen*. Das nach der
unüberlegten Wiederholung dieser Äußerung durch Lw2 einsetzende Lachen einer unbeteiligten Lehrerin zeigt darüber hinaus, dass deren Fehlleistung auch anderen Gesprächsbeteiligten nicht verborgen bleibt. Lm2 bleibt hier also gegenüber dem Zumutungscharakter der Interaktion, der darin besteht, bereits allen
Bekanntes in sozial erwünschter Weise „aufsagen" zu müssen, widerständig. Die
abschließende evaluative Bewertung des Arbeitskreises durch Lw1, dieser sei
„eigentlich" sehr transparent gewesen, stellt dementsprechend eine rituelle Konklusion (Przyborski 2004, S. 75–76) dar, durch die die Darstellung des thematischen Sachverhalts auf inhaltlicher Ebene in sozial erwünschter Weise zusammengeführt wird, die sich im Material protokollierenden Divergenzen bezüglich
der Art und Weise der Aufführung dieses thematischen Sachverhalts jedoch verdeckt werden. Festgehalten werden muss allerdings auch, dass der rekonstruierte
Widerstand des Lehrers Lm2 durch *regressive Tendenzen* gekennzeichnet ist,
d.h., durch den Rückfall in kindliche bzw. schülerhafte Verhaltensmuster. Die
Form des Widerstands entspricht insofern der pädagogisierenden Adressierung
der Lehrer/innen durch den Inspektor. Auf die Frage nach dem Zusammenhang
von pädagogischer Adressierung, Widerstand, Autonomie und Regression wird
im Zwischenfazit zu diesem dritten Fall noch einmal genauer eingegangen. Die
Rekonstruktion folgt nun zunächst jedoch noch einmal dem weiteren Gesprächsverlauf.

5.4.3 Echte und unechte Probleme

Mit der rituellen Konklusion von Lw1 („also SEHR transparent eigentlich") hätte die Beantwortung der Interviewfrage eigentlich beendet werden können. Stattdessen schließen sich jedoch zwei weitere Lehreräußerungen an, die sich sowohl inhaltlich als auch strukturell deutlich von der zuvor produzierten kollektiven Antwort unterscheiden: Während die Einzeläußerungen der Lehrer/innen bisher eher knapp ausgefallen sind und sich auf die wiederholende Re-Inszenierung der im Frageimpuls entworfenen idealtypischen schulischen Normalität beschränkt haben, folgen nun zwei längere, selbstläufige Äußerungen von Lm3 und Lw2, die das Thema der Sequenz, den Prozess der schulischen Leitbildentwicklung, koproduktiv neu rahmen.

Lm3: *das einzige was aber das hat mit Transparenz eigentlich nichts zu tun in diesem Leitbildprozess war eben (.) dass än aufgrund der (.) WIDERsprüche oder oder wie soll man sagen aufgrund der UNLÖSBARKEIT von bestimmten Problemen DIE NATÜRLICH GENANNT WURDEN [**Im2:** h=hm] ähm (1) das Leitbild anschließend eine sehr also eine SO allgemeine Form bekommen hat dass viele die an dem PROZESS beteiligt waren und die EIGENTLICH an bestimmten Problemen ansetzen wollten [**Im2:** h=hm] HINTERher vom Ergebnis enttäuscht waren. [**Im2:** hm hm] also das habe ich in in vielen äh Runden gehört unter Kollegen v- VON Schülern VON Eltern [**Im2:** h=hm] äh dass man sozusagen diesen MiniMALkonsens äh sozusagen beMÄNGELT hat [**Im2:** h=hm] und dass (.) das voran wir auch gerade in UNSEREN ANfänglichen (.) RUNDEN teilweise uns wirklich abgearbeitet haben WAS IST DENN DAS was uns auch (.) stört was uns ärgert die Paradoxien (.) IN unserer (.) [**Im2:** h=hm] Arbeit über die wir nicht hinweg kommen [**Im2:** h=hm] ähm dass des eben NICHT mehr da zum Ausdruck kam. [**Im2:** h=hm] (gut ich denk ((schlägt auf den Tisch)) na gut) da gibt's keine LÖSUNG dafür [**Im2:** ja ja] aber das ist [**Lw?:** (gibt's keine Lösung)] natürlich irgendwo auch ne ErNÜCHterung vielleicht (.) die mit dem Leitbildprozess [**Im2:** hm] einher gegangen ist*

Im2: *h=hm*

Lw2: weil wir eigentlich gestartet waren mit der Erwartung (.) es möglichst
       KONKRET zu machen *[Lm3: ja]* eben NICHT unverbindliche (.)
       Sprechblasen zu formulieren *[Im2: hm, hm]* sondern etwas was wir (.)
       was operationalisierbar ist und was *[Im2: h=hm]* umsetzbar ist *[Im2:*
       hm] und es hat sich dann gezeigt (.) dass das schwieriger ist wenn
       man ALLE mitnehmen will. (1) schwieriger ist als wir gedacht hatten.
       [Im2: h=hm] <<immer leiser> und eben zum Teil DOCH so (.) etwas
       unverbindliche *[Im2: h=hm]* sehr allgemeine (1) Formulierungen
       entstanden sind.

Die Äußerung des Lehrers Lm3 scheint sich zunächst gegen die bisherige positive Darstellung des Leitbildprozesses durch seine Kolleg/inn/en zu wenden, was
in der einleitenden Beitragskonstruktionseinheit „das einzige was" zum Ausdruck kommt; durch sie wird eine „Ausnahme von der Regel" angekündigt. Es
müsste jetzt also eine Einschränkung der positiven Darstellung des Leitbildprozesses erfolgen („das einzige, was nicht so transparent war, war ..."). Stattdessen
setzt Lm3 jedoch noch einmal neu an und weist darauf hin, dass das, was er im
Folgenden sagen wird, *nicht* an das aktuelle Thema anschließen wird. Durch diese Deplatzierungsmarkierung (vgl. Deppermann 2008, S. 65) *hebt diesmal also*
ein Lehrer das Prinzip der lokalen Kohärenz auf und bereitet so einen Fokus-
wechsel vor. Dies bestätigt sich auch auf inhaltlicher Ebene: In den Mittelpunkt
der sich anschließenden Ausführungen des Lehrers rückt der Prozess der Leitbildentwicklung selbst, der zuvor vom Inspektor lediglich als Beispiel für die
Transparenz des schulischen Qualitätsmanagements angeführt worden war. Lm3
beschreibt nun jedoch ein grundlegendes Problem dieses schulischen Leitbildes:
Es sei zu allgemein, d.h. nichtssagend. Lm3 berichtet, dass das Leitbild auf
einem Minimalkonsens beruhe, durch den die „Paradoxien IN unserer Arbeit"
nicht reflektiert und zum Ausdruck gebracht werden könnten. Obwohl ein Leitbild existiert, das unter Beteiligung unterschiedlicher schulischer Akteure entstanden ist, ist der Leitbildprozess aus Sicht von Lm2 also gescheitert: Das
Ergebnis entspricht nicht dem, was die Leitbildgruppe sich ursprünglich vorgenommen hatte. Die Enttäuschung bzw. Ernüchterung, die für Lm3 mit der Arbeit
am Leitbild einhergegangen ist, liegt in der Argumentation des Lehrers außerdem „in der Natur der Sache" („da gibt's keine LÖSUNG dafür"). Das Scheitern
des Leitbildprozesses scheint für ihn insofern auch in den Möglichkeiten und

Grenzen des Instruments und der mit ihm verbundenen Prozesse begründet zu
sein, auch wenn er das nicht explizit formuliert.

Lw2 wird in ihrem Redebeitrag, der die Äußerung von Lm3 fortsetzt, dagegen deutlicher. Zunächst liefert sie noch einmal eine Begründung dafür, warum
der Leitbildprozess, wie von Lm3 beschrieben, eine ernüchternde Erfahrung war.
Auch für sie besteht eine Diskrepanz zwischen dem, was sich die Leitbildgruppe
erwartet hatte, nämlich ein „konkretes" Leitbild zu entwickeln, das „operationa-
lisierbar" bzw. „umsetzbar" ist und damit handlungsleitend werden kann, und
dem Ergebnis, das für sie lediglich aus „unverbindlichen Sprechblasen" besteht.
Ähnlich wie bei Lm3 protokolliert sich in ihrem Beitrag dabei eine Unsteuerbar-
keit des Prozesses, die dazu führt, dass am Ende das als Ergebnis steht, was man
eigentlich nicht wollte. Sie führt dies nun jedoch genau auf jenen Aspekt zurück,
der im Frageimpuls des Inspektors als Kriterium für die Qualität des schulischen
Qualitätsmanagements eingeführt wird, nämlich dessen „Transparenz", d.h. die
Beteiligung aller schulischen Akteursgruppen am Prozess („dass das schwieriger
ist wenn man ALLE mitnehmen will"). Ihr Fazit lautet dagegen: je mehr Betei-
ligte, desto allgemeiner und unverbindlicher das Ergebnis.

Auch wenn die einleitenden Worte von Lm2 also zunächst darauf hindeuten,
dass nun eine Antithese (vgl. Przyborski 2004, S. 71–72) zur kollektiven Lehrerantwort folgt, beziehen sich die beiden Lehreräußerungen, die hier im Fokus stehen, gerade nicht auf die vorangegangenen Äußerungen ihrer Kolleg/inn/en,
sondern stellen eine spezifische diskursive Positionierung zum propositionalen
Gehalt des Frageimpulses dar: *In ihnen manifestiert sich eine grundsätzlich andere Orientierung als im Frageimpuls des Inspektors.* Während die Qualität des
schulischen Leitbildprozesses dort an der Einhaltung formaler Verfahrensregeln
festgemacht wird, hinterfragen die beiden Lehrpersonen die Ergebnisse solch
formal strukturierter Qualitätsmanagementprozesse. *Implizit stellen sie dabei der
Idee der rational organisierten Handlungseinheit Schule die Komplexität einer
professionellen pädagogischen Praxis entgegen („Paradoxien IN unserer Arbeit", „Widersprüche", „Unlösbarkeit von bestimmten Problemen"), die sich
über die einschlägigen Qualitätsmanagement-Tools nur bedingt bearbeiten lässt.*
Die beiden Äußerungen bilden also nicht die Antithese zur kollektiven Lehrerantwort, sondern stehen in doppelter Hinsicht in Opposition (vgl. ebd., S. 72)
zum Frageimpuls: Zum einen unterlaufen sie das vorgegebene Antwortformat,
das in einer repetitiven Bestätigung des bereits Bekannten besteht, und nehmen

dafür das Risiko der Offenlegung authentischer schulischer Probleme in Kauf. Zum anderen opponieren sie gegen die im Rahmen der Schulinspektion abgefragten formalen Qualitätsmanagementkriterien als sinnvolle Standards einer (professionellen) schulischen Praxis.[95] Die beiden Lehreräußerungen sind dabei *authentisch* in dem Sinne, dass durch sie der Anspruch erhoben wird, ein *echtes* Problem schulischer Praxis zu formulieren und nicht – wie in der kollektiven Lehrerantwort – einen sozial erwünschten Entwurf schulischer Normalität zu re-inszenieren. Dass dies hier geschieht, ist insofern bemerkenswert, als die analysierte Interaktion in einen evaluativen Kontext eingebettet ist, der zwar programmatisch Offenheit gebietet, pragmatisch jedoch sozial erwünschte Antworten nahelegt. Gleichzeitig gelingt Lm3 und Lw2 mit ihren Redebeiträgen eine Distanzierung vom propositionalen Gehalt des Frageimpulses, die nicht – wie zuletzt bei Lm2 – regressive Züge annimmt, sondern eher *diskursiven* Charakter hat. Die Frage ist nun, wie der Inspektor auf diese Positionierung der beiden Lehrpersonen reagiert.

> *(1)*
> **Im2:** *deute ich es richtig wenn Sie (.) sagen (.) die LEITideen sind noch NICHT im Alltag UMgesetzt angekommen?*

Den Äußerungen von Lm3 und Lw2 begegnet der Inspektor mit der Rückfrage, ob ihre Redebeiträge so zu verstehen seien, dass die im Leitbild der Schule A kodifizierten Leitideen noch nicht im Alltag „angekommen" seien, also noch nicht „umgesetzt" würden. Betrachtet man nur die erste Beitragskonstruktionseinheit dieser Re-Reaktion des Inspektors („deute ich es richtig"), dann könnte man die These aufstellen, dass Im2 mit ihr den Versuch der Etablierung einer diskursiven Interaktionsordnung durch Lm3 und Lw2 aufgreift: In der expliziten Formulierung eines Deutungsangebots würde sich dann der Anspruch auf ein

---

[95] Damit ist weder gesagt, dass eine Beteiligung von unterschiedlichen schulischen Akteursgruppen an schulischen Entwicklungsprozessen prinzipiell nicht sinnvoll sei, noch, dass die Perspektive der befragten Lehrer/innen derjenigen der Schulinspektion generell überlegen – da „professioneller" – sei. Gerade bei Lw2 können der Ablehnung der Multiperspektivität der Leitbildgruppe auch ganz pragmatische bzw. sogar „unprofessionelle" Überlegungen zugrunde liegen. Entscheidend für die Argumentation im Rahmen dieser Studie ist zunächst einmal lediglich, dass die Orientierungen in bestimmten Punkten divergieren. Allerdings deutet sich in diesem Fall bei den Lehrpersonen Lm3 und Lw2 eine eher realistische Betrachtungsweise des schulischen Qualitätsmanagements an, während dieses in den Kriterienkatalogen des untersuchten Schulinspektionssystems eher technokratisch betrachtet wird.

fallorientiertes Verstehen der Lehreräußerungen protokollieren. Tatsächlich nimmt der Inspektor hier jedoch eine Reformulierung der Lehreräußerungen vor, durch die diese relativ unverhohlen umgedeutet werden. Dies deutet sich bereits auf Ebene der sprachlichen Ausgestaltung der Äußerung an: Die zweite Beitragskonstruktionseinheit „wenn Sie sagen" schließt nicht korrekt an die vorangegangene an. Der korrekte Anschluss müsste eigentlich lauten „*dass* Sie sagen", oder präziser noch: „dass Sie *meinen*". Die tatsächliche Formulierung unterstellt dagegen, dass die Umformulierung der Aussagen von Lm3 und Lw2 durch den Inspektor den eigentlichen Aussagen der Lehrpersonen entspricht. Das „Deutungsangebot" wird somit streng genommen zu einer Unterstellung: Lm3 und Lw2 wird hier eine Aussage untergeschoben, die sie nicht getätigt haben. Dies bestätigt sich dann auch auf inhaltlicher Ebene: Aus der selbstkritischen Darstellung des Leitbildprozesses und der in ihr zum Ausdruck kommenden Kritik an den Qualitätskriterien der Schulinspektion wird nun ein schulisches Umsetzungsproblem.

Der Inspektor bezieht sich mit der Beitragskonstruktionseinheit „deute ich es richtig" insofern zwar formal auf die vorangegangenen Äußerungen und greift auch inhaltlich ein Detail aus dem Beitrag von Lw2 auf, nämlich deren Kritik an der mangelnden Umsetzbarkeit des schulischen Leitbildes. Er übergeht jedoch die spezifische Rahmung des Themas durch die beiden Lehrpersonen, d.h., deren Infragestellung der Sinnhaftigkeit des Leitbildprozesses, mit der letzten Endes auch das Postulat des Frageimpulses, Qualitätsmanagement sei *per se* ein bedeutsamer Bezugspunkt schulischer Praxis („so spricht man natürlich in der Schule"), zurückgewiesen wird. Im Anschluss an Przyborski (2004, S. 73) kann hier insofern von einer *divergierenden Bezugnahme* des Inspektors auf die Äußerungen von Lm3 und Lw2 gesprochen werden. Durch eine solche „*Falschrahmung*" kann der Eindruck vermittelt werden, „als würde man sich aufeinander beziehen bzw. auf die andere Partei eingehen" (ebd.), während dies de facto jedoch nicht der Fall ist: „Eine Divergenz ist das Aufwerfen eines zu einer Proposition, zu einer Elaboration einer Proposition usw. widersprüchlichen Orientierungsrahmens unter Einbeziehung von Elementen aus jenen Diskursbewegungen, denen sie entgegenstehen" (ebd.). Przyborski bezeichnet solche Schein-Bezugnahmen als interaktive Machtmittel, durch die konkurrierende Orientierungen im Sinne des Sprechers wieder vereinheitlicht werden sollen:

„Es scheint sich zu zeigen, dass derartige ‚Falschrahmungen' ein interaktives Machtmittel sind und in autoritär strukturierten Diskursen häufig auftreten. Dadurch, dass die Inkongruenzen verdeckt bleiben, werden die ‚Unterlegenen' auf Linie gebracht" (ebd., Fußnote).

Genau dies erreicht der Inspektor mit seinem aktuellen Sprechakt: Durch ihn wird eben jene formale Qualitätsmanagementlogik erneut als unhinterfragbarer Bezugspunkt schulischer Praxis und damit als übergreifender Orientierungsrahmen der Interaktion etabliert, gegen den die Lehrpersonen Lm3 und Lw2 zuvor opponiert haben. In dieser Logik folgt auf die Formulierung eines Leitbilds dessen Umsetzung – und eben nicht dessen Problematisierung. Die Äußerung des Inspektors muss hier also als Versuch der Re-Etablierung eines *hegemonialen Diskurses* verstanden werden und nicht als Ausdruck einer verstehenden Fallorientierung. Die Umdeutung der von den Lehrpersonen Lm3 und Lw2 formulierten Probleme mit dem Leitbildprozess zu einem schulischen Umsetzungsproblem betont wiederum den Prüfungscharakter der Situation, da mit ihm nun ein mögliches schulisches Versagen thematisch wird. Ähnlich wie in Fall 1 „kippt" die Interaktion an dieser Stelle also in Richtung einer disziplinierend-panoptischen Überprüfung schulischer Praxis. Bezeichnenderweise *wird jedoch genau dieses drohende Umschlagen der Interaktion in einen empirischen Abgleich von Soll und Ist vom Inspektor verhindert*. Wie der weitere Verlauf seiner Äußerung zeigen wird, gibt Im2 den Lehrer/inne/n im Folgenden nämlich gar nicht die Möglichkeit, auf sein Deutungsangebot zu reagieren. Stattdessen schließt er direkt mit einer neuen Frage an, die den Inhalt der vorangegangenen Äußerungseinheit wiederum reformuliert.

> *oder gibt's da schon An (.) sätze wie die Leitideen im Alltag umgesetzt werden?*

Der Inspektor fragt nun danach, ob es (nicht vielleicht doch) schon Ansätze zur Umsetzung des Leitbilds im schulischen Alltag gibt. Damit gelingt es ihm einerseits, einen weiteren, ohnehin zu thematisierenden Aspekt des Orientierungsrahmens in das Gespräch einzubringen. Gleichzeitig bietet er den Lehrer/inne/n mit dieser neuen Frage einen Ausweg aus der entstandenen Interaktionsfalle an: Während eine Stellungnahme zu den im Raum stehenden schulischen Umsetzungsproblemen tendenziell problematisch wäre, erscheint die Beantwortung dieser neuen Frage, zumal, wenn es lediglich darum geht, Umsetzungs*ansätze* zu formulieren, deutlich weniger risikoreich. Damit handelt es sich bei der aktuell analysierten Äußerung des Inspektors zwar immer noch um die kommunikative

Durchsetzung eines hegemonialen Diskurses. Statt einer panoptischen setzt sich in dieser Äußerungseinheit nun jedoch eine eher *paternalistische Logik* durch: Die Umdeutung der Lehreräußerungen durch den Inspektor scheint hier v.a. auf den Versuch der Vermeidung einer für die Schule ungünstigen Darstellung des Leitbildprozesses zu zielen. Das ändert jedoch nichts daran, dass auch ein solcher „Rettungsversuch" auf Kosten der Autonomie der befragten Lehrer/innen und der Authentizität der Darstellung der schulischen Praxis geht. Dies lässt sich noch einmal anhand der sich anschließenden Reaktion der Lehrer/innen zeigen, mit der die Rekonstruktion dieses dritten Falls endet.

> *(1)*
> *Lw2:* *Ansätze gibt [es*
> *Lw3:*   *[h=hm auf jeden [Fall*
> *Lw2:*   *[Ansätze gibt [Lm?: ja] es.*
> *Lw3:* *also wenn (.) [wenn*
> *Lw2:*   *[vielleicht sogar mehr als Ansätze ja h=hm*

Die mit dem Deutungsangebot des Inspektors konfrontierten Lehrer/innen antworten nun wiederum in sozial erwünschter, und das bedeutet in diesem Fall auch: in unauthentischer Weise. Obwohl es sich nach den Äußerungen von Lm3 und Lw2 geradezu verbietet, von einer Umsetzung des Leitbildes zu sprechen, produzieren Lw2 und Lw3 im Folgenden gemeinsam eine Antwort, die genau dies postuliert: Sie bestätigen, dass es bereits Ansätze für die Umsetzung des Leitbildes gibt, „vielleicht sogar mehr als Ansätze". Sie gehen damit nun also wieder dazu über, den propositionalen Gehalt der Frage zu elaborieren, d.h., den thematischen Sachverhalt so zu verhandeln, wie es die Schulinspektion vorgibt. Gemessen an den Ausführungen von Lm3 und Lw2 muss es sich bei dieser kollektiv produzierten Antwort jedoch entweder um eine Antwort handeln, die allein auf die durch die Interviewfrage erzeugten Zugzwänge reagiert, oder aber die erwähnten Ansätze zur Umsetzung des Leitbilds müssen von den Lehrer/inne/n als genauso sinnlos erlebt werden wie der Leitbildprozess selbst. Damit zeigt sich am Ende dieser Sequenz noch einmal, dass es in den untersuchten Interviews der Schulinspektion weder vorrangig um die Generierung von Evidenzen noch um die Thematisierung einer authentischen schulischen Praxis geht, sondern um die normalisierende Re-Organisation von Wissen entlang der normativen Vorgaben der

Schulinspektion. Diese wird in diesem Fall über die pädagogische Erzwingung des wiederholenden Nachvollzugs eines idealtypischen Entwurfs schulischer Normalität zu erreichen versucht. Die pädagogische Adressierung der befragten Lehrer/innen im Modus des *als ob* führt hier dementsprechend letzten Endes dazu, dass die Befragten *so tun*, als wären die Relevanzsetzungen der Schulinspektion, die an der Schule als rational organisierter Handlungseinheit orientiert sind, ihre eigenen. Die vertiefende Erörterung eines „echten" schulischen Problems und damit auch die Produktion empirisch gehaltvoller Daten wird in diesem Fall dagegen von Seiten des Inspektors vermieden.

5.4.4   Zwischenfazit IV: So tun als ob – Pädagogische Performativität, Widerstand und Regression im Schulinspektionsinterview

Das herausstechendste Merkmal dieses dritten Falls besteht darin, dass sich die vom Inspektor Im2 vorgenommene pädagogische Adressierung der Lehrer/innen im Modus des *als ob* im weiteren Verlauf der Sequenz in bemerkenswerter Weise reproduziert: Etabliert wird hier eine interaktive Ordnung, die in erster Linie darauf ausgerichtet ist, den im Frageimpuls enthaltenen idealtypischen Entwurf schulischer Normalität zu re-inszenieren. Der evaluative Anspruch auf Erzeugung empirisch gehaltvoller Daten tritt im Fall des Inspektors Im2 dabei deutlich hinter die Notwendigkeit der Einübung eines spezifischen Sprechens über Schule zurück. Auch die Versuche der befragten Lehrer/innen, eine eher diskursive Interaktionslogik zu etablieren, werden vom Inspektor unterbunden. Stattdessen wird von ihnen erwartet, *so zu tun, als ob* die richtige Antwort nicht bekannt wäre, und *als ob* das technokratisch strukturierte Modell „guter Schule", das die Blaupause für die Interaktion liefert, bruchlos auf die schulische Praxis übertragbar wäre. Die in diesem Kapitel rekonstruierte Interaktionslogik verweist insofern in besonderer Weise auf den *performativen Charakter der Schulinspektion*, also auf die Normalisierung des Sprechens über Schule durch die „praktisch bestätigende[] Wiederholung" (Rose und Koller 2012, S. 92). Dieser performative Charakter wird in dem vorliegenden Fall über die wiederholte und auf Wiederholung zielende pädagogische Inszenierung einer idealtypischen schulischen Normalität aktualisiert. Gleichzeitig protokolliert sich im rekonstruierten Material auch die für solche performativen Praxen typische Form des Widerstands. Insbesondere im „falschen Vorsagen" des Lehrers Lm2 deutet sich eben jenes *transformatorische Potenzial der performativen Wiederholung* an, das J. Butler (2006) als die zentrale Quelle von Widerstand innerhalb performativer Praxen beschrieben hat: „Ich möchte vorschlagen, in Anlehnung an Bourdieu und mit ihm davon auszugehen, dass der Sprechakt ein institutioreller Ritus ist, um damit zu zeigen, dass bestimmte Formen, ein Sprechen aufzurufen, Akte des Widerstands sind" (S. 227). Allerdings macht die Rekonstruktion auch deutlich, dass diese *re-formulierende Form des Widerstands*, wie sie sich am Beispiel des Lehrers Lm2 zeigt, deutlich *regressive Züge* aufweist: In ihr reproduziert sich die pädagogisierende Adressierung der Lehrer/innen durch den Inspektor. Eine tatsächliche Distanzierung von den (pädagogischen) Zumutungen der Schulinspektion, wie sie sich zumindest ansatzweise in der Neurahmung des thematischen Sachverhalts durch Lm3 und Lw2 zeigt, erfordert dagegen nicht lediglich eine ironisierende Reproduktion, sondern einen Ausstieg aus der etablierten Interaktionslogik.

Damit steht nun die Darstellung des vierten und letzten Falls an, der im Rahmen dieser Studie rekonstruiert wird. In dessen Zentrum stehen die auch bereits anhand des Falls 3 skizzierten „erzieherischen Maßnahmen", d.h. Praktiken der pädagogischen Disziplinierung, die von den Inspektor/inn/en verwendet werden, um die befragten Lehrer/innen auf die Relevanzsetzungen der Schulinspektion zu verpflichten. Gleichzeitig ermöglicht es der Fall, noch einmal zwei Diskussionslinien aufzugreifen, die anhand der Fälle 2 und 3 entwickelt wurden: die Frage nach der Form des Widerstands, den die in den Interviews etablierte interaktive Ordnung generiert, sowie die Frage nach den Lerneffekten, die durch die Performativität der Schulinspektion bei den Lehrer/inne/n erzeugt werden können.

5.5 Pädagogische Figur III: Erzieherische Maßnahmen (Fall 4)

Der vierte Fall bietet v.a. die Möglichkeit zu veranschaulichen, dass und wie die Elemente der vorangegangenen Fallrekonstruktionen im Material reproduziert und variiert werden. Dazu gehört insbesondere der Versuch der Inspektor/inn/en, die *Idee* von der Schule als rational organisierter Handlungseinheit ins Zentrum der Aufmerksamkeit der befragten Lehrer/innen zu rücken. Während sich anhand der Frageimpulse der Fälle 2 und 3 diesbezüglich die Antizipation einer Antwort*unsicherheit* auf Seiten der Lehrer/innen durch die Inspektoren rekonstruieren ließ, wird der Frageimpuls im Fall 4 jedoch durch einen antizipierten Antwort*unwillen* strukturiert, d.h., die Inspektorin scheint nicht nur davon auszugehen, dass die Lehrer/innen ihre Frage nicht beantworten *können*, sondern davon, dass sie dies nicht *wollen*. Die Perspektive der rational organisierten Handlungseinheit Schule wird von ihr dementsprechend nicht lediglich als *fremde*, sondern als *unbeliebte* Sprecherposition etabliert. Dieser antizipierte Unwille auf Seiten der Lehrer/innen ist es, der in Fall 4 vorrangig pädagogisch bearbeitet wird. Der Fall ermöglicht es insofern auch, die erzieherischen Maßnahmen der Inspektor/inn/en, die in den anderen Fällen bisher eher am Rande thematisiert wurden, genauer zu betrachten.

Der vierte Fall stammt aus dem Interview C/L3, das wie das dem ersten Fall zugrundeliegende Interview C/L1 während der Inspektion des Schulverbunds C geführt wurde. Allerdings werden hier nun nicht Grundschullehrerinnen, sondern Lehrer/innen des Realschulzweigs interviewt. Die Inspektorin Iw2 hat die Leitung des Interviews inne, der Inspektor Im2 ist für das Protokoll zuständig. Eine Besonderheit besteht in diesem Fall darin, dass die anwesenden Lehrer/innen – anders als die Kolleginnen aus dem Interview C/L1 – bereits Erfahrung mit dem Vorgehen der Schulinspektion gesammelt haben, da ihr Schulzweig an einem Testlauf des Verfahrens im Vorfeld der Erprobungsphase beteiligt gewesen ist. Die befragten Lehrer/innen erleben die Schulinspektion also bereits zum zweiten Mal. Auf diese erste Schulinspektion wird im Rahmen der analysierten Interviewsequenz von der Inspektorin Iw2 auch Bezug genommen; die Rekonstruktion wird außerdem zeigen, dass die vorgängige Erfahrung der befragten Lehrer/innen mit dem Instrument für den Gesprächsverlauf eine entscheidende Rolle spielt. Inhaltlich geht es in der ausgewählten Sequenz – wie in Fall 3 – um das schulische Qualitätsmanagement, insbesondere um den Umgang mit Evaluationsergebnissen.

Die Darstellung beginnt wie bei den vorangegangenen Fällen auch mit der Rekonstruktion eines Frageimpulses der interviewenden Inspektorin. Gezeigt wird, dass dieser Frageimpuls in diesem Fall eine „erzieherische Maßnahme", d.h., eine pädagogische Form der Disziplinierung darstellt, die auf die prophylaktische Herstellung von Konformität zielt (5.5.1). Dass eine solche prophylaktische Disziplinierung zumindest aus Sicht der Inspektorin tatsächlich angebracht erscheint, zeigt sich im weiteren Verlauf der Interaktion. Hier offenbaren sich dann nämlich genau jene „Disziplinprobleme", die im Frageimpuls antizipiert wurden (5.5.2). Es handelt sich dabei um Varianten der regressiven Widerständigkeit, die auch bereits in Fall 3 rekonstruiert wurden. Aber auch das Gegenteil ist zu beobachten: der Versuch der bekenntnishaften Übererfüllung der angemahnten Antworthaltung (5.5.3). Vor dem Hintergrund, dass es sich für die hier befragten Lehrer/innen bereits um die zweite Schulinspektion handelt, zeigen sich bei ihnen – anders als beispielsweise in Fall 2 – außerdem spezifische „Lerneffekte" im Hinblick auf den schulischen Normalitätsentwurf der Schulinspektion (5.5.4). So nimmt eine Lehrerin die Antwort auf die Folgefrage der Inspektorin bereits vorweg. Darüber hinaus findet eine gemeinsame Nachbearbeitung der Erfahrungen eines Lehrers mit der ersten Schulinspektion statt, durch die diesem noch einmal verdeutlicht wird, dass die Ergebnisse der Schulinspektion sich nicht auf das Lehrerindividuum, sondern auf die Handlungseinheit Schule beziehen. Die vierte Rekonstruktion endet mit Überlegungen zum Technologiedefizit der Schulinspektion, das auf die *pädagogische* Performativität des untersuchten Schulinspektionsverfahrens zurückzuführen ist (5.5.5).

5.5.1 Die Erzeugung von Konformität durch Praktiken der prophylaktischen Disziplinierung

Die Sequenz, die dem Fall 4 zugrunde liegt, bildet den Anfang des Hauptteils des Interviews C/L3 ab, d.h., sie setzt bei der ersten Leitfadenfrage der Inspektorin an die Lehrer/innen an. Diese bezieht sich wie in Fall 3 auf das schulische Qualitätsmanagement. Auch die Analyse dieser Interviewsequenz beginnt mit einer ausführlichen Kontextanalyse des Frageimpulses.

> *((...))*[96]
> *Iw2: ja. dann (.) beginn ich äh gleich (.) mit (.) dem <<schneller> Konzept des schulischen Qualitätsmanagements> (1)*

Die Inspektorin eröffnet ihre Äußerung mit der Ankündigung, mit einen bestimmten Thema, dem Konzept des schulischen Qualitätsmanagements, beginnen zu wollen. Auffällig an dieser Äußerung ist, dass sie in keiner Weise auf eine Interviewsituation hindeutet, streng genommen noch nicht einmal auf eine

---

[96] Ausgelassen wurde hier die verbale Kennzeichnung des Interviews durch den protokollierenden Inspektor Im2 zu Beginn der Aufnahme.

interaktive Praxis. Vielmehr könnte sie auch als Einleitung für einen Vortrag oder ein Referat fungieren, da sie auf nichts als auf das Handeln der Sprecherin selbst verweist: Weder wird eine Frage angekündigt noch ein Bezug zu den Gesprächspartner/inne/n oder der aktuellen Situation hergestellt. In dieser Ausklammerung – man könnte auch sagen: in diesem Ignorieren – des Kontextes der Sprechhandlung kommt der auch bereits anhand der anderen Fälle rekonstruierte Strukturierungsanspruch der Inspektor/inn/en in gesteigerter Form zum Ausdruck.

Betrachtet man nun die Rahmung des von der Inspektorin benannten Themas, dann ist zunächst festzuhalten, dass dieses durch das von Iw2 verwendete Adverb „gleich" inhaltlich mit Bedeutsamkeit aufgeladen, genauer: als der zentrale Punkt des Geschehens markiert wird. Die Inspektorin kommt hier „gleich zur Sache" bzw. geht „in medias res". Das schulische Qualitätsmanagement wird von ihr somit *nicht nur als das erste, sondern als das eigentliche Thema des Gesprächs gekennzeichnet*, also als das, worum es vorrangig gehen wird. Da es sich bei diesem Thema um eines der Kernelemente des Modells guter Schule handelt, das der Schulinspektion zugrunde liegt, bedeutet das auch: Gleich zu Beginn der Befragung wird mit diesem Sprechakt die Schule als rational organisierte Handlungseinheit ins Zentrum der Aufmerksamkeit der befragten Lehrer/innen gerückt.

Auffällig an der Äußerung der Inspektorin ist außerdem, dass nicht lediglich vom schulischen Qualitätsmanagement gesprochen wird, sondern von „dem *Konzept* des schulischen Qualitätsmanagements". Dies erklärt sich zunächst im Rückgriff auf den expliziten Kontext des Gesprächs: Der Themenbereich „Qualitätsmanagement" wird im Orientierungsrahmen zur Schulqualität über zwei Oberkriterien spezifiziert, von denen sich das eine auf die schulische Selbstevaluation bezieht und das andere eben auf das Konzept des schulischen Qualitätsmanagements. Dieses Oberkriterium fokussiert inhaltlich auf die der schulischen Qualitätsentwicklung und -sicherung zugrunde liegende Gesamtstrategie. Vor diesem Hintergrund wäre also davon auszugehen, dass es im Folgenden um die einzelnen Elemente des Qualitätsmanagement-Konzepts der Schule C und deren geplantes Zusammenwirken gehen soll. Für die Rekonstruktion der impliziten Logik des Frageimpulses ist nun jedoch entscheidend, dass die Inspektorin den thematischen Gegenstand gerade *nicht* in dieser Weise kontextualisiert. Wie bereits anfangs herausgearbeitet, fehlt in der Äußerung der Inspektorin jegliche

Bezugnahme auf die anwesenden Lehrer/innen oder den spezifischen organisationalen Kontext. Dementsprechend wird auch das thematische Konzept des
schulischen Qualitätsmanagements sprachlich nicht auf die Lehrer/innen bzw.
die Schule C bezogen, indem z.b. vom „Konzept *Ihres* schulischen Qualitätsmanagements" oder „dem Konzept des schulischen Qualitätsmanagements *hier an
Ihrer Schule*" gesprochen wird. Auch ein Hinweis auf den Referenzrahmen zur
Schulqualität bzw. den Leitfaden, der das aktuelle Thema zumindest in eine
übergeordnete formale Struktur einordnen würde, fehlt. Durch diese *Entkontex-
tualisierung des thematischen Sachverhalts* findet eine Bedeutungsverschiebung
des Terminus „Konzept" statt, die weitreichende Konsequenzen für die Interpretation der Äußerung hat: Nimmt man diese wörtlich, dann spricht die Inspektorin
hier nicht vom Konzept des Qualitätsmanagements an der Schule C, sondern rekurriert zunächst einmal auf die *Idee von schulischem Qualitätsmanagement* an
sich. Eine solche Idee von schulischem Qualitätsmanagement – und nicht die
konkrete Qualitätsmanagement-Praxis an der Schule C – wird hier als Bezugs-
kontext der Äußerung aufgerufen und als zentraler Gesprächsgegenstand markiert. Wie in den vorangegangenen beiden Fällen auch wird in dieser Sequenz
implizit also eine bestimmte Vorstellung bzw. eine spezifische Normalität von
Schule verhandelt, die ihren Fluchtpunkt in der Idee von der rational organisierten Handlungseinheit Schule hat.

Auch für die Interpretation der nachfolgenden Äußerungseinheit der Inspektorin spielt die Rekonstruktion der impliziten Bezugskontexte (vgl. Deppermann
2008, S. 65–66), die durch sie aufgerufen werden, eine entscheidende Rolle.
Nach einer Pause von einer Sekunde fährt die Inspektorin folgendermaßen fort:

> *äh (.) da hätt ich gerne von IHNEN gewusst*

In diesem Sequenzabschnitt werden die Lehrer/innen nun doch explizit von der
Inspektorin adressiert, wobei interessant ist, in welcher Form dies geschieht. Die
gewählte Formulierung „da hätt ich gerne von IHNEN gewusst" verleiht der Äußerung nämlich eine Schärfe, die an dieser Stelle eigentlich unnötig ist. Während
sich in den alternativ denkbaren Formulierungen „da *würde/möchte* ich gerne
von Ihnen wissen" ein Wunsch nach Information, d.h. eine sozial verträglich
formulierte Aufforderung zur Auskunft ausdrücken würde, erinnert die tatsächlich gewählte Formulierung an Sprechakte wie „das hätte ich gerne *von Ihnen*
gewusst (anstatt es von Dritten zu erfahren)" oder „das hätte ich gerne *vorher*

gewusst" und somit an einen *Tadel*, der sich auf ein Versäumnis, auf die Nicht-Erfüllung einer Bringschuld, das Vorenthalten von Informationen o.Ä. bezieht. Dieser Eindruck, dass hier ein nicht weiter benanntes Versäumnis getadelt wird, wird durch die spezifische Betonung der Beitragskonstruktionseinheit „von IHNEN" noch verstärkt. Durch diese Eigenarten der Äußerungsgestaltung bekommt der Sprechakt der Inspektorin nun also eine bemerkenswerte Konnotation. Genau genommen befindet sich Iw2 hier *nicht im Frage-, sondern im Erziehungsmodus: Sie weist zurecht.*

Diese Interaktionseröffnung über eine pädagogische Form der Disziplinierung erscheint nun für einen Intervieweinstieg mehr als ungewöhnlich, manifestiert sich in ihr doch eine Krise, die man zu diesem Zeitpunkt noch nicht erwarten würde und für die das Gesprächsprotokoll selbst bisher auch keinen Anlass liefert: De facto gibt es keinen erkennbaren Grund zu disziplinieren. Insofern handelt es sich hier um eine *prophylaktische Disziplinierung*, die sich auf die Haltung der adressierten Lehrer/innen zu der im vorangegangenen Sequenzabschnitt thematisierten Idee eines schulischen Qualitätsmanagements und damit auch zum Konzept der rational organisierten Handlungseinheit Schule beziehen muss. In der Äußerung der Inspektorin verbinden sich dabei *reaktive und direktive Praktiken des pädagogischen Zeigens* (vgl. Prange und Strobel-Eisele 2006): Der rekonstruierte Tadel, der in der aktuellen Äußerungseinheit der Inspektorin zum Ausdruck kommt, stellt eine *Rückmeldung auf ein antizipiertes unerwünschtes Verhalten* auf Seiten der Lehrer/innen dar und fällt somit unter die Kategorie des reaktiven Zeigens (vgl. ebd., S. 84–93). Gleichzeitig enthält dieser Tadel einen verstärkten *Aufforderungscharakter* (vgl. ebd., S. 82), gerade weil er vorzeitig, d.h., präventiv erfolgt. Der Sprechakt der Inspektorin verweist daher ebenso auf die von Prange und Strobel-Eisele beschriebene pädagogische Praxis des direktiven Zeigens, in dessen Zentrum die „Aufforderung zur Selbsttätigkeit" (Benner nach Prange und Strobel-Eisele 2006, S. 72) steht. Mithilfe des direktiven Zeigens wird den beiden Autor/inn/en zufolge das pädagogische Problem bearbeitet, „wie man [...] ‚von außen' auf andere so einwirkt, dass sie sich sozusagen ‚von innen' und von sich selbst her bestimmen" (Prange und Strobel-Eisele 2006, S. 72). Die direktive Zeigeform richtet sich also auf die Beeinflussung des Charakters, der Einstellung, der Haltung der zu erziehenden Person. Die im direktiven Zeigen enthaltene Aufforderung kann dabei unterschiedliche Gestalten annehmen: die der Anweisung, der Erinnerung, der Ermahnung, der

Bitte, des Befehls oder des Appells (vgl. ebd., S. 75). Fasst man diese beiden Elemente des Fragimpulses noch einmal zusammen, den präventiven Tadel einerseits und die darin enthaltene Aufforderung an die adressierten Lehrer/innen andererseits, dann wird deutlich, durch welche Logik die Äußerung der Inspektorin implizit strukturiert wird: *Die Frageeinleitung mutiert hier zu der vorsorglichen Ermahnung, mitzumachen und sich so zu zeigen, wie gewünscht.* Dem Frageimpuls liegt somit ein spezifisch pädagogisches *recipient design* zugrunde (vgl. Deppermann 2013, S. 46): Während sich die Gesprächsbeteiligten in Fall 2 wechselseitig als Lehrer bzw. Schüler/innen positioniert haben, positioniert die Inspektorin Iw2 die anwesenden Lehrer/innen als *ungezogen*. Sie werden so zu *Zu-Erziehenden.*

Durch die rekonstruierte prophylaktische Disziplinierung werden die befragten Lehrer/innen hier also vorsorglich in eine Rechtfertigungssituation gebracht, die mit einer erhöhten Verpflichtung einhergeht, sich zum Thema des schulischen Qualitätsmanagements in adäquater – d.h. erwünschter – Weise zu äußern. Dies führt darüber hinaus zu einer *Immunisierung* des thematischen Sachverhalts, d.h., die kommunikative Hürde für kritische Nachfragen wird durch die disziplinierende Einführung des Gesprächsgegenstands deutlich erhöht.[97] Vor diesem Hintergrund lässt sich bereits jetzt formulieren, worauf die Äußerung der Inspektorin abzielt, d.h., welche Folgeerwartung sie voraussichtlich erzeugen wird: Thematisch ist hier keine schulische Praxis, sondern die *Einstellung* der Lehrer/innen. Es wird daher aller Wahrscheinlichkeit nach nicht in erster Linie um die Generierung von Informationen über das Qualitätsmanagement-Konzept der Schule C gehen – denn im Grunde wird von der Inspektorin keine Frage gestellt –, sondern um die *Herstellung von Konformität in Bezug auf die Idee eines schulischen Qualitätsmanagements.* Der Sprechakt ist somit Teil der auch bereits im Rahmen der zuvor analysierten Fälle rekonstruierten *performativen Normalisierung des Sprechens über Schule mithilfe pädagogischer Praktiken.* Dabei dürfte es kein Zufall sein, dass sich die rekonstruierte pädagogisch-disziplinierende Logik des Frageimpulses gerade am Thema des schulischen Qualitätsmanagements entfaltet, das in besonderer Weise mit der „neuen" Fremdbeschreibung von Schulen als rational organisierten Handlungseinheiten verbunden ist:

---

[97]   Die latente Aggressivität der Einführung des Gesprächsgegenstands verweist insofern möglicherweise auch auf eine inhaltliche Unsicherheit auf Seiten der Inspektorin Iw2; auch für sie scheint das Thema des schulischen Qualitätsmanagements ein eher unangenehmes zu sein.

Formen des „Widerstands" (von Teilen) der Lehrerschaft gegen die mit dieser neuen Fremdbeschreibung einhergehenden Schulentwicklungs- und Qualitäts-managementmaßnahmen sind in der Literatur gut beschrieben (vgl. z.b. Heinrich und Altrichter 2008). Einem solchen antizipierten Widerstand der Lehrer/innen könnte die Inspektorin mit ihrer prophylaktischen Disziplinierung (unbewusst) entgegenwirken wollen. Diese würde sich dann auf die Sicherung der performa-tiven – d.h. qua „Mitmachens" vollzogenen – Anerkennung der neuen Fremdbe-schreibung durch die adressierten Lehrer/innen richten. Dass es hier v.a. um die *Erzeugung einer Konformitätsbekundung*, d.h., um das *Bekenntnis* der adressier-ten Lehrer/innen zu den Prinzipien der rational organisierten Handlungseinheit Schule geht, zeigt sich auch in der weiteren Ausgestaltung des Frageimpulses durch die Inspektorin.

> *wie (.) nach Ihren Erkenntnissen oder nach Ihren ähm nach ihrer*
> *MEInung die Qualität an dieser Schule erhalten und verbessert wird*

Im weiteren Verlauf ihrer Äußerung formuliert Iw2 eine Frage, die angesichts des erzieherischen Charakters des bisherigen Frageimpulses jedoch eher die Form eines *Arbeitsauftrags* annimmt: Die Lehrer/innen sollen im Folgenden er-läutern, wie die Qualität an Schule C „erhalten und verbessert" wird. Auffällig an dieser Äußerungseinheit ist v.a. eine Korrektur, die die Inspektorin vornimmt und durch die die adressierten Lehrer/innen wiederum in spezifischer Weise po-sitioniert werden: Während sie zuerst von den „Erkenntnissen" der Lehrer/innen bezüglich der Erhaltung und Verbesserung der schulischen Qualität spricht, wechselt sie gleich darauf auf den Terminus „MEInung". Mit dieser Umformu-lierung stuft Iw2 die Qualität der zu erwartenden Aussagen der Lehrer/innen deutlich herab. Die Befragten werden so zu *Laien* in Bezug auf das schulische Qualitätsmanagement degradiert, die nicht über objektives Wissen zum thema-tischen Gegenstand verfügen, sondern lediglich auf Basis eines subjektiven Bauchgefühls oder Halbwissens operieren können. *Insofern werden von der In-spektorin hier anscheinend gar keine qualifizierten Äußerungen zum Thema „Qualitätsmanagement" erwartet.* Damit wird zum einen die informationsgene-rierende Funktion der Interviewinteraktion abermals fraglich. Zum anderen kann die Äußerung der Inspektorin ebenso wenig auf die Überprüfung einer schuli-schen Praxis des Qualitätsmanagements zielen, denn auch hierfür müsste von ihr

zumindest erwartet werden, dass die Lehrer/innen gehaltvolle Aussagen zum
thematischen Sachverhalt treffen können.

Damit könnte der Frageimpuls nun eigentlich beendet sein. Stattdessen ergänzt die Inspektorin den bisher formulierten Arbeitsauftrag jedoch um eine
zweite Frage, nämlich ob die Erkenntnisse aus den Ergebnissen der schulischen
Selbstevaluation bzw. der schon stattgefundenen Schulinspektion an der Schule
C umgesetzt werden.

> =und werden die Erkenntnisse aus den Ergebnissen von (.) Selbsteva-
> luation ODER der (.) schon stattgefundenen [bundeslandspezifische
> Bezeichnung der Schulinspektion] hier im schulischen Alltag umge-
> setzt.

Auch bei dieser zweiten Frage soll zunächst auf eine sprachliche Auffälligkeit
hingewiesen werden, und zwar auf den in ihr enthaltenen *logischen Kurzschluss*
einer „Umsetzung von Erkenntnissen". Erkenntnisse können streng genommen
nicht umgesetzt werden. Korrekt müsste eigentlich danach gefragt werden, ob
Maßnahmen aus den Ergebnissen der genannten Evaluationen abgeleitet wurden
und ob diese dann im schulischen Alltag umgesetzt wurden. In der tatsächlich
gewählten Formulierung protokolliert sich stattdessen die *Ideologie der Schulin-*
spektion: In der verkürzten Darstellung des Umsetzungsprozesses reproduziert
sich die Vorstellung einer Rationalisierung schulischer Prozesse durch die Generierung von Evidenzen; evaluativ gewonnene Erkenntnisse führen hier direkt zur
Umsetzung, d.h. zur Veränderung der schulischen Praxis. Gleichzeitig kommen
in der gewählten Formulierung auch die Verwerfungen dieser Ideologie zum
Ausdruck: Umgesetzt werden können nicht die evaluativ gewonnenen Erkenntnisse, wohl aber die von der Schulinspektion ausgesprochenen Empfehlungen. In
der sprachlichen Ersetzung der Empfehlungen der Schulinspektion durch die Erkenntnisse der schulischen Akteure protokolliert sich insofern der paradoxe Charakter der Schulinspektion als normativer Intervention, die sich über ein quasi-
empirisches Setting vollzieht.

Der Frageimpuls enthält in diesem vierten Fall somit zwei Fragen bzw. Ge-
sprächsaufforderungen, die relativ willkürlich aneinandergereiht zu sein scheinen. Ihr Zusammenhang erschließt sich zunächst lediglich über den externen
Kontext der Interaktion: Es handelt sich in beiden Fällen um Leitfadenfragen,
über die der thematische Sachverhalt – das Konzept des schulischen Qualitäts-

managements – im Gespräch erschlossen werden soll. Während es sich bei der ersten Frage jedoch um die dem aktuellen Thema zugeordnete Eröffnungsfrage handelt, stellt die zweite Frage eine Nachfrage dar, die eigentlich erst später gestellt werden sollte. Entsprechend strukturieren die beiden Fragen die Antwort der Lehrer/innen unterschiedlich stark vor: Während die erste Frage relativ offen gehalten ist, fasst die zweite den thematischen Sachverhalt bereits deutlich enger; sie setzt voraus, dass die Sicherung schulischer Qualität *evaluativ* erfolgt. Ausschlaggebend für die Interpretation ist nun, dass die erste – offenere – Frage durch die zweite quasi „überdeckt" wird; hierauf verweist der schnelle Anschluss der zweiten an die erste Frage (=). Dies legt zunächst den Schluss nahe, dass auf die erste Frage eigentlich gar nicht geantwortet werden soll, sondern lediglich auf die zweite. In dieser Lesart würde die erste Frage also durch die zweite ersetzt werden. Bei genauerer Betrachtung wird jedoch deutlich, dass die zweite Frage keine Ersetzung, sondern eine Konkretisierung der ersten darstellt; sie kann sogar relativ umstandslos als Antwort auf die erste gelesen werden. So ließe sich aus dem Zusammenschluss der beiden Äußerungseinheiten problemlos die folgende Aussage bilden: „An unserer Schule wird Qualität dadurch erhalten und verbessert, dass wir Maßnahmen aus den uns vorliegenden Ergebnissen der durchgeführten Evaluationen ableiten und umsetzen." Eine solche Aussage würde exakt dem Modell guter Schule entsprechen, das der Schulinspektion zugrunde liegt (s. Kapitel 3.2.2).

Für die Rekonstruktion der mit dem Frageimpuls verbundenen Folgeerwartungen bedeutet das, dass die „richtige" Antwort auf die „offene" Frage, wie die schulische Qualität an Schule C erhalten und verbessert wird, bereits im Frageimpuls enthalten ist. Auch in diesem Fall findet also eine weitreichende Vorstrukturierung der Lehrerantwort durch einen in den Frageimpuls eingelassenen idealtypischen Entwurf schulischer Normalität statt, der von den Lehrer/inne/n eigentlich nur noch wiederholend nachvollzogen werden muss. In der Kombination von Eröffnungs- und Nachfrage in einem Frageimpuls reproduziert sich insofern ein bereits bekanntes Muster der Interviewführung der Inspektor/inn/en: Durch sie wird eine inhaltliche Fokussierung der Interaktion vorgenommen, die der Lenkung der Aufmerksamkeit der Lehrer/innen auf das für die Schulinspektion Wesentliche dient.[98] Die erste Frage soll hier also nicht *nicht*, sondern auf

---

[98]   Gleichzeitig werden so andere Formen der Qualitätssicherung, die nicht an das Modell von der
        Schule als rational organisierter Handlungseinheit anschließen (z.B. kollegiale Supervision), die

eine *bestimmte* Weise beantwortet werden, nämlich aus der Perspektive der rational organisierten Handlungseinheit Schule. Allerdings dient diese Vorstrukturierung in diesem Fall nicht – wie in den Fällen 2 und 3 – der Didaktisierung des thematischen Sachverhalts. Die zuvor etablierte pädagogisch-disziplinierende Interaktionsordnung verweist vielmehr darauf, dass die Lehrer/innen durch die Äußerung der Inspektorin Iw2 auf ein Bekenntnis zum Prinzip der Evaluation als grundlegendem Mechanismus schulischer Qualitätssicherung verpflichtet werden sollen, das in etwa der zuvor aus den beiden Fragen gebildeten Aussage entsprechen könnte. Die Wiederholung des im Frageimpuls enthaltenen idealtypischen Entwurfs schulischer Normalität durch die adressierten Lehrer/innen bekommt vor dem Hintergrund der zuvor rekonstruierten Sequenzabschnitte also vorrangig eine erzieherische Funktion: Es geht hier um die performative Anerkennung der Prinzipien der rational organisierten Handlungseinheit Schule. *Der Frageimpuls der Inspektorin zielt insofern nicht – wie die beiden in ihm enthaltenen Fragen zunächst nahelegen – auf die Klärung der Frage, ob sich an der Schule C nach der ersten Schulinspektion etwas verändert hat, sondern ob die Lehrer/innen aus der ersten Schulinspektion etwas gelernt haben.* Überprüft wird dementsprechend nicht, ob die Schule C die Empfehlungen der ersten Schulinspektion tatsächlich umgesetzt hat, sondern ob die anwesenden Lehrer/innen ihre Selbstbeschreibung an das Modell guter Schule, das der Schulinspektion zugrunde liegt, angepasst haben.

Die rekonstruierte Logik des Frageimpulses, die in der Herstellung von Konformität bezüglich der Idee eines schulischen Qualitätsmanagements und damit bezüglich der Vorstellung von der Schule als rational organisierter Handlungseinheit durch eine prophylaktische Disziplinierung besteht, macht nun also eigentlich eine entsprechende *Konformitätsgeste* auf Seiten der adressierten Lehrer/innen erforderlich. Diese Konformitätsgeste, das zeigt der weitere Verlauf der Sequenz, wird von den adressierten Lehrer/inne/n allerdings zunächst verweigert.

---

im Anschluss an die offenere erste Frage aber durchaus hätten genannt werden können, als mögliche Antworten ausgeschlossen.

5.5.2   Disziplinprobleme

Im weiteren Verlauf der Sequenz reproduziert sich wiederum ein bereits aus den vorangegangenen Fallrekonstruktionen bekanntes Interaktionsmuster. Der Frageimpuls der Inspektorin führt zunächst zu einer Redezugvakanz auf Seiten der adressierten Lehrer/innen, die drei Sekunden andauert.

(3)

Diese Pause mag dem Umstand geschuldet sein, dass es sich bei der analysierten Sequenz um den Beginn der Befragung handelt, die Beteiligten sich also erst noch in ihre Rollen einfinden müssen. Darüber hinaus ist der Frageimpuls der Inspektorin durch die zwei in ihm enthaltenen Fragen inhaltlich recht komplex geraten. Schließlich wurde bereits im vorangegangenen Kapitel gezeigt, dass die Inspektorin die Frage, wie die Qualität an Schule C erhalten und verbessert wird bzw. werden soll, durch die Addition einer Nachfrage aus dem Leitfaden im Grunde bereits selbst beantwortet hat. Auf Seiten der adressierten Lehrer/innen könnte also fraglich geblieben sein, zu was hier genau aufgefordert wird. Allerdings reproduziert sich in der nach der Pause folgenden Erstreaktion der Lehrer/innen die im vorangegangenen Kapitelabschnitt rekonstruierte pädagogische Adressierung der Befragten durch die Inspektorin dann in bemerkenswerter Weise.

> **Lw1:**   *<<halblaut> nächste Woche>*
> *((Lachen LL))*

Die Lehrerin Lw1 reagiert auf den überkomplexen Frageimpuls der Inspektorin lediglich mit zwei Worten („nächste Woche"), die sie halblaut – und damit auch: halböffentlich – spricht. Die Antwort schließt dabei an die zweite Frage der Inspektorin an, ob die Erkenntnisse aus den bereits stattgefundenen Evaluationen an der Schule C umgesetzt werden. Genau genommen beantwortet Lw1 jedoch keine der von Iw2 gestellten Fragen, sondern bricht mit ihrer Antwort das Interviewsetting in ironischer Weise; hierauf verweist auch das Lachen ihrer Kolleg/inn/en, das auf ihre Äußerung folgt. Die *Komik ihrer Antwort* ergibt sich dabei aus den folgenden Punkten:

- Der Redebeitrag von Lw1 bezieht sich zwar formal auf die zweite Frage, da die Zeitangabe „nächste Woche" sinnvoll nur im Zusammenhang mit der Frage nach der Umsetzung der Evaluationsergebnisse stehen kann. Diese Umsetzung stellt sie für „nächste Woche" in Aussicht. Streng genommen beantwortet Lw1 damit jedoch nicht die Frage, ob die Evaluationsergebnisse bzw. die Empfehlungen der Schulinspektion umgesetzt wurden, sondern wann dies geschieht. Ihre Reaktion offenbart insofern die *heteronome* Rahmung der Interviewsituation, indem sie klarstellt, dass gar nicht zur Debatte steht, ob die Evaluationsergebnisse umgesetzt werden, sondern lediglich wann.
- Gleichzeitig deutet sich in ihrer Antwort jedoch die Möglichkeit an, dass die im Frageimpuls enthaltene normative Forderung nach der (zeitnahen) Umsetzung von Evaluations- bzw. Inspektionsergebnissen an der Schule C bisher unterlaufen bzw. hinausgezögert wurde. Die Äußerung der Lehrerin *spielt* insofern mit der impliziten Unterstellung des Frageimpulses, dass an der Schule C ein Versäumnis vorliegt.
- Darüber hinaus wird durch die Reaktion von Lw1 die im Frageimpuls implizit enthaltene Forderung nach einem Bekenntnis zum Prinzip der Evaluation als grundlegendem Mechanismus schulischer Qualitätssicherung konterkariert. Dieser Forderung wird stattdessen eine Bezugnahme auf das Thema „Qualitätsmanagement" entgegengesetzt, in der dieses als einmalig zu erledigenden Aufgabe konzipiert und so zu einem Punkt auf einer Tagesordnung degradiert wird, der „nächste Woche" abgearbeitet wird. Statt eine evaluative Haltung zu demonstrieren, wird das Thema „Qualitätsmanagement" von Lw1 also zu etwas gemacht, das man in einer Konferenz *abhaken* kann. Damit wird das Thema des schulischen Qualitätsmanagements, das von der Inspektorin zuvor in besonderer Weise mit Bedeutung aufgeladen wurde, von Lw1 in seiner Bedeutsamkeit wieder deutlich zurückgestuft.
- Schließlich erinnert die Zeitangabe „nächste Woche" in ihrer Vagheit an die zeitliche Terminierung lästiger Aufgaben („Wann reparierst du das Flurlicht? – Nächste Woche. – Das sagst du jedes Mal!"). Die Frage nach dem Wann der Umsetzung beantwortet Lw1 also genau genommen mit einem *„irgendwann"*. Auch die Unbeliebtheit des Themas „Qualitätsma-

nagement", die im Frageimpuls antizipiert wurde, reproduziert sich also in der Antwort der Lehrerin Lw1.

Damit kann festgehalten werden, dass die implizit von der Inspektorin Iw2 eingeforderte *Disziplin* bezüglich des Themas des schulischen Qualitätsmanagements an dieser Stelle von Lw1 *verweigert* wird. Stattdessen wird hier in schülerhafter Manier ein „Witz gerissen": Durch die halblaute Sprechweise wird für den Sprechakt eine Halböffentlichkeit hergestellt, die einerseits sicherstellt, dass Iw2 das Gesagte hört, es Lw1 andererseits jedoch ermöglicht, ihre Äußerung bei Nachfragen ggf. zurückzuziehen („nichts, nichts"). Auch in diesem Fall findet also eine deutliche Distanzierung vom Frageimpuls auf Seiten der Lehrer/innen statt, die jedoch wiederum eher *regressive* Züge aufweist: Lw1 wird hier zum *„Klassenclown"* und übernimmt damit genau jene *Position des ungezogenen Kindes*, die in der pädagogischen Adressierung der Lehrer/innen durch die Inspektorin bereits angelegt gewesen ist. Dass die Äußerung von Lw1 von den anderen Anwesenden nicht als ernstgemeinte bzw. ernstzunehmende Antwort anerkannt wird, zeigt sich nicht nur im Lachen, das die Äußerung begleitet, sondern auch im weiteren Verlauf der Interaktion. Die Inspektorin reagiert auf die Äußerung von Lw1 nämlich wiederum pädagogisch-disziplinierend.

Iw2:   *könnten Sie bitte einfach [(unverständlich)*

Iw2 setzt im Anschluss an die Äußerung von Lw1 zu einem Sprechakt an, der nun einen unmissverständlichen Aufforderungscharakter hat. Wörtlich genommen erinnert die Äußerung an Formulierungen wie „könntet ihr bitte einfach mal ruhig sein/aufhören/mitmachen", die in pädagogischen Kontexten relativ häufig vorkommen dürften. Strukturell ruft der Sprechakt, auch wenn sein Ende unverständlich bleibt, also eine typisch pädagogische Sprechhandlung auf: den *Appell an die Vernunft bzw. die Kooperationsbereitschaft der zu Erziehenden* (vgl. Prange und Strobel-Eisele 2006, S. 82; Mollenhauer 2008, S. 126). Durch das eingefügte „einfach", in dem sich Ungehaltenheit ausdrückt, erhält dieser Appell darüber hinaus wiederum eine gewisse Schärfe, in der sich der disziplinierende Charakter des Frageimpulses reproduziert. Die Mahnung, nun endlich mitzumachen, ist an dieser Stelle kaum noch zu überhören. Aber auch dann, wenn man die Äußerung der Inspektorin vorsichtiger als (erneuten) Versuch der Gesprächsorganisation interpretieren möchte, stellt sie eine disziplinierende Reaktion auf die Äußerung der Lehrerin Lw1 dar: Iw2 würde mit ihrer Äußerung dann einen Neustart der Interaktion vornehmen, durch den ebenfalls mehr als deutlich würde, dass sie den Redebeitrag der Lehrerin nicht als gültige Antwort akzeptiert. Die Reaktion der Lehrerin Lw1 – von ihr selbst bereits in der Lautstärke zurückgenommen – erhielte durch die Re-Reaktion der Inspektorin so den Status einer unerwünschten „Nebenkommunikation" (vgl. Hausendorf 2008, S. 938). Auch in dieser Lesart lägen insofern Parallelen zu pädagogischen Interaktionsformen, z.B. zum Umgang mit Unterrichtsstörungen, auf der Hand.

Damit hat sich die rekonstruierte pädagogisch-disziplinierende Logik des Frageimpulses im aktuellen Sequenzabschnitt in bemerkenswerter Weise reproduziert: Nicht nur kann durch die Reproduktion der Logik des Frageimpulses nun als belegt gelten, dass die Inspektorin Iw2 tatsächlich erzieherisch vorgeht. Darüber hinaus zeigt sich die Lehrerin Lw1 genau in dem Maße als „erziehungsbedürftig", wie es im Frageimpuls antizipiert wurde. Insofern scheint die Reaktion von Lw1 die präventive Disziplinierung der Lehrer/innen im Frageimpuls nachträglich zu rechtfertigen, zumindest dann, wenn man die Sichtweise der Inspektorin übernehmen möchte: In ihrer Perspektive liegt hier nun tatsächlich ein „Disziplinproblem" vor.[99] *Vor diesem Hintergrund scheint die größte Herausforderung der Interviewinteraktion in diesem Fall nicht darin zu bestehen zu überprüfen, ob die Empfehlungen der ersten Schulinspektion umgesetzt wurden, sondern darin, die befragten Lehrer/innen dazu zu bringen, den thematischen Sachverhalt – d.h. die Idee eines schulischen Qualitätsmanagements – überhaupt erst einmal ernst zu nehmen.* Mit der folgenden Lehreräußerung wird die bereits im Frageimpuls eingeforderte Konformitätsgeste dann aber doch noch vollzogen.

---

[99] Nicht geklärt werden kann, ob Lw1 ausschließlich situativ auf die spezifische Adressierung der Lehrer/innen durch die Inspektorin reagiert, ihr schülerhaftes Verhalten also in erster Linie die erzieherische Adressierung der Inspektorin spiegelt, oder ob die von der Inspektorin gewählte Form der Adressierung ihrerseits bereits eine Reaktion auf eine spezifische vorgängige Erfahrung mit der „Widerständigkeit" der befragten Lehrer/innen darstellt. So wäre denkbar, dass es vor Beginn der Aufnahme des Gesprächs zu einer Auseinandersetzung zwischen der Inspektorin und den anwesenden Lehrer/inne/n bezüglich der Inspektion bzw. des thematischen Sachverhalts gekommen ist. Dass die Inspektion von den anwesenden Lehrer/inne/n zumindest teilweise kritisch gesehen wird, zeigt sich auch im weiteren Verlauf der Sequenz (s. Kapitel 5.5.4). An der Stoßrichtung der hier vorliegenden Interpretation, insbesondere an der Figur der prophylaktischen Disziplinierung, ändert dies jedoch nichts: Auch wenn der Frageimpuls selbst bereits eine Reaktion auf Spannungen zwischen den Gesprächsbeteiligten darstellen sollte, die vor dem Aufzeichnungsbeginn liegen, so ist er dennoch auf die Vorstrukturierung der nachfolgenden Interaktion ausgerichtet.

5.5.3   Der Versuch der Formulierung eines Bekenntnisses zur evaluativen
         Schule

Die Transkription des vorangegangenen Sequenzabschnitts hat bereits deutlich
gemacht, dass die disziplinierende Re-Reaktion der Inspektorin durch den Beginn einer weiteren Lehreräußerung überlagert wird. Der Lehrer Lm1 leitet seinen Redebeitrag dabei folgedermaßen ein:

> **Lm1:**   *[also vielleicht äh fang ich einfach mal an.*
> *[Iw2: h=hm h=hm]*

Bemerkenswert an dieser Äußerungseinleitung ist, dass sich in ihr eine *doppelte
Abgrenzungsbewegung* protokolliert: Lm1 übernimmt hier zum einen die Aufgabe der Gesprächsorganisation, die Iw2 zuvor nur bedingt geglückt ist, und
etabliert so gegenüber der Inspektorin einen eigenen Strukturierungsanspruch in
Bezug auf die Gestaltung der Interaktion. Zum anderen übegeht er mit seiner
Äußerungseinleitung jedoch auch die Erstreaktion der Lehrerin Lw1 und rahmt
stattdessen seine eigene Äußerung als eigentlichen Beginn der Antwort der Leh-
rer/innen. Damit wird der Redebeitrag von Lw1 nun auch von Lehrerseite als
nicht-adäquate Reaktion markiert, die nicht Teil der offiziellen Antwort ist (vgl.
Deppermann 2013, S. 39–45). Die Bezugnahme des Lehrers Lm1 auf die bisherige Interaktion ist also *ambivalent* strukturiert: Sie beinhaltet sowohl den Anspruch auf eine autonome Positionierung gegenüber der Inspektorin als auch den
Versuch einer Demonstration von Kooperation, der bereits vermuten lässt, dass
der thematische Sachverhalt im Folgenden in der erwünschten Weise thematisiert werden wird. Diese Deutung wird dadurch unterstützt, dass diese Äußerungseinheit von der Inspektorin positiv verstärkt wird („h=hm h=hm").
    Diese ambivalente Bezugnahme auf die bisher etablierte interaktive Ordnung,
in der sich bereits die Zumutungen andeuten, die die Einforderung eines Bekenntnisses mit sich bringen, reproduziert sich auch im weiteren Verlauf der Äußerung des Lehrers. An die soeben rekonstruierte Äußerungseinleitung schließt
Lm1 nun nämlich eine *Selbstdarstellung* an, die versucht, eben jene Forderung
nach einem Bekenntnis zur „evaluativen Schule", die der Frageimpuls an die
Lehrer/innen herangetragen hat, einzulösen, die an der Darstellung dieses Bekenntnisses jedoch scheitert. Sie ist im Folgenden im Ganzen dargestellt.

also äh wir haben eine Gruppe gebildet, die sich mit der Selbstevalua-
tion [Iw2: h=hm] beschäftigt. einfach aus den Erkenntnissen her dass
äh (.) ähm ne Schule die äh selber immer Bescheid weiß (1) was gut
ist was weniger gut ist natürlich äh selber auch handeln muss. ähm (.)
es sieht SO aus dass wir ähm (.) jetzt selber noch ne sehr junge Grup-
pe sind =also wir ham uns jetzt äh erst gefunden [Iw2: h=hm] und
sind daBEI das Ganze mal auf die Beine (.) zu stellen um dann schon
(.) auch selber mal probehalber evaluieren zu können. ähm (1) was
dann schließlich und letztendlich dabei RAUSkommt (.) äh ist dann (.)
ein Ergebnis was wir der Schulleitung (.) übermitteln. damit dann
[Iw2: h=hm] die Konsequenzen von der Schulleitung (.) gezogen wer-
den [Iw2: h=hm]. also äh wir sind dazu da um Informationen (.) zu
gewinnen. welche Schlüsse jetzt wiederum (.) gezogen werden daraus
[Iw2: h=hm] äh läuft dann über die Schulleitung.

Der Lehrer Lm1 berichtet hier zunächst von der Etablierung schulischer Evalua-
tionsstrukturen an Schule C, speziell von der Gründung einer Gruppe, die sich
„mit der Selbstevaluation [...] beschäftigt". Diese Gruppengründung begründet
er mit einer gewonnenen Einsicht („einfach aus den Erkenntnissen her"), deren
sprachliche Darstellung allerdings misslingt. Zu vermuten ist, dass Lm1 mit seinem Redebeitrag zum Ausdruck bringen möchte, dass die zentrale schulische
Erkenntnis aus der ersten Schulinspektion darin bestand, dass die Schule C selbst
die Verantwortung für die evaluative Überprüfung ihrer Qualität übernehmen
muss. Diese Antwort würde dabei genau jenem idealtypischen Entwurf schulischer Normalität entsprechen, den die Inspektorin Iw2 mit ihrem Frageimpuls
vorformuliert hat: Lm1 versucht hier zu erläutern, dass die Qualität an Schule C
(in Zukunft) durch die systematische Beschäftigung mit der schulischen Selbstevaluation erhalten und verbessert werden soll. Darüber hinaus stellt die von ihm
formulierte *Einsicht* in die Logik der rational organisierten Handlungseinheit
Schule das Äquivalent zur pädagogisch-disziplinierenden Logik des Frageimpulses dar: Wo der Frageimpuls ein *Umdenken* angemahnt hat, beschreibt die Antwort des Lehrers Lm1 einen *Lernprozess*, der zu einer Änderung der Haltung der
schulischen Akteure geführt hat. Damit legt Lm1 nun tatsächlich ein Bekenntnis
ab. Bekenntnisse sind nämlich genau durch ebenjene Verknüpfung von autonom-
individueller Selbstthematisierung und Affirmation gekennzeichnet, wie sie im
Redebeitrag des Lehrers zum Ausdruck kommt (vgl. auch Breuer 2000, S. 151):

„Bekenntnisse dienen der Formulierung von Individualität; konstitutives Merkmal der Bekenntnisse ist die Aufrichtigkeitsoptik in der radikalen Selbstthematisierung, in der Figuration des
Individuellen aus der Perspektive einer normsetzenden und normverbürgenden Autorität" (Reh
2004, S. 178).

Gleichzeitig ist die Darstellung dieses Bekenntnisses jedoch durch zahlreiche
sprachliche und logische Verwerfungen gekennzeichnet, in denen die ambivalente Haltung des Sprechers zu dem von ihm geforderten Bekenntnis zum Ausdruck
kommt. Diese werden im Folgenden im Überblick dargestellt.

– In der Äußerung des Lehrers protokolliert sich eine *evaluative Selbstrefe-*
   renzialität, die für den Evaluationsdiskurs nicht untypisch zu sein scheint
   (vgl. Dietrich et al. 2015; s. auch Kapitel 3.1.3): Die zentrale Erkenntnis
   der Schule C besteht hier offensichtlich in der Notwendigkeit der Produktion von Erkenntnissen, d.h., das Ergebnis der Evaluation der Schule durch
   die Schulinspektion ist die Einsicht in die Notwendigkeit der Durchführung weiterer Evaluationen. Sinnstiftend ist die schulische (Selbst-)Eva-
   luation dadurch jedoch noch nicht; vielmehr *misslingt dem Lehrer eine*
   solche sinnstiftende Darstellung der schulischen Evaluationspraxis.
– Die Äußerung des Lehrers Lm1 ist außerdem durchzogen von der Idee,
   dass die Schule bzw. die Evaluationsgruppe nun etwas „selber macht".
   Bezeichnenderweise wird die Partikel „selber" innerhalb der ersten Hälfte
   des Redebeitrags viermal verwendet. Es handelt sich hier also um eine
   (Über-)Betonung der schulischen Selbsttätigkeit. In dieser (Über-)Beto-
   nung der schulischen Selbsttätigkeit protokolliert sich einerseits wiederum
   der bekenntnishafte Charakter der Äußerung. Durch sie findet eine affirmative Hinwendung zur Idee der eigenständigen, (teil-)autonomen Schule
   statt, die für die Sicherung der Qualität ihrer Leistung selbst verantwortlich ist.[100] Andererseits kommt jedoch insbesondere in der Formulierung
   „dass ne Schule […] natürlich äh selber auch handeln *muss*" auch zum
   Ausdruck, dass es sich bei dieser evaluativen schulischen Selbsttätigkeit
   um eine *heteronome Forderung* handelt.

---

[100] Die Betonung der schulischen Selbsttätigkeit verweist dabei auf eine Selbsttätigkeit der lernenden Organisation Schule, die darin besteht, das, was ihr zuvor gezeigt wurde, wiederzuzeigen,
d.h., das nachzumachen, was die Inspektion der Schule C bereits vorgemacht hat: die Evaluation
der schulischen Qualität („um dann schon (.) auch selber mal probehalber evaluieren zu können"). Die erste Schulinspektion ist hier insofern implizit als pädagogisches Ereignis thematisch.

- Die Überbetonung der schulischen Selbsttätigkeit verweist darüber hinaus implizit auch auf eine *Zurückweisung der Notwendigkeit einer externen Schulinspektion.* Dies kommt insbesondere in der Rede von der Schule, „die äh selber immer Bescheid weiß (1) was gut ist was weniger gut ist" zum Ausdruck. Sie ist als Bekenntnis zur evaluativen Schule angelegt, verweist implizit jedoch auf eine Schule, „die es besser weiß (als die Schulinspektion)". Die affirmative Profilierung der Schule als lernende Organisation misslingt hier also sprachlich.
- Schließlich irritiert auch der zweite Teil des Redebeitrags, auf den bisher noch nicht näher eingegangen wurde. Hier wird die Verantwortungsübernahme für die Ergebnisse der schulischen Evaluationsgruppe nun nämlich zurückgewiesen und an die Schulleitung *delegiert.* Hierin reproduziert sich zwar einerseits wiederum die Ideologie einer evidenzbasierten Schulentwicklung, nach der die Evaluation nur für die Generierung von Evidenzen, nicht jedoch für die Umsetzung von Maßnahmen zuständig ist. Gleichzeitig fällt es jedoch schwer, in dieser Verantwortungsdelegation keine *implizite Distanzierung von der Idee eines schulischen Qualitätsmanagements* zu sehen.

Fasst man diese Eigenarten der sprachlichen und inhaltlichen Äußerungsgestaltung des Redebeitrags von Lm1 zusammen, dann wird deutlich, dass hier zwar versucht wird, ein Bekenntnis zur evaluativen Schule zu formulieren, d.h., eine Selbstdarstellung zu produzieren, die der Normativität der Schulinspektion entspricht. Gleichzeitig misslingt die Formulierung dieses Bekenntnisses jedoch auf sprachlicher Ebene. *Dass* der Lehrer Lm1 an dieser Stelle das eingeforderte Bekenntnis zur evaluativen Schule abgibt, bedeutet insofern *nicht,* dass die Praxis des Evaluierens von ihm tatsächlich als sinnhaft erlebt wird. Vielmehr deutet sich in den sprachlichen Verwerfungen seiner Antwort an, *dass es sich bei seiner Äußerung um das von Iw2 implizit eingeforderte Bekenntnis zu einer spezifischen Form der Subjektivierung handelt und nicht um die Darstellung einer konkreten schulischen Praxis, mit der der Sprecher sich identifiziert.* Damit ist wiederum nicht ausgesagt, dass in Schule C Soll und Ist auseinanderfallen. Die Ambivalenz des Bekenntnisses verweist stattdessen auf den Zumutungscharakter der Adressierung der Lehrer/innen durch die Schulinspektion.

Im Kern geht es hier also um die *Demonstration von Kooperationsbereitschaft* und nicht um die Darstellung einer authentischen schulischen Praxis.[101] Dass mehr auch gar nicht gefordert ist, zeigt sich in der Art und Weise, wie die Inspektorin auf die Äußerung des Lehrers Lm1 reagiert.

Iw2:   *h=hm okay.*

Trotz der sprachlichen Verwerfungen und die dadurch produzierten inhaltlichen Unklarheiten, die eigentlich eine Nachfrage notwendig machten, wird der Redebeitrag des Lehrers Lm1 von der Inspektorin positiv evaluiert: Mit dem von ihr verwendeten „okay" wird seine Äußerung von ihr als gültige Antwort „abgesegnet". Es geht hier also nicht um die Klärung von Sachverhalten, sondern lediglich darum, den Lehrer/inne/n die Möglichkeit zu geben, ihre prinzipielle Bereitschaft, sich mit den vorliegenden Evaluationsergebnissen auseinanderzusetzen, zu demonstrieren.

Da der Lehrer Lm1 das entsprechende Bekenntnis mit seinem Redebeitrag geliefert hat, könnten die Fragen des Frageimpulses damit eigentlich als beantwortet gelten. Dennoch wird die Antwort von den Lehrer/inne/n im Folgenden aus eigenem Antrieb fortgesetzt. Dabei zeigen sich bei ihnen nun eben jene Lerneffekte in Bezug auf das Konzept der rational organisierten Handlungseinheit Schule, auf die der Inspektor Im1 in Fall 2 hingearbeitet hat, die dort jedoch ausgeblieben sind.

5.5.4   *Lerneffekte*

Nachdem Lm1 mit seinem Redebeitrag versucht hat, die im Frageimpuls der Inspektorin angelegte Forderung nach einem Bekenntnis zur evaluativen Schule zu bedienen, ergänzt die Lehrerin Lw2 die Äußerung ihres Vorredners nach einer kurzen Pause um einen weiteren Antwortbeitrag. Auch hier ist zunächst interessant, wie sie ihren Redebeitrag einleitet.

---

[101]   Insofern ist in diesem vierten Fall wie auch schon in Fall 3 eine „Instrumentalisierung von Wissenskommunikation" zu beobachten, wie sie Hausendorf (2008) zufolge insbesondere typisch für unterrichtliche Interaktionen ist: „Damit ist gemeint, dass die Auseinandersetzung mit einem Thema [...] primär zum Schauplatz der Demonstration von Kooperation wird, für das nicht die Orientierung am Thema selbst, sondern die Orientierung am Nachvollzug einer vorab feststehenden Erarbeitung des Themas maßgeblich ist" (S. 950).

(1)

Lw2:   (wie) dann auch in anderen (.) Bereichen =das ham Sie wahrschein-
lich in anderen Interviews ja auch schon gehört

Lw2 eröffnet ihre Äußerung mit einer *Analogiebildung:* Sie weist darauf hin, dass das, was Lm1 zuvor dargelegt hat, entsprechend auch für „andere[] Berei-che" gilt. Sie antizipiert hier also eine Nach- bzw. Folgefrage der Inspektorin, greift dieser vor und kürzt die Interaktion so ab. Die Beantwortung der Fragen der Inspektorin wird von ihr insofern *als Pflichtübung markiert, die es nach einem standardisierten Schema abzuarbeiten gilt.* Diese Lesart des Sprechakts erhält zusätzliche Plausibilität durch die sich anschließende Äußerungseinheit, mit der die Sprecherin darauf hinweist, dass alles, was sie nachfolgend sagen wird, der Inspektorin wahrscheinlich ohnehin bereits bekannt ist. Auch hier pro-tokolliert sich somit noch einmal, dass die etablierte Interaktionsordnung nicht an einem informativen oder evaluativ-abgleichenden Austausch über die schuli-sche Praxis orientiert ist, sondern dass es in erster Linie um eine möglichst pass-genaue Formulierung der richtigen Antwort geht. Hierin scheinen die in diesem vierten Fall befragten Lehrer/innen bereits Übung zu haben. Die Frage ist nun, was genau die Lehrerin Lw2 vom Antwortbeitrag des Lehrers Lm1 auf die „an-deren Bereiche" überträgt, was sie also als Antwortschema erkannt hat.

=also es wird (.) die ganzen einzelnen BeREICHE die erarbeitet wer-
den sei es jetzt die ganzen teamorien (.) tierten Projekte fach (.) inter-
ne fächerübergreifende (.) Kompetenzprüfungen [Iw2: h=hm h=hm]
was es alles so (.) gibt immer Einzelgruppen sind die das dann ausar-
beiten dafür auch verbindliche Beschlüsse (.) fassen [Iw2: h=hm] die
dann in die GLK getragen werden und wo das dann wieder (.) zurück-
verfolgt wird [Iw2: h=hm] und dass es dann multipliziert wird und
jeder das äh [Iw2: h=hm] dann im Anschluss auch umsetzen kann
=dafür gibt es auch immer äh (.) die ganzen Konferenzberichte mit (.)
Verbindlichkeiten die dann jeder nach (.) schlagen [Iw2: h=hm okay
h=hm] kann und (.) Zielvereinbarungen und so weiter was man sich
da alles vorstellen kann.

Lm1: *also die Unterlagen sind auch JEDEM zugänglich [Iw2: h=hm]. sind*
         dann im Lehrerzimmer (.) (also) (.) man hat das relativ schnell bei der
         Hand.

Iw2: *h=hm.*

Im weiteren Verlauf ihrer Äußerung erläutert Lw2, dass an der Schule C auch für die Bereiche „Teamorientierung" und „fächerübergreifende Kompetenzprüfungen" Gruppen gebildet wurden. Die Analogie zwischen der Darstellung des Lehrers Lm1 und der Lehrerin Lw2 besteht also zunächst einmal darin, dass die verschiedenen Empfehlungen der ersten Schulinspektion an der Schule C nach demselben Muster bearbeitet werden, nämlich über die Etablierung thematisch gebundener Arbeitsgruppen. Lw2 greift hier somit der Frage vor, ob und in welcher Form die anderen Empfehlungen der ersten Schulinspektion, die nicht die schulische Verarbeitung von Evaluationsergebnissen betreffen, bearbeitet werden. Bemerkenswert an der Äußerung der Lehrerin ist jedoch insbesondere die sich anschließende Darstellung der Vorgehensweise dieser schulischen Arbeitsgruppen. Lw2 berichtet hier, dass die eingesetzten Arbeitsgruppen „verbindliche Beschlüsse fassen", die dann in der Gesamtlehrerkonferenz (GLK) kommuniziert, „zurückverfolgt" und „multipliziert" werden, dass jeder die Beschlüsse umsetzen können soll und dass daher Konferenzberichte erstellt werden, in denen die getroffenen Vereinbarungen bzw. „Verbindlichkeiten" festgehalten werden. Außerdem erwähnt sie Zielvereinbarungen, also ein Steuerungsinstrument, über das die Umsetzung von Maßnahmen geplant und kontrolliert werden soll. Lm1 ergänzt diese Aufzählung um den Hinweis, dass die entsprechenden Unterlagen „JEDEM zugänglich" seien. Damit zählen die beiden Lehrer/innen gemeinsam und ungefragt nahezu alle Elemente auf, über die in den Orientierungsrahmen zur Schulqualität die „neue" Adressierung der Schulen als rational organisierte Handlungseinheit vorgenommen wird (s. Kapitel 3.2.2):

– die systematische Planung und Institutionalisierung von Schulentwicklungsprozessen,
– die Abstimmung von diesbezüglichen Zielen innerhalb des Kollegiums,
– die Erhöhung der Verbindlichkeit von diesbezüglichen Absprachen sowie
– die schriftliche Dokumentation von Beschlüssen, Zuständigkeiten und Ergebnissen.

Die Äußerungen erscheinen vor diesem Hintergrund als tendenziell „übereifrig", antworten sie doch auf Fragen, die (noch) gar nicht gestellt wurden. Allerdings gelingt damit insbesondere der Lehrerin Lw2 auch eben jene *Transferleistung*, um die sich der Inspektor Im1 in Fall 2 vergeblich bemüht hat: die Darstellung der aktuell thematischen schulischen Praxis nach den Regeln der Schulinspektion, d.h., als Ausdruck der rational organisierten Handlungseinheit Schule. Die erste Schulinspektion hat in diesem Fall also zu *Lerneffekten in Bezug auf die erwünschte Selbstbeschreibung der schulischen Akteure* geführt.

Gleichzeitig ist jedoch auch der Redebeitrag von Lw2 – wie der erste Redebeitrag von Lm1 – durch sprachliche Verwerfungen und inhaltliche Vagheit gekennzeichnet. So bleibt beispielsweise unklar, was es mit den erwähnten Zielvereinbarungen eigentlich auf sich hat oder was genau in der GLK von wem „zurückverfolgt" wird. Dass im Fall der Sprecherin Lw2 Lerneffekte in Bezug auf die Darstellung der schulischen Praxis rekonstruierbar sind, bedeutet also wiederum nicht, dass sie sich tatsächlich mit der neuen Fremdbeschreibung schulischer Normalität identifiziert. Statt an der stringenten Darstellung der Vorgehensweise der schulischen Arbeitsgruppen ist ihre Äußerung vielmehr an der Nennung der richtigen Begrifflichkeiten orientiert; man könnte auch sagen, dass sie eine Strategie des *Namedropping* verfolgt. Und auch in ihrem Fall geht diese Strategie auf: Wie die Minimalrückmeldungen der Inspektorin während der beiden Lehreräußerungen sowie im Anschluss an die Ergänzung von Lm1 zeigen, scheint sie trotz der inhaltlichen Vagheit der Darstellungen der Lehrer/innen mit den Begriffen, die fallengelassen werden, zufrieden zu sein. Somit ist mithilfe der Namedropping-Strategie von Lw2 nun endgültig ein pragmatischer „*working consensus*" (vgl. Goffman 1959) zwischen der Inspektorin und den Lehrer/inne/n hergestellt worden, mit dem beide Seiten leben können.[102] Allerdings wird dieser Konsens im Anschluss an den ergänzenden Redebeitrag von Lm1 durch einen anderen Lehrer, Lm2, bereits wieder aufgekündigt.

Lm2: *((räuspert sich)) (1) wenn man es will ja*
Lw1: *ja*
　　　((Lachen LL))

---

[102]　Gleichzeitig reproduzieren sich in diesem „working consensus" einmal mehr Interaktionsmuster, wie sie für unterrichtliche Settings – und hier insbesondere für den fragend-entwickelnden Unterricht – typisch sind (vgl. Voigt 1984; Breidenstein 2006, S. 100).

Iw2:   ja logisch

   ((Lachen LL))

Der Lehrer Lm2 reagiert auf die Erläuterung seines Kollegen Lm1, dass zentrale schulische Unterlagen jedem/jeder Lehrer/in schnell zugänglich seien, mit einem Einwand: „wenn man es will ja". Mit diesem Einwand wendet er sich jedoch nicht nur gegen die explizit thematische unkomplizierte Akteneinsicht, sondern formuliert implizit die Antithese (vgl. Przyborski 2004, S. 71–72) zu dem zuvor insbesondere von Lm1 formulierten und von Lw2 pragmatisch elaborierten Bekenntnis zur evaluativen bzw. rational organisierten Schule. Während der Redebeitrag von Lm1 zumindest von dem Versuch einer affirmativen Positionierung zum Konzept der rational organisierten Handlungseinheit Schule gekennzeichnet war, weist Lm2 eine solche Positionierung zurück. *Der von Lm1 formulierten Einsicht in die Notwendigkeit einer evaluativen schulischen Qualitätssicherung setzt er stattdessen die individuelle Entscheidungsfreiheit der schulischen Akteure entgegen, denen man nicht vorschreiben kann, die Akten einsehen zu wollen, und das bedeutet auch: einsichtig zu sein.* Damit sind hier nun die Hintergrundbedingungen von Schulinspektionssystemen thematisch, die sich als entwicklungsorientiert verstehen: Sie sind auf die Kooperation der schulischen Akteure angewiesen. Diese Kooperation verweigert Lm2 explizit. Gleichzeitig wird jedoch deutlich, dass eine solche Positionierung vor dem Hintergrund der bisher etablierten pädagogischen Interaktionsordnung mit spezifischen Risiken verbunden ist: Der Lehrer gerät hier automatisch in die *Position des Uneinsichtigen* (vgl. Dietrich 2016, S. 164). Es ist insofern bezeichnend, dass sich ausgerechnet Lw1 mit ihm solidarisiert („ja"), die zuvor die Position des „Klassenclowns" bzw. des „ungezogenen Kindes" übernommen hat. Auch das Lachen der anderen Lehrer/innen zeigt an, dass sich an dieser Stelle die Interaktionslogik des Sequenzbeginns zu reproduzieren droht.

Die Inspektorin reagiert auf die Äußerung von Lm2 dementsprechend wiederum disziplinierend: Zwar stimmt sie der Äußerung des Lehrers Lm2 mit ihrer Reaktion „ja logisch" formal zu, was auch der Grund für die erneuten Lacher auf Seiten der Lehrer/innen sein dürfte. Gleichzeitig weist sie mit dem von ihr verwendeten „logisch" darauf hin, dass Lm2 mit seinem Redebeitrag eine Selbstverständlichkeit kritisiert, d.h. etwas, das eigentlich nicht kritisierbar ist. Sie signalisiert ihm mit ihrer Äußerung also, dass er die bisher etablierten interaktiven

Konventionen unterläuft. Dazu passt, dass die Lehrerin Lw2 im Anschluss an die Reaktion der Inspektorin zu einem Reparaturversuch des Sprechakts von Lm2 ansetzt.

Lw2: *betrifft ja auch nicht [alle sieben ja*

Lw2 versucht hier zwischen der Inspektorin und ihrem Kollegen Lm2 zu vermitteln, indem sie die implizit thematische „Uneinsichtigkeit" von Lm2 als Ausdruck seiner Nicht-Betroffenheit reformuliert. Damit grenzt sie Lm2 jedoch im Grunde aus der Gruppe der Äußerungsberechtigten aus und reproduziert so die Haltung, die Lm1 gegenüber der Erstreaktion von Lw1 gezeigt hat. Die Lehrergruppe zerfällt in diesem vierten Fall also in zwei Lager, die „Kooperationsbereiten" und die „Uneinsichtigen", wobei erstere letztere – ähnlich wie die Inspektorin auch – zu disziplinieren versuchen. Dennoch setzt Lm2 überlappend mit der Äußerung von Lw2 erneut zu einem verhältnismäßig langen Redebeitrag an, in dem er die Schulinspektion offen kritisiert.

Lm2: *[ähm also ich hab an die äh vorhergehende Veranstaltung [bundeslandspezifische Bezeichnung der Schulinspektion] EINE FÜRCHTerliche Erinnerung. das war die Tatsache dass Ihre Kollegen es fertiggebracht haben (.) eine äh Präsentation (.) mit Power Point zu machen und genau DAS zu sagen was auf den (.) Folien drauf steht. und das war's dann. und das fand ich so was von schlimm dass ich (.) beinahe jemandem an den Kragen wär. weil äh (.) ((atmet aus)) (ne) ich fand's (.) unterqualifiziert. ABSOLUT. aber man lernt. ähm ansonsten (.) die Fragestellung äh was Qualitätsverbesserung angeht muss ich für MICH sagen (., ich hätt KEINE Evaluation gebraucht. ich merk das dann immer dass irgendwas mal anders werden muss. meistens bringen mich meine KINDER da drauf. auf irgendeine Art und Weise ((atmet aus)) äh und ich stell fest dass ich in meinem zweiunddreißigsten Jahr äh bestimmte Dinge sch- zum vierten oder fünften Mal wieder völlig neu aufarbeite und wieder völlig neue Ansätze mache =beispielsweise jetzt grad die Inhaltsangabe. ich hatte hab en ganzen (.) Ordner daheim voll mit Inhaltsangaben, das ist jetzt nur mal ein Beispiel, und jetzt mach ich's grad wieder neu. weil's alte nicht mehr passt. weil ich's Gefühl hab (.) man kann das anders machen. mehr Eigentätigkeit zum Beispiel (.) als früher immer nur (Bö-*

ding) und ähm (.) ja. insofern ähm hat für mich die Evaluation jetzt
wenig Bedeutung gehabt. und die Tätigbreits- Tätigkeitsbereiche die
ich sonst noch hab hier an der Schule (.) äh also eine Schulzeitschrift
(.) betreuen und äh die Schülerbücherverwaltung (.) da weiß ich auch
nicht äh <<lachend> was mir eine Evaluation> da bringen wollte
weil's sehr situationsabhängig ist.

Im Zentrum dieses Monologs steht die Kritik an der konkreten Durchführung der
ersten Schulinspektion an Schule C sowie am Konzept einer systematischen,
evaluativen Form schulischer Qualitätssicherung im Allgemeinen. Dieser Redebeitrag von Lm2 kann und muss an dieser Stelle nicht mehr extensiv rekonstruiert werden. Stattdessen soll lediglich auf zwei Aspekte hingewiesen werden:

– Lm2 macht hier relativ unverblümt seinem Ärger über die Zumutungen
  einer externen Schulevaluation Luft. Über die Kritik an der „Performance"
  der Schulinspektor/inn/en während der Rückmeldung der Inspektionsergebnisse stellt er deren Professionalität und damit ihren Status als Exper-
  t/inn/en für Qualitätsfragen infrage. Gleichzeitig protokolliert sich in dieser Kritik jedoch auch *eine Zurückweisung der formalen, unpersönlichen*
  Ausrichtung der Schulinspektion (vgl. Dietrich 2016, S. 153–160), die für
  ihn im bloßen Referieren der Inspektionsergebnisse durch die Inspekto-
  r/inn/en zum Ausdruck kommt („genau DAS zu sagen was auf den Folien
  drauf steht. und das war's dann").
– Dieser formalen Ausrichtung der Schulinspektion setzt er die Vorstellung
  einer *individuell-pragmatischen Praxis unterrichtlicher Qualitätssiche-*
  rung entgegen („ich merk das dann immer dass irgendwas mal anders
  werden muss"), in der sich das traditionelle, an der individuellen Lehrerautonomie orientierte Professionsverständnis schulischer Akteure protokolliert („pädagogische Freiheit").[103]

Während sich in der regressiven Widerständigkeit der Lehrerin Lw1 zu Beginn
der analysierten Sequenz die situative pädagogische Adressierung der befragten

---

[103] Dass dieses individuell-pragmatische Professionsverständnis nicht unbedingt „professioneller"
ist als das technokratische Modell „guter Schule", das die Schulinspektion verkörpert, muss
kaum weiter erläutert werden. Die Problematik des von Lm2 vertretenen Professionsverständnis-
ses kommt bereits in der Adressierung der Schüler/innen als „Kinder" zum Ausdruck (vgl. zur
Nähe-Distanz-Problematik in der Schule z.B. Wernet 2003).

Lehrer/innen durch die Inspektor/inn/en spiegelt, richtet sich die offensiv formulierte Kritik des Lehrers Lm2 somit stärker gegen die allgemeine Adressierung
der schulischen Akteure im Kontext der Schulinspektion als Mitglieder der rational organisierten Handlungseinheit Schule, allerdings ohne dass er dies explizit
formulieren könnte. In seinem Redebeitrag protokolliert sich stattdessen v.a. die
affektive Kränkung des Lehrerindividuums, das sich von der „unpersönlichen"
Adressierung der Schulinspektion nicht ausreichend wertgeschätzt bzw. gar nicht
adressiert fühlt (vgl. Dietrich 2016, S. 157). Lm2 kommt daher zu dem Schluss:
„ich hätt KEINE Evaluation gebraucht". Allerdings zeigt der weitere Verlauf der
Sequenz, dass die Wirkung dieser stark emotional gefärbten Kritik relativ schnell
verpufft, da sie die Logik der Schulinspektion verfehlt. Sie liefert stattdessen eine Steilvorlage für die *(pädagogische) „Aufklärung" des Lehrers Lm2*, die die
Lehrerin Lw3 und die Inspektorin Iw2 gemeinsam prozessieren.

> **Lw3:** *wobei ich schon denke also (.) ich war damals auch bei dieser Gruppe*
> *bei den Gesprächsrunden dabei und (.) klar diese Präsentation da wa-*
> *ren wir uns ALLE einig wie diese Ergebnisse präsentiert wurden ich*
> *glaub das SOLLTE auch sehr allgemein gehalten werden das war für*
> *uns NICHT fruchtbringend aber wenn man sich wirklich den Bericht*
> *(.) angeguckt hat hat man schon s- äh Sachen gesehen die denke ich*
> *auch viele von uns verbesserungswürdig erachten zum Beispiel dass*
> *es (.) klare REgelungen gibt und und klare Sachen festgeschrieben*
> *werden dass Sachen transparenter gemacht werden und da denke ich*
> *hat die Schule schon en Fortschritt gemacht mit diesen ganzen (.)*
> *Vorgaben dass Konferenzen richtig pro-tokolliert werden dass es für*
> *alle einsich- [**Lm2:** ja] sehbar ist, dass es auch bestimmte DEADlines*
> *für was gibt an die sich alle halten (.) sollten ich denk da hat sich*
> *SCHON VIEL gewandelt in in den letzten zwei Jahren.*
>
> **Lm2:** *[gut*

Die Lehrerin Lw3, die sich bisher noch nicht zu Wort gemeldet hat, übernimmt
nun zunächst die Aufgabe, zwischen dem kritischen Redebeitrag von Lm2 und
der affirmativen Darstellung des schulischen Lernprozesses im Anschluss an die
erste Schulinspektion durch Lm1 und Lw2 zu vermitteln. Sie gibt einerseits ihrem Kollegen Lm2 recht, dass die Ergebnispräsentation der Inspektor/inn/en

suboptimal war, entkoppelt die Wirkung, die die erste Schulinspektion an Schule
C entfaltet hat, dann jedoch von diesem punktuellen Ereignis. Stattdessen betont
sie die Notwendigkeit einer vertieften individuellen Auseinandersetzung mit dem
Inspektionsbericht, in der sich die normative Forderung nach der Selbsttätigkeit
der (Mitglieder der) lernenden Organisation Schule reproduziert („aber wenn
man sich wirklich den Bericht (.) angeguckt hat"). Außerdem zählt sie die Veränderungen, die sich im Anschluss an die erste Schulinspektion für die Schule C
ergeben haben – klare Regelungen, Transparenz, Dokumentation von Beschlüssen –, noch einmal auf und wiederholt somit das, was ihre Kolleg/inn/en Lw2
und Lm1 bereits formuliert haben. Lw3 positioniert sich damit im Anschluss an
Lm1 und Lw2 und gegen Lm2 *als das „gute" – d.h. einsichtige Kind* („wobei").
Mehr noch: Sie übernimmt gegenüber Lm2 eine *Vorbildfunktion*. Möglich wird
dies genau dadurch, dass sie ihm partiell zustimmt: Auch für sie war die Präsentation der Inspektor/inn/en nach der ersten Schulinspektion zunächst irritierend;
sie hat aber diese Irritation – im Gegensatz zu Lm2 – in adäquater Weise bearbeitet, nämlich durch eine eigeninitiative Auseinandersetzung mit den Ergebnissen der Inspektion. Dass diese *modellbildende Intervention* der Kollegin Lw3
erfolgversprechender ist als der erste, disziplinierende Reparaturversuch von
Lw2, deutet sich bereits in der konzessiven Reaktion von Lm2 an („gut"). Bevor
dieser ausführlicher antworten kann, meldet sich zunächst jedoch noch einmal
die Inspektorin Iw2 zu Wort.

> **Iw2:** *[ja und das ist also (.) müsste ich vielleicht auch noch dazu sagen. der*
> *Fokus einer Evaluation sind nicht die einzelnen Lehrkräfte [**Lm2**: ja]*
> *sondern das ist das SYSTEM [**Lm2**: ja]. und an dem [**Lw3**: ja] SYS-*
> *TEM kann nicht der (.) eh ge- da geht es nicht um den EINZELNEN*
> *[**Lm2**, **Lw3**: ja ja] um dessen Anpassung [**Lm2**: ja] oder Veränderung*
> *sondern es geht um dieses Gesamt (.) zusammen [**Lm2**: ja] (.) spiel*
> *und [**Lm2**: aber dann] insofern äh [**Lm2**: aber dann] das ist unser*
> *Job [sozusagen.*

Die Inspektorin greift den Redebeitrag von Lw3 bestätigend auf („ja") und nutzt
diesen im Anschluss für eine Erläuterung der Grundprinzipien der Schulinspektion („und das ist also"): Sie stellt klar, dass die Schulinspektion nicht am Lehrerindividuum, sondern am „System", d.h., an der Organisation Schule ansetzt, und
expliziert so die divergierenden Sichtweisen auf Schule, die in der Kritik von

Lm2 implizit geblieben sind. Sie *erklärt* Lm2 an dieser Stelle nun also den „Job"
der Schulinspektor/inn/en. Dies bedeutet auch, dass sie an dieser Stelle *vom Modus der Disziplinierung in einen Vermittlungsmodus wechselt.* Dadurch findet
eine *pädagogische Nachbearbeitung* der Erfahrungen des Lehrers Lm2 mit der
ersten Schulinspektion statt, die gleichzeitig die Entschärfung seiner Kritik am
Verfahren ermöglicht: Statt als berechtigter Einwand gegen das Vorgehen der
Schulinspektion wird diese nun als Ausdruck eines Nicht-Verstehens der Schulinspektion markiert. Lm2 hat hier also *Nachhilfebedarf.* Auf Basis dieser Situa-
tionsdeutung kann dann auch die Inspektorin ein Versäumnis ihrerseits einräumen, nämlich nicht genug über das Vorgehen der Inspektion aufgeklärt zu haben
(„müsste ich vielleicht auch noch dazu sagen").

Dieser Wechsel des pädagogischen Modus weist noch einmal darauf hin,
dass es in den Inspektionsinterviews nicht in erster Linie darum geht, die schulische Praxis zu überprüfen, sondern mithilfe pädagogischer Praktiken eine gemeinsam geteilte Vorstellung schulischer Normalität zu erzeugen: Während die
Inspektorin zu Beginn der Befragung auf eine prophylaktische Disziplinierung
gesetzt hat, protokolliert sich gegen Ende der hier analysierten Sequenz der *Versuch einer erzieherischen Vergemeinschaftung, die nicht mehr nur Kooperation
einfordert, sondern auf die Herstellung von Konsens zielt.* Dass der Lehrer Lm2
zu einem solchen Konsens mittlerweile bereit ist, deutet sich bereits in seinen
mehrfachen Einwürfen („aber dann") an. Zuvor ergreift jedoch noch einmal seine Kollegin Lw3 das Wort, worin sich ihre Selbstpositionierung als das gute,
einsichtige Kind reproduziert.

> *Lw3:*   *[musste man ein bisschen zwischen den Zeilen auch lesen in dem
> Bericht aber konnt sich dann schon also ich denke viele ham schon
> wiedergefunden Sachen die vielleicht schon (.) zu verbessern sind.
> [einiges davon wurde auch angeguckt*

Die Lehrerin Lw3 weist hier noch einmal darauf hin, dass man im Fall des ersten
Inspektionsberichts „zwischen den Zeilen" habe lesen müssen, dass die Inspektionsergebnisse also interpretationsbedürftig gewesen seien. Dieser Redebeitrag
könnte zunächst wiederum als implizite Kritik am Vorgehen der Schulinspektion
gelesen werden. Dann wäre allerdings fraglich, warum die Lehrerin an dieser
Stelle erneut „ein Fass aufmacht", das sie gemeinsam mit der Inspektorin gerade
erst „gedeckt" hat. Allerdings protokolliert sich in der Äußerung nicht nur eine

implizite Kritik am Verfahren, sondern abermals eine Selbstpositionierung der Lehrerin Lw3 als kompetente Adressatin der Schulinspektion. Durch den Hinweis auf die Interpretationsbedürftigkeit des Inspektionsberichts lässt sich nicht nur das Vorgehen der Schulinspektion kritisieren, sondern gleichzeitig eine Ingroup der Eingeweihten konzipieren, die verstanden haben, was mit dem Bericht gemeint bzw. wie mit ihm umzugehen ist.[104]

Die aktuelle Äußerung von Lw3 hat auch durch die kommunikativen Überlappungen, die sich sowohl an ihrem Beginn als auch an ihrem Ende finden, eher den Charakter eines Einschubs. Was bisher noch aussteht, ist die Reaktion des Lehrers Lm2 auf die Interventionen seiner Kollegin und der Inspektorin. Diese erfolgt nun mit dem nächsten Interaktionsturn.

> **Lm2:** *[aber dann kann ich dann kann ich ergänzen hab das DA hab (nicht*
> *weiter) gar nicht dran gedacht im Moment. äh da ham wir schon äh*
> *ein etwas anderes System mittlerweile äh dass eben Dinge erst mal*
> *auf den Punkt gebracht werden und ne Beschlussvorlage da liegt und*
> *das was konkret gemacht wird äh [((allgemeine Zustimmung)) und*

Lm2 rüstet mit diesem Redebeitrag kommunikativ deutlich ab. Er übernimmt die Deutung der Inspektorin, dass seine Kritik auf einem Falschverstehen bezüglich des Fokus der Schulinspektion beruhe („aber dann kann ich ergänzen"), und schwenkt im Anschluss hieran inhaltlich auf den Kurs seiner Kolleg/inn/en ein, indem er das, was diese bereits formuliert haben, noch einmal wiederholt und bestätigt: dass die Schule C seit der ersten Schulinspektion stärker als Handlungseinheit organisiert sei. Insofern zeigt sich Lm2 hier nun „einsichtig": Er gibt zu, dass an der Schule C bestimmte Dinge mittlerweile anders geregelt werden als früher. Dass Lm2 diesen Umschwung – gemessen an der Schärfe seiner ursprünglichen Kritik – überraschend bereitwillig vollzieht, mag darauf hindeuten, dass die von ihm zuvor vertretene Position angesichts der Interventionen seiner Kolleg/inn/en und der Inspektorin aktuell nicht mehr haltbar ist, wenn er nicht weiterhin als „uneinsichtig" gelten möchte. Möglicherweise ermöglicht

---

[104] Dass dies wiederum nicht unbedingt bedeutet, dass sich die Sprecherin Lw3 mit dem Inspektionsbericht bzw. mit der Schulinspektion identifiziert, macht der weitere Verlauf ihrer Äußerung deutlich. Die Formulierungen, dass der Bericht „Sachen" beinhaltet habe, „die vielleicht schon zu verbessern sind", bzw. dass „einiges" von dem, was der Bericht empfohlen habe, „auch angeguckt" wurde, lassen vermuten, dass die Ergebnisse der Inspektion in ihrer Relevanz und Wirkmächtigkeit für die Schule C von Lw3 eher zurückhaltend bewertet werden.

auch die Tatsache, dass die Inspektorin mit ihrem letzten Redebeitrag ihrerseits ein Versäumnis zugegeben hat, nun die Kooperation des Lehrers. Seine Kooperationsbereitschaft wäre dann das Ergebnis der situativen Heilung seiner affektiven Kränkung durch die erste Schulinspektion und gerade nicht ein Hinweis auf eine plötzliche Einsicht in die Vorstellungswelt der Schulinspektion: Das unpersönlichen Vorgehen der ersten Schulinspektion würde hier dann durch eine individuelle Zuwendung im Vollzug der zweiten Schulinspektion bearbeitet.

Somit bleibt fraglich, ob sich in seinem Redebeitrag eine „echte" Einsicht protokolliert. Dies deutet sich auch in der sprachlich misslungenen Formulierung „hab das DA hab (nicht weiter) gar nicht dran gedacht im Moment" an. Diese legt eher nahe, dass den von der Schulinspektion initiierten schulischen Veränderungen von Lm2 bisher keine große Bedeutung beigemessen wurde: In der Formulierung schieben sich in Bezug auf den thematischen Sachverhalt die Bedeutungsgehalte „da habe ich im Moment nicht dran gedacht" (situatives Versäumnis) und „da habe ich nicht weiter drüber nachgedacht" (generelle Irrelevanz) ineinander. Diese Unsicherheit bezüglich des erzielten Konsenses protokolliert sich auch in der Reaktion der Inspektorin auf die von Lm2 so plötzlich formulierte Einsicht.

> *Iw2:*   *[ä=hm ja aber das ist ja vielleicht [Lw3: ja] dann auch das Ergebnis äh [Lm2: ja genau dieses] das wären jetzt Maßnahmen die Sie sozusagen [Lm2· ja] aus der [Lw3: ja] ersten Evaluation (.) [ergriffen haben.*

Mit der Äußerungseinleitung „ja aber" rahmt Iw2 den letzten, eigentlich bereits „einsichtigen" Redebeitrag von Lm2 nach wie vor als widerständig. Entsprechend sichert sie den gerade erzielten Konsens noch einmal „didaktisch" ab, indem sie die aktuelle Äußerung des Lehrers Lm2 an ihren ursprünglichen Frageimpuls zurückbindet. Dazu markiert sie die von Lm2 benannten Aspekte einer rationalen Schulorganisation abermals explizit als Maßnahmen, die die Schule C im Anschluss an die erste Schulinspektion ergriffen hat. Allerdings geschieht dies in Form eines *deklarativen Akts* („aber das ist ja vielleicht ((…)) dann auch das Ergebnis"). Hierin zeigt sich ein weiteres Mal, dass es bei der analysierten Interviewinteraktion nicht in erster Linie um die tatsächliche Klärung der Frage geht, welche Maßnahmen die Schule C aus der ersten Inspektion abgeleitet hat, sondern um die Herstellung eines diesbezüglichen Konsenses, und zwar notfalls mittels Zuschreibung: *Die Inspektorin generiert hier keine Evidenzen, sondern leistet Überzeugungsarbeit.* Abschließend soll nun noch kurz auf die Folgefrage der Inspektorin eingegangen werden. Anhand der situativen Ausgestaltung dieser Folgefrage durch die Inspektorin lässt sich nämlich belegen, dass der erste Redebeitrag von Lw2 tatsächlich den Leitfaden der Schulinspektion inhaltlich vorweggenommen hat.

$$((...))^{105}$$

Iw2: *okay. (1) meine zweite Frage oder DIE zweite Frage ist eigentlich obsolet weil sie äh die Transparenz des Qualitätsmanagements an Ihrer Schule betrifft =also wie das gewährleistet wird Sie haben es gesagt (.) eben (.) mit (.) den (.) Protokollen und (.) mit (.) den Niederschriften [Lw?: h=hm] dass eben die Ergebnisse FESTgehalten werden und die Beschlüsse. dann gehe ich weiter zu dem (.) Bereich äh Unterricht*

Iw2 setzt hier zunächst zur „ordnungsgemäßen" Formulierung der nächsten Leitfadenfrage an, die die Gewährleistung der Transparenz des schulischen Qualitätsmanagements betrifft. Die Inspektorin überspringt diese Frage dann jedoch mit der Begründung, dass diese von den Lehrer/inne/n bereits beantwortet worden sei. In der wiederholenden Zuordnung der Lehrerantworten zur „richtigen" Frage protokollieren sich dabei noch einmal sowohl der pädagogische als auch der bürokratische Charakter der Interviewinteraktion. Vor allem bestätigt sich damit jedoch im Gesprächsprotokoll, was sich in der Rekonstruktion bereits angedeutet hat: Die erste Schulinspektion hat zumindest bei einigen Lehrer/inne/n zu Lerneffekten in Bezug auf die Darstellung ihrer schulischen Praxis geführt, die es ihnen ermöglichen vorwegzunehmen, was die Inspektor/inn/en fragen bzw. hören wollen.

5.5.5   Zwischenfazit V: Das Technologiedefizit der Schulinspektion

Die Interaktion in dem hier vorliegenden vierten Fall scheint durch die prophylaktische Disziplinierung, die den Frageimpuls der Inspektorin Iw2 kennzeichnet, zunächst eher autoritär strukturiert zu sein. Allerdings macht der Verlauf der Interaktion deutlich, dass das Instrument der Schulinspektion – zumindest dann,

---

[105]   Ausgelassen wurde hier die Fortsetzung des Redebeitrags von Lm3.

wenn es wie die deutschen Inspektionssysteme „entwicklungsorientiert" ausgerichtet ist und dementsprechend kaum über Sanktionsmöglichkeiten verfügt –
auf die Mitarbeit der schulischen Akteure angewiesen ist, wenn es irgendetwas
bewirken soll. Der vierte Fall verweist insofern weniger auf den autoritären Charakter des untersuchten Schulinspektionssystems als vielmehr auf das *Problem
der Herstellung von Commitment* auf Seiten der schulischen Akteure. Vor diesem Hintergrund lässt sich der latent aggressive Interviewsinstieg auch eher als
Ausdruck einer strukturellen Unsicherheit auf Seiten der Inspektorin denn als
Beleg für die disziplinatorische Ausrichtung des Inspektionsverfahrens lesen: In
ihm protokolliert sich der *Appellcharakter der entwicklungsorientierten Schulinspektionen, d.h. ihre Angewiesenheit auf die Einsicht und den „Goodwill" der
schulischen Akteure.* Dass dieser Goodwill bei den schulischen Akteuren nicht
vorausgesetzt werden kann, zeigt sich in den „widerständigen" bzw. „uneinsichtigen" Reaktionen der Lehrer/innen Lw1 und Lm2.

Damit wird deutlich, dass im Fall der untersuchten Schulinspektionsinterviews nicht nur pädagogische Praktiken auf Steuerungskontexte übertragen werden, sondern dass sich in der untersuchten Steuerungspraxis auch ein zentrales
Strukturproblem pädagogischer Interaktionen reproduziert: das sogenannte Technologiedefizit der Pädagogik (vgl. Luhmann und Schorr 1982). Dieses resultiert
aus dem Umstand, dass pädagogische Prozesse auf die „Veränderung von Personen durch komplexe interaktive, nicht technologisierbare Vermittlungsprozesse"
(Helsper 2010, S. 18) abzielen. Analog hierzu kommt in der prophylaktischen
Disziplinierung der Lehrer/innen durch die Inspektorin ein *Technologiedefizit
der (entwicklungsorientierten) Schulinspektion* zum Ausdruck. Diese ist auf
ebenjene vom Lehrer Lm1 formulierte Einsicht, dass die Schule C „selber auch
handeln muss", angewiesen. Gleichzeitig deuten sich in den rekonstruierten
Verwerfungen der sprachlichen Ausgestaltung des von Lm1 formulierten Bekenntnisses sowie im strategisch anmutenden Namedropping der Lehrerin Lw2
die Grenzen dieser Steuerungsstrategie an: Ob die rekonstruierten Lerneffekte
lediglich interaktiv erzeugte Artefakte oder aber Ausdruck der Verinnerlichung
der erwünschten Haltung zur rational organisierten Handlungseinheit Schule darstellen, entzieht sich in dem untersuchten Setting einer Kontrolle durch die In-
spektor/inn/en. Dies wird stattdessen durch die pädagogische Herstellung eines
pragmatischen „working consensus" ersetzt, d.h. durch eine funktional-situative
Herstellung von Passung im Sprechen über Schule.

Mit der Darstellung dieses vierten Falls ist die empirische Herleitung der These einer Pädagogisierung von Steuerung im Kontext der Schulinspektion abgeschlossen. Das Rekonstruktionskapitel schließt mit einem Fallvergleich, in dem die Gemeinsamkeiten und Unterschiede der dargestellten Fälle noch einmal rekapituliert werden. Quintessenz ist hier, dass es sich bei den anhand des Interviewmaterials rekonstruierten interaktiven pädagogischen Figuren um Varianten einer pädagogischen Inszenierung politisch-administrativer Steuerung handelt.

5.6 Fallvergleich: Die pädagogische Inszenierung politisch-administrativer Steuerung

Das Verhältnis der vier im Rahmen dieses Rekonstruktionskapitels dargestellten Fälle zueinander wurde bereits einleitend skizziert: Während im ersten Fall die exemplarische Rekonstruktion des zentralen Bezugsproblems der untersuchten Interviewinteraktion – die Herstellung von Passung im Sprechen über Schule – im Vordergrund stand, dienten die Fälle 2, 3 und 4 der Rekonstruktion unterschiedlicher pädagogischer Praktiken, mithilfe derer dieses Bezugsproblem der Interaktion von den Inspektor/inn/en bearbeitet wird. Anhand der Analysen des Kapitels 5 lässt sich also empirisch zeigen, inwiefern das Steuerungsinstrument Schulinspektion als Antwort auf ein zentrales Strukturproblem der Neuen Schulsystemsteuerung beschrieben werden kann: Die rekonstruierten pädagogischen Praktiken richten sich nicht ausschließlich, aber überwiegend auf die kommunikative Konstitution der rational organisierten Handlungseinheit Schule, also auf die Erzeugung einer Selbstbeschreibung der schulischen Akteure, die zu dem normativen Modell „guter Schule" passt, das u.a. durch die Schulinspektion transportiert wird.

Die zentrale Gemeinsamkeit zwischen den vier Fällen besteht also darin, *dass in ihnen ein übergreifendes Bezugsproblem der Interaktion – das mit dem herausgearbeiteten Strukturproblem Neuer Steuerung, also der Modifikation der schulischen Selbstbeschreibung, korrespondiert – in ähnlicher, nämlich pädagogischer Weise bearbeitet wird.* Allerdings fallen die Ausdrucksgestalten dieser pädagogischen Praktiken situativ unterschiedlich aus, d.h., die Form der pädagogischen Zeigestruktur variiert fallspezifisch. In *Fall 1* lassen sich neben dem zentralen Bezugsproblem der Interaktion auch Ansätze einer *mäeutischen Fragepraxis* rekonstruieren, also einer basalen Form der „pädagogischen Geburtshilfe", die der Explikation des impliziten unterrichtlichen Wissens der Lehrerinnen nach den Regeln der Schulinspektion dient. Die pädagogische Intervention der Inspektorin Iw1 hat hier v.a. die Funktion, situativ eine unerwartete kommunikative Blockade der befragten Lehrerinnen zu überbrücken. In Fall 2 und Fall 3 antizipieren die Inspektoren Im1 und Im2 dagegen eine Antwortunsicherheit auf Seiten der befragten Lehrer/innen. Dementsprechend sind bereits ihre Frageimpulse stärker als in Fall 1 durch eine pädagogische Adressierung der befragten Lehrer/innen gekennzeichnet, in der sich sowohl die für die „pädagogische Form" typische Früher-Später-Zeitdifferenz als auch die Differenz von „schon jetzt" und „noch nicht" protokollieren (vgl. Prange 2012, S. 119–120). In *Fall 2* führt diese präventive Didaktisierung des thematischen Sachverhalts zur *Etablierung einer unterrichtlichen Form der Interaktion*, die auf die Erarbeitung und Aneignung der neuen schulischen Selbstbeschreibung durch die befragten Lehrer/innen zielt. In *Fall 3* steht dagegen die *Adressierung der befragten Lehrer/innen im pädagogischen Modus des „als ob"* im Zentrum der Rekonstruktion. Der Inspektor Im2 versucht die von ihm antizipierte Vorzeitigkeit des thematischen Sachverhalts dabei dadurch zu bearbeiten, dass er für die Lehrer/innen einen idealtypischen Entwurf schulischer Normalität konzipiert, den diese mit ihrer Antwort wiederholend nachvollziehen sollen. Während in den Fällen 2 und 3 somit *repräsentative* Formen des pädagogischen Zeigens im Vordergrund stehen, kommen in *Fall 4* v.a. *reaktive* und *direktive* Zeigepraktiken zum Einsatz (vgl. Prange und Strobel-Eisele 2006). Hier versucht die Inspektorin Iw2, die befragten Lehrer/innen mithilfe einer *prophylaktischen Disziplinierung* auf die erwünschte Antworthaltung zu verpflichten. Sie antizipiert dementsprechend keine Antwortunsicherheit, sondern einen Antwortunwillen auf Seiten der von ihr befragten Lehrer/innen, den sie in der Folge pädagogisch-disziplinierend zu bearbeiten versucht.

So wie die pädagogischen „Strategien"[106] der Inspektor/innen variieren, so reagieren auch die befragten Lehrer/innen unterschiedlich auf ihre jeweilige pädagogische Adressierung. Gemessen an den durch sie produzierten interaktiven „Folgekosten" scheint die Pädagogisierung der Interaktion in *Fall 1* am unproblematischsten zu sein, wahrscheinlich auch deshalb, weil sie am unauffälligsten

---

[106] Wie in Kapitel 4.3.1 erläutert, handelt es sich bei den rekonstruierten pädagogischen Praktiken nicht um bewusste pädagogische Handlungen und insofern auch nicht um intentionale (Steuerungs-)Strategien.

ist. Hier können die befragten Lehrerinnen die Hilfestellung der Inspektorin Iw1 für eine eigenständige Explikation ihrer unterrichtlichen Praxis *nutzen, ohne dass sie sich deshalb in die Rolle des „Erziehungsobjekts" begeben müssen.* In *Fall 2* sind die befragten Lehrer/innen dagegen an der Etablierung einer unterrichtlichen Ordnung in der Interviewsituation maßgeblich *beteiligt* und verhalten sich somit *komplementär* zur pädagogischen Adressierung des Inspektors Im1. Ähnliches gilt für *Fall 4*: Hier *reproduzieren* die Lehrer/innen ihre pädagogisch-disziplinierende Adressierung durch die Inspektorin Iw2, indem sie sich ihr gegenüber entweder als *einsichtig, ungezogen oder uneinsichtig* positionieren. Daneben findet sich zwar auch Widerstand auf Seiten der Lehrer/innen, der nicht als reine „Abwehr" eines neuen Steuerungsinstruments abgetan werden kann, sondern sich gegen die spezifische Form der Adressierung schulischer Akteure im Kontext der Schulinspektion wendet. Allerdings lassen sich einzig in *Fall 3* Selbstbehauptungsversuche auf Seiten der befragten Lehrer/innen rekonstruieren, die das Potenzial haben, *die etablierte Interaktionsordnung als pädagogische in Frage zu stellen, d.h., ihre pädagogische Adressierung durch die Etablierung einer diskursiveren Form der Interaktion zurückzuweisen.* Ansonsten sind v.a. *regressive Formen der Widerständigkeit* zu beobachten, die nur bedingt geeignet sind, die pädagogische Adressierung der Lehrer/innen durch die Inspektor/inn/en zu durchbrechen, sondern diese vielmehr übernehmen.

Fragt man nun nach der Qualität der Beziehung, die in den untersuchten Interviews zwischen den Inspektor/inn/en und den von ihnen befragten Lehrer/inne/n etabliert wird, dann ist festzuhalten, dass alle untersuchten Interaktionssequenzen eine *inszenatorische Komponente* beinhalten. In *Fall 1* wird eine *Prüfungssituation inszeniert*, obwohl die Inspektorin offensichtlich bereits weiß, dass die Prüfung bestanden ist. In *Fall 2* findet eine *didaktische Inszenierung des Themas* statt, durch die besonders deutlich wird, dass die Inspektionsinterviews eine empirische Form der Datenerhebung allenfalls *simulieren*. In *Fall 3* wird eine *spezifische schulische Normalität (re-)inszeniert*, indem die befragten Lehrer/innen mehr oder weniger dazu genötigt werden, so zu tun als ob der im Frageimpuls formulierte idealtypische Entwurf schulischer Normalität eine adäquate Beschreibung ihrer Praxis darstelle. In *Fall 4* schließlich wird *die Schulinspektion als Instrument der Disziplinierung inszeniert*, obwohl und gerade weil es auf die Kooperation der schulischen Akteure angewiesen ist.

Diese verschiedenen Inszenierungsformen verweisen letzten Endes alle auf eines: dass es in den Interviews weder um die evidenzbasierte Reflexion schulischer Praxis noch um deren evidenzbasierte Überprüfung geht, sondern allein darum, das Richtige zu sagen bzw. sich in der richtigen Weise zu zeigen. Hierin besteht auch die in der Einleitung zu dieser Studie aufgemachte Differenz zwischen einer evidenzbasierten und einer wissensbasierten Steuerungspraxis: Die rekonstruierte Interviewinteraktion zielt auf die pädagogische Re-Organisation von Wissen entlang eines spezifischen Entwurfs schulischer Normalität und nicht auf die empirische Generierung eines evidenzbasierten „Steuerungswissens", das der Rationalisierung von schulischen, administrativen und politischen Anschlusshandlungen dienen könnte. Im Gegenteil: Wie insbesondere in Fall 3 deutlich geworden ist, werden empirisch gehaltvolle Lehreraussagen über die schulische Praxis u.U. von den Inspektor/inn/en sogar ausgeblendet, wenn sie die Normalitätsgrenzen des Modells „guter Schule", auf dem das Verfahren basiert, verlassen. *In den oben beschriebenen Inszenierungen, v.a. jedoch in der (Re-)Inszenierung einer spezifischen schulischen Normalität, die mehr oder weniger alle dargestellten Fälle durchzieht, protokolliert sich dabei der regierende Charakter der untersuchten Steuerungspraxis, d.h. deren Orientierung an der Etablierung einer spezifischen Form der Selbstbeschreibung bzw. Selbstführung der schulischen Akteure, die zur aktuellen Fremdführung der Einzelschule durch das politisch-administrative System passt. Die rekonstruierten Disziplinierungen der befragten Lehrer/innen, die z.B. in der (nachträglichen) Einführung von Prüfungselementen in die Interaktion zum Ausdruck kommen, richten sich dagegen auf die Aufrechterhaltung dieser Inszenierung.*

Vor diesem Hintergrund ist es sicher kein Zufall, dass die interaktive Ordnung, die sich in den Interviews etabliert, eine pädagogische Ordnung ist, steht im Zentrum der „pädagogischen Form" doch die Inszenierung (vgl. Prange 2012, S. 74) sozialer Interaktionen im Dienste der Sache, d.h. im Hinblick auf die Aneignung des Erwünschten. So heißt es bei Prange in Bezug auf die Selektivität des pädagogischen Zeigens, dass Sachverhalte in pädagogischen Kontexten eben nicht nur positiv benannt, sondern bewusst ausgeklammert bzw. im Hinblick auf ein „selbsttätiges Entdecken" versteckt werden:

> „Nur da, wo etwas gezeigt wird und gezeigt werden kann, und auch nur dann, wenn sich die Lernenden etwas zeigen und sagen lassen, bleibt anderes verborgen und verdeckt und haben wir die Möglichkeit, etwas zu verstecken und dem Kind vorzuenthalten, oder aber, es so zu verbergen, dass das Kind etwas hat, was es suchen und finden kann" (2012, S. 75).

Diese spezifisch pädagogische Idee von „Autonomisierung", die darin besteht, soziale Interaktionen so zu inszenieren, dass die Adressat/inn/en „von selbst" das Richtige sagen, denken, fühlen und tun, ohne dass dieses Richtige konkret benannt wird, d.h., ohne dass mit ihnen darüber explizit gesprochen wird,[107] protokolliert sich auch in den untersuchten Interviews der Schulinspektion. *Die Zumutung der untersuchten Interviewinteraktion besteht insofern weniger in ihrem Kontrollcharakter als vielmehr darin, dass sie die befragten Lehrer/innen in eine pädagogische Inszenierung politisch-administrativer Steuerung einspannt und somit zu Zöglingen des politisch-administrativen Systems macht.* Was bei Kindern und Jugendlichen aufgrund der strukturellen Vorzeitigkeit ihrer Situation noch legitim erscheinen mag, ist bei Erwachsenen jedoch hochgradig problematisch: Im besten Fall ist die erzeugte Ordnung der Interaktion den Beteiligten peinlich; im schlimmsten Fall zeigen sich die Adressierten so, wie sie adressiert werden.

---

[107] Zur Idee einer solchen „negativen" – nicht „schwarzen" – Pädagogik vgl. insbesondere auch Rousseau (1971).

6 Regressive Tendenzen: Abschließende Überlegungen zum Verhältnis von politisch-administrativer Steuerung und Pädagogik

Die These von der Pädagogisierung gesellschaftlicher Verhältnisse im westlichen Kulturkreis ist nicht neu. Sie wird bereits in den 1950er- und 1960er-Jahren von den Soziologen J. Kob (1963) und H. Schelsky (1961) formuliert (vgl. für das Folgende auch Höhne 2013, S. 28–30). Ersterer verband mit dem Begriff der Pädagogisierung eine spezifische Form der Rationalisierung innerhalb von Industriegesellschaften, die er in eine Reihe mit den Phänomenen der Technisierung und der Bürokratisierung stellte. Letzterer nutzte den Begriff, um die Entmündigung des (erwachsenen) Individuums durch pädagogische – und hier insbesondere linksgerichtete – Expert/inn/en zu kritisieren. Innerhalb der Erziehungswissenschaft wird das Phänomen der Pädagogisierung gesellschaftlicher Teilbereiche seit den 1990er-Jahren v.a. unter dem Schlagwort der „Entgrenzung des Pädagogischen" diskutiert (vgl. Lüders et al. 2010). Dieser Diskurs grenzt sich vor dem Hintergrund modernisierungs- und individualisierungstheoretischer Überlegungen von der Entmündigungsthese, die im Zentrum der soziologischen Debatte der 1950er- und 1960er-Jahre stand, ab und betont stattdessen stärker die Notwendigkeit und auch die Möglichkeiten eines „lebenslangen Lernens" für das Subjekt (vgl. Höhne 2013, S. 30–31):

> „Gegenüber der zuvor schon erwähnten These von der Pädagogisierung der Lebenswelt durch die pädagogischen Experten betont die Entgrenzungsthese, dass die gesellschaftliche Ausbreitung der Pädagogik *keineswegs zwangsläufig zur Entmündigung der Menschen* führt. [...] Es gibt bedenkenswerte Anzeichen dafür, dass mit der Ausbreitung der Pädagogik auch die Aneignungskompetenzen der AdressatInnen pädagogischer Angebote wachsen" (Lüders et al. 2010, S. 229; Hervorhebungen im Original).

Diesem erziehungswissenschaftlichen Entgrenzungsdiskurs attestiert Höhne (2013) aus einer machtanalytischen Perspektive, „machtindifferent" und somit „selbst gewissermaßen pädagogisierend" zu sein (S. 31). Der Autor beschreibt das Phänomen der gesellschaftlichen Pädagogisierung stattdessen im Anschluss an M. Foucault als Ausdruck einer neoliberalen „Ökonomisierung des Selbst qua pädagogischer Praktiken und Diskurse" (ebd., S. 33) und bindet das Konzept damit wieder stärker an die Gesellschaftskritik Schelskys zurück, wenn auch mit anderen politischen Vorzeichen.

Die Leistung der hier vorliegenden Studie mag darin bestehen, dass sie die Pädagogisierung von politisch-administrativer Steuerung auf Ebene der sozialen Praktiken empirisch nachgezeichnet und so sichtbar gemacht hat, *dass* politisch-administrative und pädagogische Praktiken im aktuellen Modell der Schulsystemsteuerung nahezu untrennbar ineinander verwoben sind. Sie hat somit auch gezeigt, dass es analytisch fruchtbar sein kann, die bestehenden politikwissenschaftlichen Konzepte und Kategorien, mit denen die Handlungskoordination im Mehrebenensystem Schule in den Anfängen der erziehungswissenschaftlichen Governanceforschung in der Regel beschrieben wurde, empirisch zu transzendieren und die so rekonstruierten Handlungszusammenhänge im Anschluss an genuin pädagogische Theoriebestände zu reformulieren. Dies bedeutet jedoch auch, dass die Pädagogisierung von gesellschaftlichen Verhältnissen im Rahmen dieser Studie zunächst einmal als empirische Tatsache betrachtet wurde. Was sich daraus – moralisch, politisch, gesellschaftlich – ableitet, ist eine zweite Frage. Vor dem Hintergrund der eingangs skizzierten unterschiedlichen Perspektiven auf das Phänomen der gesellschaftlichen Pädagogisierung wird im Folgenden daher abschließend noch einmal danach gefragt, was es bedeutet, wenn politisch-administrative Steuerung – wie im Fall der hier vorliegenden Studie – als „pädagogische Regierung" gedacht wird.

Wenn in dieser Studie von Steuerung als „pädagogischem Problem" gesprochen wird, dann ist damit *nicht* gemeint, dass sich politisch-administrative Steuerung als (Erwachsenen-)Pädagogik verstehen *sollte*, dass Steuerung also ein Problem sei, das es prinzipiell pädagogisch zu lösen gelte (vgl. z.B. Sowada 2016, S. 278). Vielmehr soll damit auf die Strukturhomologie hingewiesen werden, die zwischen der „pädagogischen Form" und politisch-administrativen Steuerungsprozessen besteht. Steuerungsfragen erscheinen im Fall einer Schulsystemsteuerung, bei der es in erster Linie darum geht, die Selbstbeschreibung der schulischen Akteure zu verändern, als pädagogische Fragen. Im aktuellen schulsystembezogenen Steuerungsmodell reproduzieren sich insofern nicht nur pädagogische Praktiken, wie sie z.B. in der rekonstruierten Didaktisierung von Sachverhalten durch die Inspektor/inn/en zum Ausdruck kommen, sondern auch typisch pädagogische Probleme: So stellt eine der zentralen Sollbruchstellen der entwicklungsorientierten Schulinspektionssysteme die Erzeugung von Einsicht und Kooperationsbereitschaft auf Seiten der adressierten schulischen Akteure dar.

Dass diese Pädagogisierung von Steuerung nicht allein auf die Tatsache zurückzuführen ist, dass im Fall der untersuchten Interviewinteraktionen pädagogisch geschulte Akteure miteinander interagieren, lässt sich im Rahmen dieser Studie zwar nicht empirisch begründen, aber doch theoretisch plausibilisieren: Die rekonstruierten pädagogischen Steuerungspraktiken verweisen auf eben jene strukturelle Parallelität zwischen politischen und pädagogischen Führungstechniken, die M. Foucault im gouvernementalitätstheoretischen Konzept der „Regierung" beschrieben hat. Wie in Kapitel 2.4 erläutert, stellt das Prinzip der Regierung nach Foucault keine genuin politische Praxis dar, sondern die Übertragung einer gesellschaftlich allgegenwärtige Praxis auf das Verhältnis von Staat und Subjekt. Den Ursprung der Regierung verortet Foucault dabei im Verhältnis zwischen Priester und Gläubigen, in der sogenannten (christlichen) Pastoralmacht (vgl. Foucault 1987). Deren Funktionen haben im Zuge der Aufklärung u.a. pädagogische Praktiken übernommen. Entsprechend wurde bereits von verschiedenen Autor/inn/en auf die große Nähe zwischen dem Konzept der Regierung bei Foucault und pädagogischen Konzepten und Praktiken hingewiesen. So konstatieren Maurer und Weber (2006), dass das Konzept der Regierung „starke Bezüge zu pädagogischen Fragestellungen und Praktiken" (S. 11) aufweise. Ricken (2007) spricht von einer „pädagogischen Gouvernementalität" (S. 162) und postuliert, dass es „insbesondere der unter dem Stichwort der ‚Führung der Führungen' skizzierte Machtbegriff Foucaults [ist], der sich erziehungswissenschaftlich als besonders anschlussfähig erweist, indem er die pädagogisch untauglliche Opposition von Selbst- und Fremdbestimmung unterläuft" (S. 163). Höhne (2004) schließlich argumentiert, dass im Foucault'schen Konzept der Führung der Führungen „die pädagogische Seite moderner Machtbeziehungen" (S. 37) gefasst sei.

Pädagogische Praktiken stellen also – wie politische Regierungspraktiken auch – eine säkularisierte Form der Pastoralmacht dar (vgl. Caruso 2011, S. 33). Die theoretische Plausibilität der These von der Pädagogisierung politisch-administrativer Steuerung ergibt sich insofern aus der Strukturhomologie, die in gouvernementalitätstheoretischer Perspektive zwischen politischen und pädagogischen Praktiken des Regierens besteht:

„Regieren tun [...] viele: der Familienvater, der Superior eines Klosters, der Erzieher und der Lehrer im Verhältnis zum Kind oder zum Schüler, und daran sieht man, dass der Regent und die Praktik des Regierens [...] einem Feld mannigfaltiger Praktiken angehören" (Foucault 2000, S. 47).

Diese strukturelle Parallelität zwischen Politik und Pädagogik kommt auch in den Parallelen zum Ausdruck, die zwischen dem politikwissenschaftlichen und dem erziehungswissenschaftlichen Diskurs bestehen: Der steuerungstheoretische Diskurs weist deutliche Parallelen zum Diskurs um die Bestimmung der „Eigenlogik des Pädagogischen" (Schäfer und Thompson 2013, S. 12) auf. Beispielsweise spiegeln sich in der wiederholten theoretischen Reformulierung des politikwissenschaftlichen Steuerungskonzepts die definitorischen Verschiebungen innerhalb der erziehungswissenschaftlichen Debatte um das Wesen des Pädagogischen, wie sie insbesondere durch die Positionen von W. Brezinka (1978) und K. Mollenhauer (1982) markiert werden: So wie das Pädagogische zunächst als kausale Beeinflussung eines Erziehungsobjekts gefasst und später als interaktive, „bi-subjektive" (vgl. Sünkel 2013, S. 31–32) Tätigkeit reformuliert wird, so wandelt sich das politikwissenschaftliche Steuerungsverständnis von der Vorstellung einer linear-hierarchischen Beeinflussung eines Steuerungsobjekts durch ein (staatliches) Steuerungssubjekt (vgl. Recum 2006) über die Konzeption von Steuerung als Versuch der (staatlichen) Beeinflussung eines autonomen Subjekts (vgl. Mayntz 1997) hin zu der Idee von Steuerung als interaktivem Prozess, in dem die Rollen zwischen Steuerungssubjekt und Steuerungsobjekt verschwimmen (vgl. Benz 2004). Ähnliches gilt für die Frage der Wirkung politisch-administrativer Steuerungsmaßnahmen einerseits und pädagogischer Interventionen andererseits: So wie sich in der Erziehungswissenschaft allmählich die Erkenntnis durchgesetzt hat, dass das pädagogische Verhältnis kein kausales, sondern durch ein strukturelles Technologiedefizit (vgl. Luhmann und Schorr 1982) gekennzeichnetes ist und dementsprechend als kontingente Relationierung von Vermittlungs- und Aneignungsprozessen (vgl. Hünersdorf 2010, S. 31) gedacht werden muss, so wird im Steuerungsdiskurs zunehmend reflektiert, dass politisch-administrative Steuerung eine „notwendige Fiktion" (Czada und Schimank 2000, S. 25) darstellt, die die Möglichkeit des Scheiterns immer schon beinhaltet (vgl. Mayntz 1997, S. 192).[108] Zu überlegen

---

[108]	Diese Parallelität von Steuerungs- und Pädagogikdiskurs lässt sich auch anhand von Zitaten belegen. So heißt es bei Helsper (2010) in Bezug auf das strukturelle Technologiedefizit der Pädagogik: „Der Pädagoge muss mit Veränderungsabsichten handeln, ohne über Ursache-Wirkungs-

wäre, inwiefern diese Parallelität von steuerungstheoretischem und pädagogischem Diskurs die Aneignung insbesondere der governanceanalytischen Perspektive in den Erziehungswissenschaften begünstigt hat, ermöglicht diese doch durch ihren „ursprünglich steuerungskritischen Impetus" (Altrichter und Heinrich 2007, S. 98) eben jene Konzeption von Steuerung als „bi-subjektivem" Prozess, der pädagogischen Steuerungsvorstellungen ausgesprochen nahekommt. Die erziehungswissenschaftliche Governanceperspektive könnte vor diesem Hintergrund zumindest teilweise selbst als Ausdruck einer Pädagogisierung von Steuerungsvorstellungen beschrieben werden.

Unabhängig von solchen disziplinären Überlegungen verweist die Parallelität von steuerungstheoretischem und pädagogischem Diskurs jedoch insbesondere auf eins, nämlich darauf, dass in beiden Diskursen ähnliche Gegenstände und Problemstellungen bearbeitet werden: die Führung der Führung anderer. Vor diesem Hintergrund hat Höhne die Pädagogisierung gesellschaftlicher Probleme im Anschluss an Dudek (1999) als politische Machtstrategie beschrieben, d.h. als „politisches Ersatzhandeln", das die „Fortsetzung der Politik mit anderen, respektive pädagogischen Mitteln" (Höhne 2013, S. 32) darstellt. Letzten Endes steht hinter einer solchen Argumentation die Vorstellung einer Effektivierung politischer Steuerung mithilfe pädagogischer Praktiken. Wie am Beispiel des Technologiedefizits der Schulinspektion empirisch gezeigt wurde (s. Fall 4), taugt die Pädagogik jedoch wenig zur Überbrückung von Steuerungsdefiziten, sondern tendiert eher dazu, diese zu reproduzieren und zu verdoppeln. Hierauf hat bereits Heinrich (2006) im Kontext seiner Reflexion der Debatte um die Autonomisierung der Einzelschule hingewiesen:

> „Der administrative Steuerungsverlust auf der Systemebene soll ausgeglichen werden durch eine pädagogische Maßnahme, hat die Pädagogik sich doch als effektiv erwiesen, auch wenn sie scheinbar nicht nach technologischen Steuerungsmechanismen funktioniert. Übersehen wird bei dieser Übertragung auch, dass dem pädagogischen Optimismus dann latent doch wieder die technologische Idee einer spezifischen Ursache-Wirkungs-Relation zugrunde liegt" (S. 305).

Dass die pädagogischen Praktiken der Inspektor/inn/en auf die Modifikation der schulischen Selbstbeschreibung bzw. auf die regierende Etablierung einer „neu-

---

Zusammenhänge verfügen zu können und mit ungewollten Nebenwirkungen rechnen, die seine Absicht durchkreuzen können" (S. 18–19). Mayntz (1997) formuliert in Bezug auf den Steuerungsbegriff: „Ausdrücklich nicht zu dem hier vorgeschlagenen Steuerungsbegriff gehört es, dass die Steuerung erfolgreich sei, d.h. der angestrebte Zielzustand auch tatsächlich erreicht wird" (S. 192).

en" Form der Selbstführung schulischer Akteure ausgerichtet sind, bedeutet nicht, dass dieses Ziel auch erreicht wird. Wie im Fallvergleich des vorangegangenen Kapitels herausgearbeitet wurde, wird die „neue" schulische Selbstbeschreibung in den Interviews zunächst einmal lediglich pädagogisch inszeniert, indem eine situative Passung im Sprechen über Schule hergestellt wird.[109]

Die Pädagogisierung gesellschaftlicher Steuerung ist insofern weniger ein Indikator für die technologische „Aufrüstung" der Politik als vielmehr ein Hinweis darauf, dass moderne Steuerung und Pädagogik dasselbe Projekt verfolgen: die Formung, Veränderung und Optimierung des Subjekts, und zwar über die Steuerung seiner Selbstführung. In einer solchen Perspektive erlaubt nicht erst die Pädagogisierung von Steuerung den (staatlichen) Zugriff auf das Subjekt, sondern weil moderne politisch-administrative Steuerung auf das Subjekt zielt, hat sie pädagogischen Charakter. Das bedeutet nicht, dass es sich bei einer pädagogischen Steuerungspraxis nicht ebenfalls um eine machtvolle Praxis handelt, im Gegenteil. Die empirischen Rekonstruktionen in Kapitel 5 haben jedoch gezeigt, *dass die spezifische Problematik einer Pädagogisierung politisch-administrativer Steuerung nicht so sehr in der Steigerung von Steuerungsansprüchen oder in einer besonders machtvollen Aufladung von Steuerungsprozessen besteht, sondern darin, dass über sie ein paternalistisches Verhältnis zwischen Staat und Subjekt konstituiert wird* (zum paternalistischen Charakter des Pädagogischen vgl. Schäfer und Thompson 2013, S. 15). Eine pädagogische Steuerungspraxis kehrt das klassische Mündigkeitsparadox der Pädagogik um: Es besteht nicht in der vorzeitigen bzw. kontrafaktischen Unterstellung von Mündigkeit, sondern in der Adressierung formal mündiger Subjekte als Unmündige (vgl. Heinrich 2006, S. 279–280). Die Zumutung einer solchen Adressierung wurde im vorangegangenen Kapitel anhand der untersuchten Inspektionsinterviews herausgearbeitet: Sie liegt weniger im Kontrollcharakter der Inspektionssituation als vielmehr darin, dass die befragten Lehrer/innen zu Darsteller/inne/n in einer pädagogischen Inszenierung politisch-administrativer Steuerung gemacht werden, deren Aufgabe vorrangig darin besteht, das wiederholend nachzuvollziehen, was die Schulinspektion für sie vorgesehen hat. Die Interviews der Schulinspektion werden so im wahrsten Sinne des Wortes zu einer „peinlichen Befragung": zwar nicht körperlich schmerzhaft, aber tendenziell

---

[109] Möglicherweise ist dieses Technologiedefizit der (entwicklungsorientierten) Schulinspektion auch ein Grund für die in Kapitel 2.1. skizzierte Instabilität der deutschen Inspektionssysteme.

beschämend. Betont werden muss jedoch, dass es sich hierbei nicht um eine intentionale politisch-administrative Strategie handelt, bei der eine solche Beschämung der Lehrer/innen billigend in Kauf genommen würde. Die rekonstruierten Verwerfungen der Interviewpraxis sind insofern auch nur bedingt Ausdruck „handwerklicher" Fehler. Sie verweisen vielmehr auf das übergeordnete Strukturproblem einer politisch-administrativen Steuerung, die auf die Veränderung von individuellen und kollektiven Subjekten gerichtet ist.

Die Problematik einer solchen Adressierung hat sich im empirischen Teil dieser Studie dabei insbesondere in der rekonstruierten *regressiven Widerständigkeit* der befragten Lehrer/innen gezeigt. In ihr werden zwar auch – wie im „Bedienen" der Antworterwartungen der Inspektor/inn/en durch die Nennung der richtigen Begriffe – die Grenzen einer pädagogischen Steuerungsstrategie deutlich: Sie kann durch formale Anpassung („working consensus") relativ leicht unterlaufen werden und läuft Gefahr, Trotzreaktionen und Provokationen auszulösen. Sie stellt insofern nicht unbedingt ein Mittel zur „totalen" Kontrolle der schulischen Akteure und der durch sie prozessierten Praxis dar, sondern befördert u.U. sogar die Distanzierung der Adressierten von der Schulinspektion.[110] Sie ist jedoch auf andere Weise totalitär: Noch in der Form des Widerstands der Lehrer/innen reproduziert sich nämlich deren pädagogische Adressierung. Es sind also zwar Distanzierungen auf Seiten der Lehrer/innen zu beobachten; diese sind häufig jedoch nicht dazu geeignet, die etablierte pädagogische Interaktionsordnung zu durchbrechen. Die Form des Widerstands bleibt vielmehr an die Art der Adressierung gebunden. Entsprechend ist die rekonstruierte Widerständigkeit auch kein Ausdruck für die Einnahme einer „autonomen" Position gegenüber der Situation. Stattdessen positionieren sich die befragten Lehrer/innen in ihrem Widerstand wiederum als pädagogisierte Subjekte: entweder als „Trivialmaschinen" (vgl. Luhmann 1985, 2004; Hausendorf 2008), die pragmatisch die richtigen Begriffe nennen, oder aber als Klassenclowns und ungezogene Kinder, die es an der

---

[110] Darauf hat bereits N. Luhmann (2004) in seinen Schriften zur Pädagogik hingewiesen: „Absichtsvolle Kommunikation zum Zwecke der Erziehung heißt nun zunächst, dass die Ablehnungsmotive im Verhältnis zur Sozialisation verdoppelt werden. Der Adressat kann die Kommunikation nicht nur deshalb ablehnen, weil er die Information für unzutreffend oder die Anweisung für unakzeptabel hält; er kann sie auch deshalb ablehnen, weil sie seine Erziehung bezweckt und er sich nicht in die Rolle dessen begeben möchte, der dies nötig hat" (S. 118). Auch Wrana (2006) hat in seiner Diskursanalyse zu Lernjournalen in der Weiterbildung gezeigt, dass neoliberale Regierungsweisen zwar subtile, aber keineswegs widerspruchsfreie oder unhintergehbare Machtpraktiken darstellen.

nötigen Einsicht fehlen lassen. Lediglich in Fall 3 versuchen einige der befragten Lehrpersonen, eine diskursivere Interaktionsordnung zu etablieren und sich so außerhalb ihrer pädagogischen Adressierung durch den Inspektor zu positionieren.

Die Gründe für diese *komplementäre Form der Widerständigkeit* können hier nur angedeutet werden. Sie könnten in der prinzipiell asymmetrischen und machtvoll strukturierten Interaktionsordnung der Schulinspektion gesucht werden, die es den Inspektor/inn/en aufgrund ihrer evaluativen Funktion ermöglicht, diskursivere Formen der Kommunikation auszumanövrieren und die Lehrer/innen stattdessen auf die erwünschte Form des Sprechens über Schule zu verpflichten. Wie in Kapitel 2.4 herausgearbeitet wurde, erschweren darüber hinaus regierende Formen politisch-administrativer Steuerung die Distanzierung der Subjekte von der Form ihrer Subjektivierung, gerade weil in ihrem Fall Fremd- und Selbstführung gekoppelt sind. Die normalisierende Fragetechnik der Inspektor/inn/en macht außerdem sowohl einen Ausstieg aus der etablierten Interaktionslogik als auch ein diskursives Zurückweisen der über die Interviewfragen transportierten normativen Gehalte kommunikativ aufwändig (s. Kapitel 5.2.3). Allerdings ist das Bemerkenswerte an der analysierten Steuerungspraxis eben nicht das völlige Fehlen von Distanzierungsbewegungen auf Lehrerseite, sondern deren spezifische Ausgestaltung. Möglicherweise zeigt sich in der rekonstruierten regressiven Widerständigkeit der Lehrer/innen vor diesem Hintergrund auch die Problematik einer mangelhaften Professionalisierung schulischer Arbeit. Auch in dieser Studie wurde mit der Setzung gearbeitet, in der Schulinspektion träfen zwei unterschiedliche Professionalisierungsverständnisse aufeinander: Lehrer- vs. Schulautonomie (vgl. Heinrich und Altrichter 2008). Sowohl die theoretische Rekonstruktion der Logik Neuer Steuerung in Kapitel 3 als auch die empirischen Rekonstruktionen der Interviewinteraktionen in Kapitel 5 deuten jedoch in eine andere Richtung. Über die Neue Schulsystemsteuerung transportiert sich weniger ein (neoliberales) Professionsverständnis als vielmehr die Vorstellung einer Dezentralisierung von Grundsätzen und Elementen rational-bürokratischer Planung und damit eine eher „technische" Fassung der pädagogischen Praxis.[111] Die befragten Lehrer/innen wiederum scheinen dieser neuen

---

[111] Selbst wenn man das Modell „guter Schule", auf dem die Neue Schulsystemsteuerung beruht, als erziehungswissenschaftlich fundiertes, politisch-administratives Professionalisierungsangebot für die schulischen Akteure deuten wollte, dann zeigen die rekonstruierten regressiven Tenden-

Fremdbeschreibung ihrer schulischen Praxis argumentativ wenig entgegensetzen zu können. Wenn die Schulinspektion kritisiert wird, dann geschieht dies – wie z.b. in Fall 4 – eher im Modus einer affektiven Kränkung und weniger aufgrund eines explizit professionellen Verständnisses schulischer Arbeit (vgl. Dietrich 2016, S. 157–160).

Vor dem Hintergrund dieser Überlegungen fällt es schwer, die Pädagogisierung gesellschaftlicher Verhältnisse, wie im erziehungswissenschaftlichen Entgrenzungsdiskurs angelegt, umstandslos als Ermöglichung gesellschaftlichen und individuellen Fortschritts zu konzipieren, selbst dann, wenn man die „evaluativen" Umstände der rekonstruierten Steuerungspraxis in Rechnung stellt. Aus erziehungswissenschaftlicher Perspektive könnte dem entgegengehalten werden, dass es sich bei den rekonstruierten pädagogischen Steuerungspraktiken allenfalls um die Nachahmung einer pädagogischen Praxis handelt, die den Kern des Pädagogischen jedoch verfehlt: die Autonomisierung des Zöglings (vgl. z.B. Meseth 2012, S. 184) bzw. die (Selbst-)Aufklärung des erwachsenen Subjekts der Erziehung. Eine solche Argumentation ist jedoch nicht ganz unproblematisch, neigt sie doch dazu, jede Form der „misslungenen" pädagogischen Interaktion aus dem Feld des Pädagogischen auszuschließen. Pädagogisch ist in dieser Perspektive lediglich die pädagogische Praxis, die gelingt, d.h., den proklamierten Autonomisierungsanspruch einlöst. Dagegen soll hier argumentiert werden, dass sich gerade in den Verwerfungen der rekonstruierten Steuerungspraxis die Problematik zeigt, die sich aus dem Anspruch einer *pädagogischen* Form der kollektiven, d.h., organisationsbezogenen Autonomisierung („Schulautonomie") formal Mündiger ergibt. Man könnte hier theoretisch also von „schlechter" oder „fehlplatzierter" Pädagogik sprechen (vgl. Lambrecht 2016a, S. 97). Aber auch schlechte Pädagogik ist Pädagogik und folgt deren Strukturgesetzlichkeiten: In dem hier untersuchten Interviewmaterial zeigen sich die praktischen Konsequenzen der allgemeinen pädagogischen Autonomieorientierung in einem spezifischen Setting.

Allerdings scheinen angesichts der im Rahmen dieser Studie vorgenommenen empirischen Rekonstruktionen auch in Bezug auf Schelskys Entmündigungsthese Differenzierungen angebracht. Hier ist insbesondere darauf hinzuweisen, dass es sich bei den im Fall der untersuchten Inspektionsinterviews zu

---

zen, dass ein solcher Professionalisierungsversuch im Modus der Pädagogisierung misslingen muss.

beobachtenden pädagogischen Bevormundungen nicht um einen (gewaltsamen) Akt der Entrechtung (vgl. Honneth 1990), sondern um einen koproduktiven Prozess handelt, an dem die Lehrer/innen ebenso beteiligt sind wie die Inspektor/inn/en. Dies liegt in der Natur der Sache, d.h. im Wesen einer politisch-administrativen Steuerungspraxis, die auf die (pädagogische) Regierung ihrer Adressat/inn/en gerichtet ist. Regiert zu werden bedeutet daher immer auch, Komplize zu sein. Wie gefährlich das Ineinandergreifen einer paternalistischen politischen Kultur und einer regressiven Form der auf sie bezogenen Widerständigkeit sein kann, zeigt sich möglicherweise auch in dem Aufschwung, den populistische Politiker/innen aktuell erfahren: Ihr Erfolg kann auch als Ausdruck eines zivilgesellschaftlichen Widerstands gegen eine spezifische Form der politischen Adressierung interpretiert werden, dem es jedoch nicht gelingt, sich von dieser spezifischen Form der Adressierung zu lösen. Das bedeutet jedoch auch, dass der Grund für den Aufschwung populistischer Parteien und Politiker/innen dann nicht so sehr in der „Verführungskunst" der Populist/inn/en als vielmehr im „regierenden" Verhältnis von (neo-)liberalem Staat und Bürger/inne/n zu suchen wäre.

Die Regeln der Transkription

Die Transkription der rekonstruierten Interviewsequenzen wurde an das gesprächsanalytische Transkriptionssystem GAT (Basistranskript) angelehnt (vgl. Selting et al. 1998; Deppermann 2008, S. 119–121).

(.)	Pause unter einer Sekunde
(1), (2) etc.	Dauer der Pause in Sekunden
.	tief fallendes Ende einer Äußerungseinheit
,	mittel fallendes Ende einer Äußerungseinheit
?	hoch steigendes Ende einer Äußerungseinheit
DENKE ICH	betonte Sprechweise
unGLAUBlich	Akzentuierung eines Wortteils
((lacht))	para-/außersprachliche Handlung
<<lachend> >	sprachbegleitende para-/außersprachliche Handlung mit Angabe der Reichweite
<<irritiert> >	interpretierender Kommentar mit Angabe der Reichweite
<<schneller> >	Veränderung der Formulierungsdynamik mit Angabe der Reichweite
ak-	Wortabbruch
=	schneller bzw. unmittelbarer Anschluss einer neuen Äußerungseinheit
[	Markierung des Beginns von Überlappungen und Simultansprechen
[	
[Iw1: ja]	kurzer Einwurf oder Rezeptionssignal
(unverständlich)	unverständliche/s Wort/Äußerungseinheit
(also)	vermuteter Wortlaut
((…))	Auslassung im Transkript
hm	einsilbiges Rezeptionssignal
h=hm	zweisilbiges Rezeptionssignal, auch z.B. ja=a
Iw, Lw	Kürzel für eine Inspektorin bzw. eine Lehrerin
Im, Lm	Kürzel für einen Inspektor bzw. einen Lehrer

LL   Kürzel für „mehrere Lehrer/innen"

Die Zeichensetzung folgt der Intonation und nicht der Grammatik; es wird daher
auf die Großschreibung an „Satzanfängen" verzichtet.
Zu anonymisierende Begriffe werden durch eine in eckige Klammern gesetzte
neutrale Beschreibung ersetzt, z.B. [bundeslandspezifische Bezeichnung der
Schulinspektion].

Literatur und Internetquellen

Abels, H. (2007). Interaktion, Identität, Präsentation. Kleine Einführung in interpretative Theorien der Soziologie (4. Aufl.). Wiesbaden: VS.

Abels, H. (2013). Ethnomethodologie. In G. Kneer & M. Schroer (Hrsg.), *Handbuch Soziologische Theorien* (S. 87–110). Wiesbaden: VS.

Altmann, H. (1981). Formen der „Herausstellung" im Deutschen. Rechtsversetzung, Linksversetzung, Freies Thema und verwandte Konstruktionen. Tübingen: Niemeyer.

Altrichter, H. (2010). Schul- und Unterrichtsentwicklung durch Datenrückmeldung. In H. Altrichter & K. Maag Merki (Hrsg.), *Handbuch Neue Steuerung im Schulsystem* (S. 219–254). Wiesbaden: VS.

Altrichter, H., & Heinrich, M. (2006). Evaluation als Steuerungsinstrument im Rahmen eines „neuen Steuerungsmodells" im Schulwesen. In W. Böttcher, H. G. Holtappels & M. Brohm (Hrsg.), *Evaluation im Bildungswesen. Eine Einführung in Grundlagen und Praxisbeispiele* (S. 51–64). Weinheim & München: Juventa.

Altrichter, H., & Heinrich, M. (2007). Kategorien der Governance-Analyse und Transformationen der Systemsteuerung in Österreich. In H. Altrichter, T. Brüsemeister & J. Wissinger (Hrsg.), *Educational Governance. Handlungskoordination und Steuerung im Bildungssystem* (S. 55–103). Wiesbaden: VS.

Altrichter, H., & Kemethofer, D. (2015). Does Accountability Pressure through School Inspections Promote School Improvement? *School Effectiveness and School Improvement, 26* (1), 32–56.

Altrichter, H., & Maag Merki, K. (2010a). Steuerung der Entwicklung des Schulsystems. In H. Altrichter & K. Maag Merki (Hrsg.), *Handbuch Neue Steuerung im Schulsystem* (S. 15–39). Wiesbaden: VS.

Altrichter, H., & Maag Merki, K. (Hrsg.). (2010b). *Handbuch Neue Steuerung im Schulsystem.* Wiesbaden: VS.

Altrichter, H., & Rürup, M. (2010). Schulautonomie und die Folgen. In H. Altrichter & K. Maag Merki (Hrsg.), *Handbuch Neue Steuerung im Schulsystem* (S. 111–144). Wiesbaden: VS.

Altrichter, H., Brüsemeister, T., & Wissinger, J. (Hrsg.) (2007a). *Educational Governance. Handlungskoordination und Steuerung im Bildungssystem.* Wiesbaden: VS.

Altrichter, H., Brüsemeister, T., & Wissinger, J. (2007b). Einführung. In H. Altrichter, T. Brüsemeister & J. Wissinger (Hrsg.), *Educational Governance Handlungskoordination und Steuerung im Bildungssystem* (S. 9–13). Wiesbaden: VS.

Altrichter, H., Kemethofer, D., Ehren, M., Gustafsson, J.-E., Skedsmo, G., Huber, S. G. et al. (2016). Wirkungen und Nebenwirkungen europäischer Inspektionssysteme. In Arbeitsgruppe Schulinspektion (Hrsg.), *Schulinspektion als Steuerungsimpuls? Ergebnisse aus Forschungsprojekten* (S. 285–324). Wiesbaden: Springer VS.

Arbeitsgruppe Schulinspektion (Hrsg.). (2016). *Schulinspektion als Steuerungsimpuls? Ergebnisse aus Forschungsprojekten.* Wiesbaden: Springer VS.

Argyris, C., & Schön, D. A. (1999). *Die lernende Organisation. Grundlagen, Methode, Praxis.* Stuttgart: Klett-Cotta.

Arminen, I. (2000). On the Context Sensivity of Institutional Interaction. *Discourse & Society, 11* (4), 435–458.

Asbrand, B. (2014). Die dokumentarische Methode in der Governance-Forschung. Zur Rekonstruktion von Rekontextualisisierungsprozessen. In K. Maag Merki, R. Langer & H. Altrichter (Hrsg.), *Educational Governance als Forschungsperspektive. Strategien, Methoden und Forschungsansätze in interdisziplinärer Perspektive* (S. 177–198). Wiesbaden: VS.

Baecker, D. (2003). *Organisation und Management. Aufsätze.* Frankfurt am Main: Suhrkamp.

Baltruschat, A. (2010). Evaluation als zeremonielles Rollenspiel. Reflexion der externen Evaluation an bayerischen Schulen. In W. Schönig, A. Baltruschat & G. Klenk (Hrsg.), *Dimensionen pädagogisch akzentuierter Schulevaluation* (S. 249–281). Baltmannsweiler: Schneider Verlag Hohengehren.

Becker-Mrotzek, M., & Vogt, R. (2001). Unterrichtskommunikation. Linguistische Analysemethoden und Forschungsergebnisse. Tübingen: Niemeyer.

Bellmann, J. (2012). „The very speedy solution". Neue Erziehung und Steuerung im Zeichen von Social Efficiency. *Zeitschrift für Pädagogik, 58* (2), 143–158.

Bellmann, J. (2016). Output- und Wettbewerbssteuerung im Schulsystem. Konzeptionelle Grundlagen und empirische Befunde. In M. Heinrich & B. Kohlstock (Hrsg.), *Ambivalenzen des Ökonomischen. Analysen zur „Neuen Steuerung" im Bildungssystem* (S. 13–34). Wiesbaden: Springer VS.

Bender, S., & Heinrich, M. (2016). Alte schulische Ordnung in neuer Akteurkonstellation. Rekonstruktionen zur Multiprofessionalität und Kooperation im Rahmen schulischer Inklusion. *Zeitschrift für Pädagogik, 62. Beiheft,* 90–104.

Benner, D. (1987). Allgemeine Pädagogik. Eine systematisch-problemgeschichtliche Einführung in die Grundstruktur pädagogischen Denkens und Handelns. Weinheim & München: Juventa.

Benz, A. (2004). Einleitung. Governance – Modebegriff oder nützliches sozialwissenschaftliches Konzept? In A. Benz (Hrsg.), *Governance. Regieren in komplexen Regelsystemen* (S. 13–36). Wiesbaden: VS.

Bergmann, J. R. (1980). Interaktion und Exploration. Eine konversationsanalytische Studie zur sozialen Organisation der Eröffnungsphase von psychiatrischen Aufnahmegesprächen. Dissertation. Konstanz.

Bergmann, J. R. (1981a). Frage und Frageparaphrase: Aspekte der redezuginternen und sequentiellen Organisation eines Äußerungsformats. In P. Winkler (Hrsg.), *Methoden der Analyse von Face-to-Face-Situationen* (S. 128–142). Stuttgart: Metzler.

Bergmann, J. R. (1981b). Ethnomethodologische Konversationsanalyse. In P. Schröder & H. Steger (Hrsg.), *Dialogforschung* (S. 9–52). Düsseldorf: Schwann.

Bergmann, J. R. (1993). Alamiertes Verstehen: Kommunikation in Feuerwehrnotrufen. In T. Jung & S. Müller-Doohm (Hrsg.), *„Wirklichkeit" im Deutungsprozess. Verstehen und Methoden in den Kultur- und Sozialwissenschaften* (S. 283–328). Frankfurt am Main: Suhrkamp.

Bergmann, J. R. (1994). Ethnomethodologische Konversationsanalyse. In G. Fritz & F. Hundsnurscher (Hrsg.), *Handbuch der Dialoganalyse* (S. 3–16). Tübingen: Niemeyer.

Bergmann, J. R. (2010). Konversationsanalyse. In U. Flick, E. von Kardorff & I. Steinke (Hrsg.), *Qualitative Forschung. Ein Handbuch* (8. Aufl., S. 524–537). Reinbek: Rowohlt.

Berkemeyer, N. (Hrsg.). (2007). Schulische Steuergruppen und Change Management. Theoretische Ansätze und empirische Befunde zur schulinternen Schulentwicklung. Weinheim et al.: Juventa.

Berkemeyer, N. (2010). Die Steuerung des Schulsystems. Theoretische und praktische Explorationen. Wiesbaden: VS.

Berkemeyer, N., & Müller, S. (2010). Schulinterne Evaluation – nur ein Instrument zur Selbststeuerung von Schulen? In H. Altrichter & K. Maag Merki (Hrsg.), *Handbuch Neue Steuerung im Schulsystem* (S. 195–218). Wiesbaden: VS.

Bilmes, J. (1985). "Why that now?" Two Kinds of Conversational Meanings. *Discourse Processes, 8,* 319–355.

Böhm, W. (1994). *Wörterbuch der Pädagogik* (14. Aufl.). Stuttgart: Kröner.

Böhm-Kasper, O., & Selders, O. (2013). „Schulinspektionen sollten regelmäßig durchgeführt werden"? Ländervergleichende Analyse der Wahrnehmung und Akzeptanz von Schulinspektionsverfahren. In I. van Ackeren, M. Heinrich & F. Thiel (Hrsg.), *Evidenzbasierte Steuerung im Bildungssystem. Befunde aus dem BMBF-SteBis-Verbund.* Die Deutsche Schule, 12. Beiheft, 121–153.

Böhm-Kasper, O., Selders, O., & Lambrecht, M. (2016). Schulinspektion und Schulentwicklung. Ergebnisse der quantitativen Schulleitungsbefragung. In Arbeitsgruppe Schulinspektion (Hrsg.), *Schulinspektion als Steuerungsimpuls? Ergebnisse aus Forschungsprojekten* (S. 1–50). Wiesbaden: Springer VS.

Böttcher, W. (2007). Zur Funktion staatlicher „Inputs" in der dezentralisierten und outputorientierten Steuerung. In H. Altrichter, T. Brüsemeister & J. Wissinger (Hrsg.), *Educational Governance. Handlungskoordination und Steuerung im Bildungssystem* (S. 185–206). Wiesbaden: VS.

Böttcher, W. (2012). Zur Kritik des Regierens in der Schulpolitik. Zentralisierung und Vertrauen statt Dezentralisierung und Kontrolle. In S. Hornberg & M. Parreira do Amaral (Hrsg.), *Deregulierung im Bildungswesen* (S. 29–52). Münster et al.: Waxmann.

Böttcher, W., & Keune, M. (2010). Funktionen und Effekte der Schulinspektion. Ausgewählte nationale und internationale Forschungsbefunde. In W. Böttcher, J. N. Dicke & N. Hogrebe (Hrsg.), *Evaluation, Bildung und Gesellschaft. Steuerungsinstrumente zwischen Anspruch und Wirklichkeit* (S. 151–164). Münster: Waxmann.

Böttcher, W., & Kotthoff, H.-G. (2007). Schulinspektion zwischen Rechenschaftslegung und schulischer Qualitätsentwicklung. Internationale Erfahrungen. In W. Böttcher & H.-G. Kotthoff (Hrsg.), *Schulinspektion. Evaluation, Rechenschaftslegung und Qualitätsentwicklung* (S. 9–20). Münster: Waxmann.

Böttcher, W., & Terhart, E. (Hrsg.). (2004). *Organisationstheorie in pädagogischen Feldern. Analyse und Gestaltung.* Wiesbaden: VS.

Böttcher, W., Dicke, J. N., & Ziegler, H. (Hrsg.). (2009). *Evidenzbasierte Bildung. Wirkungsevaluation in Bildungspolitik und pädagogischer Praxis.* Münster: Waxmann.

Böttger-Beer, M., & Koch, E. (2008). Externe Schulevaluation in Sachsen – ein Dialog zwischen Wissenschaft und Praxis. In W. Böttcher, W. Bos, H. Döbert & H. G. Holtappels (Hrsg.), *Bildungsmonitoring und Bildungscontrolling in nationaler und internationaler Perspektive* (S. 253–264). Münster: Waxmann.

Bohnsack, R. (2010). *Rekonstruktive Sozialforschung. Einführung in qualitative Methoden.* Opladen & Farmington Hills, MI: Barbara Budrich & UTB.

Bonsen, M., Bos, W., & Rolff, H.-G. (2008). Zur Fusion von Schuleffektivitäts- und Schulentwicklungsforschung. In W. Bos, H. G. Holtappels, H. Pfeiffer, H.-G. Rolff & R. Schulz-Zander (Hrsg.), *Jahrbuch der Schulentwicklung. Daten, Beispiele, Perspektiven,* Bd. 15 (S. 11–39). Weinheim & München: Juventa.

Bonß, W., Dimbath, O., Maurer, A., Nieder, „L., Pelizäus-Hoffmeister, H., & Schmid, M. (2014). *Handlungstheorie. Eine Einführung.* Bielefeld: transcript.

Bormann, I., Hamborg, S., & Heinrich, M. (Hrsg.). (2016). *Governance-Regime des Transfers von Bildung für nachhaltige Entwicklung. Qualitative Reconstruktionen.* Wiesbaden: Springer VS.

Bos, W., Dedering, K., Holtappels, H. G., Müller, S., & Rösner, E. (2007). Schulinspektion in Deutschland. Eine kritische Bestandsaufnahme. In J. van Buer & C. Wagner (Hrsg.), *Qualität von Schule. Ein kritisches Handbuch* (S. 241–257). Frankfurt am Main: Lang.

Brägger, G., Bucher, B., & Landwehr, N. (2005). Voraussetzungen für eine gute Praxis der externen Schulevaluation. In G. Brägger, B. Bucher & N. Landwehr (Hrsg.), *Schlüsselfragen zur externen Schulevaluation* (S. 21–50). Bern: h.e.p.

Breidenstein, G. (2006). Teilnahme am Unterricht. Ethnographische Studien zum Schülerjob. Wiesbaden: VS.

Breidenstein, G. (2009). Allgemeine Didaktik und praxeologische Unterrichtsforschung. In M. A. Meyer, M. Prenzel & S. Hellekamps (Hrsg.), Perspektiven der Didaktik. *Zeitschrift für Erziehungswissenschaft, Sonderheft 9*, 201–218.

Breuer, U. (2000). *Bekenntnisse. Diskurs – Gattung – Werk.* Frankfurt am Main et al.: Peter Lang.

Brezinka, W. (1978). Metatheorie der Erziehung. Eine Einführung in die Grundlagen der Erziehungswissenschaft, der Philosophie der Erziehung und der Praktischen Pädagogik (4. Aufl.). München & Basel: Ernst Reinhardt.

Brückner, Y., & Tarazona, M. (2010). Finanzierungsformen, Zielvereinbarungen, New Public Management, Globalbudgets. In H. Altrichter & K. Maag Merki (Hrsg.), *Handbuch Neue Steuerung im Schulsystem* (S. 81–109). Wiesbaden: VS.

Brüsemeister, T., & Eubel, K.-D. (2008a). Evaluationsbasierte Steuerung, Wissen und Nichtwissen – Einführung in die Thematik. In T. Brüsemeister & K.-D. Eubel (Hrsg.), *Evaluation, Wissen und Nichtwissen* (S. 7–15). Wiesbaden: VS.

Brüsemeister, T., & Eubel, K.-D. (Hrsg.). (2008b). *Evaluation, Wissen und Nichtwissen.* Wiesbaden: VS.

Brüsemeister, T., Gromala, L., Preuß, B., & Wissinger, J. (2016). Schulinspektion im regionalen und institutionellen Kontext. Qualitative Befunde zu schulinspektionsbezogenen Akteurkonstellationen. In Arbeitsgruppe Schulinspektion (Hrsg.), *Schulinspektion als Steuerungsimpuls? Ergebnisse aus Forschungsprojekten* (S. 51–89). Wiesbaden: Springer VS.

Brunsson, N. (1989). The Organization of Hypocrisy. Talk, Decisions and Actions in Organizations. Chichester: John Wiley & Sons Ltd.

Bublitz, H. (2008). Subjekt. In C. Kammler, R. Parr & U. J. Schneider (Hrsg.), *Foucault-Handbuch. Leben – Werk – Wirkung* (S. 293–296). Stuttgart: Metzler.

Büeler, X., Bucholzer, A., & Roos, M. (Hrsg.). (2005). *Schulen mit Profil. Forschungsergebnisse – Brennpunkte – Zukunftsperspektiven.* Innsbruck: Studien Verlag.

Burkard, C. (2005). Ergebnisorientierte Systemsteuerung: Konsequenzen für die externe Evaluation. In G. Brägger, B. Bucher & N. Landwehr (Hrsg.), *Schlüsselfragen zur externen Schulevaluation* (S. 79–109). Bern: h.e.p.

Burth, H.-P. (1999). Steuerung unter der Bedingung struktureller Kopplung. Opladen: Leske + Budrich.

Butler, J. (1997). Körper von Gewicht. Die diskursiven Grenzen des Geschlechts. Frankfurt am Main: Suhrkamp.

Butler, J. (2006). *Hass spricht. Zur Politik des Performativen.* Frankfurt am Main: Suhrkamp.

Butler, J. (2007). *Kritik der ethischen Gewalt.* Adorno-Vorlesungen 2002. Frankfurt am Main: Suhrkamp.

Caruso, M. (2011). Lernbezogene Menschenhaltung. (Schul-)Unterricht als Kommunikationsform. In W. Meseth, M. Proske & F.-O. Radtke (Hrsg.), *Unterrichtstheorien in Forschung und Lehre* (S. 24–36). Bad Heilbrunn: Klinkhardt.

Case, P., Case, S., & Catling, S. (2000). Please Show You're Working. A Critical Assessmanet of the Impact of OFSTED Inspection on Primary Teachers. *British Journal of Sociology of Education, 21* (4), 605–621.

Cullingford, C., & Daniels, S. (1999). Effects of Ofsted Inspections on School Performance. In C. Cullingford (Ed.), *An Inspector Calls. Ofsted and Its Effect on School Standards* (pp. 59–69). London: Kogan.

Czada, R. (2010). Good Governance als Leitkonzept für Regierungshandeln. Grundlagen, Anwendungen, Kritik. In A. Benz & N. Dose (Hrsg.), *Governance. Regieren in komplexen Regelsystemen: eine Einführung* (S. 201–224). Wiesbaden: VS.

Czada, R., & Schimank, U. (2000). Institutionendynamiken und politische Institutionengestaltung. Die zwei Gesichter sozialer Ordnungsbildung. In R. Werle & U. Schimank (Hrsg.), *Gesellschaftliche Komplexität und kollektive Handlungsfähigkeit* (S. 23–43). Frankfurt am Main & New York: Campus.

Dedering, K., Katenbrink, N., Schaffer, G., & Wischer B. (2016). „Veränderung unter Druck". Erste Einblicke in die Verarbeitung von Inspektionsdaten an Schulen mit gravierenden Mängeln in Niedersachsen. In Arbeitsgruppe Schulinspektion (Hrsg.), *Schulinspektion als Steuerungsimpuls? Ergebnisse aus Forschungsprojekten* (S. 201–226). Wiesbaden: Springer VS.

Deppermann, A. (2005). Glaubwürdigkeit im Konflikt. Rhetorische Techniken in Streitgesprächen. Prozessanalysen von Schlichtungsgesprächen. Radolfzell: Verlag für Gesprächsforschung.

Deppermann, A. (2008). *Gespräche analysieren. Eine Einführung* (4. Aufl.). Wiesbaden: VS.

Deppermann, A. (2013). Interview als Text vs. Interview als Interaktion. *Forum Qualitative Sozialforschung/Forum: Qualitative Social Research, 14* (3), Art. 13 [61 Absätze]. http://nbn-resolving.de/urn:nbn:de:0114-fqs1303131. Zugegriffen: 30. Juni 2017.

Derlien, H.-U., Böhme, D., & Heindl, M. (2011). *Bürokratietheorie. Einführung in eine Theorie der Verwaltung.* Wiesbaden: Springer VS.

Dewe, B., Ferchhoff, W., & Radtke, F.-O. (1992). Das „Professionswissen" von Pädagogen. Ein wissenstheoretischer Rekonstruktionsversuch. In B. Dewe, W. Ferchhoff & F.-O. Radtke (Hrsg.), *Erziehen als Profession. Zur Logik professionellen Handelns in pädagogischen Feldern* (S. 70–91). Opladen: Leske + Budrich.

Diedrich, M. (2015). Der zweite Zyklus der Schulinspektion Hamburg. Ein Ausblick. In M. Pietsch, B. Scholand & K. Schulte (Hrsg.), *Schulinspektion in Hamburg: Der erste Zyklus 2007–2013. Grundlagen, Befunde, Perspektiven* (S. 419–435). Münster: Waxmann.

Dietrich, F. (2014). Objektiv-hermeneutische Governance-Analysen. In K. Maag Merki, R. Langer & H. Altrichter (Hrsg.), *Educational Governance als Forschungsperspektive. Strategien, Methoden und Forschungsansätze in interdisziplinärer Perspektive* (S. 199–227). Wiesbaden: VS.

Dietrich, F. (2016). Schulinspektion als Steuerungsimpuls für die Schulentwicklung? Objektiv-hermeneutische Governance-Analysen zur Handlungskoordination im Kontext der Schulinspektionen. In Arbeitsgruppe Schulinspektion (Hrsg.), *Schulinspektion als Steuerungsimpuls? Ergebnisse aus Forschungsprojekten* (S. 119–167). Wiesbaden: Springer VS.

Dietrich, F. (2017). Konturen einer Rekonstruktiven Governanceforschung. Zu einer rekonstruktiven Perspektivierung von Schule als Mehrebenensystem und deren Stellenwert im Kontext der Schul- und Professionalisierungsforschung. In M. Heinrich & A. Wernet (Hrsg.), *Rekonstruktive Bildungsforschung. Zugänge und Methoden* (S. 73–94). Wiesbaden: Springer VS.

Dietrich, F., & Lambrecht, M. (2012). Menschen arbeiten mit Menschen. Schulinspektion und die Hoffnung auf den zwanglosen Zwang der „besseren Evidenz". *Die Deutsche Schule, 104* (1), 57–70.

Dietrich, F., Heinrich, M., & Lambrecht, M. (2015). What is the Purpose of School Inspections? Functional Determination of School Inspection beyond Control. In H.-G. Kotthoff & E. Klerides (Eds.), *Governing Educational Spaces. Knowledge, Teaching, and Learning in Transition* (pp. 93–104). Rotterdam, Boston & Taipei: Sense Publishers.

DiMaggio, P. J., & Powell, W. W. (1983). The Iron Cage Revisited. Institutional Isomorphism and Collective Rationality in Organizational Fields. *American Sociological Review, 48,* 147–160.

Dinkelaker, J. (2008). Kommunikation von (Nicht-)Wissen. Eine Fallstudie zum Lernen Erwachsener in hybriden Settings. Wiesbaden: VS.

Döbert, H., Rürup, M., & Dedering, K. (2008). Externe Evaluation von Schulen in Deutschland – die Konzepte der Bundesländer, ihre Gemeinsamkeiten und Unterschiede. In H. Döbert & K. Dedering (Hrsg.), *Externe Evaluation von Schulen. Historische, rechtliche und vergleichende Aspekte* (S. 63–151). Münster: Waxmann.

Drerup, H., & Terhart, E. (Hrsg.). (1990). Erkenntnis und Gestaltung. Vom Nutzen erziehungswissenschaftlicher Forschung in praktischen Verwendungskontexten. Weinheim: Deutscher Studienverlag.

Drew, P., & Heritage, J. (Eds.). (1992a). *Talk at Work. Interaction in Institutional Settings.* Cambridge: Cambridge University Press.

Drew, P., & Heritage, J. (1992b). Analyzing Talk at Work: an Introduction. In P. Drew & J. Heritage (Eds.), *Talk at Work. Interaction in Institutional Settings* (pp. 3–65). Cambridge: Cambridge University Press.

Dudek, P. (1999). Grenzen der Erziehung im 20. Jahrhundert. Allmacht und Ohnmacht der Erziehung im pädagogischen Diskurs. Bad Heilbrunn: Klinkhardt.

Eberle, T. S. (1997). Ethnomethodologische Konversationsanalyse. In R. Hitzler & A. Honer (Hrsg.), *Sozialwissenschaftliche Hermeneutik. Eine Einführung* (S. 245–279). Opladen: Leske + Budrich.

Ehren, M., & Scheerens, J. (2015). Evidenzbasierte Referenzrahmen zur Schulqualität als Grundlage der Schulinspektion. In M. Pietsch, B. Scholand & K. Schulte (Hrsg.), *Schulinspektion in Hamburg. Der erste Zyklus 2007–2013: Grundlagen, Befunde, Perspektiven* (S. 233–272). Münster & New York: Waxmann.

Ehren, M., & Visscher, A. (2006). Towards a Theory on the Impact of School Inspections. *British Journal of Educational Studies, 54* (1), 51–72.

Ehren, M., & Visscher, A. (2008). The Relationships between School Inspections, School Characteristics and School Improvement. *British Journal of Educational Studies, 56* (2), 205–227.

Eickelpasch, R. (1982). Das ethnomethodologische Programm einer „radikalen" Soziologie. *Zeitschrift für Soziologie, 11* (1), 7–27.

Emmerich, M. (2010a). Regionalisierung und Schulentwicklung. Bildungsregionen als Modernisierungsansätze im Bildungssektor. In H. Altrichter & K. Maag Merki (Hrsg.), *Handbuch Neue Steuerung im Schulsystem* (S. 355–375). Wiesbaden: VS.

Emmerich, M. (2010b). Modifikation schulischer Selbstbeschreibung. Standardbasierte Selbstevaluation zwischen Sensemaking und Intervention. In W. Böttcher, J. N. Dicke & N. Hogrebe (Hrsg.), *Evaluation, Bildung und Gesellschaft. Steuerungsinstrumente zwischen Anspruch und Wirklichkeit* (S. 179–191). Münster: Waxmann.

Faulstich, P. (2004). Bildungsstandards, Kompetenzen und Bildung. In Gesellschaft für Politikdidaktik und politische Jugend- und Erwachsenenbildung (Hrsg.), *Politische Bildung zwischen individualisiertem Lernen und Bildungsstandards* (S. 94–107). Schwalbach im Taunus: Wochenschau.

Fend, H. (1986). „Gute Schulen – schlechte Schulen". Die einzelne Schule als pädagogische Handlungseinheit. *Die Deutsche Schule, 78* (3), 275–293.

Fend, H. (2005). Systemsteuerung im Bildungswesen. Anschlussfähigkeiten an die Schulwirklichkeit. In K. Maag Merki, A. Sandmeier, P. Schuler & H. Fend (Hrsg.), *Schule wohin? Schulentwicklung und Qualitätsmanagement im 21. Jahrhundert* (S. 15–27). Zürich: FS&S, Universität Zürich.

Ferguson, N., Earley, P., Ouston, J., & Fidler, B. (1999). New Heads, OFSTED Inspections and the Prospects for School Improvement. *Educational Research, 41* (3), 241–249.

Flämig, W. (1991). Grammatik des Deutschen. Einführung in Struktur- und Wirkungszusammenhänge. Berlin: Akademie.

Foucault, M. (1987). Das Subjekt und die Macht. In H. L Dreyfus & P. Rabinow (Hrsg.), *Michel Foucault. Jenseits von Strukturalismus und Hermeneutik* (S. 243–261). Frankfurt am Main: Athenäum.

Foucault, M. (1989). *Überwachen und Strafen. Die Geburt des Gefängnisses* (8. Aufl.). Frankfurt am Main: Suhrkamp.

Foucault, M. (1993). About the Beginning of the Hermeneutics of the Self. *Political Theory, 21* (2), 198–227.

Foucault, M. (2000). Die Gouvernementalität. In U. Bröckling, S. Krasmann & T. Lemke (Hrsg.), *Gouvernementalität der Gegenwart. Studien zur Ökonomisierung des Sozialen* (S. 41–67). Frankfurt am Main: Suhrkamp.

Foucault, M. (2004). *Geschichte der Gouvernementalität II. Sicherheit Territorium, Bevölkerung (1979)*. Vorlesungen am Collège des France 1977–1978. Frankfurt am Main: Suhrkamp.

Foucault, M. (2005). Gespräch mit Ducio Trombadori (1980). In *Schriften in vier Bänden. Dits et Ecrits. 1980–1988* (Bd. 4, S. 51–119). Frankfurt am Main: Suhrkamp.

Fritzsche, B., Idel, T.-S., & Rabenstein, K. (2011). Ordnungsbildung in pädagogischen Praktiken. Praxistheoretische Überlegungen zur Konstitution und Beobachtung von Lernkulturen. *Zeitschrift für Soziologie der Erziehung und Sozialisation, 31* (1), 28–44.

Füssel, H.-P. (2008). Schulinspektion und Schulaufsicht, Schulinspektion oder Schulaufsicht, Schulinspektion versus Schulaufsicht, Schulinspektion als Schulaufsicht? In H. Döbert & K. Dedering (Hrsg.), *Externe Evaluation von Schulen. Historische, rechtliche und vergleichende Aspekte* (S. 153–164). Münster: Waxmann.

Fuhr, T. (1999). Zeigen und Erziehung. Das Zeigen als „zentraler Gegenstand" der Erziehungswissenschaft. In T. Fuhr & K. Schultheis (Hrsg.), *Zur Sache der Pädagogik. Untersuchungen zum Gegenstand der allgemeinen Erziehungswissenschaft* (S. 109–121). Bad Heilbrunn: Klinkhardt.

Gärtner, H., & Pant, H. A. (2011). Validierungsstrategien für Verfahren und Ergebnisse von Schulinspektionen. In S. Müller, M. Pietsch & W. Bos (Hrsg.), *Schulinspektionen in Deutschland. Eine Zwischenbilanz aus empirischer Sicht*. Münster: Waxmann.

Gärtner, H., Hüsemann, D., & Pant, H. A. (2009). Wirkungen von Schulinspektion aus Sicht betroffener Schulleitungen. Die Brandenburger Schulleiterbefragung *Empirische Pädagogik, 23* (1), 1–18.

Garfinkel, H. (1967). *Studies in Ethnomethodology*. Englewood Cliffs, NJ: Prentice Hall.

Garfinkel, H. (1996). Ethnomethodology's Program. *Social Psychology Quaterly, 59* (1), 5–21.

Garfinkel, H. (Ed.). (1986). *Ethnomethodological Studies of Work*. London: Routledge.

Giesecke, H. (2010). *Pädagogik als Beruf. Grundformen pädagogischen Handelns* (10. Aufl.). Weinheim & München: Juventa.

Gilroy, P., & Wilcox, B. (1997). OFSTED, Criteria and the Nature of Social Understanding. A Wittgensteinian Critique of the Practice of Educational Judgement. *British Journal of Educational Studies, 45* (1), 22–38.

Göhler, G., Höppner, U., & De La Rosa, S. (2009a). Einleitung. In G. Göhler, U. Höppner & S. De La Rosa (Hrsg.), *Weiche Steuerung. Studien zur Steuerung durch diskursive Praktiken, Argumente und Symbole* (S. 11–26). Baden-Baden: Nomos.

Göhler, G., Höppner, U., & De La Rosa, S. (Hrsg.). (2009b). Weiche Steuerung. Studien zur Steuerung durch diskursive Praktiken, Argumente und Symbole. Baden-Baden: Nomos.

Görlitz, A., & Burth, H.-P. (1998). *Politische Steuerung. Ein Studienbuch* (2. Aufl.). Opladen: Leske + Budrich.

Goffman, E. (1959). The Presentation of Self in Everyday Life. New York: Anchor.

Gramsci, A. (1983). *Marxismus und Kultur*. Hamburg: VSA.

Granzow-Emden, M. (2013). Deutsche Grammatik verstehen und unterrichten. Tübingen: Narr.

Gülich, E., & Mondada, L. (2008). Konversationsanalyse. Eine Einführung am Beispiel des Französischen. Tübingen: Niemeyer.

Habscheid, S. (2000). Das „Mikro-Makro-Problem" in der Gesprächsforschung. *Gesprächsforschung*, (1), 125–148.

Haus, M. (2010). Governance-Theorien und Governance-Probleme. Diesseits und jenseits des Steuerungsparadigmas. *Politische Vierteljahresschrift, 51* (3), 457–479.

Hausendorf, H. (1997). Konstruktivistische Rekonstruktion. Theoretische und empirische Implikationen aus konversationsanalytischer Sicht. In T. Sutter (Hrsg.), *Beobachtung verstehen, Verstehen beobachten. Perspektiven einer konstruktivistischen Hermeneutik* (S. 254–272). Opladen: Westdeutscher Verlag.

Hausendorf, H. (2008). Interaktion im Klassenzimmer. Zur Soziolinguistik einer riskanten Kommunikationspraxis. In H. Willems (Hrsg.), *Lehr(er)buch Soziologie. Für die pädagogischen und soziologischen Studiengänge* (S. 931–957). Wiesbaden: VS.

Heid, H., & Harteis, C. (Hrsg.). (2005). Verwertbarkeit. Ein Qualitätskriterium (erziehungs-)wissenschaftlichen Wissens? Wiesbaden: VS.

Heinrich, M. (2006). Autonomie und Schulautonomie. Die vergessenen ideengeschichtlichen Quellen der Autonomiedebatte der 1990er Jahre. Münster: Monsenstein & Vannerdat.

Heinrich, M. (2007). Governance in der Schulentwicklung. Von der Autonomie zur evaluationsbasierten Steuerung. Wiesbaden: VS.

Heinrich, M. (2010). Bildungsgerechtigkeit durch Evidence-based-Policy? Governanceanalysen zu einem bildungspolitischen Programm. In W. Böttcher, J. N. Dicke & N. Hogrebe (Hrsg.), *Evaluation, Bildung und Gesellschaft. Steuerungsinstrumente zwischen Anspruch und Wirklichkeit* (S. 47–68). Münster: Waxmann.

Heinrich, M. (2017). Zum Verhältnis von Schulinspektion und Schulaufsicht. Zwei Institutionen zwischen Ausdifferenzierung und Entdifferenzierung. In A. Paseka, M. Heinrich, A. Kanape & R. Langer (Hrsg.), *Schulentwicklung zwischen Steuerung und Autonomie. Beiträge aus Aktions-, Schulentwicklungs- und Governance-Forschung* (S. 155–174). Münster et al.: Waxmann.

Heinrich, M., & Altrichter, H. (2008). Schulentwicklung und Profession. Der Einfluss von Initiativen zur Modernisierung der Schule auf die Lehrerprofession. In W. Helsper, S. Busse, M. Hummrich & R.-T. Kramer (Hrsg.), *Pädagogische Professionalität in Organisationen. Neue Verhältnisbestimmungen am Beispiel der Schule* (S. 205–221). Wiesbaden: VS.

Heinrich, M., & Lambrecht, M. (i.V.). Schulinspektion. Externe Evaluation von Schulen aus programmimmanent-steuerungstheoretischer und governanceanalytischer Perspektive. In M. Gläser-Zikuda, M. Harring & C. Rohlfs (Hrsg.), *Handbuch Schulpädagogik*. Münster: Waxmann.

Heinrich, M., Altrichter, H., & Soukup-Altrichter, K. (2011). Neue Ungleichheiten durch Schulprofilierung? Autonomie, Wettbewerb und Selektion in profilorientierten Schulentwicklungsprozessen. In F. Dietrich, M. Heinrich & N. Thieme (Hrsg.), *Neue Steuerung – alte Ungleichheiten? Steuerung und Entwicklung im Bildungssystem* (S. 271–289). Münster et al.: Waxmann.

Helfferich, C. (2005). Die Qualität qualitativer Daten. Manual für die Durchführung qualitativer Interviews (2. Aufl.). Wiesbaden: VS.

Helsper, W. (2010). Pädagogisches Handeln in den Antinomien der Moderne. In H.-H. Krüger & W. Helsper (Hrsg.), *Einführung in Grundbegriffe und Grundfragen der Erziehungswissenschaft* (9. Aufl., S. 15–34). Opladen & Farmington Hills, MI: Budrich.

Heritage, J. (1984). *Garfinkel and Ethnomethodology*. Cambridge: Polity Press.

Heritage, J. (2004). Conversation Analysis and Institutional Talk. Analyzing Data. In D. Silverman (Ed.), *Qualitative Research. Theory, Method and Practice* (2. ed., pp. 222–245). Los Angeles, CA, et al.: Sage.

Heritage, J., & Greatbatch, D. (1991). On the Institutional Character of Irsitutional Talk. The Case of News Interviews. In D. Boden & D. Zimmerman (Eds.), *Talk and Social Structure. Studies in Ethnomethodology and Conversation Analysis* (pp. 93–137). Cambridge: Polity Press.

Herrmann, U. G. (2009). „Alte" und „Neue" Steuerung im Bildungssystem. Anmerkungen zu einem bildungshistorisch problematischen Dualismus. In U. Lange, S. Rahn, W. Seitter & R. Körzel (Hrsg.), *Steuerungsprobleme im Bildungswesen*. Festschrift für Klaus Harney (S. 57–77). Wiesbaden: VS.

Hitzler, S. (2012). Aushandlung ohne Dissens? Praktische Dilemmata der Gesprächsführung im Hilfeplangespräch. Wiesbaden: Springer VS.

Höhne, T. (2004). Pädagogisierung sozialer Machtverhältnisse. In E. Ribolits & J. Zuber (Hrsg.), *Pädagogisierung. Die Kunst, Menschen mittels Lernen immer dümmer zu machen!* (Schulheft, Bd. 116, S. 30–44). Innsbruck: Studien Verlag.

Höhne, T. (2006). Evaluation als Medium der Exklusion. Eine Kritik an disziplinärer Standardisierung im Neoliberalismus. In S. Weber & S. Maurer (Hrsg.), *Gouvernementalität und Erziehungswissenschaft. Wissen – Macht – Transformation* (S. 197–218). Wiesbaden: VS.

Höhne, T. (2013). Pädagogisierung als Entgrenzung und Machtstrategie. Einige kritische Überlegungen zum erziehungswissenschaftlichen Pädagogisierungsdiskurs. In A. Schäfer & C. Thompson (Hrsg.), *Pädagogisierung* (Wittenberger Gespräche 1, S. 27–35). Halle-Wittenberg: Martin-Luther-Universität.

Hoffmeister, H., Homeier, W., & Till, U. (2013). Die zukünftige Schulinspektion in Niedersachsen. Start der Pilotierungsphase. *SchulVerwaltung (Landesausgabe Niedersachsen)*, (2), 36–40.

Honneth, A. (1990). Integrität und Mißachtung. Grundmotive einer Moral der Anerkennung. *Merkur, 44* (501), 1043–1054.

Honneth, A. (1992). Kampf um Anerkennung. Zur moralischen Grammatik sozialer Konflikte. Frankfurt am Main: Suhrkamp.

Hopf, C. (1978). Die Pseudo-Exploration. Überlegungen zur Technik qualitativer Interviews in der Sozialforschung. *Zeitschrift für Soziologie, 7* (2), 97–115.

Huber, F. (2008). Konsequenzen aus der externen Evaluation an Bayerns Schulen. In W. Böttcher, W. Bos, H. Döbert & H. G. Holtappels (Hrsg.), *Bildungsmonitoring und Bildungscontrolling in nationaler und internationaler Perspektive* (S. 265–278). Münster: Waxmann.

Hünersdorf, B. (2010) Zur Beobachtbarkeit von Pädagogik. Wie kann empirisch etwas als etwas Pädagogisches rekonstruiert werden? In S. Neumann (Hrsg.), *Beobachtungen des Pädagogischen. Programm, Methodologie, Empirie*. Luxembourg: Université du Luxembourg.

Hummrich, M., & Kramer, R.-T. (2011). Zur materialen Rationalität pädagogischer Ordnungen. Die Rekonstruktion pädagogischer Generationsbeziehungen mit der Objektiven Hermeneutik. *Zeitschrift für Qualitative Forschung, 12* (2), 217–238.

Husfeldt, V. (2011). Wirkungen und Wirksamkeit der externen Schulevaluation. Überblick zum Stand der Forschung. *Zeitschrift für Erziehungswissenschaft, 14* (2), 259–282.

Institut für Bildungsmonitoring Hamburg (Hrsg.). (2012). *Orientierungsrahmen Schulqualität und Leitfaden*, Hamburg. http://www.hamburg.de/contentblob/3874833/data/orientierungsrahmen-20 13-02-25.pdf. Zugegriffen: 23. August 2016.

Institut für Bildungsmonitoring und Qualitätsentwicklung Hamburg (Hrsg.). (Juni 2015). *Fragebogen für Eltern, Version 5*, Hamburg. http://www.hamburg.de/contentblob/4356902/ec856d33f27 402f25917dee8c676a0e1/data/pdf-elternfragebogen-allgemeinbildende-schulen).pdf. Zugegriffen: 23. August 2016.

Jefferson, G. (1989). Preliminary Notes on a Possible Metric which Provides for a 'Standard Maximum' Silence of Approximately One Second in Conversation. In D. Roger & P. Bull (Eds.), *Conversation. An Interdisciplinary Perspective* (pp. 166–196). Clevedon: Multilingual Matters.

Jeffrey, B. (2002). Performativity and Primary Teacher Relations. *Journal of Educational Policy, 17* (5), 531–536.

Jeffrey, B., & Woods, P. (1995, 8. September). Panic on Parade. *Times Educational Supplement,* S. 4.

Jeffrey, B., & Woods, P. (1996). Feeling Deprofessionalised. The Construction of Emotions during an Ofsted Inspection. *Cambridge Journal of Education, 26* (3), 325–343.

Kade, J. (1997). Vermittelbar/nicht-vermittelbar: Vermitteln: Aneignen. Im Prozess der Systembildung des Pädagogischen. In D. Lenzen & N. Luhmann (Hrsg.), *Bildung und Weiterbildung im Erziehungssystem. Lebenslauf und Humanontogenese als Medium und Form* (S. 30–70). Frankfurt am Main: Suhrkamp.

Kade, J. (2004). Erziehung als pädagogische Kommunikation. In D. Lenzen (Hrsg.), *Irritationen des Erziehungssystems. Pädagogische Resonanzen auf Niklas Luhmann* (S. 199–232). Frankfurt am Main: Suhrkamp.

Kade, J. (2009). Kommunikation und Zeigen. Zum Verhältis von Operativer Pädagogik und Theorie Pädagogischer Kommunikation. In K. Berdelmann & T. Fuhr (Hrsg.), *Operative Pädagogik. Grundlegung, Anschlüsse, Diskussion* (S. 191–209). Paderborn: Schöningh.

Kade, J., & Seitter, W. (2007a). Offensichtlich unsichtbar. Die Pädagogisierung des Umgangs mit Wissen im Kontext des lebenslangen Lernens. *Zeitschrift für Erziehungswissenschaft, 10* (2), 181–198.

Kade, J., & Seitter, W. (Hrsg.). (2007b). *Umgang mit Wissen. Recherchen zur Empire des Pädagogischen. Band 2: Pädagogisches Wissen.* Opladen & Farmington Hills, MI: Barbara Budrich.

Kade, J., & Seitter, W. (Hrsg.). (2007c). Umgang mit Wissen. Recherchen zur Empirie des Pädagogischen. Band 1: Pädagogische Kommunikation. Opladen & Farmington Hills: Barbara Budrich.

Kade, J., & Seitter, W. (2007d). Wissensgesellschaft – Umgang mit Wissen – Universalisierung des Pädagogischen. Theoretischer Begründungszusammenhnag und projektbezogener Aufriss. In J. Kade & W. Seitter (Hrsg.), *Umgang mit Wissen. Recherchen zur Empirie des Pädagogischen. Band 1: Pädagogische Kommunikation* (S. 15–42). Opladen & Farmington Hills, MI: Barbara Budrich.

Kallmeyer, W. (1978). Fokuswechsel und Fokussierung als Aktivitäten der Gesprächskonstitution. In R. Meyer-Hermann (Hrsg.), Sprechen – Handeln – Interaktion. Ergebnisse aus Bielefelder Forschungsprojekten zu Texttheorie, Sprechakttheorie und Konversationsanalyse (S. 191–241). Tübingen: Niemeyer.

Key, T. (2007). School Inspection in England: Evaluation, Accountability and Quality Development. In W. Böttcher & H.-G. Kotthoff (Hrsg.), *Schulinspektion. Evaluation, Rechenschaftslegung und Qualitätsentwicklung* (S. 21–32). Münster: Waxmann.

Klopsch, B. (2009). Fremdevaluation im Rahmen der Qualitätsentwicklung und -sicherung. Eine Evaluation der Qualifizierung baden-württembergischer Fremdevaluatorinnen und Fremdevaluatoren. Frankfurt am Main: Lang.

KMK (Sekretariat der Ständigen Konferenz der Kultusminister der Länder in der Bundesrepublik Deutschland) (Hrsg.). (2006). *Gesamtstrategie der Kultusministerkonferenz zum Bildungsmonitoring.* München: LinkLuchterhand. http://www.kmk.org/fileadmin/veroeffentlichungen_beschlu esse/2006/2006_08_01-Gesamtstrategie-Bildungsmonitoring.pdf. Zugegriffen: 04. Oktober 2011.

KMK (Sekretariat der Ständigen Konferenz der Kultusminister der Länder in der Bundesrepublik Deutschland) (2015). *Gesamtstrategie der Kultusministerkonferenz zum Bildungsmonitoring. Beschluss der 350. Kultusministerkonferenz vom 11.06.2015.* Bonn & Berlin: KMK.

Kob, J. (1963). Erziehung in Elternhaus und Schule. Eine soziologische Studie. Stuttgart: Enke.

Koch, S., & Schemmann, M. (Hrsg.). (2009). Neo-Institutionalismus in der Erziehungswissenschaft. Grundlegende Texte und empirische Studien. Wiesbaden: VS.

Koller, H.-C. (2012). Grundbegriffe, Theorien und Methoden der Erziehungswissenschaft. Eine Einführung (6. Aufl.). Stuttgart: Kohlhammer.

Koring, B. (1992). Die Professionalisierungsfrage der Erwachsenenbildung. In B. Dewe, W. Ferchhoff & F.-O. Radtke (Hrsg.), *Erziehen als Profession. Zur Logik professionellen Handelns in pädagogischen Feldern* (S. 171–199). Opladen: Leske + Budrich.

Kotthoff, H.-G. (2003). Bessere Schulen durch Evaluation? Internationale Erfahrungen. Münster: Waxmann.

Kotthoff, H.-G., & Böttcher, W. (2010). Neue Formen der „Schulinspektion". Wirkungshoffungen und Wirksamkeit im Spiegel empirischer Bildungsforschung. In H. Altrichter & K. Maag Merki (Hrsg.), *Handbuch Neue Steuerung im Schulsystem* (S 295–325). Wiesbaden: VS.

Kotthoff, H.-G., Maag Merki, K., & Lambrecht, M. (Juli 2008). *Wissenschaftliche Begleitung der Pilotphase Fremdevaluation an allgemein bildenden Schulen in Baden-Württemberg.* Abschlussbericht. Freiburg: Pädagogische Hochschule Freiburg.

Kron, F. W. (1996). *Grundwissen Pädagogik* (5. Aufl.). München & Basel: Ernst Reinhardt.

Kuper, H. (2008). Wissen – Evaluation – Evaluationswissen. In T. Brüsemeister & K.-D. Eubel (Hrsg.), *Evaluation, Wissen und Nichtwissen* (S. 61–73). Wiesbaden VS.

Kussau, J., & Brüsemeister, T. (2007). Educational Governance: Zur Analyse der Handlungskoordination im Mehrebenensystem der Schule. In H. Altrichter, T. Brüsemeister & J. Wissinger (Hrsg.), *Educational Governance. Handlungskoordination und Steuerung im Bildungssystem* (S. 15–54). Wiesbaden: VS.

Lambrecht, M. (2016a). Pädagogische Praktiken in Steuerungskontexten. In W. Meseth, J. Dinkelaker, S. Neumann, K. Rabenstein, O. Dörner, M. Hummrich et al. (Hrsg.), *Empirie des Pädagogischen und Empirie der Erziehungswissenschaft. Beobachtungen erziehungswissenschaftlicher Forschung* (S. 87–98). Bad Heilbrunn: Klinkhardt.

Lambrecht, M. (2016b). Die „Evolution" der Evaluation. Reflexionen zum Transintentionalitätskonzept anhand der Entwicklung des Steuerungsimpulses Schulinspektion. In I. Bormann, T. Brüsemeister & S. Niedlich (Hrsg.), *Transintentionalität im Bildungswesen* (S. 149–192). Weinheim & Basel: Beltz Juventa.

Lambrecht, M., & Heinrich, M. (2016). Objektive Hermeneutik. Latente Sinnstrukturen des BNE-Transfers. In I. Bormann, S. Hamborg & M. Heinrich (Hrsg.), *Governance-Regime des Transfers von Bildung für nachhaltige Entwicklung. Qualitative Rekonstruktionen* (S. 109–127). Wiesbaden: Springer VS.

Lambrecht, M., & Rürup, M. (2012). Bildungsforschung im Rahmen einer evidence based policy. Das Beispiel „Schulinspektion". In A. Wacker, U. Maier & J. Wissinger (Hrsg.), *Schul- und Unterrichtsreform durch ergebnisorientierte Steuerung. Empirische Befunde und forschungsmethodische Implikationen* (S. 57–77). Wiesbaden: VS.

Landwehr, N. (2011). Thesen zur Wirkung und Wirksamkeit der externen Schulevaluation. In C. Quesel. V. Husfeldt, N. Landwehr & P. Steiner (Hrsg.), *Wirkungen und Wirksamkeit der externen Schulevaluation* (S. 35–70). Bern: h.e.p.

Lange, H. (1999). Schulautonomie und Neues Steuerungsmodell. *Recht der Jugend und des Bildungswesens, 47,* 423–438.

Langer, R. (Hrsg.). (2008). „Warum tun die das?" Governanceanalysen zum Steuerungshandeln in der Schulentwicklung. Wiesbaden: VS.

Lehmann-Rommel, R. (2004). Partizipation, Selbstreflexion und Rückmeldung. Gouvernementale Regierungspraktiken im Feld Schulentwicklung. In N. Ricken & M. Rieger-Ladich (Hrsg.), *Michel Foucault: Pädagogische Lektüren* (S. 261–283). Wiesbaden: VS.

Lemke, T., Krasmann, S., & Bröckling, U. (2000). Gouvernementalität, Neoliberlismus und Selbsttechnologien. Eine Einleitung. In U. Bröckling, S. Krasmann & T. Lemke (Hrsg.), *Gouvernementalität der Gegenwart. Studien zur Ökonomisierung des Sozialen* (S. 7–40). Frankfurt am Main: Suhrkamp.

Levinson, S. C. (1992). Activity Types and Language. In P. Drew & J. Heritage (Eds.), *Talk at Work. Interaction in Institutional Settings* (pp. 66–100). Cambridge: Cambridge University Press.

Link, J. (2008). Zum diskursanalytischen Konzept des flexiblen Normalismus. Mit einem Blick auf die kindliche Entwicklung am Beispiel der Vorsorgeuntersuchungen. In H. Kelle & A. Tervooren (Hrsg.), *Ganz normale Kinder. Heterogenität und Standardisierung kindlicher Entwicklung* (S. 59–72). Weinheim: Juventa.

Link, J. (2009). *Versuch über den Normalismus. Wie Normalität produziert wird* (4. Aufl.). Göttingen: Vandenhoeck & Ruprecht.

LISA (Landesinstitut für Schule und Ausbildung Mecklenburg-Vorpommern) (Hrsg.). (2006). *Gute Schule. Externe Evaluation von Schulen in Mecklenburg-Vorpommern*, Schwerin. http://www.bildung-mv.de/export/sites/lisa/de/schule/entwicklung/selbst_schule/dok_s_schule/GS_Ext_Eval uation.pdf. Zugegriffen: 04. Oktober 2011.

Lohmann, A., & Reißmann, J. (2007). Von der Verstrickung der Rollen zum funktionalen Unterstützungsnetz – Die Schulinspektion im Gefüge von Schulleitung, Kollegium, Schulaufsicht und Unterstützungssystem. *Journal für Schulentwicklung, 11* (3), 15–24.

Lonsdale, P., & Parsons, C. (1998). Inspection and the School Improvement Hoax. In P. Earley (Ed.), *School Improvement after Inspection. School and LEA Responses* (pp. 110–125). London: Chapman.

Lortie, D. C. (1975). *Schoolteacher. A Sociological Study*. London: University of Chicago Press.

LS (Landesinstitut für Schulentwicklung Stuttgart) (Hrsg.) (September 2007). *Leitfaden zur Selbstevaluation an Schulen* (QE-3), Stuttgart. http://www.schule-bw.de/entwicklung/qualieval/fev_as/ sevstart/weiterfuehrendeInfos/Handreichungen/. Zugegriffen: 05. September 2016.

LS (Landesinstitut für Schulentwicklung Stuttgart) (Hrsg.). (Juni 2015). Konzeption und Verfahren der Fremdevaluation (zweiter Durchgang) an allgemein bildenden Schulen in Baden-Württemberg ab zweitem Schulhalbjahr 2015/2016 (QE-24), Stuttgart. http://www.schule-bw.de/entwick lung/qualieval/fev_as/fev/15_16/informationen/FEV2_AS_Konzeption-und-Verfahren-der-Frem devaluation-QE-24_2015-06.pdf. Zugegriffen: 05. September 2016.

Lüders, C., Kade, J., & Hornstein, W. (2010). Entgrenzung des Pädagogischen. In H.-H. Krüger & W. Helsper (Hrsg.), *Einführung in Grundbegriffe und Grundfragen der Erziehungswissenschaft* (9. Aufl., S. 223–232). Opladen & Farmington Hills, MI: Budrich.

Luhmann, N. (1985). Erziehender Unterricht als Interaktionssystem. In J. Diederich (Hrsg.), *Erziehender Unterricht. Fiktion und Faktum?* (GFPF-Materialien, Nr. 17, S. 77–94). Frankfurt am Main: GFPF.

Luhmann, N. (2000). *Organisation und Entscheidung*. Opladen & Wiesbaden: Westdeutscher Verlag.

Luhmann, N. (2004). Sozialisation und Erziehung (1987). In N. Luhmann, *Schriften zur Pädagogik.* Herausgegeben und mit einem Vorwort versehen von Dieter Lenzen (S. 111–122). Frankfurt am Main: Suhrkamp.

Luhmann, N. (2013). *Legitimation durch Verfahren* (9. Aufl.). Frankfurt am Main: Suhrkamp.

Luhmann, N., & Schorr, K.-E. (1982). Das Technologiedefizit der Erziehung und die Pädagogik. In N. Luhmann & K.-E. Schorr (Hrsg.), *Zwischen Technologie und Selbstreferenz* (S. 11–40). Frankfurt am Main: Suhrkamp.

Maag Merki, K. (2010). Theoretische und empirische Analysen der Effektivität von Bildungsstandards, standardbezogenen Lernstandserhebungen und zentralen Abschlussprüfungen. In H. Altrichter & K. Maag Merki (Hrsg.), *Handbuch Neue Steuerung im Schulsystem* (S. 145–169). Wiesbaden: VS.

Maag Merki, K., & Altrichter, H. (2010). Empirische Erforschung schulischer Governance. Eine Zwischenbilanz und offene Forschungsfragen. In H. Altrichter & K. Maag Merki (Hrsg.), *Handbuch Neue Steuerung im Schulsystem* (S. 403–408). Wiesbaden: VS.

Maag Merki, K., Langer, R., & Altrichter, H. (Hrsg.). (2014). Educational Governance als Forschungsperspektive. Strategien, Methoden und Forschungsansätze in interdisziplinärer Perspektive. Wiesbaden: VS.

Maier, U., Ramsteck, C., & Frühwacht, A. (2013). Lehr-Lerntheoretische Argumentationsmuster bei der Interpretation und Nutzung von Vergleichsarbeitsrückmeldungen durch Gymnasiallehrkräfte. In I. van Ackeren, M. Heinrich & F. Thiel (Hrsg.), *Evidenzbasierte Steuerung im Bildungssystem. Befunde aus dem BMBF-SteBis-Verbund.* Die Deutsche Schule, 12. Beiheft, 74–96.

Maritzen, N. (2006). Eine Trendanalyse. Schulinspektion zwischen Aufsicht und Draufsicht. In H. Buchen, L. Horster & H.-G. Rolff (Hrsg.), *Schulinspektion und Schulleitung* (S. 7–26). Berlin: Raabe.

Maritzen, N. (2008). Schulinspektionen. Zur Transformation von Governance-Strukturen im Schulwesen. *Die Deutsche Schule, 100* (1), 85–96.

Maritzen, N. (2015). Schulinspektion. Aspekte der Transformation von Governance-Strukturen. In M. Pietsch, B. Scholand & K. Schulte (Hrsg.), *Schulinspektion in Hamburg: Der erste Zyklus 2007–2013. Grundlagen, Befunde, Perspektiven* (S. 13–36). Münster: Waxmann.

Matthews, P., & Sammons, P. (2004). *Improvement through Inspection. An Evaluation of the Impact of Ofsted's Work.* OFSTED (HMI 2244). http://www.ofsted.gov.uk/content/download/1869/124 62/file/Improvement%20through%20inspection%20-%20an%20evaluation%20of%20the%20im pact%20of%20Ofsted%E2%80%99s%20work%20 (FDF%20format).pdf. Zugegriffen: 16. September 2010.

Maurer, S., & Weber, S. M. (2006). Die Kunst, nicht dermaßen regiert zu werden. Gouvernementalität als Perspektive für die Erziehungswissenschaft. In S. Weber & S. Maurer (Hrsg.), *Gouvernementalität und Erziehungswissenschaft. Wissen – Macht – Transformation* (S. 9–36). Wiesbaden: VS.

Mayntz, R. (1980). Implementation politischer Programme. Empirische Forschungsberichte. Königstein: Athenäum.

Mayntz, R. (1983). *Implementation politischer Programme, Bd. 2.* Opladen: Westdeutscher Verlag.

Mayntz, R. (1997). Soziale Dynamik und politische Steuerung. Theoretische und methodologische Überlegungen. Frankfurt am Main: Campus.

Mehan, H. (1979). *Learning Lessons. Social Organization in the Classroom.* Cambridge & London: Harvard University Press.

Meise, K. (1996). Une forte absence. Schweigen in alltagsweltlicher und literarischer Kommunikation. Tübingen: Gunter Narr.

Meseth, W. (2012). Erziehungswissenschaft – Systemtheorie – Empirische Forschung. Methodologische Überlegungen zur empirischen Rekonstruktion pädagogischer Ordnungen. *Zeitschrift für Qualitative Forschung, 12* (2), 177–197.

Meseth, W. (2013). Die Sequenzanalyse als Methode einer erziehungswissenschaftlichen Empirie pädagogischer Ordnungen. In B. Friebertshäuser & S. Seichter (Hrsg.), *Qualitative Forschungs-*

methoden in der Erziehungswissenschaft. Eine praxisorientierte Einführung (S. 63–80). Weinheim & Basel: Beltz Juventa.

Meseth, W., Dinkelaker, J., Neumann, S., Rabenstein, K., Dörner, O., Hummrich, M. et al. (Hrsg.) (2016). *Empirie des Pädagogischen und Empirie der Erziehungswissenschaft. Beobachtungen erziehungswissenschaftlicher Forschung*. Bad Heilbrunn: Klinkhardt.

Meyer, J. W., & Rowan, B. (1977). Institutionalized Organizations. Formal Structure as Myth and Ceremony. *American Journal of Sociology, 83,* 340–363.

Meyer-Drawe, K. (2009). „Sich einschalten". Anmerkungen zum Prozess der Selbststeuerung. In U. Lange, S. Rahn, W. Seitter & R. Körzel (Hrsg.), *Steuerungsprobleme im Bildungswesen.* Festschrift für Klaus Harney (S. 19–34). Wiesbaden: VS.

Ministerium für Bildung, Jugend und Sport Brandenburg (Hrsg.). (Dezember 2008). *Handbuch zur Schulvisitation. Dezember 2008 – Version 2.0.* Potsdam: Ministerium für Bildung, Jugend und Sport.

Moerman, M. (1988). *Talking Culture. Ethnography and Conversation Analysis*. Philadelphia, PA: University of Pennsylvania Press.

Mollenhauer, K. (1982). Theorien zum Erziehungsprozess. Zur Einführung in erziehungswissenschaftliche Fragestellungen (4. Aufl.). München: Juventa

Mollenhauer, K. (2008). *Vergessene Zusammenhänge. Über Kultur und Erziehung* (7. Aufl.). Weinheim & München: Juventa.

Mortimore, P., Sammons, P., Stoll, L., Lewis, D., & Ecob, R. (1988). *School Matters.* Berkeley, CA: Univiversity of California Press.

Müller, S., & Pietsch, M. (2011). Was wir messen, wenn wir Unterrichtsqualität messen. Inter-Beurteilerübereinstimmung und -reliabilität bei Unterrichtsbeobachtungen im Rahmen von Schulinspektion. In S. Müller, M. Pietsch & W. Bos (Hrsg.), *Schulinspektionen in Deutschland. Eine Zwischenbilanz aus empirischer Sicht* (S. 33–55). Münster: Waxmann.

Mugerauer, R. (1992). Sokratische Pädagogik. Ein Beitrag zur Frage nach dem Proprium des platonisch-sokratischen Dialoges. Marburg: Tectum.

Neumann, S. (Hrsg.). (2010). *Beobachtungen des Pädagogischen. Programm, Methodologie, Empirie.* Luxembourg: Université du Luxembourg.

Nohl, A.-M. (2006). Interview und dokumentarische Methode. Anleitungen für die Forschungspraxis. Wiesbaden: VS.

Nothdurft, W., & Spranz-Fogasy, T. (1991). Gesprächsanalyse von Schlichtungs-Interaktion. Methodische Probleme und ihre Hintergründe. In D. Flader (Hrsg.), *Verbale Interaktion. Studien zur Empirie und Methodologie der Pragmatik* (S. 222–240). Stuttgart: Metzler.

Oevermann, U. (1983). Zur Sache. Die Bedeutung von Adornos methodologischem Selbstverständnis für die Begründung einer materialen soziologischen Strukturanalyse. In L. von Friedeburg & J. Habermas (Hrsg.), *Adorno-Konferenz 1983* (S. 234–289). Frankfurt am Main: Suhrkamp.

Oevermann, U. (2000). Die Methode der Fallrekonstruktion in der Grundlagenforschung sowie in der klinischen und pädagogischen Praxis. In K. Kraimer (Hrsg.), *Die Fallrekonstruktion. Sinnverstehen in der sozialwissenschaftlichen Forschung* (S. 58–156). Frankfurt am Main: Suhrkamp.

Oevermann, U., Allert, T., Konau, E., & Krambeck, J. (1979). Die Methodologie einer „objektiven Hermeneutik" und ihre allgemeine forschungslogische Bedeutung in den Sozialwissenschaften. In H.-G. Soeffner (Hrsg.), *Interpretative Verfahren in den Sozial- und Textwissenschaften* (S. 352–434). Stuttgart: Metzler.

OFSTED (Office for Standards in Education) (Ed.). (September 2011). *The Framework for School Inspection.* The Framework for School Inspection in England under Section 5 of the Education Act 2005, from September 2009. London: Ofsted.

Otto, H.-U. (2007). Zum aktuellen Diskurs um Ergebnisse und Wirkungen im Feld der Sozialpädagogik und Sozialarbeit. Literaturvergleich nationaler und internationaler Diskussion. Expertise im Auftrag der Arbeitsgemeinschaft für Kinder- und Jugendhilfe (AGJ). Berlin: AGJ.

Ozga, J. (2014). Knowledge, Inspection and the Work of Governing. *Journal of Education, 2* (1), 16–38.

Patzner, G. (2005). Re/Formierung des Österreichischen Pflichtschulwesens im Kontext neoliberaler Gouvernementalität. *Österreichische Zeitschrift für Soziologie, 30* (4), 29–67.

Patzner, G. (2007). „Offener Unterricht" – ein neoliberales Führungsinstrument. In M. Heinrich & U. Prexl-Krausz (Hrsg.), *Eigene Lernwege – Quo vadis? Eine Spurensuche nach „neuen Lernformen" in Schulpraxis und LehrerInnenbildung* (S. 79–98). Wien & Münster: LIT.

Perryman, J. (2006). Panoptic Performativity and School Inspection Regimes: Disciplinary Mechanisms and Life under Special Measures. *Journal of Educational Policy, 21* (2), 147–161.

Perryman, J. (2007). Inspection and Emotion. *Cambridge Journal of Education, 37* (2), 173–190.

Pietsch, M. (November 2011). *Nutzung und Nützlichkeit der Schulinspektion Hamburg. Ergebnisse der Hamburger Schulleitungsbefragung,* Institut für Bildungsmonitoring, Hamburg. http://www.hamburg.de/contentblob/4022654/data/pdf-zufriedenheitsstudie-2011.pdf. Zugegriffen: 30. September 2017.

Pietsch, M., Janke, N., & Mohr, I. (2014). Führt Schulinspektion zu besseren Schülerleistungen? Difference-in-Differences-Studien zu Effekten der Schulinspektion Hamburg zu Lernzuwächsen und Leistungstrends. *Zeitschrift für Pädagogik, 60* (3), 446–470.

Pietsch, M., Feldhoff, T., & Petersen, L. S. (2016). Von der Schulinspektion zur Schulentwicklung. Welche Rolle spielen innerschulische Voraussetzungen? In Arbeitsgruppe Schulinspektion (Hrsg.), *Schulinspektion als Steuerungsimpuls? Ergebnisse aus Forschungsprojekten* (S. 227–262). Wiesbaden: Springer VS.

Posch, P. (2009). Zur schulpraktischen Nutzung von Daten. Konzepte, Strategien, Erfahrungen. *Die Deutsche Schule, 101* (2), 119–135.

Powell, W. W., & DiMaggio, P. J. (Hrsg.). (1977/1991). *The New Institutionalism in Organizational Analysis.* Chicago, IL: University Chicago Press.

Power, M. (1994). *The Audit Explosion.* London: Demos.

Power, M. (1999). *The Audit Society. Rituals of Verification.* Oxford: Oxford University Press.

Prange, K. (2005). Die Zeigestruktur der Erziehung. Grundriss der operativen Pädagogik. Paderborn: Schöningh.

Prange, K. (2012). Die Zeigestruktur der Erziehung. Grundriss einer Operativen Pädagogik (2. Aufl.). Paderborn: Schöningh.

Prange, K., & Strobel-Eisele, G. (2006). *Die Formen des pädagogischen Handelns. Eine Einführung.* Stuttgart: Kohlhammer.

Pressman, J. L., & Wildavsky, A. (1973). Implementation. How Great Expectations in Washington Are Dashed in Oakland, or, Why It's Amazing that Federal Programs Work at All. Berkeley, CA: Oakland Project Series.

Przyborski, A. (2004). Gesprächsanalyse und dokumentarische Methode. Qualitative Auswertung von Gesprächen, Gruppendiskussionen und anderen Diskursen. Wiesbaden: VS.

Puchta, C., & Wolff, S. (2004). Diskursanalysen institutioneller Gespräche – das Beispiel von ‚Focus Groups'. In R. Keller, A. Hirseland, W. Schneider & W. Viehöver (Hrsg.), *Handbuch Sozialwissenschaftliche Diskursanalyse. Forschungspraxis, Bd. 2* (2. Aufl., S. 439–456). Wiesbaden: VS.

Quesel, C., Husfeldt, V., Landwehr, N., & Steiner, P. (Hrsg.). (2013). *Failing Schools. Herausforderungen für die Schulentwicklung.* Bern: h.e.p.

Racherbäumer, K., Funke, C., van Ackeren, I., & Clausen, M. (2013). Datennutzung und Schulleitungshandeln an Schulen in weniger begünstigter Lage. In I. van Ackeren, M. Heinrich & F. Thiel (Hrsg.), *Evidenzbasierte Steuerung im Bildungssystem. Befunde aus dem BMBF-SteBis-Verbund. Die Deutsche Schule*, 12. Beiheft, 226–254.

Reckwitz, A. (2003). Grundelemente einer Theorie sozialer Praktiken. *Zeitschrift für Soziologie, 32* (4), 282–301.

Recum, H. von (2006). Steuerung des Bildungssystems. Entwicklung, Analysen, Perspektiven. Berlin: BWV.

Reh, S. (2004). Die Produktion von Bekenntnissen: Biographisierung als Professionalisierung. Zu Interpretationsmustern der Lehrerinnenforschung. In L. Pongratz, M. Wimmer, W. Nieke & J. Masschelein (Hrsg.), *Nach Foucault. Diskurs- und machtanalytische Perspektiven der Pädagogik* (S. 176–194). Wiesbaden: VS.

Reuter, W. (2004). Planung und Macht. Positionen im theoretischen Diskurs und ein pragmatisches Modell von Planung. In U. Altrock, S. Güntner, S. Huning & D. Peters (Hrsg.), *Perspketiven der Planungstheorie* (S. 57–78). Berlin: Leue.

Ricken, N. (2007). Von der Kritik der Disziplinarmacht zum Problem der Subjektivation. Zur erziehungswissenschaftlichen Rezeption Michel Foucaults. In C. Kammler & R. Parr (Hrsg.), *Foucault in den Kulturwissenschaften. Eine Bestandsaufnahme* (S. 157–176). Heidelberg: Synchron.

Ricken, N. (2009). Zeigen und Anerkennen. Anmerkungen zur Form pädagogischen Handelns. In K. Berdelmann & T. Fuhr (Hrsg.), *Operative Pädagogik. Grundlegung, Anschlüsse, Diskussion* (S. 111–134). Paderborn: Schöningh.

Rieger-Ladich, M. (2004). Unterwerfung und Überschreitung. Michel Foucaults Theorie der Subjektivierung. In N. Ricken & M. Rieger-Ladich (Hrsg.), *Michel Foucault: Pädagogische Lektüren* (S. 203–223). Wiesbaden: VS.

Rolff, H.-G. (1991). Schulentwicklung als Entwicklung von Einzelschulen? Theorien und Indikatoren von Entwicklungsprozessen. *Zeitschrift für Pädagogik, 37* (6), 865–886.

Rolff, H.-G. (2002). Rückmeldung und Nutzung der Ergebnisse von großflächigen Leistungsuntersuchungen. In H.-G. Rolff, H. G. Holtappels, K. Klemm, H. Pfeiffer & R. Schulz-Zander (Hrsg.), *Jahrbuch der Schulentwicklung* (Band 12, S. 75–98). Weinheim: Juventa.

Rose, N., & Koller, H.-C. (2012). Interpellation – Diskurs – Performativität. Sprachtheoretische Konzepte im Werk Judith Butlers und ihre bildungstheoretischen Implikationen. In N. Ricken & N. Balzer (Hrsg.), *Judith Butler. Pädagogische Lektüren* (S. 75–94). Wiesbaden: Springer VS.

Rosenthal, G. (2008). *Interpretative Sozialforschung. Eine Einführung* (2. Aufl.). Weinheim et al.: Juventa.

Rosenthal, L. (2004). Do School Inspections Improve School Quality? Ofsted Inspections and School Examination Results in the UK. *Economics of Education Review, 23* (2), 143–151.

Rousseau, J. J. (1971). *Emile oder über die Erziehung.* Paderborn: Schöningh.

Rürup, M. (2007). Innovationswege im deutschen Bildungssystem. Die Verbreitung der Idee „Schulautonomie" im Ländervergleich. Wiesbaden: VS.

Rürup, M. (2008). Typen der Schulinspektion in den deutschen Bundesländern. *Die Deutsche Schule, 100* (4), 467–477.

Rürup, M., & Bormann, I. (Hrsg.). (2013). Innovationen im Bildungswesen. Analytische Zugänge und empirische Befunde. Wiesbaden: Springer VS.

Rürup, M., & Heinrich, M. (2007). Schulen unter Zugzwang. Die Schulautonomiegesetzgebung der deutschen Länder als Rahmen der Schulentwicklung. In H. Altrichter, T. Brüsemeister & J. Wissinger (Hrsg.), *Educational Governance. Handlungskoordination und Steuerung im Bildungssystem* (S. 157–183). Wiesbaden: VS.

Sacks, H. (1972). On the Analyzability of Stories by Children. In J. J. Gumperz & D. Hymes (Eds.), *Directions in Sociolinguistics* (pp. 325–345). New York: Holt, Rinehart & Winston.

Sacks, H. (1987). On the Preferences for Agreement and Contiguity in Sequences in Conversation. In G. Button & J. R. Lee (Eds.), *Talk and Social Organization* (pp. 54–69). Clevedon et al.: Multilingual Matters.

Sacks, H. (1992). *Lectures on Conversations (1964–1972)*. 2 Vols. Oxford: Basil Blackwell.

Schäfer, A., & Thompson, C. (2013). Pädagogisierung. Eine Einleitung. In A. Schäfer & C. Thompson (Hrsg.), *Pädagogisierung* (Wittenberger Gespräche 1, S. 7–25) Halle-Wittenberg: Martin-Luther-Universität.

Schatzki, T. R. (1996). Social Practices. A Wittgensteinian Approach to Human Activity and the Social. Cambridge et al.: Cambridge University Press.

Schatzki, T. R., Knorr-Cetina, K., & Savigny, E. von (Eds.) (2001). *The Practice Turn in Contemporary Theory*. London: Routledge.

Schedler, K., & Proeller, I. (2011). *New Public Management* (5. Aufl.). Bern: Haupt.

Scheerens, J. (2000). *Improving School Effectiveness* (Fundamentals of Educational Planning, No. 68). Paris: UNESCO.

Schegloff, E. A. (1968). Sequencing in Conversational Opening. *American Anthropologist, 70*, 1075–1095.

Schegloff, E. A. (1991). Reflections on Talk and Social Structure. In D. Boden & D. Zimmerman (Eds.), *Talk and Social Structure. Studies in Ethnomethodology and Conversation Analysis* (pp. 44–70). Cambridge: Polity Press.

Schelsky, H. (1961). Anpassung oder Widerstand? Soziologische Bedenken zur Schulreform. Heidelberg: Quelle & Meyer.

Schimank, U. (2007a). Die Governance-Perspektive. Analytisches Potenzial und anstehende konzeptionelle Fragen. In H. Altrichter, T. Brüsemeister & J. Wissinger (Hrsg.), *Educational Governance. Handlungskoordination und Steuerung im Bildungssystem* (S. 231–260). Wiesbaden: VS.

Schimank, U. (2007b). Elementare Mechanismen. In A. Benz, S. Lütz, U. Schimank & G. Simonis (Hrsg.), *Handbuch Governance. Theoretische Grundlagen und empirische Anwendungsfelder* (S. 29–45). Wiesbaden: VS.

Schimank, U. (2009). Planung – Steuerung – Governance. Metamorphosen politischer Gesellschaftsgestaltung. *Die Deutsche Schule, 101* (3), 231–239.

Schrage, D. (2008). Subjektivierung durch Normalisierung. Zur Aktualisierung eines poststrukturalistischen Konzepts. In K.-S. Rehberg (Hrsg.), *Die Natur der Gesellschaft*. Verhandlungen des 33. Kongresses der Deutschen Gesellschaft für Soziologie in Kassel 2006. Teilbände 1 und 2 (S. 4120–4129). Frankfurt am Main: Campus.

Schulinspektion Berlin (Hrsg.) (Februar 2012). *Zweite Runde Schulinspektion Berlin. Handbuch ab Schuljahr 2011/12*, Berlin. www.berlin.de/sen/bildung/schulqualitaet/schulinspektion/. Zugegriffen: 04. Mai 2016.

Schuppert, G. F. (2001). Das Konzept der regulierten Selbst-Regulierung als Bestandteil einer als Regelungswissenschaft verstandenen Rechtswissenschaft. *Die Verwaltung*, (4) [Sonderheft].

Schwank, E., & Sommer, N. (2012). Wirkung der Schulinspektion anhand der Wahrnehmung der Lehrkräfte. Ergebnisse einer Befragung im Rahmen der Inspektionsevaluation. *Schulverwaltung Niedersachsen, 23* (4), 106–110.

Schwitalla, J. (2006). *Gesprochenes Deutsch. Eine Einführung* (3. Aufl.). Berlin: ESV.

Searle, J. R. (1983). *Sprechakte. Ein sprachphilisophischer Essay*. Frankfurt am Main: Suhrkamp.

Selting, M., Auer, P., Barden, B., & Bergmann, J. (1998). Gesprächsanalytisches Transkriptionssystem (GAT). *Linguistische Berichte*, (173), 91–122.

Shaw, I., Newton, D. P., Aitkin, M., & Darnell, R. (2003). Do OFSTED Inspections of Secondary Schools Make a Difference to GCSE Results? *British Educational Research Journal, 29*, 63–75.

Sommer, N. (2011). Wie beurteilen schulische Gruppen die erlebte Schulinspektion? Ergebnisse einer Befragung. In S. Müller, M. Pietsch & W. Bos (Hrsg.), *Schulinspektionen in Deutschland. Eine Zwischenbilanz aus empirischer Sicht* (S. 137–164). Münster: Waxmann.

Sowada, M. G. (2015). Expertenurteile. Achillesferse oder Trumpf der Schulinspektion? In M. Pietsch, B. Scholand & K. Schulte (Hrsg.), *Schulinspektion in Hamburg: Der erste Zyklus 2007–2013. Grundlagen, Befunde, Perspektiven* (S. 137–156). Münster: Waxmann.

Sowada, M. G. (2016). Professionalität für wen? Inspektoren zwischen Schulsystem und Einzelschule. In Arbeitsgruppe Schulinspektion (Hrsg.), *Schulinspektion als Steuerungsimpuls? Ergebnisse aus Forschungsprojekten* (S. 263–283). Wiesbaden: Springer VS.

Sowada, M. G., & Dedering, K. (2014). Ermessensspielräume in der Bewertungsarbeit von Schulinspektor/inn/en. *Zeitschrift für Bildungsforschung, (4)*, 119–135.

Sowada, M. G., & Dedering, K. (2016). Die Reform der Reform. Legitimität und Strategien zu deren Gewinnung, Aufrechterhaltung und Optimierung im Zuge der Veränderung von Verfahren der Schulinspektion. In Arbeitsgruppe Schulinspektion (Hrsg.), *Schulinspektion als Steuerungsimpuls? Ergebnisse aus Forschungsprojekten* (S. 169–199). Wiesbaden: Springer VS.

ISB QA (Staatsinstitut für Schulqualität und Bildungsforschung – Qualitätsagentur) (Hrsg.). (2010). *Externe Evaluation an Bayerns Schulen. Das Konzept, die Instrumente, die Umsetzung* (2. Aufl.), München. http://www.isb.bayern.de/download/12817/externe_evaluation_2010_online. pdf. Zugegriffen: 16. Mai 2016.

Sünkel, W. (2013). Erziehungsbegriff und Erziehungsverhältnis. Allgemeine Theorie der Erziehung (2. Aufl.). Weinheim & Basel: Beltz Juventa.

Terhart, E. (1986). Organisation und Erziehung. Neue Zugangsweisen zu einem alten Dilemma. *Zeitschrift für Pädagogik, Jg. 32* (2), 205–223.

Treml, A. K. (2000). Allgemeine Pädagogik. Grundlagen, Handlungsfelder und Perspektiven der Erziehung. Stuttgart: Kohlhammer.

van Ackeren, I., & Brauckmann, S. (2010). Internationale Diskussions-, Forschungs- und Theorieansätze zur Governance im Schulwesen. In H. Altrichter & K. Maag Merki (Hrsg.), *Handbuch Neue Steuerung im Schulsystem* (S. 41–61). Wiesbaden: VS.

van Ackeren, I., Zlatkin-Troitschanskaia, O., Binnewies, C., Clausen, M., Dormann, C., Preisendörfer, P. et al. (2011). Evidenzbasierte Schulentwicklung. Ein Forschungsüberblick aus interdisziplinärer Perspektive. *Die Deutsche Schule, 103* (2), 170–184.

van Ackeren, I., Binnewies, C., Clausen, M., Demski, D., Dormann, C., Koch, A. R., et al. (2013a). Welche Wissensbestände nutzen Schulen im Kontext von Schulentwicklung? Theoretische Konzepte und erste Befunde des EviS-Verbundprojektes im Überblick. In I. van Ackeren, M. Heinrich & F. Thiel (Hrsg.), *Evidenzbasierte Steuerung im Bildungssystem. Befunde aus dem BMBF-SteBis-Verbund.* Die Deutsche Schule,12. Beiheft, 51–73.

van Ackeren, I., Heinrich, M., & Thiel, F. (Hrsg.). (2013b). *Evidenzbasierte Steuerung im Bildungssystem* (Die Deutsche Schule, 12. Beiheft). Münster et al.: Waxmann.

Voigt, J. (1984). Interaktionsmuster und Routinen im Mathematikunterricht. Weinheim: Beltz.

Wacker, A., Maier, U., & Wissinger, J. (Hrsg.). (2012). Schul- und Unterrichtsreform durch ergebnisorientierte Steuerung. Empirische Befunde und forschungsmethodische Implikationen. Wiesbaden: VS.

Waldow, F. (2012). Taylorismus im Klassenzimmer. John Franklin Bobbitts Vorschläge zur standards-based reform. *Zeitschrift für Pädagogik, 58* (2), 159–174.

Weick, K. E. (1976). Educational Organizations as Loosely Coupled Systems. *Administrative Science Quaterly, 21,* 1–19.

Weiß, M. (2001). Quasi-Märkte im Schulbereich. Eine ökonomische Analyse. In J. Oelkers (Hrsg.), Zukunftsfragen der Bildung. *Zeitschrift für Pädagogik, 43. Beiheft*, 69–85.

Wernet, A. (2003). Pädagogische Permissivität. Schulische Sozialisation und pädagogisches Handeln jenseits der Professionalisierungsfrage. Opladen: Leske + Budrich.

Wernet, A. (2009). Einführung in die Interpretationstechnik der objektiven Hermeneutik (3. Aufl.). Wiesbaden: VS.

Willke, H. (1989a). Systemtheorie entwickelter Gesellschaften. München: Juventa.

Willke, H. (1989b). Controlling als Kontextsteuerung. Zum Problem dezentralen Entscheidens in komplexen Organisationen. In R. Eschenbach (Hrsg.), *Supercontrolling. Vernetzt denken, zielgerichtet entscheiden* (S. 63–92). Wien: WUV.

Willke, H. (1995). Systemtheorie III: Steuerungstheorie. Grundzüge einer Theorie der Steuerung komplexer Sozialsysteme. Stuttgart & Jena: Fischer.

Willke, H. (2007). *Einführung in das systemische Wissensmanagement* (2. Aufl.). Heidelberg: Carl Auer.

Wrana, D. (2006). Das Subjekt schreiben. Reflexive Praktiken und Subjektivierung in der Weiterbildung – eine Diskursanalyse. Baltmannsweiler: Schneider Verlag Hohengehren.

Wurster, S., Richter, D., Schliesing, A., & Pant, H. A. (2013). Nutzung unterschiedlicher Evaluationsdaten an Berliner und Brandenburger Schulen. Rezeption und Nutzung von Ergebnissen aus Schulinspektion, Vergleichsarbeiten und interner Evaluation im Vergleich. In I. van Ackeren, M. Heinrich & F. Thiel (Hrsg.), *Evidenzbasierte Steuerung im Bildungssystem. Befunde aus dem BMBF-SteBis-Verbund*. Die Deutsche Schule, 12. Beiheft, 19–50.

Zlatkin-Troitschanskaia, O. (2007). Steuerungsfähigkeit des öffentlichen Schulwesens versus Steuerbarkeit der Schule – Paradigmenwechsel? In J. van Buer & C. Wagner (Hrsg.), *Qualität von Schule. Ein kritisches Handbuch* (S. 67–81). Frankfurt am Main: Lang.

Printed by Printforce, the Netherlands